AF748746

Informe Final de la Cuadragésima Tercera Reunión Consultiva del Tratado Antártico

REUNIÓN CONSULTIVA
DEL TRATADO ANTÁRTICO

Informe Final de la Cuadragésima Tercera Reunión Consultiva del Tratado Antártico

París, Francia
14 al 24 de junio de 2021

Volumen I

Secretaría del Tratado Antártico
Buenos Aires
2021

Reunión Consultiva del Tratado Antártico (43ª : 2021: Informe Final de la Cuadragésima Tercera Reunión Consultiva del Tratado Antártico. Paris, Francia, 14 al 24 de junio de 2021
Buenos Aires: Secretaría del Tratado Antártico, 2021.
439 p.

ISBN 978-987-8929-04-0

1. Derecho internacional – Asuntos medioambientales. 2. Sistema del Tratado Antártico.
3. Derecho ambiental – Antártida. 4. Protección del medioambiente – Antártida.

DDC 341.762 5

Publicado por:

Secretariat of the Antarctic Treaty
Secrétariat du Traité sur l' Antarctique
Секретариат Договора об Антарктике
Secretaría del Tratado Antártico

Maipú 757, piso 4
C1006ACI Ciudad Autónoma
Buenos Aires - Argentina
Tel: +54 11 3991 4250
ats@ats.aq

Este libro también está disponible en: www.ats.aq (versión digital) y para compras en línea.

ISSN 2346-9889
ISBN (vol. I): 978-987-8929-04-0
ISBN (obra completa): 978-987-8929-00-2

Índice

VOLUMEN I

VOLUMEN II

Siglas y abreviaciones

PARTE II. MEDIDAS, DECISIONES Y RESOLUCIONES (continuación)

4. Planes de gestión

Zona Antártica Especialmente Administrada n.º 6 (colinas de Larsemann, Antártida Oriental): plan de gestión revisado

Zona Antártica Especialmente Protegida n.° 101 (pingüinera Taylor, Tierra de Mac Robertson): plan de gestión revisado

Zona Antártica Especialmente Protegida n.° 102 (islas Rookery, bahía Holme, Tierra de Mac Robertson): plan de gestión revisado

Zona Antártica Especialmente Protegida n.º 103 (isla Ardery e isla Odbert, costa Budd, Tierra de Wilkes, Antártida Oriental): plan de gestión revisado

Zona Antártica Especialmente Protegida n.°104 (isla Sabrina, islas Balleny): plan de gestión revisado

Zona Antártica Especialmente Protegida n.° 105 (isla Beaufort, ensenada McMurdo, mar de Ross): plan de gestión revisado

Zona Antártica Especialmente Protegida n.° 106 (cabo Hallett, Tierra Victoria del Norte, mar de Ross): plan de gestión revisado

Zona Antártica Especialmente Protegida n.° 120 (archipiélago de Punta Géologie, Tierra de Adelia): plan de gestión revisado

Zona Antártica Especialmente Protegida n.° 121 (cabo Royds, isla Ross): plan de gestión revisado

Zona Antártica Especialmente Protegida n.º 131, (glaciar Canadá, lago Fryxell, valle Taylor, Tierra de Victoria): plan de gestión revisado

Zona Antártica Especialmente Protegida n.º 134 (punta Cierva e islas frente a la costa, costa Danco, península antártica): plan de gestión revisado

Zona Antártica Especialmente Protegida n.° 148 (monte Flora, bahía Esperanza, península antártica): plan de gestión revisado

Zona Antártica Especialmente Protegida n.° 155 (cabo Evans, isla Ross): plan de gestión revisado

Zona Antártica Especialmente Protegida n.° 157 (bahía Backdoor, cabo Royds, isla Ross): plan de gestión revisado

Zona Antártica Especialmente Protegida n.° 158 (punta Hut, isla Ross): plan de gestión revisado

Zona Antártica Especialmente Protegida n.° 159 (cabo Adare, costa Borchgrevink): plan de gestión revisado

Zona Antártica Especialmente Protegida n.° 163 (glaciar Dakshin Gangotri, Tierra de la Reina Maud): plan de gestión revisado

Zona Antártica Especialmente Protegida n.º 167 (isla Hawker, Tierra de la Princesa Isabel): plan de gestión revisado

Zona Antártica Especialmente Protegida n.º 176 (islas Rosenthal, isla Anvers, archipiélago Palmer): plan de gestión

Zona Antártica Especialmente Protegida n.º 177 (islas Léonie y sudeste de la isla Adelaida, Península Antártica): plan de gestión

Zona Antártica Especialmente Protegida n.º 178 (isla Inexpressible y bahía Seaview, mar de Ross): plan de gestión

PARTE III. DISCURSOS E INFORMES DE APERTURA Y CLAUSURA

1. Discursos de apertura y clausura

Discurso de apertura del primer ministro de Francia, el Sr. Jean Castex
Discurso de apertura del ministro para Europa y de Asuntos Exteriores, el Sr. Jean-Yves Le Drian

2. Informes de Depositarios y Observadores

Informe de los Estados Unidos en su carácter de Gobierno Depositario del Tratado Antártico y su Protocolo
Informe de Australia en su carácter de Gobierno Depositario de la CCRVMA
Informe de Australia en su carácter de Gobierno Depositario del ACAP
Informe del Reino Unido en su carácter de Gobierno Depositario de la CCFA
Informe del Observador de la CCRVMA
Informe del SCAR
Informe del COMNAP

3. Informes de Expertos

Informe de la ASOC
Informe de la IAATO
Informe de la OHI
Informe de la OMM

PARTE IV. DOCUMENTOS ADICIONALES DE LA XLIII RCTA

1. Lista de documentos

Documentos presentados para PESTA 2019/2021
Documentos de trabajo
Documentos de Información
Documentos de la Secretaría
Documentos de Antecedentes

2. Lista de participantes

Partes Consultivas
Partes no Consultivas

Observadores, expertos e invitados
Secretaría del País Anfitrión
Secretaría del Tratado Antártico

Siglas y abreviaciones

ACAP	Acuerdo sobre la Conservación de Albatros y Petreles
AMP	Área Marina Protegida
ANC	Autoridad Nacional Competente
ASOC	Coalición Antártica y del Océano Austral
BP	Documento de Antecedentes
CCFA	Convención para la Conservación de las Focas Antárticas
CCRVMA	Convención sobre la Conservación de los Recursos Vivos Marinos Antárticos y/o Comisión para la Conservación de los Recursos Vivos Marinos Antárticos
CCRWP	Programa de trabajo de respuesta para el cambio climático
CHA	Comisión Hidrográfica de la Antártida
CMNUCC	Convención Marco de las Naciones Unidas sobre Cambio Climático
COI	Comisión Oceanográfica Intergubernamental
COMNAP	Consejo de Administradores de Programas Antárticos Nacionales
CPA	Comité para la Protección del Medio Ambiente
EIA	Evaluación del Impacto Ambiental
EMG	Evaluación Medioambiental Global
EMI	Evaluación Medioambiental Inicial
FIDAC	Fondos internacionales de indemnización de daños debidos a la contaminación por hidrocarburos
GCI	Grupo de Contacto Intersesional
GSPG	Grupo Subsidiario sobre Planes de Gestión
GSRCC	Grupo Subsidiario sobre respuesta al Cambio Climático
HSM	Sitio y Monumento Histórico
IAATO	Asociación internacional de operadores turísticos en la Antártida
IBA	Áreas Importantes para la Conservación de las Aves
IGP&I Clubs	Grupo internacional de Clubes de Protección e Indemnización
IP	Documento de Información
IPCC	Grupo Intergubernamental de Expertos sobre Cambio Climático
OACI	Organización de Aviación Civil Internacional
OHI	Organización Hidrográfica Internacional
OMI	Organización Marítima Internacional
OMM	Organización Meteorológica Mundial
OMT	Organización Mundial del Turismo
PCTA	Parte Consultiva del Tratado Antártico
PNUMA	Programa de las Naciones Unidas para el Medio Ambiente
RBCA	Región Biogeográfica de Conservación Antártica
RCC	Centros de Coordinación de Rescates
RCTA	Reunión Consultiva del Tratado Antártico
RETA	Reunión de Expertos del Tratado Antártico

SAR	Búsqueda y Salvamento
SCAR	Comité Científico de Investigación Antártica
SC-CAMLR	Comité Científico de la CCRVMA
SEII	Sistema electrónico de intercambio de información
SOLAS (o SEVIMAR)	Convenio Internacional para la Seguridad de la Vida Humana en el Mar
SOOS	Sistema de Observación del Océano Austral
SP	Documento de la Secretaría
STA	Sistema del Tratado Antártico o Secretaría del Tratado Antártico
TdR	Término de Referencia
UAV/RPAS	Vehículos Aéreos no Tripulados / Sistemas de Aeronaves Dirigidas por Control Remoto
UICN	Unión Internacional para la Conservación de la Naturaleza
VSSOS	Estadías nocturnas breves con apoyo de embarcaciones
WP	Documento de Trabajo
ZAEA	Zona Antártica Especialmente Administrada
ZAEP	Zona Antártica Especialmente Protegida

PARTE I

Informe Final

1. Informe Final

Informe Final de la Cuadragésima Tercera Reunión Consultiva del Tratado Antártico

París, Francia, 15 – 24 de junio de 2021

(1) Conforme al Artículo IX del Tratado Antártico, los representantes de las Partes Consultivas (Alemania, la Argentina, Australia, Bélgica, Brasil, Bulgaria, Chile, China, Ecuador, España, Estados Unidos de América, la Federación de Rusia, Finlandia, Francia, India, Italia, Japón, Noruega, Nueva Zelandia, Países Bajos, Perú, Polonia, Sudáfrica, Suecia, Ucrania, Reino Unido de Gran Bretaña e Irlanda del Norte, República de Corea, República Checa y Uruguay) se reunieron en forma virtual en París del 15 al 24 de junio de 2021 con el propósito de intercambiar información, realizar consultas y considerar y recomendar a sus gobiernos medidas para promover los principios y objetivos del Tratado.

(2) En la reunión también estuvieron presentes las delegaciones de las siguientes Partes Contratantes del Tratado Antártico, las cuales no son Partes Consultivas: Belarús, Canadá, Colombia, Eslovenia, Malasia, Mónaco, Portugal, Rumanía, Suiza, Turquía y Venezuela.

(3) Asimismo, de conformidad con las Reglas 2 y 31 de las Reglas de Procedimiento, asistieron a la reunión los Observadores de la Comisión para la Conservación de los Recursos Vivos Marinos Antárticos (CCRVMA), el Comité Científico de Investigación Antártica (SCAR) y el Consejo de Administradores de los Programas Nacionales Antárticos (COMNAP).

(4) Con arreglo a la Regla 39 de las Reglas de Procedimiento, también estuvieron presentes en la reunión Expertos pertenecientes a las siguientes organizaciones internacionales y organizaciones no gubernamentales: la Coalición para la Antártida y el Océano Austral (ASOC), la Asociación Internacional de Operadores Turísticos en la Antártida (IAATO), la Asociación Hidrográfica Internacional (OHI), la Unión Internacional para la Conservación de la Naturaleza (UICN) y la Organización Meteorológica Mundial (OMM). El presidente informó que, después de la cancelación de la reunión en Helsinki, las Partes intercambiaron documentos a través de la plataforma del período entre sesiones del Tratado Antártico (ATIP) 2019-21. Las Partes decidieron incluirlos en el archivo de documentos de la reunión, disponible públicamente en el sitio web de la Secretaría del Tratado Antártico. Asimismo, a menos que se hayan vuelto a entregar para su consideración en esta reunión, decidieron incluirlos en el Volumen II del Informe Final de la Reunión Consultiva del Tratado Antártico (RCTA) XLIII.

(5) El presidente también señaló que la reunión virtual de la XLIII RCTA - Comité para la Protección del Medio Ambiente (CPA) XXIII se llevaría a cabo siguiendo las Reglas de Procedimiento y las directrices *ad hoc* complementarias previamente acordadas, que no estaban destinadas a reemplazar ni tener precedencia sobre las Reglas de Procedimiento. De acuerdo con las directrices *ad hoc*, se llevó a cabo una ronda de debates previos a la reunión a través de subforos en línea para que los debates durante la reunión en sí fueran más eficientes en el uso del tiempo.

(6) Francia, como país anfitrión, cumplió con los requisitos de información a las Partes Contratantes, Observadores y Expertos mediante circulares, cartas y un sitio web exclusivo de la Secretaría.

Tema 1: Apertura de la reunión

(7) Se dio inicio oficial a la reunión el martes 15 de junio de 2021. En nombre del Gobierno anfitrión, y con arreglo a las Reglas 5 y 6 de las Reglas de Procedimiento, la jefa de la Secretaría del país anfitrión, la Sra. Caroline Krajka, dio por iniciada la reunión y propuso la candidatura del embajador francés para los polos, el Sr. Olivier Poivre d'Arvor, como presidente de la XLIII RCTA. La propuesta fue aceptada.

(8) El presidente dio la bienvenida en forma virtual a Francia, a todas las Partes, a los Observadores y a los Expertos, y les agradeció su confianza por haberlo designado presidente de la reunión. También agradeció a la Secretaría y al personal de la Secretaría del país anfitrión su asistencia en la preparación de la reunión. El presidente señaló que Francia era uno de los signatarios originales del Tratado Antártico y que estaba comprometida a mantener la capacidad de consenso del Tratado, así como la protección del medio ambiente antártico. También destacó que la XLIII RCTA era la tercera RCTA celebrada en Francia y la primera que se ha realizado en forma virtual, lo que implicaba que las Partes trabajarían de forma simultánea y en varios husos horarios.

(9) Los delegados guardaron un minuto de silencio en honor a los miembros de la comunidad antártica que habían fallecido recientemente.

(10) El Sr. Jean Castex, primer ministro de Francia, dio la bienvenida a las Partes en la XLIII RCTA. Señaló que la última vez que Francia fue sede de la RCTA, en 1989, las Partes habían reafirmado su compromiso de proteger el medio ambiente antártico y que las negociaciones subsiguientes culminaron con la firma del Protocolo sobre Protección del Medio Ambiente. El Sr. Castex rindió homenaje al Sr. Michel Rocard, entonces primer ministro de Francia, y al Sr. Bob Hawke, entonces primer ministro de Australia, y destacó su papel fundamental en la configuración del Protocolo sobre Protección del Medio Ambiente. También señaló que el 23 de junio de 2021 marcaría el 60.º aniversario de la entrada en vigor del Tratado, y el 4 de octubre de 2021, el 30.º aniversario de la firma del Protocolo sobre Protección del Medio Ambiente. Refiriéndose a la naturaleza virtual de esta RCTA, el Sr. Castex comentó que, a pesar de los desafíos de trabajar en 18 husos horarios, y con el apoyo de la Secretaría y la estrecha cooperación de las Partes, la reunión sería un éxito. El Sr. Castex llamó la atención de la reunión sobre algunas de las actividades de Francia en la Antártida, destacando la importante labor del Instituto Polar Francés Paul-Émile Victor y el Centro Nacional Francés de Investigación Científica (CNRS), así como los ministerios de Asuntos Exteriores y de Transición Ecológica. También describió las celebraciones del Año Polar que se están llevando a cabo actualmente en Francia, con cuatro meses de actividades culturales y científicas que destacan la importancia de la Antártida para el pueblo francés. El Sr. Castex instó a las Partes a seguir utilizando el Sistema del Tratado Antártico como base para reforzar su compromiso global con la Antártida y destacó la importancia de las Zonas Marinas Protegidas (ZMP) para proteger la biodiversidad marina. El texto completo de los comentarios del Sr. Jean Castex se encuentra en el volumen 2, parte III, sección 1.

(11) El Sr. Jean-Yves Le Drian, ministro de Europa y Asuntos Exteriores, dio la bienvenida a los delegados y comentó que era un honor para Francia volver a ser el país anfitrión de una RCTA. Recordó que, en un mundo tenso y dividido, los signatarios originales del Tratado Antártico habían reconocido la necesidad de trabajar juntos para salvaguardar la Antártida en nombre de la paz internacional, el progreso científico y la preservación de la biodiversidad del planeta. Señaló que, aunque el mundo había cambiado significativamente, las cuestiones clave relacionadas con la Antártida seguían siendo igualmente importantes, y que abordarlas se había convertido en una cuestión de urgencia. Haciendo hincapié en la necesidad de proteger el océano Austral y salvaguardar sus ecosistemas, instó a las Partes a actuar con rapidez, especialmente mediante el establecimiento de zonas especialmente protegidas y administradas. El Sr. Le Drian reconoció el trabajo de los científicos e investigadores franceses, particularmente en

relación con el cambio climático y la preservación de la biodiversidad, y anunció que Francia había otorgado una medalla en conmemoración del 30.º aniversario del Protocolo sobre Protección del Medio Ambiente al profesor Steven Chown de la Universidad de Monash, Melbourne, Australia. El Sr. Le Drian expresó su preocupación por el aumento del 450 por ciento en el número de turistas que visitan la Antártida durante las últimas dos décadas, y destacó que era responsabilidad colectiva de las Partes garantizar que la tendencia no socavara los valores que el Tratado y el Protocolo pretenden salvaguardar. Comentó que, aunque la XLIII RCTA se estaba llevando a cabo de forma remota, muchas ciudades de Francia estaban aprovechando la oportunidad para organizar celebraciones relacionadas con la Antártida con eventos que tenían lugar en todo el país. Por último, comentó que, aunque estaba deshabitada, la Antártida era un tesoro para toda la humanidad y esperaba que la comunidad internacional estuviera a la altura de la tarea de protegerla. El texto completo de las observaciones del Sr. Jean-Yves Le Drian se puede encontrar en el vol. 2, parte III, sección 1.

(12) La Sra. Barbara Pompili, ministra de Transición Ecológica, dio la bienvenida a los delegados y recordó que, hace 62 años, en plena Guerra Fría, doce países superaron sus diferencias y decidieron que preservar el continente antártico era de interés para la humanidad. Sugirió que la misma ambición que había unido a los países hace varias décadas estaba uniendo a las Partes hoy y enfatizó que la Antártida debe seguir siendo un lugar natural preservado, dedicado a la paz y la ciencia. Señaló que, aunque la región antártica estaba aislada, era también vulnerable a ciertas actividades humanas como el turismo y el cambio climático. En referencia a la próxima Conferencia de las Partes sobre Cambio Climático de las Naciones Unidas (COP26), destacó la importancia de una acción urgente sobre el cambio climático y señaló que el clima y la biodiversidad están estrechamente vinculados. Pompili destacó que la Antártida es responsable de un tercio del secuestro de carbono en el planeta y que más de 9.000 especies han sido clasificadas en el área. Pidió una mayor protección de la Antártida y el océano Austral y reiteró la responsabilidad colectiva de las Partes de protegerlos.

(13) La profesora Frédérique Vidal, ministra de Educación Superior, Investigación e Innovación, dio la bienvenida a los delegados. Destacó que la XLIII RCTA brindaba la oportunidad de recordar a la comunidad internacional la importancia de la investigación científica en la Antártida para comprender, mitigar y resolver los desafíos planteados por el cambio climático. Hizo hincapié en la importancia de la cooperación logística y científica en la Antártida y expresó su agradecimiento por el trabajo del personal que pasa el invierno en la Antártida. También señaló el ambicioso objetivo del programa de investigación polar de Francia: lograr cero emisiones netas de carbono para 2050. La profesora Vidal concluyó instando a las Partes a continuar trabajando para proteger la biodiversidad antártica, incluida la biodiversidad marina, y seguir la lucha contra el cambio climático.

Tema 2: Elección de autoridades y creación de grupos de trabajo

(14) El Sr. Tillman Höchmuller, jefe de la Delegación de Alemania, país anfitrión de la XLIV RCTA, fue elegido vicepresidente. De acuerdo con la Regla 7 de las Reglas de Procedimiento, el Sr. Albert Lluberas Bonaba, secretario ejecutivo de la Secretaría del Tratado Antártico, actuó como Secretario de la reunión. La Sra. Caroline Krajka, jefa de la Secretaría del país anfitrión, actuó como subsecretaria. La Sra. Birgit Njåstad, de Noruega, había sido elegida presidenta del Comité para la Protección del Medio Ambiente en el CPA XXI.

(15) Se establecieron dos grupos de trabajo:

- Grupo de Trabajo 1: Políticas, asuntos legales e institucionales, y

- Grupo de Trabajo 2: Operaciones, ciencia y turismo.

(16) Se eligieron los siguientes presidentes para los grupos de trabajo:

- Grupo de Trabajo 1: El Sr. Theodore Kill de Estados Unidos, y
- Grupo de Trabajo 2: La Sra. Sonia Ramos García de España y el Dr. Phillip Tracey de Australia.

Tema 3: Aprobación del programa y asignación de temas y consideración del Plan de Trabajo Estratégico Plurianual

(17) Se aprobó el siguiente programa:

1. Apertura de la reunión
2. Elección de autoridades y creación de grupos de trabajo
3. Aprobación del programa, asignación de temas del programa a los grupos de trabajo y consideración del Plan de Trabajo Estratégico Plurianual
4. Funcionamiento del Sistema del Tratado Antártico: Informes de las Partes, los Observadores y los Expertos
5. Informe del Comité para la Protección del Medio Ambiente
6. Funcionamiento del Sistema del Tratado Antártico
   a. Solicitud de Belarús para que se le conceda la condición de Parte Consultiva
   b. Asuntos generales
7. Funcionamiento del Sistema del Tratado Antártico: Asuntos relacionados con la Secretaría
8. Responsabilidad
9. Prospección biológica en la Antártida
10. Intercambio de información
11. Asuntos educacionales
12. Plan de Trabajo Estratégico Plurianual
13. Seguridad y operaciones antárticas
14. Inspecciones realizadas en virtud del Tratado Antártico y del Protocolo sobre Protección del Medio Ambiente
15. Asuntos, futuros desafíos, cooperación y asesoramiento científicos
    a. Asuntos generales
16. Implicaciones del cambio climático para la gestión del Área del Tratado Antártico
17. Turismo y actividades no gubernamentales en el Área del Tratado Antártico, incluidos asuntos relativos a las autoridades competentes
18. Preparativos para la 44.ª reunión
19. Otros asuntos
20. Aprobación del Informe Final
21. Clausura de la reunión

(18) La Reunión aprobó la siguiente asignación de los temas del programa:

- Sesión plenaria: temas 1, 2, 3, 4, 5, 6a, 18, 19, 20 y 21
- Grupo de Trabajo 1: temas 6b, 7, 8, 9, 10, 11 y 12
- Grupo de Trabajo 2: temas 13, 14, 15, 16 y 17

(19) La Reunión decidió asignar los borradores de los instrumentos que surjan del trabajo del Comité para la Protección del Medio Ambiente y de los grupos de trabajo a un grupo de redacción jurídica para la consideración de sus aspectos jurídicos e institucionales.

Tema 4: Funcionamiento del Sistema del Tratado Antártico: Informes de las Partes, los Observadores y los Expertos

(20) Conforme a la Recomendación XIII-2, la Reunión recibió los informes de los gobiernos depositarios y las secretarías. En vista del escaso tiempo disponible, el presidente informó que los documentos de información se considerarían como presentados:

- Estados Unidos, en su calidad de Gobierno Depositario del Tratado Antártico y su Protocolo de Protección Ambiental, informó que desde el último informe no se habían producido nuevas adhesiones al Tratado y que se había producido una aprobación del Protocolo por Colombia (IP 2).
- Australia, en su carácter de Gobierno Depositario de la Convención para la Conservación de los Recursos Vivos Marinos Antárticos (CCRVMA), informó que desde la XLII RCTA no se habían producido nuevas adhesiones a la Convención (IP 83).
- El Reino Unido, en su carácter de Gobierno Depositario de la Convención para la Conservación de Focas Antárticas (CCFA), informó que no se habían recibido solicitudes de adhesión a la Convención, y que tampoco se había recibido ningún instrumento de adhesión, desde la XLII RCTA (IP 10 rev. 1).
- Australia, en su carácter de Gobierno Depositario del Acuerdo sobre la Conservación de Albatros y Petreles (ACAP), informó que, desde la XLII RCTA, no se habían registrado nuevas adhesiones al Acuerdo y que este cuenta con 13 Partes (IP 84).
- IP 3, *Informe del observador de la CCRVMA ante la Cuadragésima Tercera Reunión Consultiva del Tratado Antártico* (CCRVMA). El documento incluyó un resumen de los resultados de la 38.ª Reunión Anual de la CCRVMA (CCAMLR-38), celebrada en Hobart del 28 de octubre al 1 de noviembre de 2019, y la 39.ª Reunión Anual de la CCRVMA (CCAMLR-39), celebrada en forma virtual del 27 al 30 octubre de 2020. La CCRVMA señaló que la Comisión había acordado dar su aprobación previa a los borradores de planes de gestión para dos nuevas Zonas Antárticas Especialmentes Protegidas (ZAEP) en las islas Rosenthal y en la isla Inexpressible, y que su aprobación también se había transmitido al CPA. También señaló que, en mayo de 2019, el Reino Unido notificó a todos los miembros que la superficie del glaciar Pine Island se había reducido en un 15,1 % desde 2017, cumpliendo así los criterios para la designación de una Zona Especial para Estudios Científicos. Observando que el área del glaciar Pine Island se convirtió en una designación de Etapa 1 el 1 de junio de 2019, y de acuerdo con la Medida de conservación (MC) 24-04, párrafo 24, la CCRVMA alentó a la RCTA a que considere tomar las medidas apropiadas para complementar y facilitar la investigación científica en la zona. La CCRVMA señaló que la CCAMLR-39 había recordado al profesor Denzil Miller, fallecido el 30 de noviembre de 2019, quien desempeñó un papel central en los asuntos de la CCRVMA y la Antártida durante más de cuarenta años, y también informó que había renovado al Dr. David Agnew como secretario ejecutivo para 2022-26. Además, señaló que la CCAMLR-40 se celebraría en Hobart del 18 al 29 de octubre de 2021 a menos que la Comisión decidiera lo contrario.
- IP 29 rev. 1 *Informe Anual del Comité Científico de Investigación Antártica de 2021 para la XLIII Reunión Consultiva del Tratado Antártico* (SCAR). El

documento informó a la Reunión que el SCAR había aprobado tres nuevos programas emblemáticos de investigación científica (SRP) en 2020: “Ciencia integrada que sirva de base informativa para la conservación del océano Austral y la Antártida” (Ant-ICON); “Inestabilidades y umbrales en la Antártida” (INSTANT), y “Variabilidad y predicción a corto plazo del sistema climático antártico” (AntClim^{now}). Señaló que el SCAR se había hecho cargo de alojar al Portal de medioambientes antárticos de la Universidad de Canterbury en enero de 2020, y que estaba contribuyendo al Decenio de las Naciones Unidas de las Ciencias Oceánicas para el Desarrollo Sostenible (2021-2030) a través del desarrollo de un Plan de acción para el océano Austral. El SCAR informó que, tras la cancelación de su Conferencia de Ciencia Abierta bienal de Hobart en agosto de 2020, había celebrado el SCAR 2020 Online, así como la primera reunión virtual de los delegados del SCAR en marzo de 2021. El SCAR también informó que la Conferencia de Ciencia Abierta de 2022 y las Reuniones del SCAR se celebrarían en Hyderabad (India) del 19 al 28 de agosto de 2022, y que la Conferencia Abierta de Ciencia 2024 y 2026 y las reuniones del SCAR se celebrarían en Pucón (Chile) y Oslo (Noruega) respectivamente.

- IP 11 *Informe Anual de 2020/21 del Consejo de Administradores de los Programas Nacionales Antárticos (COMNAP)* (COMNAP). El COMNAP informó sobre sus esfuerzos para evitar la introducción de la COVID-19 en la Antártida, incluido el establecimiento del Subcomité *ad hoc* de COVID-19 el 9 de marzo de 2020 y el desarrollo de las Directrices de prevención y gestión de brotes de COVID-19 del COMNAP. El COMNAP señaló que los programas antárticos nacionales actuaron para mitigar el riesgo presentado por la pandemia mundial y que redujeron de manera muy significativa las actividades que tenían planificadas, si bien continúan manteniendo los programas científicos, la infraestructura y las actividades antárticas que son imperiosas. También informó que la XXXII Reunión General Anual del COMNAP, programada del 3 al 6 de agosto de 2020, se había celebrado en forma virtual, y que el XIX Simposio del COMNAP se había celebrado a través del canal de YouTube del COMNAP desde el 7 de agosto de 2020 (BP 10). El COMNAP también informó a la Reunión sobre: los avances en el Proyecto de Aviación Antártica; el otorgamiento del Premio COMNAP 2020/21 a Valery Lukin (Federación de Rusia) y Heinz Miller (Alemania) y de la Beca COMNAP de Investigación Antártica 2020 a Cinthya Elizabeth Bello Chirinos (Perú); y sobre los productos y herramientas del COMNAP tales como la Base de datos del COMNAP y el Manual de información sobre vuelos antárticos (e-AFIM).

(21) En relación con el Artículo III-2 del Tratado Antártico, la Reunión recibió informes de otras organizaciones internacionales, los cuales también se tomaron como presentados:

- IP 4 *Informe de la Organización Hidrográfica Internacional* (OHI). Recordando el Seminario Hidrográfico celebrado en la XLII RCTA, la OHI propuso que la RCTA considere formas de implementar las Resoluciones pertinentes de la RCTA sobre este tema mediante el establecimiento de: objetivos clave para la hidrografía en la Antártida fundamentados en las metas estratégicas de la RCTA; áreas y prioridades de aplicación; y material orientativo para recopilar datos en forma coordinada, con base en la información batimétrica de fuentes múltiples de la OHI. La OHI confirmó que la 17.ª Conferencia de la Comisión Hidrográfica sobre la Antártida (CHA) se celebraría en París del 14 al 15 de junio de 2021. También señaló el trabajo en progreso para compilar la versión 2.0 de la Carta Batimétrica Internacional del Océano Austral (IBSCO), dentro de la Carta Batimétrica General de los Océanos (GEBCO), una cuadrícula batimétrica de alta resolución, y alentó a las Partes a compartir sus datos batimétricos con los directores de proyecto y poner así en práctica las Resoluciones de la RCTA.

- IP 80 *Informe de la ASOC para la RCTA* (ASOC). La ASOC informó sobre sus actividades desde la RCTA de 2019, que incluyeron: organizar seminarios web, compartir contenido en las redes sociales sobre el trabajo de la RCTA, asistir a conferencias virtuales, participar en el trabajo entre sesiones y financiar investigaciones relevantes para la Antártida. La ASOC señaló que, como resultado de parte de este trabajo, había recibido comentarios positivos del público en apoyo a la protección de la Antártida. La ASOC informó sobre su trabajo para apoyar investigaciones científicas que resulten relevantes para la formulación de políticas, que incluye el apoyo del Fondo Mundial para la Naturaleza al proyecto de Análisis retrospectivo de datos de seguimiento antárticos (RAATD) dirigido por el SCAR, el trabajo sobre las Zonas Importantes para Aves (ZIA) respaldado por The Pew Charitable Trusts y una expedición de Greenpeace a la Antártida para estudiar colonias remotas de pingüinos. La ASOC señaló que esperaba con interés celebrar el 30.º aniversario del Protocolo, e instó a las Partes a volver a comprometerse con su implementación. La ASOC informó sobre su compromiso con otras organizaciones, incluida la OMI y la Asociación de Empresas de Captura Responsable de Krill (ARK). También expresó sus condolencias a la familia de la científica antártica y relatora de la RCTA Sra. Adrian Dahood-Fritz, quien falleció en un trágico accidente en septiembre de 2019.
- IP 93 *Informe Anual de la OMM* (OMM). El documento informó sobre las actividades de investigación, observaciones y datos de la OMM relacionadas con la Antártida. Esto incluyó los progresos realizados en el proyecto Global Cryosphere Watch y el trabajo llevado a cabo sobre la Herramienta de análisis y examen de las capacidades de los sistemas de observación (OSCAR/Surface) para facilitar el registro de las estaciones de observación de la Antártida. La OMM destacó que, a través del Programa Mundial de Investigaciones Climáticas, copatrocinado por ella, lleva a cabo una serie de actividades de investigación y modelado en las que el clima de la región antártica supone un aspecto clave. La OMM también informó sobre nuevos planes para el Año de la predicción polar en el hemisferio sur, incluidos los períodos de observación antártica de invierno y el progreso en el establecimiento de una red de centros regionales del clima polar antártico (AntRCC) que proporcionaría productos y servicios climáticos en la Antártida y en la región del océano Austral.
- IP 109 *Informe de la Asociación Internacional de Operadores Turísticos en la Antártida 2020-21* (IAATO). Este documento informó que en la temporada de 2019/20 hubo un número récord de visitantes que viajaron con operadores de la IAATO (74.401) mientras que, en contraste y debido a la pandemia de la COVID-19, la temporada de 2020/21 tuvo solo dos expediciones individuales de tres yates y un total de 15 pasajeros. La IAATO informó que su Grupo Asesor de COVID-19 se formó después de la temporada de 2019/20 para proporcionar actualizaciones a los miembros con respecto a la evolución de las recomendaciones sobre cómo organizar viajes seguros y ambientalmente responsables durante la pandemia. La IAATO también informó sobre las acciones que ha llevado a cabo recientemente para fortalecer los requisitos de experiencia de su personal de campo, revisar y actualizar las directrices relacionadas con la bioseguridad y la vida silvestre, crear nuevos grupos de trabajo y comités, actualizar el programa de embajadores antárticos y fortalecer las operaciones para mitigar las colisiones con ballenas. Asimismo, señaló que su Reunión Anual de 2021 se llevó a cabo en forma virtual del 11 al 13 de mayo de 2021, y fue precedida por dos reuniones abiertas centradas en la COVID-19, así como por otras tres reuniones abiertas que abordaron temas

prioritarios tales como la mejora de ciertos estatutos y la revisión de los términos de referencia de los comités de la IAATO.

Tema 5: Informe del Comité para la Protección del Medio Ambiente

(22) La Sra. Birgit Njåstad, presidenta del Comité para la Protección del Medio Ambiente, presentó el informe de la XXIII Reunión del CPA. El CPA había considerado 50 documentos de trabajo y 57 documentos de información. Además, se habían entregado 4 documentos de la Secretaría y 4 documentos de antecedentes de conformidad con los temas del programa del CPA.

(23) Reflexionando sobre los resultados y logros del CPA XXIII, muchas Partes expresaron su agradecimiento por el gran volumen de trabajo que el CPA había completado, especialmente dadas las dificultades que había presentado el formato virtual de la reunión, celebrada en varios husos horarios. En su agradecimiento, enfatizaron que el Protocolo sobre Protección del Medio Ambiente fue reconocido mundialmente como un acuerdo de protección ambiental ejemplar y que el trabajo del CPA era crucial para la protección del medio ambiente antártico.

(24) Muchas Partes también expresaron su decepción por las acciones tomadas en esta reunión del CPA por una de las Partes que desafiaron tanto el espíritu como la práctica de la toma de decisiones por consenso. Estas incluyeron algunas acciones que frustraron los esfuerzos pragmáticos para llegar a un consenso, tales como la introducción de objeciones a cuestiones de alta prioridad durante la reunión en lugar de durante los dos últimos años de trabajo en el periodo entre sesiones, como era habitual para dar tiempo a la presentación de opiniones y avanzar hacia el consenso. Además, muchas Partes señalaron con preocupación que, en ocasiones, se había denegado el consenso en espera de un acuerdo sobre asuntos no relacionados, o al centrarse en cuestiones de interpretación jurídica que estaban fuera del ámbito del CPA, además de la falta de voluntad para llegar a un arreglo cuando existía un acuerdo general. Muchas Partes también expresaron su decepción por el hecho de que el CPA no pudo responder plenamente a las solicitudes que le hizo la RCTA, particularmente en ámbitos donde se habían empleado muchos años de trabajo. Advirtieron que, a largo plazo, esto podría socavar la capacidad del Comité para contribuir con una orientación científica apolítica a un Sistema del Tratado Antártico que funcione correctamente. Estas Partes instaron a los miembros a participar de manera constructiva en el trabajo en el período entre sesiones y a defender el espíritu de consenso de buena fe.

Apertura de la reunión (Tema 1 del programa del CPA)

(25) La presidenta del CPA informó que el CPA había dado la bienvenida a Colombia como nuevo miembro, tras su adhesión al Protocolo el 14 de marzo de 2020 y señaló que el CPA ahora estaba compuesto por 41 miembros.

Deliberaciones estratégicas sobre el trabajo futuro del CPA (Tema 3 del programa del CPA)

(26) La presidenta del CPA señaló que el Comité había actualizado su Plan de trabajo quinquenal a fin de incorporar las acciones que surgieron durante la reunión.

Funcionamiento del CPA (Tema 4 del programa del CPA)

(27) La presidenta del CPA informó que el Comité había constatado que los subforos creados antes de la reunión virtual habían sido una forma eficiente de comenzar a administrar una gran cantidad de planes de gestión antes de la reunión. Basándose en las experiencias, el Comité había encargado al Grupo Subsidiario sobre Planes de Gestión (GSPG) que

estudiara opciones para una revisión eficiente previa a la reunión de los planes de gestión revisados que hubieran sido remitidos al CPA para su consideración y adopción.

Cooperación con otras organizaciones (Tema 5 del programa del CPA)

(28) La presidenta del CPA informó que el Comité había recibido los informes anuales del COMNAP, el SCAR y la OMM, y había designado a representantes del CPA para asistir a las reuniones de otras organizaciones.

Implicaciones del cambio climático para el medio ambiente: Enfoque estratégico (Tema 7 del programa del CPA)

Enfoque estratégico

(29) La presidenta del CPA señaló que el Comité había considerado un informe que presentaba varios de los hallazgos clave de los recientes informes especiales del Grupo Intergubernamental de Expertos sobre el Cambio Climático (IPCC) relacionados con el cambio climático de la Antártida y el océano Austral en un contexto global. El informe había descrito los cambios previstos en varios elementos del medio ambiente antártico. El Comité había hecho hincapié en el valor de contar con esa síntesis científica como base para su trabajo y había expresado su apoyo general a las recomendaciones del documento.

(30) La presidenta del CPA informó a la Reunión que el Comité había acordado: alentar a los miembros a seguir considerando estos resultados de la investigación científica que podrían servir de base informativa para la formulación de respuestas y acciones de políticas regionales y continentales bajo el ámbito del CPA; priorizar su apoyo a las investigaciones científicas del cambio climático y las respuestas a este en la región; enfatizar la importancia de la Antártida y el océano Austral respecto a la regulación climática global, y la necesidad de protección continua de estos ambientes y ecosistemas dependientes y asociados -de acuerdo con el Protocolo Ambiental- a la luz de la construcción de un futuro sostenible para la humanidad y la biodiversidad de la que dependemos; transmitir a sus naciones, en el contexto de los 60 años del Tratado Antártico, la importancia del Acuerdo de París para proteger los entornos de la Antártida y del océano Austral y sus ecosistemas dependientes y asociados de los impactos y riesgos adicionales del cambio climático, y continuar considerando los informes del IPCC, especialmente el Resumen para los encargados de formular políticas de cada informe.

(31) La presidenta del CPA también informó que el Comité había debatido la propuesta de considerar el uso de herramientas o estándares de diseño sostenible para diseñar, construir y operar estaciones antárticas modernizadas. El Comité había expresado su apoyo general a los principios de diseño ecológico sostenible y al intercambio y la comunicación de información sobre la modernización y la reconstrucción de estaciones. Al mismo tiempo, el Comité había advertido contra la adopción de normas estandarizadas que no se ajustaran necesariamente a todas las circunstancias ni se acomodaran a normas nacionales o que no hayan sido diseñadas para las condiciones particulares de la Antártida.

(32) La Reunión agradeció al CPA su trabajo y respaldó su asesoramiento. Las Partes acogieron con beneplácito el trabajo en curso y los esfuerzos continuos del SCAR para informar y actualizar al CPA y la RCTA sobre los mejores conocimientos científicos disponibles.

Implementación y examen del Programa de Trabajo de Respuesta para el Cambio Climático

(33) La presidenta del CPA recordó la Resolución 4 (2015) que alentó al Comité a comenzar a implementar su Programa de trabajo de respuesta para el cambio climático (CCRWP) como una cuestión prioritaria, y a proporcionar informes anuales de progreso a la RCTA sobre su implementación. Asimismo, esta resolución solicitaba al CPA que mantuviera al CCRWP bajo revisión periódica.

(34) La presidenta del CPA señaló que bajo este tema del programa el Comité había considerado un informe y recomendaciones del Grupo Subsidiario sobre Respuesta al Cambio Climático (GSRCC). Informó que, si bien todos menos uno de los miembros que hicieron uso de la palabra habían apoyado firmemente el CCRWP revisado, el Comité no había podido resolver las enmiendas sugeridas por un miembro con respecto al CCRWP actualizado del GSRCC, y que no había podido llegar a un acuerdo para adoptar esta actualización.

(35) La presidenta del CPA informó a la Reunión que el Comité había acordado respaldar la adición de las necesidades científicas identificadas en el CCRWP a las del Plan de trabajo quinquenal del CPA y que, tras la revisión del trabajo del GSRCC durante los últimos cuatro años, el Comité también había acordado que el trabajo del GSRCC debería continuar en el futuro bajo sus actuales términos de referencia. La presidenta del CPA destacó que el Comité había animado encarecidamente a los miembros a participar activamente en el trabajo del GSRCC para asegurar el progreso en estos asuntos.

(36) La Reunión enfatizó la importancia fundamental de comprender las implicaciones del cambio climático en la Antártida y la necesidad de actuar sobre la base del conocimiento científico existente, y destacó la importancia del trabajo del Comité en este asunto, incluida la implementación del Programa de Trabajo de Respuesta al Cambio Climático y los informes anuales de progreso a la RCTA. La mayoría de las Partes expresaron su preocupación y lamentaron que no se pudiera llegar a un consenso sobre una versión actualizada del Programa de trabajo, y que esto había impedido que el CPA proveyera su asesoramiento a la RCTA. La Reunión instó a las Partes a brindar apoyo para continuar este trabajo en forma prioritaria y alentó a todas las Partes a participar activamente en el trabajo del GSRCC. Las Partes destacaron que los intercambios de los períodos entre sesiones deberían ser pragmáticos y promover el entendimiento entre las Partes, particularmente cuando existen diferentes puntos de vista, y deberían estar dirigidos hacia el objetivo de alcanzar un consenso.

(37) Algunas Partes también expresaron su preocupación por la falta de consenso y acuerdo con respecto al financiamiento para el desarrollo de páginas web de la STA relacionadas con el CCRWP y con el trabajo del GSRCC, y señalaron que esta propuesta tenía como objetivo informar a la RCTA y a otros órganos internacionales sobre el importante trabajo del CPA en el ámbito del cambio climático.

Evaluación del Impacto Ambiental (EIA) (Tema 8 del programa del CPA)

Proyectos de Evaluación Medioambiental Global

(38) La presidenta del CPA informó que el Comité había examinado dos proyectos de Evaluación Medioambiental Global (EMG) de conformidad con el Artículo 3 del Anexo 1 del Protocolo: uno entregado por Nueva Zelandia con una propuesta de remodelación de la base Scott, y el otro por Turquía para la construcción y el funcionamiento de la Estación de Investigación Antártica Turca (TARS) en la isla Herradura.

(39) La presidenta del CPA informó que el Comité había discutido en detalle el borrador de EMG entregado por Nueva Zelandia para la remodelación propuesta de la base Scott y el informe de un GCI dirigido por España para revisar el borrador. Tras revisar el proyecto de EMG, el CPA informó a la RCTA de lo siguiente: que el proyecto de EMG

se ajustaba a los requisitos del Artículo 3 del Anexo I del Protocolo sobre Protección del Medio Ambiente; que en caso que Nueva Zelandia decidiera continuar con la actividad propuesta, había varios aspectos para los cuales se debería proporcionar información o aclaraciones adicionales en la EMG final requerida; la conclusión de que los impactos de la remodelación de la base Scott "conducirían a un impacto mayor que mínimo o transitorio en el medio ambiente" fue respaldada adecuadamente por la información proporcionada en el borrador de la EMG, y que el borrador de la EMG era claro, estaba bien estructurado y bien presentado, aunque se recomendaba una mejor resolución de mapas y figuras.

(40) La presidenta del CPA observó que el Comité había agradecido el compromiso asumido por Nueva Zelandia de responder a los asuntos planteados y la instó a que, en caso quedecidiera continuar con la actividad propuesta, tomara en consideración las recomendaciones del Comité al preparar la EMG final requerida.

(41) Nueva Zelandia expresó su agradecimiento al Comité por su trabajo y asesoramiento y, en particular, a España por sus esfuerzos en coordinar el GCI. Señaló que tendría plenamente en cuenta el asesoramiento en la preparación de su EMG final.

(42) La presidenta del CPA informó que el Comité también había estudiado detalladamente el proyecto de EMG entregado por Turquía para la construcción y el funcionamiento de la Estación de Investigación Antártica Turca (TARS) en la isla Herradura, Antártida, el informe de un GCI dirigido por Australia para revisar el proyecto de EMG y un documento entregado por Turquía que brinda información como respuesta inicial a los puntos planteados en el GCI. Tras examinar el proyecto de EMG, el CPA informó a la RCTA de lo siguiente: el proyecto de EMG se ajustaba en gran medida a los requisitos del Artículo 3 del Anexo I del Protocolo sobre Protección del Medio Ambiente, aunque era necesario abordar algunos elementos del Artículo 3 con mayor detalle; si Turquía decidiera continuar con la actividad propuesta, había algunos aspectos para los cuales se debería proporcionar información adicional o aclaraciones en la EMG final requerida, tal y como surge del informe del GCI, de los aportes particulares de los miembros en el GCI y de los comentarios de los miembros durante la reunión; que la información proporcionada en la EMG no respaldaba la conclusión de que los impactos de la actividad propuesta conducirían a una "perturbación mínima del medio ambiente", y que la conclusión debería utilizar preferiblemente la terminología del Artículo 8 y el Anexo I del Protocolo, y en ese sentido, resultaba probable que la actividad propuesta tuviera "un impacto mayor que mínimo o transitorio"; y que el borrador de EMG en general era claro y estaba bien estructurado y bien presentado, aunque se recomendaron incorporaciones y mejoras a los mapas y figuras y se requirió información y aclaraciones adicionales para presentar una evaluación completa de los impactos ambientales de la actividad propuesta.

(43) La presidenta del CPA observó que el Comité había agradecido el compromiso asumido por Turquía de responder a los asuntos planteados y la instó a que, si Turquía decidiera continuar con la actividad propuesta, tomara en consideración las recomendaciones del Comité en su preparación de la EMG final requerida.

(44) Turquía expresó su agradecimiento al CPA por sus sugerencias y expresó que tomaría nota de los comentarios y recomendaciones formulados. Destacó su compromiso con la protección del medio ambiente antártico y señaló que estaba trabajando para la implementación del Protocolo dentro de sus regulaciones nacionales.

(45) La Reunión agradeció a Nueva Zelandia y Turquía por su trabajo y respaldó el consejo del CPA. Algunas Partes señalaron que algunas de las actividades propuestas podrían tener impactos duraderos en la Antártida y requerían mayor atención. Muchas Partes, basándose en el Artículo IX (2) del Tratado Antártico, también destacaron que el establecimiento de una estación en la Antártida no era un requisito para obtener el estatus de Parte Consultiva, y alentaron a las Partes que estén considerando sus futuros

programas científicos antárticos a tener esto en cuenta. También se alentó a las Partes a participar activamente en las revisiones de los proyectos de EMG, considerando que estas abordaban propuestas de actividades que se esperaba que tuvieran impactos medioambientales duraderos y, por lo tanto, merecían especial atención.

(46) La ASOC señaló que, aunque creía que el proceso de EIA en general estaba funcionando bien, no estaba claro cómo funcionaba el proceso de EMG en algunos casos, particularmente con respecto a las actividades que tenían varias fases o etapas durante varios años. La ASOC sugirió que todos los componentes de una actividad deberían estar cubiertos por una EIA antes del inicio de la actividad, particularmente para las actividades que se llevaban a cabo en áreas cercanas a zonas prístinas. La ASOC señaló que, a este respecto, Turquía había proporcionado un buen ejemplo al entregar una EIA para su cabaña temporal antes de presentar una EMG para la estación completa.

Otros temas relacionados con las Evaluaciones del Impacto Ambiental

(47) La presidenta del CPA informó que el Comité había considerado una actualización del *Código de conducta ambiental del SCAR sobre actividades de investigación en geociencias sobre el terreno en la Antártida.* El Comité había señalado la importancia de asegurar que la investigación geológica en la Antártida tuviera un impacto mínimo en el medio ambiente antártico y que este código contribuiría a ese fin. La presidenta del CPA informó que el Comité había respaldado el código y acordó lo siguiente: reconocer que se habían realizado consultas amplias y extensas en el desarrollo de este Código de Conducta; reconocer que el Código de Conducta reemplazaba al Código de Conducta de Muestreo Geológico anterior del SCAR; remitir el Código de Conducta a la RCTA para su aprobación mediante una Resolución para el fomento de su difusión y uso al planificar y emprender actividades de investigación de campo en geociencias en la Antártida, y recomendar que las Partes mantuvieran información actualizada sobre sus repositorios nacionales que albergaran especímenes geológicos y paleontológicos antárticos.

(48) La Reunión agradeció su trabajo al SCAR en la actualización del *Código de conducta ambiental del SCAR sobre actividades de campo en geociencias* en la Antártida.

(49) La Reunión adoptó la Resolución 1 (2021) *Código de conducta ambiental del SCAR sobre actividades de investigación en geociencias sobre el terreno en la Antártida.*

Protección y gestión de zonas (Tema 9 del programa del CPA)

Planes de gestión

(50) La presidenta del CPA informó que el Comité había considerado planes de gestión para tres nuevas propuestas de Zonas Antárticas Especialmente Protegidas (ZAEP): islas Rosenthal en el archipiélago Palmer; islas Léonie y sureste de la isla Adelaida en la península antártica, y la isla Inexpressible y la bahía Seaview en la región del mar de Ross. También había considerado veinticuatro planes de gestión revisados de ZAEP y un plan de gestión revisado para una Zona Antártica Especialmente Administrada (ZAEA).

(51) La presidenta del CPA informó que el Comité no había podido aprobar los planes de gestión revisados para las ZAEP 113, 119, 124 y 139. Además, el Comité había acordado informar a la RCTA que, dados los cambios significativos propuestos al plan de gestión para la ZAEP 145, el plan de gestión revisado se remitiría al GSPG para su consideración en el período entre sesiones. El Comité también había acordado notificar a la RCTA que las revisiones quinquenales de los planes de gestión para las ZAEP 166 y ZAEP 174 se habían realizado de acuerdo con el Protocolo sobre Protección del Medio Ambiente y

que los planes de gestión existentes deberían permanecer en vigor hasta las siguientes revisiones, que se iniciarán en 2026.

(52) La Reunión agradeció al Comité su trabajo en la revisión de los planes de gestión. Con referencia a las ZAEP 113, 119, 124 y 139, algunas Partes expresaron su preocupación por la situación sin precedentes en la que un Miembro se había negado a aprobar estos planes de gestión revisados debido a una serie de objeciones poco claras sobre una cuestión relativamente menor. Se afirmó que la acción de esa Parte en solitario socavaba la aplicación del Anexo V del Protocolo y cuestionaba su voluntad de negociar de buena fe.

(53) Siguiendo la recomendación del CPA, la Reunión aprobó las siguientes Medidas sobre las Zonas Protegidas:

- Medida 1 (2021), *Zona Antártica Especialmente Administrada (ZAEA) n.º 6. (Colinas de Larsemann, Antártida Oriental): Plan de Gestión revisado.*
- Medida 2 (2021), *Zona Antártica Especialmente Protegida ZAEP n.º 101. (Pingüinera Taylor, Tierra de Mac Robertson): Plan de Gestión revisado.*
- Medida 3 (2021), *Zona Antártica Especialmente Protegida ZAEP n.º 102. (Islas Rookery, bahía Holme, Tierra de Mac Robertson): Plan de Gestión revisado.*
- Medida 4 (2021), *Zona Antártica Especialmente Protegida ZAEP n.º 103. (Isla Ardery e Isla Odbert, costa Budd, Tierra de Wilkes, Antártida Oriental): Plan de Gestión revisado.*
- Medida 5 (2021), *Zona Antártica Especialmente Protegida ZAEP n.º 104. (Isla Sabrina, islas Balleny): Plan de Gestión revisado.*
- Medida 6 (2021), *Zona Antártica Especialmente Protegida ZAEP n.º 105. (Isla Beaufort, ensenada McMurdo, mar de Ross): Plan de Gestión revisado.*
- Medida 7 (2021), *Zona Antártica Especialmente Protegida ZAEP n.º 106. (Cabo Hallett, Tierra Victoria del Norte, mar de Ross): Plan de Gestión revisado.*
- Medida 8 (2021), *Zona Antártica Especialmente Protegida ZAEP n.º 120. (Archipiélago de punta Géologie, Tierra de Adelia): Plan de Gestión revisado.*
- Medida 9 (2021), *Zona Antártica Especialmente Protegida ZAEP n.º 121. (Cabo Royds, isla Ross): Plan de Gestión revisado.*
- Medida 10 (2021), *Zona Antártica Especialmente Protegida ZAEP n.º 131. (Glaciar Canadá, lago Fryxell, valle Taylor, Tierra Victoria): Plan de Gestión revisado.*
- Medida 11 (2021), *Zona Antártica Especialmente Protegida ZAEP n.º 134. (Punta Cierva e islas litorales, costa Danco, península Antártica): Plan de Gestión revisado.*
- Medida 12 (2021), *Zona Antártica Especialmente Protegida ZAEP n.º 148. (Monte Flora, bahía Esperanza, península Antártica): Plan de Gestión revisado.*
- Medida 13 (2021), *Zona Antártica Especialmente Protegida ZAEP n.º 155. (Cabo Evans, isla Ross): Plan de Gestión revisado.*
- Medida 14 (2021), *Zona Antártica Especialmente Protegida ZAEP n.º 157. (Bahía Backdoor, cabo Royds, isla Ross): Plan de Gestión revisado.*
- Medida 15 (2021), *Zona Antártica Especialmente Protegida ZAEP n.º 158. (Punta*

Hut, isla Ross): Plan de Gestión revisado.

- Medida 16 (2021), *Zona Antártica Especialmente Protegida ZAEP n.º 159. (Cabo Adare, costa Borchgrevink): Plan de Gestión revisado.*
- Medida 17 (2021), *Zona Antártica Especialmente Protegida ZAEP n.º 163. (Glaciar Dakshin Gangotri, Tierra de la Reina Maud): Plan de Gestión revisado.*
- Medida 18 (2021), *Zona Antártica Especialmente Protegida ZAEP n.º 167. (Isla Hawker, Tierra de la Princesa Isabel): Plan de Gestión revisado.*
- Medida 19 (2021), *Zona Antártica Especialmente Protegida ZAEP n.º 176. (Islas Rosenthal, isla Anvers, archipiélago Palmer): Plan de Gestión.*
- Medida 20 (2021), *Zona Antártica Especialmente Protegida ZAEP n.º 177. (Islas Leonie y sudeste de la isla Adelaida, península antártica): Plan de Gestión.*
- Medida 21 (2021), *Zona Antártica Especialmente Protegida ZAEP n.º 178. (Isla Inexpressible y bahía Terra Nova, mar de Ross): Plan de Gestión.*

Sitios y Monumentos Históricos

(54) La presidenta del CPA informó que el Comité había considerado una propuesta para agregar un nuevo Sitio y Monumento Histórico.

(55) En aceptación del asesoramiento del CPA, la Reunión aprobó la inclusión de los restos del naufragio del buque español *San Telmo*, que desapareció en 1819, en la Lista de Sitios y Monumentos Históricos, y adoptó la Medida 22 (2021) *Lista revisada de sitios y monumentos históricos de la Antártida: Pecio del San Telmo.*

(56) La presidenta del CPA señaló que, en el contexto de este tema del programa, el Comité había acordado la necesidad de celebrar más debates y proporcionar orientación con respecto a los sitios y monumentos históricos con ubicaciones desconocidas, y lo agregó como tema a su Plan de Trabajo Quinquenal.

(57) El Comité también había considerado y respaldado los resultados del trabajo que se había realizado entre períodos de sesiones para actualizar la lista de SMH en su nuevo formato de conformidad con la Decisión 1 (2019).

(58) En relación con el cambio de formato de la Lista de Sitios y Monumentos Históricos, la presidenta del CPA informó que el Comité había acordado lo siguiente: remitir la lista reformateada de SMH a la RCTA para su adopción mediante una Medida; recomendar a la RCTA que acepte una Decisión que especifique qué campos de información se considerarían parte formal de la lista para los cuales los cambios requerirían adopción a través de una Medida, y qué campos de información podrían considerarse información complementaria requerida, cuyos cambios deberían llevar el acuerdo del CPA y comunicarse a la RCTA; respaldar la Guía revisada para la presentación de documentos de trabajo que contengan propuestas para ZAEP, ZAEA o SMH y remitirla a la RCTA para su adopción mediante una Resolución; y solicitar que la Secretaría complete la base de datos con la información proporcionada para el nuevo formato y que la haga pública a través del sitio web del STA lo antes posible.

(59) Siguiendo la recomendación del CPA, la Reunión aprobó la Medida 23 (2021) *Sistema de zonas antárticas protegidas: Lista reformateada de sitios y monumentos históricos,* Decisión 1 (2021) *Sistema de zonas antárticas protegidas: Lista reformateada de sitios y monumentos históricos* y la Resolución 2 (2021) *Guía revisada para la presentación de documentos de trabajo que contengan propuestas relativas a Zonas Antárticas Especialmente Protegidas, a Zonas Antárticas Especialmente Administradas y a Sitios y Monumentos Históricos.*

(60) La presidenta del CPA también señaló que el Comité había aconsejado a la RCTA que considerara el resultado de una evaluación de los restos históricos anteriores a 1958 en Camp Lake, cerros Vestfold, Antártida oriental, y señaló la conclusión de que no se propuso el nombramiento del sitio para la inclusión en el listado de SMH, así como que se había acordado que la protección provisional de los restos ya no era necesaria.

(61) La Reunión agradeció al Comité por su trabajo sobre los SMH y señaló que el cambio de formato de la lista era un logro importante que había mejorado la coherencia y la información relacionada con los Sitios y Monumentos Históricos.

Directrices para sitios

(62) La presidenta del CPA informó que el Comité había considerado el informe del GCI que había tratado cuestiones relacionadas con el fortalecimiento de la orientación existente para los visitantes de la Antártida. Basándose en una propuesta del GCI, el Comité había acordado enmendar las Directrices generales para visitantes a la Antártida adoptadas mediante la Resolución 3 (2011), y había señalado su confianza en que las revisiones proporcionarían una orientación general para reducir el potencial impacto medioambiental de las actividades de los visitantes.

(63) Tras señalar el aumento de las actividades turísticas en la Antártida, la Reunión agradeció al Comité su trabajo para fortalecer y actualizar las pautas para los visitantes. Algunas Partes señalaron que las directrices específicas para sitios podrían beneficiarse de un nuevo diseño.

(64) Siguiendo el consejo del CPA, la Reunión consideró y aprobó las nuevas Directrices para sitios revisadas para el cabo Evans, la punta Hut, el cabo Adare y el cabo Royds, todos ellos ubicados en la isla Ross, así como para Seabee Hook, en el cabo Hallett, y adoptó la Resolución 3 (2021) *Directrices para sitios que reciben visitantes*.

(65) La Reunión consideró y aprobó las Directrices generales revisadas para visitantes a la Antártida, así como las enmiendas realizadas a la lista de verificación adjunta a la Resolución 3 (2019) mediante la adopción de la Resolución 4 (2021) *Directrices generales y lista de verificación de directrices para sitios de la Antártida que reciben visitantes*.

Protección y gestión del espacio marino

(66) La presidenta del CPA informó que el Comité había considerado un informe sobre los debates mantenidos entre 2019 y 2021 sobre cómo las medidas de protección del medio marino en el marco del Protocolo sobre Protección del Medio Ambiente podrían apoyar iniciativas de protección marina en el contexto de la Resolución 5 (2017). El apéndice 1 de dicho informe enumeraba ejemplos existentes de "herramientas" del CPA que, según el Protocolo, pueden usarse para contribuir a la protección del medio marino, e informaba sobre actividades relevantes de investigación y vigilancia en la región del mar de Ross. El Comité había considerado la propuesta de enviar el apéndice 1 a la RCTA como respuesta a la solicitud del CPA contenida en la Resolución 5 (2017). La presidenta del CPA informó que el Comité no había llegado a un consenso sobre la recomendación.

(67) La presidenta del CPA informó que el Comité también había considerado un documento sobre la mejora de la cooperación en la investigación y el seguimiento de la dinámica de la población de pingüinos en la región del mar de Ross. El Comité había destacado su apoyo a los últimos 40 años de cooperación internacional por parte de los programas antárticos nacionales activos en la región del mar de Ross.

(68) La Reunión agradeció a Nueva Zelandia por liderar el trabajo entre sesiones relacionado con las medidas de protección marina. Varias Partes expresaron su pesar porque el CPA

no había llegado a un acuerdo en el asesoramiento a la RCTA en respuesta a su solicitud sobre la Resolución 5 (2017), ni había llegado a un consenso sobre la remisión del apéndice 1 del informe, y señalaron que las herramientas enumeradas en el apéndice podrían servir como una base valiosa para la acción protectora fundamentada en el enfoque precautorio. La Reunión advirtió que el CPA había estado cerca de llegar a un consenso, pero que un Miembro había pedido que se evaluara la eficiencia de las herramientas descritas en el apéndice 1. Tomando nota de que el apéndice había constituido la culminación de cuatro años de trabajo entre sesiones, que los miembros del CPA habían llegado a un acuerdo sobre el texto del apéndice durante la reunión del CPA y que la RCTA aún estaba esperando su resultado, algunas Partes sugirieron que el CPA abordara la cuestión de cómo podría llevar adelante el apéndice o qué podría hacer la RCTA para respaldar su trabajo para hacerlo.

Otros asuntos relacionados con el anexo V

(69) La presidenta del CPA informó que el Comité había considerado una presentación de directrices propuestas para la revocación de la designación de Zonas Antárticas Especialmente Protegidas. El CPA había acordado notificar a la RCTA que había respaldado las Directrices para la revocación de la designación de ZAEP (adjuntas como apéndice 3 a su informe) y había acordado utilizar las directrices en cualquier proceso futuro de revocación de la designación. El Comité había hecho hincapié en que se debería tener precaución al abordar la revocación de la designación de cualquier sitio. El Comité también había solicitado que la Secretaría publicara las directrices en su sitio web.

(70) Además, la presidenta del CPA informó que el Comité había discutido un documento que promovía la investigación científica como base informativa para la toma de decisiones sobre la Antártida. Reconociendo que las acciones de gestión debían adaptarse a medida que evolucionaban los conocimientos científicos, muchos miembros habían señalado que esto no menoscababa la importancia de aplicar un enfoque precautorio. El Comité había reiterado el papel central de la ciencia en la promoción de la protección integral del medio ambiente antártico, y había señalado que continuaría encargándose de cómo apoyar de la mejor manera la toma de decisiones bien fundada con base en el mejor asesoramiento científico y técnico disponible.

Conservación de la flora y fauna antárticas (Tema 10 del programa del CPA)

Cuarentena y especies no autóctonas

(71) La presidenta del CPA informó que el Comité había considerado un documento que contenía un análisis de aspectos relacionados con el riesgo de zoonosis inversa del SARS-CoV-2 (también conocida como COVID-19) por contacto directo entre humanos en la Antártida y la vida silvestre antártica, que brindaba recomendaciones para reducir estos riesgos. El Comité había acordado informar a la RCTA que las Partes deberían: continuar apoyando los protocolos proactivos relacionados con la gestión y prevención de brotes de COVID-19; trabajar con sus autoridades competentes y los organismos nacionales pertinentes para capacitarlos en lo que respecta a la naturaleza migratoria de las especies marinas antárticas y a los riesgos relacionados con la zoonosis inversa para las especies antárticas, especialmente para los cetáceos; asegurar, a través del proceso de EIA, que los investigadores antárticos y el personal de apoyo de investigación relacionado que entrara en contacto directo o cercano con la vida silvestre con fines de investigación lo hiciera bajo los estrictos protocolos destinados a llevar a cabo las investigaciones propuestas; asegurar que todo el personal de la Antártida recibiera una capacitación regular que incluyera capacitación sobre los protocolos de su programa con respecto a las distancias de "no aproximación" a la vida silvestre; capacitar a todos los expedicionarios sobre la importancia de seguir empleando prácticas rigurosas de

limpieza e higiene básica en todas las situaciones antárticas; asegurarse de que los investigadores y el personal de apoyo a la investigación que sospechara que tiene COVID-19 siga los protocolos de su programa y no entre en contacto con la vida silvestre antártica, incluso si se les estuviera permitido hacerlo; y apoyar la investigación de estudios de zoonosis inversa que involucren especies antárticas, y compartir información y datos de estos estudios.

(72) La Reunión agradeció al Comité su trabajo sobre especies no autóctonas, tomó nota del asesoramiento del CPA sobre la zoonosis inversa y acogió con satisfacción los nuevos avances en este trabajo.

Especies especialmente protegidas

(73) La presidenta del CPA informó que el Comité había debatido una revisión sobre el estatus del pingüino emperador llevada a cabo por el SCAR, en la que descubrió que este era vulnerable al cambio climático en curso y previsto, lo que justificaba su protección como especie antártica especialmente protegida. El Comité había tomado nota de las implicaciones del cambio climático para el pingüino emperador.

(74) La presidenta del CPA informó que el Comité había acordado establecer un GCI para preparar un proyecto de plan de acción revisado para el pingüino emperador que se presentará y debatirá en la XXIV reunión del CPA, de conformidad con las ya adoptadas *Directrices para la consideración por el CPA de proyectos relativos a designaciones nuevas y revisadas de especies antárticas especialmente protegidas en virtud del Anexo II al Protocolo.*

(75) La Reunión elogió al CPA por establecer el GCI para preparar un plan de acción para una mayor protección del pingüino emperador, agradeció al Reino Unido por acceder a coordinarlo y reconoció la importante investigación científica realizada por el SCAR sobre el pingüino emperador.

Otros asuntos relacionados con el anexo II

(76) La presidenta del CPA informó que el Comité había considerado algunos documentos relacionados con herramientas espaciales que se habían propuesto como herramientas adicionales relevantes dentro del conjunto de herramientas del CPA que respaldan su trabajo, incluido el análisis retrospectivo de los datos de seguimiento de la Antártida (RAATD) que identifica "Zonas de Importancia Ecológica" (ZIE) y el trabajo realizado para identificar "Áreas Importantes para los Mamíferos Marinos" (AIMM). La presidenta del CPA informó a la Reunión que el Comité no había llegado a un acuerdo sobre el envío de Resoluciones que respaldaran estas herramientas para su aprobación y había acordado revisar estos debates en futuras reuniones.

(77) La Reunión agradeció al CPA por su trabajo sobre estos temas y señaló que eran un excelente ejemplo de cooperación y colaboración científica internacional. Varias Partes lamentaron que el Comité no hubiera llegado a un consenso sobre el envío de proyectos de Resolución relacionados con estas herramientas espaciales a la RCTA, y destacaron que las herramientas y la información científica subyacente podrían hacer una contribución importante al avance de los objetivos del Protocolo sobre Protección del Medio Ambiente y la Convención de la CRVMA.

Vigilancia ambiental e informes sobre el estado del medio ambiente (Tema 11 del programa del CPA)

(78) La presidenta del CPA informó que el Comité había debatido y considerado una serie de recomendaciones sobre el Portal de medioambientes antárticos y que había renovado su apoyo al Portal. El Comité también había tomado nota de que el SCAR había asumido la gestión del Portal y había agradecido al SCAR por su extensa labor. El Comité había expresado su valoración del Portal como fuente de información científica de alta calidad sobre temas de relevancia para el trabajo del Comité.

(79) La Reunión agradeció al SCAR por asumir la gestión del Portal de medioambientes antárticos, una fuente de la mejor información disponible para los encargados de formular políticas, y por apoyar el trabajo del CPA y la RCTA. Varias Partes reiteraron la importancia de asegurar que la información contenida en el Portal se basara en la mejor ciencia disponible y que las contribuciones reflejaran una amplia participación en términos de género, de los cuatro idiomas oficiales y de equilibrio geográfico.

Informes de inspección (Tema 12 del programa del CPA)

(80) La presidenta del CPA señaló que el Comité había debatido los informes de las inspecciones de Australia y Estados Unidos, realizadas en enero y febrero de 2020, respectivamente. El Comité había observado que las dos inspecciones habían demostrado que, en términos generales, existía un alto compromiso con los aspectos ambientales de las operaciones de las estaciones en la mayoría de las estaciones, de acuerdo con los objetivos, disposiciones y normas del Protocolo.

Elección de autoridades (Tema 14 del programa del CPA)

(81) La presidenta del CPA señaló que el Comité había elegido al Dr. Anoop Tiwari (India) para desempeñar un primer mandato de dos años como vicepresidente del CPA, y que había reelegido a la Sra. Birgit Njåstad (Noruega) para un segundo mandato de dos años como presidenta del CPA. El Comité también había agradecido a la Sra. Patricia Ortúzar (Argentina) sus incansables esfuerzos, productividad y liderazgo como vicepresidenta del CPA durante los últimos años.

(82) La Reunión felicitó al Dr. Tiwari por su elección y expresó su agradecimiento a la Sra. Ortúzar por el trabajo realizado durante su mandato.

Preparativos para la próxima reunión (Tema 15 del programa del CPA)

(83) La presidenta del CPA señaló que el Comité había aprobado un Programa preliminar para la XXIV reunión del CPA, que reflejaba a su vez el programa de su XXIII reunión.

(84) La Reunión agradeció calurosamente a la Sra. Birgit Njåstad su excelente liderazgo del Comité y la felicitó por su reelección como presidenta del CPA. También le agradeció su trabajo preparatorio y el facilitar la alta calidad de los debates a pesar de la naturaleza virtual de la reunión.

(85) La Reunión expresó su agradecimiento al CPA, y destacó la importancia del asesoramiento y las recomendaciones que el Comité proporciona a las Partes en relación con la implementación del Protocolo sobre Protección del Medio Ambiente, particularmente en el 30.º aniversario de su firma.

Tema 6a: Funcionamiento del Sistema del Tratado Antártico: Solicitud de Belarús para que se le conceda la condición de Parte Consultiva

(86) Belarús presentó el documento IP 5 *Sobre la cuestión del examen de la solicitud de la República de Belarús para obtener la condición de Parte Consultiva*. Belarús informó que, desde que se convirtió en Parte Contratante del Tratado Antártico en 2006, había desarrollado activamente legislación nacional para actividades en la Antártida y había participado en trabajos científicos y actividades de colaboración internacional en la Antártida, incluida la membresía constante al CPA, la membresía al COMNAP desde 2015 y la membresía al SCAR como asociado desde 2018. Belarús destacó las zonas prioritarias de su investigación científica, la participación en proyectos científicos internacionales en la Antártida y su intención de convertirse en miembro pleno del SCAR en un futuro próximo. Belarús destacó algunos de sus importantes trabajos en la Antártida, tales como: 13 expediciones; 12 científicos bielorrusos que trabajan como parte de las expediciones de la Federación de Rusia, Bulgaria y Turquía; y una estación que se construirá en 2021. Belarús expuso a la atención de las Partes información detallada sobre sus actividades en los documentos IP 36 y IP 96 (ambos enviados a la XLII RCTA) y en una monografía proporcionada a las Partes Consultivas titulada "Investigación científica de Belarús en la Antártida", de conformidad con el párrafo operativo 1 de la Decisión 2 (2017). Belarús destacó su compromiso de continuar adhiriendo a los principios fundamentales del Tratado Antártico y su Protocolo sobre Protección del Medio Ambiente. Belarús consideró que, sobre la base de la información presentada en sus documentos, sus actividades cumplían los criterios necesarios en virtud del Artículo IX del Tratado Antártico para obtener el estatus de Parte Consultiva, así como los de la Decisión 2 (2017).

(87) La Reunión agradeció a Belarús su presentación y su interés en obtener el estatus de Parte Consultiva. Al señalar la necesidad de una reunión en persona para tratar un asunto tan importante, las Partes decidieron posponer la solicitud de Belarús hasta que pudiera debatirse formalmente en la XLIV RCTA en 2022.

Tema 6b: Funcionamiento del Sistema del Tratado Antártico: Asuntos generales

(88) La Federación de Rusia presentó el documento WP 55 *Informe de los debates informales sobre temas, tendencias y desafíos relevantes para el Sistema del Tratado Antártico*, que resumió los comentarios y sugerencias hechos por las Partes durante los debates informales sobre temas, tendencias y desafíos relevantes para el Sistema del Tratado Antártico. También recordó que la XLII RCTA había agregado un nuevo tema prioritario (número 16) al Plan de trabajo estratégico plurianual para alentar a las Partes a identificar y abordar de manera proactiva las tendencias actuales y futuras relacionadas con el STA. Tras señalar que muchas Partes habían participado en los debates del grupo informal que se llevaron a cabo durante el período entre sesiones a través de un foro en línea de la RCTA, la Federación de Rusia destacó como cuestiones clave: la expansión de la actividad humana en la Antártida, la mejora de la coordinación entre varias partes del Sistema del Tratado Antártico y el cambio climático. La Federación de Rusia recomendó que las Partes: debatieran los resultados del debate informal llevado a cabo durante el período entre sesiones, continuaran estos debates que se consideraron esenciales para el funcionamiento del STA y actualizaran el Plan de trabajo estratégico plurianual según correspondiera.

(89) El presidente proporcionó un resumen de las presentaciones del foro previo a la RCTA relacionadas con el documento WP 55, y señaló que España, Nueva Zelandia, la Argentina, Chile, Japón, Australia, Estados Unidos y la ASOC habían hecho comentarios. Si bien el STA había demostrado ser eficaz y versátil a lo largo de sus 60 años de historia, las Partes reconocieron los desafíos actuales que plantea el cambio climático y el aumento de las actividades humanas en la Antártida. Para abordar estos desafíos, las Partes destacaron la utilidad de mantener una cooperación estrecha, la toma

de decisiones fundamentada en el consenso, la adopción oportuna de medidas y la implementación de las obligaciones para enfrentar estos desafíos. Hubo un amplio consenso sobre que el STA debe mantener su especificidad al considerar otros marcos legales internacionales y procesos globales. En respuesta al desafío planteado por el aumento de la actividad en el Área del Tratado Antártico por parte de personas bajo la jurisdicción de Estados que no eran parte del Tratado Antártico, una Parte señaló la importancia de hacer que el Tratado Antártico y su Protocolo sobre Protección del Medio Ambiente fueran universales. Las Partes también señalaron que el tema del foro que dio lugar al documento WP 55 podría mantenerse para abordar cuestiones que no se habían considerado específicamente en otra parte del Programa de la RCTA o del Plan de trabajo estratégico plurianual.

(90) La Reunión agradeció a los participantes del foro previo a la RCTA sus presentaciones y a la Federación de Rusia su documento, y subrayó la importancia de trabajar juntos de manera cooperativa para abordar los problemas y desafíos emergentes a los que se enfrenta el STA. Retomando los comentarios hechos en el foro previo a la RCTA, algunas Partes destacaron la importancia de aprovechar las oportunidades para participar y cooperar con otros organismos internacionales, manteniendo al mismo tiempo la integridad y los objetivos del STA. Algunas Partes también comentaron la importancia de reconocer las competencias de los distintos instrumentos que componen el STA, al tiempo que se aseguran de que funcionen eficazmente al unísono para administrar el Área del Tratado Antártico de manera eficaz. Las Partes también reiteraron que, si bien algunas cuestiones destacadas en el documento WP 55, como el turismo y el cambio climático, ya se estaban abordando en los temas pertinentes del programa de la RCTA, el foro debería mantenerse para debatir otras cuestiones importantes y emergentes.

(91) Se planteó la cuestión de si sería útil para la RCTA solicitar que la Secretaría redactara un informe sobre la diversidad de medidas para diferenciar las que podrían entrar en vigor con relativa rapidez y facilidad de las que no.

(92) La Reunión expresó un amplio apoyo a las recomendaciones del documento WP 55 para continuar la discusión sobre temas, tendencias y desafíos relevantes a los que se enfrenta el STA. Asimismo, acordó extender los debates informales sobre este tema en el foro de la RCTA y actualizar el Plan de trabajo estratégico plurianual, según proceda.

(93) Nueva Zelandia presentó el documento WP 63 *COVID-19 y la Antártida*, elaborado de manera conjunta con la Argentina, Australia, Chile, Noruega, el Reino Unido y el SCAR. Nueva Zelandia subrayó el impacto significativo que la pandemia de la COVID-19 continuaba teniendo en el trabajo de la RCTA, incluida la cancelación de la RCTA de 2020 y la celebración de la RCTA de 2021 de manera virtual. También señaló el impacto que tuvo la pandemia en la facilitación de la investigación y cooperación científicas a nivel internacional en la Antártida desde marzo de 2020. Los proponentes destacaron que la excelente cooperación y el intercambio de información en el espíritu del Sistema del Tratado Antártico durante una época marcada por tantos retos era motivo de celebración. Los proponentes enfatizaron la importancia de continuar trabajando juntos para establecer pautas y protocolos de mejores prácticas para mantener la seguridad de los trabajadores y de la vida silvestre en la Antártida. Los proponentes recomendaron que la RCTA considerara la adopción de una Resolución para señalar esta circunstancia extraordinaria y, a través de su adopción, se comprometiera a una cooperación continua para minimizar la perturbación de la COVID-19 en el trabajo del STA.

(94) El presidente proporcionó un resumen de las presentaciones en el foro previo a la RCTA relacionadas con el documento WP 63, en el que señaló que la Argentina, Chile, la ASOC y la IAATO habían proporcionado comentarios. También informó que los participantes habían señalado el importante desafío que representa la COVID-19 y habían apoyado los objetivos de cooperación y comunicación reflejados en el proyecto de Resolución.

(95) La Reunión agradeció a los participantes en el foro previo a la RCTA sus presentaciones; agradeció a la Argentina, Australia, Chile, Noruega, SCAR, el Reino Unido y Nueva Zelandia el documento aportado, y respaldó sus comentarios sobre los importantes desafíos que la pandemia de COVID-19 continuaba planteando para sus programas antárticos nacionales y el Sistema del Tratado Antártico en general. Muchas Partes comentaron sobre la manera rápida y cooperativa con la que los programas antárticos nacionales habían respondido a la COVID-19, mediante la implementación de medidas y protocolos que habían permitido que las actividades científicas críticas continuaran en la Antártida al tiempo que garantizaban la salud y la seguridad del personal. Las Partes señalaron sus preocupaciones sobre el impacto que la COVID-19 había tenido no solo en el turismo, sino también en las actividades relacionadas con la pesca dentro de la CCRVMA, tales como los sistemas de observación científica y las inspecciones multilaterales.

(96) La Reunión expresó su agradecimiento al COMNAP, al SCAR y a la IAATO por trabajar de manera proactiva y efectiva para desarrollar medidas, herramientas y protocolos para evitar la introducción de la COVID-19 en la Antártida. La Reunión también señaló la importancia de que las Partes compartieran sus experiencias y lecciones aprendidas de la pandemia de COVID-19, y que continuaran el espíritu de cooperación que había permitido que los proyectos científicos críticos en la Antártida se mantuvieran en circunstancias difíciles.

(97) Destacando el importante papel que desempeñaron el COMNAP y el SCAR en la respuesta a la pandemia, la Reunión agradeció al COMNAP los documentos IP 82 *Operaciones de los programas antárticos nacionales durante una temporada antártica sin precedentes* (COMNAP) y WP 47 *SARS-CoV-2 en especies antárticas mediante zoonosis inversa (*COMNAP) que presentó ante el CPA, y agradeció al SCAR el documento IP 55 presentado ante el CPA: *Riesgos del COVID-19 para la fauna antártica* (SCAR).

(98) La Reunión expresó su firme apoyo a la propuesta presentada en el documento WP 63 y adoptó la Resolución 5 (2021) *Enfermedad del coronavirus 2019 y Antártida.*

(99) El secretario ejecutivo presentó el Documento de la Secretaría SP 3 *Lista de medidas con estado "aún no efectivas"*, e informó que, según la base de datos del STA, había varias Medidas que aún no habían entrado en vigor. Estas eran las Medidas adoptadas en la XVI RCTA (Bonn, 1991), la XXVII RCTA (Ciudad del Cabo, 2004), la XXVIII RCTA (Estocolmo, 2005) y la XXXII RCTA (Baltimore, 2009).

(100) El presidente proporcionó un resumen de las presentaciones en el foro previo a la RCTA relacionadas con el SP 3, y señaló que Nueva Zelandia, el Reino Unido y Chile habían proporcionado comentarios. Las Partes señalaron su preocupación por el hecho de que el anexo VI del Protocolo sobre Protección del Medio Ambiente, relativo a la responsabilidad, aún no hubiera entrado en vigor y expresaron su disposición a ayudar a otras Partes en sus continuos esfuerzos.

(101) La Reunión agradeció al secretario ejecutivo este documento y a los participantes, sus presentaciones en el foro previo a la RCTA, y alentó a todas las Partes que aún no habían implementado las Medidas y Recomendaciones de la RCTA a que lo hicieran lo antes posible.

(102) Varias Partes proporcionaron actualizaciones sobre la implementación nacional de Medidas y Recomendaciones que aún no eran efectivas. Alemania informó que estaba en proceso de actualizar su legislación nacional pertinente y que haría las enmiendas necesarias para reflejar la Medida 4 (2004) y la Medida 15 (2009). Además, señaló que estas Medidas se habían aplicado cuando Alemania expidió permisos, y que las obligaciones contenidas en esas Medidas constituían condiciones o límites para recibir

un permiso. Sudáfrica informó que la Medida 15 (2009) estaba en proceso de ratificación y se esperaba que estuviera plenamente ratificada para septiembre. España informó que estaba experimentando complicaciones técnicas y legales con la aprobación de la Medida 4 (2004) y la Medida 15 (2009), y que estaba trabajando para resolverlas.

(103) En relación con este tema del programa, se remitieron también los siguientes documentos, los cuales se tomaron como presentados:

- IP 8 *Informe de la Asamblea de Parlamentarios Antárticos 2-3 de diciembre de 2019: Londres* (Reino Unido). Este documento resumió la Asamblea de Parlamentarios Antárticos, que marcó el 60.º aniversario de la firma del Tratado Antártico, y que señaló los "efectos potencialmente catastróficos de la pérdida de hielo antártico en el nivel global del mar".
- IP 41 *Revisión de las actividades realizadas por Italia en apoyo del Área Marina Protegida de la región del mar de Ross (RSRMPA) establecida por la CCRVMA* (Italia). Este documento ofrece una descripción general de la investigación científica desarrollada por Italia en apoyo del Área Marina Protegida de la región del mar de Ross de la CCRVMA.
- IP 67 *Nueva legislación para las expediciones científicas polares turcas* (Turquía). Este documento informó sobre la nueva legislación de Turquía para las expediciones científicas polares turcas titulada "Procedimientos y principios sobre las expediciones y actividades científicas polares turcas".
- IP 81 *El Protocolo de Madrid a los treinta: ¿A dónde vamos desde aquí?* (ASOC) Este documento destacó la importancia del Protocolo sobre Protección del Medio Ambiente y señaló que se habían producido muchos cambios desde que se firmó el Protocolo, incluida la aparición de las crisis gemelas de la pérdida de biodiversidad y el cambio climático. La ASOC recomendó que las Partes renovaran su compromiso de implementar los principios del Protocolo para asegurar su éxito continuo.
- IP 90 *Adopción de la política polar polaca. Desde las expediciones pasadas hasta los desafíos futuros* (Polonia). Este documento esbozó un documento titulado "Desde las expediciones pasadas hasta los desafíos futuros: La política polar polaca", adoptado por el Consejo de ministros el 11 de septiembre de 2020, que resumía la presencia y actividad de Polonia en el Ártico y la Antártida hasta la fecha y esbozaba los objetivos de la política polar de Polonia a largo plazo.
- IP 105 *Notificación de la intención de Canadá de solicitar el reconocimiento del estatus de Parte Consultiva* (Canadá). Canadá informó a las Partes sobre su intención de solicitar el reconocimiento de la condición de Parte Consultiva de conformidad con la Decisión 2 (2017). El documento describía los planes de Canadá para remitir esta solicitud y el expediente de respaldo ante el gobierno depositario en octubre de 2021, a fin de respetar el plazo de 210 días antes de la XLIV RCTA.
- IP 117 *Colombia, miembro observador del Consejo de Administradores de los programas antárticos nacionales (COMNAP)* (Colombia). Este documento informó sobre la ratificación del Protocolo sobre Protección del Medio Ambiente por parte de Colombia en 2020. Al señalar que este era un requisito para solicitar membresía al COMNAP, Colombia informó que el Programa Antártico Colombiano se había convertido en un Programa Antártico Nacional Observador del COMNAP en abril de 2021.
- IP 121 *Fortalecimiento del Programa Antártico Colombiano (PAC)* (Colombia). Este documento describió las acciones recientes para establecer un plan de implementación para los dos nuevos documentos de política pública de Colombia: "Política de Seguridad y Defensa del Ministerio de Defensa Nacional" y "Documento CONPES 3990 de 2020: Colombia Potencia Bioceánica Sostenible 2030". Estos documentos tenían como objetivo establecer plataformas para el

fortalecimiento de la gobernanza antártica nacional de Colombia, apoyando la implementación del Programa Antártico Colombiano.

(104) En relación con este tema del programa, se entregaron también los siguientes documentos:

- BP 2 *Sobre la publicación del "Estatuto Antártico Chileno"* (Chile).
- BP 4 *Enmiendas recientes en la legislación antártica en el Reino de los Países Bajos* (Países Bajos).

Tema 7: Funcionamiento del Sistema del Tratado Antártico: Asuntos relacionados con la Secretaría

(105) La Argentina presentó el documento WP 59 rev. 1 *Propuesta de régimen disciplinario y modificaciones al Reglamento de Personal de la STA.* Argentina recordó a la Reunión los debates previos en la RCTA sobre las políticas de recursos humanos de la Secretaría, así como la adopción del nuevo Reglamento del personal a través de la Decisión 4 (2019), y el llamado de la XLII RCTA para un debate más amplio en relación con los procedimientos disciplinarios, acciones legales en el caso de litigios, licencias y separación del servicio. Argentina, en consulta con la Secretaría y sus asesores legales, propuso un nuevo artículo que contiene un régimen disciplinario para su inclusión en el Reglamento del personal para su adopción por la Reunión. Con ello se procuró complementar las modificaciones a los artículos relevantes sobre licencias médicas o por accidente, licencia por maternidad, contribuciones a la seguridad social, fallecimiento y separación del servicio ya adoptadas en Praga en 2019, con el fin de adecuar el Reglamento del personal a la normativa argentina aplicable y a las necesidades operativas de la Secretaría.

(106) El presidente proporcionó un resumen de las presentaciones en el foro previo a la RCTA relacionadas con el documento WP 59 rev. 1, y señaló que España, Nueva Zelandia, Australia, Chile y la Argentina habían proporcionado comentarios. Las Partes expresaron un apoyo general a los cambios propuestos al tiempo que plantearon preguntas específicas. En respuesta a esas preguntas, la Argentina propuso un proyecto de disposición en virtud del cual se notificaría por escrito al funcionario pertinente sobre el inicio de los procedimientos disciplinarios, y se le otorgaría un plazo determinado para responder a dichos procedimientos. Adicionalmente, la Argentina señaló que una lista de faltas comunes sujetas a procedimientos disciplinarios, disponible a través del Reglamento Interno del Régimen Disciplinario, tenía como objetivo servir como una guía de conducta de carácter no exhaustivo.

(107) La Reunión agradeció a los participantes en el foro previo a la RCTA sus presentaciones y a la Argentina, su documento y sus continuos esfuerzos para ayudar en los asuntos legales relacionados con las políticas de recursos humanos en la Secretaría. Además, señaló la importancia de tales esfuerzos para atraer y retener personal de alta calidad en la Secretaría a fin de asegurar una administración fluida y eficaz de la RCTA y el CPA.

(108) La Reunión expresó un amplio apoyo a las enmiendas al Reglamento del personal.

(109) Tras mantener una serie de debates adicionales, la Reunión adoptó la Decisión 2 (2021) *Reglmento del personal de la Secretaría del Tratado Antártico.*

(110) El secretario ejecutivo presentó el documento SP 4 *Informe de la Secretaría 2020/21*, que brindaba detalles sobre las actividades de la Secretaría en el ejercicio fiscal 2020/21 (del 1 de abril de 2020 al 31 de marzo de 2021), incluido el aplazamiento de la XLIII RCTA y la cancelación de la RCTA en Finlandia. También destacaba los esfuerzos de la Secretaría para apoyar las actividades entre sesiones y los preparativos para la XLIII RCTA y la XXIII CPA en Francia.

(111) El secretario ejecutivo presentó el documento SP 5, *Programa de la Secretaría para 2021/2022*, que reseñaba las actividades propuestas por la Secretaría para el ejercicio fiscal 2021/22 (1 de abril de 2021 a 31 de marzo de 2022). Asimismo, destacó las actividades regulares de la Secretaría, como la preparación de la XLIII RCTA, la publicación de informes, las tareas asignadas a la Secretaría en virtud de la Medida 1 (2003) y las diversas tareas específicas solicitadas por las últimas RCTA. También señaló que, debido a las continuas circunstancias excepcionales causadas por la pandemia de COVID-19 y la decisión de llevar a cabo la reunión de la XLIII RCTA y la XXIII CPA en París en un formato virtual, no había podido resumir completamente el trabajo entre sesiones de la Secretaría al momento de la reunión.

(112) El secretario ejecutivo presentó también el documento SP 6 *Perfil presupuestario quinquenal prospectivo 2022/2023* a *2026/2027,* que proporcionaba el perfil presupuestario de la Secretaría para el período 2022-27. Señaló que el perfil presupuestario no presentaba cambios importantes, y permitía un aumento nominal nulo en las contribuciones hasta 2026/27.

(113) El presidente proporcionó un resumen de las presentaciones en el foro previo a la RCTA relacionadas con el SP 4, SP 5 y SP 6, y señaló que Nueva Zelandia, Australia, Japón, el Reino Unido y la Secretaría habían proporcionado comentarios. El secretario ejecutivo explicó que, a diferencia de otras Decisiones anteriores sobre este tema, el proyecto del texto de la Decisión no le encargaba al país anfitrión de la próxima RCTA la tarea de moderar un grupo de contacto entre sesiones sobre cuestiones financieras, sino que establecía un foro para este tema. Señaló, además, que el establecimiento de un foro para considerar estas cuestiones era más coherente con la práctica de la Reunión. Todas las Partes Consultivas expresaron un amplio apoyo al proyecto de Decisión y al trabajo de la Secretaría, así como a la sugerencia de que la RCTA discutiera, en el futuro, cómo utilizar los fondos excedentes resultantes de la cancelación de la RCTA programada para 2020 en Helsinki.

(114) La Reunión agradeció a los participantes en el foro previo a la RCTA sus presentaciones, expresó un amplio apoyo al trabajo de la Secretaría y acordó dar por terminado el GCI de composición abierta establecido por la Decisión 2 (2012) en favor de un foro.

(115) Tras mantener una serie de nuevos debates, la Reunión aprobó la Decisión 3 (2021), *Informe, programa y presupuesto de la Secretaría*, y la Decisión 4 (2021), *Nuevo nombramiento del Secretario Ejecutivo.*

(116) La Reunión felicitó al secretario ejecutivo por su nuevo nombramiento y esperaba continuar trabajando con él.

Tema 8: Responsabilidad

(117) No se presentaron documentos en relación con este tema del programa.

(118) Las Partes Consultivas proporcionaron información actualizada sobre el estado de su aprobación del Anexo VI del Protocolo sobre Protección del Medio Ambiente y sobre la implementación del Anexo VI en la legislación nacional, así como sobre el estado y los esfuerzos para aprobar e implementar la Medida 4 (2004) y la Medida 15 (2009).

(119) Cinco Partes Consultivas (Australia, Países Bajos, Nueva Zelandia, Reino Unido y Uruguay) informaron que estaban al día con la implementación de todas las medidas, incluido el Anexo VI.

(120) De las 17 Partes que han aprobado el Anexo VI (Alemania, Australia, Ecuador, España, Finlandia, Italia, Noruega, Nueva Zelandia, los Países Bajos, el Perú, Polonia, el Reino Unido, la Federación de Rusia, Sudáfrica, Suecia, Ucrania y Uruguay), cinco informaron

que ya aplicaban el Anexo VI en su legislación nacional mientras se encontraban a la espera de la entrada en vigor del Anexo VI (Finlandia, Noruega, los Países Bajos, la Federación de Rusia y Suecia). Chile informó que su Congreso había ratificado recientemente el Anexo VI. Bélgica informó que actualmente estaba llevando a cabo el proceso de ratificación del Anexo VI y esperaba que se completara pronto. Algunas Partes señalaron que estaban tomando medidas dentro de su legislación nacional conducentes a actualizar sus políticas antárticas para incluir el Anexo VI. Otras Partes señalaron que su legislación entraría en vigor cuando entrara en vigor el Anexo VI. Entre las Partes no Consultivas, Colombia y Turquía informaron que habían ratificado el Anexo VI y lo habían implementado en su legislación nacional en 2018 y 2020 respectivamente. Se alentó a las Partes que aún no lo habían hecho a que informaran a la Secretaría sobre la legislación nacional que implementaba el Anexo VI y otros instrumentos pertinentes.

(121) Varias Partes informaron que se encontraban en proceso de implementar el Anexo VI en su legislación nacional. Algunas Partes indicaron que la implementación podría culminar en el curso del actual periodo legislativo.

(122) Varias Partes señalaron que estaban dispuestas a compartir sus experiencias y brindar asistencia a otras Partes que la requirieran. Las Partes que ya habían aprobado el Anexo VI al Protocolo, así como también aquellas que lo habían implementado o que se encontraban en proceso de implementarlo en su legislación nacional, se ofrecieron para compartir sus experiencias con las demás Partes, y se las instó a hacerlo a través del Sistema Electrónico de Intercambio de Información (SEII).

(123) La Reunión acordó continuar evaluando el progreso realizado por las Partes Consultivas para ratificar y adoptar el Anexo VI sobre Responsabilidad Derivada de Emergencias Ambientales y así poner en vigencia el Anexo de conformidad con el Artículo IX del Tratado Antártico. Se alentó a las Partes que aún no habían aprobado el Anexo VI a que lo hicieran con carácter prioritario. La Reunión elogió los esfuerzos de las Partes que habían estado trabajando para su implementación e invitó a presentar más informes de progreso en la XLIV RCTA. La Reunión señaló que, en virtud de la Decisión 5 (2015), la RCTA debería haber tomado una decisión en 2020 sobre el establecimiento de un plazo para la reanudación de las negociaciones sobre responsabilidad y que los debates sobre este asunto continuarían en la XLIV RCTA. El Plan de trabajo estratégico plurianual se actualizó en consecuencia.

Tema 9: Prospección biológica en la Antártida

(124) El SCAR presentó el documento WP 16 *Bioprospección antártica: Encuesta SCAR de países miembros*, que proporcionaba una actualización de su informe de 2010 (RCTA XXXIII-WP 2) y se refirió al documento IP 12 *Bioprospección antártica: Encuesta SCAR de países miembros* (SCAR). El SCAR informó lo siguiente: que había encuestado a sus miembros para evaluar hasta qué punto se habían llevado a cabo actividades de bioprospección a través de los programas antárticos nacionales desde 2010, que había revisado las estrategias científicas antárticas nacionales para evaluar hasta qué punto se priorizaban las actividades de bioprospección, y que había revisado la literatura académica publicada desde 2010. El SCAR señaló que el resumen de la encuesta y la revisión bibliográfica estaba incluido en el documento IP 12. El SCAR también señaló varios calificativos que se aplicaban a la revisión, entre ellos: que no había consenso en la definición de bioprospección; que el paso inicial en cualquier actividad de bioprospección a menudo no se había descrito como tal; que, entre los organismos estudiados en la investigación de bioprospección en la Antártida, algunos estaban distribuidos fuera del Área del Tratado Antártico, y que solo el 50 % de los miembros del SCAR habían participado en la encuesta. El SCAR recomendó a las Partes: tomar

nota de los resultados de la encuesta de miembros y la búsqueda bibliográfica; continuar explorando formas abiertas y transparentes de presentar informes y recopilar datos e información pertinente a sus debates sobre la cuestión de la prospección biológica, y tomar nota de la voluntad del SCAR de mantener informada a la RCTA sobre las publicaciones pertinentes a medida que surjan.

(125) El presidente proporcionó un resumen de las presentaciones realizadas en el foro previo a la RCTA relacionadas con el documento WP 16 e informó que Nueva Zelandia, Australia, los Países Bajos, Noruega, la Argentina, Estados Unidos, el Reino Unido, Chile, la ASOC y el SCAR habían proporcionado comentarios. La Partes agradecieron al SCAR su documento. Si bien observaron la falta de consenso en torno a ciertos temas, como las definiciones relativas a la bioprospección, las Partes reafirmaron que el Sistema del Tratado Antártico proporcionaba el marco adecuado y completo para manejar este tema en el Área del Tratado Antártico.

(126) El SCAR agradeció a las Partes sus comentarios. Refiriéndose a la revisión de la literatura académica en el documento IP 12, el SCAR destacó el reciente crecimiento de la actividad de bioprospección en la Antártida y la actividad de patentamientos que cita el área de la Antártida. El SCAR se ofreció a seguir informando a las Partes sobre las publicaciones pertinentes. La Reunión agradeció al SCAR su documento y acogió con agrado su oferta de continuar informando a las Partes sobre las publicaciones científicas pertinentes.

(127) La Reunión tomó nota de la responsabilidad de las Partes de intercambiar información sobre ciencia en virtud del Artículo III del Tratado Antártico. Muchas Partes apoyaron el uso del SEII para recopilar información sobre bioprospección. Recordando la Resolución 6 (2013), estas Partes sugirieron que se considerara más a fondo si el SEII puede mejorarse aún más para facilitar un mayor intercambio de información sobre este tema. Varias Partes apoyaron mecanismos cuidadosos, precisos y conservadores para recopilar información relacionada con la bioprospección, y señalaron las complicadas cuestiones legales, técnicas y prácticas involucradas. Una Parte señaló que no consideraba que el SEII fuera una herramienta adecuada para recopilar información relacionada con la bioprospección, teniendo en cuenta que los investigadores ya informaban de sus observaciones y resultados en repositorios de datos bien conocidos, tales como el Directorio Maestro de Datos de la Antártida.

(128) Muchas Partes reafirmaron que el Sistema del Tratado Antártico era el marco apropiado para abordar cuestiones relacionadas con la bioprospección, a la luz de la necesidad de abordar la relación con la Conferencia Intergubernamental sobre un instrumento internacional jurídicamente vinculante en el marco de la Convención de las Naciones Unidas sobre el Derecho del Mar (UNCLOS), en lo que respecta a la conservación y el uso sostenible de la diversidad biológica marina de áreas situadas fuera de la jurisdicción nacional (BBNJ). Varias Partes destacaron que la cuestión se había debatido durante varios años con un progreso mínimo.

(129) La ASOC agradeció al SCAR y apoyó la opinión de muchas Partes de aumentar el uso de SEII para la bioprospección. La ASOC señaló que la falta de transparencia puede socavar el espíritu de cooperación científica en el Protocolo e instó a una mayor consideración de los impactos ambientales directos que pudieran ocasionar las actividades de bioprospección.

(130) La Reunión acordó que el tema de la bioprospección merecía un mayor debate. Al señalar que el tema se abordaría mejor en una reunión en persona, la Reunión acordó actualizar el Plan de trabajo estratégico plurianual para su posterior discusión en la XLIV RCTA.

(131) En relación con este tema del programa, se entregó también el siguiente documento, el cual se tomó como presentado:

- IP 12 *Bioprospección antártica: Encuesta SCAR de países miembros* (SCAR). El documento proporcionó más detalles en apoyo del WP 16, incluido el resumen de las respuestas a la encuesta de bioprospección y un anexo que contiene la búsqueda bibliográfica.

Tema 10: Intercambio de información

(132) Estados Unidos presentó el documento WP 38 *Actualización de requisitos para el intercambio de información sobre expediciones nacionales*, preparado de manera conjunta con Italia. Este documento proponía una serie de actualizaciones del Anexo de la Decisión 7 (2019) para facilitar la entrada y el uso de información sobre las expediciones nacionales en el Sistema Electrónico de Intercambio de Información (SEII). Proponía que la modificación del SEII aumentaría el conocimiento del SEII entre las organizaciones nacionales y ayudaría a las Partes a cumplir con los requisitos de notificación del Artículo VII en lo que respecta a personal y equipo militares. Refiriéndose al SP 9 y al SP 10, Estados Unidos señaló la disminución del uso del SEII y reconoció el trabajo realizado por la Secretaría para facilitar su comprensión y uso. Estados Unidos expresó la opinión que la credibilidad del Tratado Antártico crecía en la medida que las Partes proporcionaran aportes y la Secretaría difundiera información confiable y relevante. Estados Unidos alentó a todas las Partes a proporcionar al SEII la información solicitada.

(133) El presidente proporcionó un resumen de las presentaciones en el foro previo a la RCTA relacionadas con el WP 38, y señaló que Estados Unidos, Nueva Zelandia, Chile, Noruega, Francia, Japón, Australia, el Reino Unido, la Argentina y el Perú habían hecho comentarios. En general, las Partes expresaron su apoyo a las sugerencias presentadas en el WP 38.

(134) La Reunión agradeció a los participantes en el foro previo a la RCTA sus presentaciones. Estados Unidos, en respuesta a los comentarios planteados en el foro, señaló que la intención de los cambios era apoyar el cumplimiento de los Artículos III y VII del Tratado Antártico. También informó que la eliminación de la referencia a la fecha de establecimiento de las estaciones tenía por objeto simplificar el informe, y señaló que la excelente información sobre las estaciones que el COMNAP publicaba periódicamente ya contenía esa información. Con respecto a los vuelos intracontinentales, Estados Unidos destacó que ya existían medios alternativos para planificar y eliminar conflictos en los vuelos intracontinentales, para lo cual recordó aquellos identificados por el COMNAP sobre seguridad de la aviación en la XLII RCTA e hizo referencia al documento IP 59 *Proyecto de aviación antártica del COMNAP: Actualización* (COMNAP) de esta reunión. Al recordar los numerosos eventos que podrían interrumpir las actividades en el área antártica, Estados Unidos también confirmó que la remisión de información de las actividades de pretemporada se realizó sobre la base de la mejor información disponible y señaló que el informe anual brindaría la oportunidad de actualizar esa información.

(135) La Reunión agradeció a Estados Unidos e Italia el documento y apoyó los cambios propuestos en el documento a la Decisión 7 (2019). Varias Partes señalaron la importancia de la transparencia para el Sistema del Tratado Antártico y apoyaron la revisión continua y la mejora del SEII para apoyar un mejor uso por parte de las Partes Consultivas.

(136) La Secretaría presentó el documento SP 9 *Rediseño del Sistema Electrónico de Intercambio de Información (SEII)* (Secretaría), que describe las acciones implementadas por la Secretaría en el rediseño del SEII durante el período entre sesiones 2019-2021. La Secretaría informó sobre la integración visual y funcional del sistema con su nuevo sitio web, en el que ha incorporado cambios en algunos formularios como

resultado de la adopción de nuevos requisitos de intercambio de información, así como una serie de mejoras de uso fundamentadas en la experiencia adquirida en los últimos años y en varios comentarios enviados por las Partes.

(137) La Secretaría presentó el documento SP 10 *Análisis del uso del Sistema de Intercambio Electrónico de Información: remisión de Informes Anuales y otras consideraciones adicionales* (Secretaría), que analizaba la remisión de los datos correspondientes a los requisitos de intercambio de información en los Informes Anuales que las Partes Consultivas habían remitido en el ámbito del SEII en el período 2015-2020. La Secretaría señaló que el documento también evaluaba, para el mismo período, aspectos específicos de cada una de las tres subcategorías de información incluidas en el informe anual: científico, operacional y ambiental. También incluía una serie de consideraciones sobre posibles líneas de acción que la Secretaría podría abordar para continuar con la mejora del SEII, si las Partes lo consideraran pertinente.

(138) El presidente proporcionó un resumen de las presentaciones en el foro previo a la RCTA relacionadas con los documentos SP 9 y SP 10, y señaló que Nueva Zelandia, la Argentina y el Reino Unido habían proporcionado comentarios. Las Partes agradecieron a la Secretaría por el trabajo sustancial que había realizado sobre el SEII. Las Partes manifestaron su preocupación con respecto a la tendencia a la baja en la presentación de informes anuales al SEII y señalaron que, para ayudar a aquellos que usan el SEII con menor frecuencia, podría ponerse a disposición material didáctico y tutorial sobre el SEII.

(139) La Reunión agradeció a los participantes en el foro previo a la RCTA sus presentaciones. La Secretaría agradeció la información proporcionada por Observadores y Expertos, incluidos el COMNAP y la IAATO. También señaló la intención de la Secretaría de someter el SEII a una revisión constante mediante la adecuación de los pedidos de las Partes a la interfaz y el desarrollo de tutoriales pertinentes según se necesite.

(140) Las Partes expresaron su apoyo al desarrollo del SEII y a los nuevos desarrollos de la Secretaría, así como a la utilidad del SEII para la toma de decisiones. La Argentina se ofreció a colaborar con la Secretaría para encontrar una forma conjunta de fomentar la actualización de la información dentro del SEII y el desarrollo de este. Sobre la base de las conclusiones del SP 10, que muestra una tendencia a la baja en el uso del SEII por las Partes Consultivas, la Reunión alentó a las Partes a continuar fortaleciendo este sistema proporcionando la información requerida a través de los informes anuales.

(141) La Reunión agradeció a la Secretaría ambos documentos y su trabajo continuo para mejorar el SEII.

Tema 11: Asuntos educacionales

(142) Bulgaria presentó el documento WP 15 *Cuarto informe del grupo de contacto intersesional sobre educación y divulgación*, elaborado de manera conjunta por Reino Unido, España, Portugal, Chile, Brasil y Bélgica. Recordando que la XLII RCTA decidió continuar el trabajo del GCI sobre educación y divulgación, y tomando nota de la cancelación de la RCTA de 2020 en Finlandia, el documento informaba sobre el trabajo del GCI durante los últimos dos años. Esto incluía el intercambio de 25 publicaciones de 7 Partes, Observadores y Expertos que tuvieron 425 vistas en el Foro de discusión de la RCTA, con foco en las actividades de educación y divulgación nacionales e internacionales. El GCI recomendó lo siguiente a la RCTA: reconocer la utilidad del Foro sobre educación y divulgación; aconsejar a las Partes que sigan promoviendo el uso del Foro para brindar información sobre sus actividades relacionadas con la educación y la difusión; alentar actividades/eventos internacionales clave relacionados con la educación y la divulgación en los que las Partes puedan participar; y aconsejar a las Partes que continuaran promoviendo no sólo la Antártida y la investigación antártica a

través de sus actividades de educación y divulgación, sino también el Tratado Antártico y el Protocolo sobre Protección del Medio Ambiente.

(143) El presidente proporcionó un resumen de las presentaciones en el foro previo a la RCTA relacionadas con el documento WP 15 y señaló que Australia había expresado su agradecimiento a los proponentes del WP15 y su apoyo al uso continuo del foro de la RCTA sobre educación y divulgación.

(144) La reunión felicitó a las Partes que prepararon el WP 15 y expresó su apoyo al uso continuo del foro de la RCTA sobre educación y divulgación. Varias Partes señalaron la importancia de difundir el conocimiento sobre la ciencia antártica a un público más amplio para apoyar que el continente antártico continuara siendo un lugar para la paz y la ciencia.

(145) La Reunión apoyó las recomendaciones propuestas en el documento y propuso incorporar el trabajo en el Plan de trabajo estratégico plurianual. Bulgaria también informó que el GCI sobre educación y divulgación continuaría su trabajo en el próximo período entre sesiones bajo los mismos términos de referencia.

(146) El presidente proporcionó un resumen de las presentaciones en el foro previo a la RCTA relacionadas con el documento WP 49 *Revisión de la información relacionada con la educación y la divulgación disponible a través de la página web de la Secretaría del Tratado Antártico*, elaborado de manera conjunta por España, Bulgaria, Bélgica, Brasil, Chile, Portugal y el Reino Unido. El presidente señaló que España había proporcionado comentarios que aclaraban en gran medida el alcance y el propósito del WP 49.

(147) La Reunión agradeció a los participantes sus presentaciones en el foro previo a la RCTA y consideró la propuesta del WP 49 sobre que las Partes proporcionen a la Secretaría enlaces a sus páginas web con recursos educativos y de divulgación, soliciten a la Secretaría que incluya estos enlaces en su sección de "recursos educativos", y soliciten a la Secretaría que presente anualmente durante la RCTA un breve informe de los cambios implementados y las estadísticas de visitas a los sitios.

(148) La Reunión agradeció a los proponentes su trabajo. Varias Partes señalaron el riesgo de que los enlaces a otros sitios web se interpreten como un respaldo o apoyo de la STA o delas Partes a las posiciones expresadas en esos sitios web, y también destacaron que esos enlaces solo deberían referirse a asuntos antárticos. La Reunión apoyó en forma general la capacidad de la Secretaría de incluir enlaces sólo a los programas antárticos nacionales en la sección de "recursos educativos" del sitio web de la STA con un descargo de responsabilidad apropiado que rece lo siguiente: "Esta información se proporciona únicamente con fines educativos. No es una declaración autorizada de derechos u obligaciones legales. Los documentos fuente en los que se basa esta información educativa están disponibles en el sitio web de la Secretaría del Tratado Antártico en www.ats.aq. Los enlaces a sitios web externos se proporcionan para su conveniencia y no indican el respaldo de ninguna información contenida en los sitios vinculados". La Reunión señaló que no se requeriría que las Partes proporcionen enlaces a sus programas antárticos nacionales, sino que dichos enlaces podrían proporcionarse de forma voluntaria.

(149) En este tema del programa también se entregaron los siguientes documentos, los cuales se consideraron como presentados:

- IP 32 *Educación y divulgación de las Partes del Tratado Antártico en el marco de la RCTA: una revisión* (Portugal, Bélgica, Bulgaria, Reino Unido). Este documento describe las acciones y respuestas de las Partes ante el creciente interés público en la Antártida y proporciona un análisis del nivel de información sobre las actividades de educación y divulgación de las Partes desde 1961.

- IP 33 *Homenaje a Magallanes y Elcano* (Portugal, España). El documento informa sobre una serie de iniciativas educativas llevadas a cabo para celebrar el 500 aniversario de la primera circunnavegación de la Tierra efectuada por Fernando de Magallanes y Juan Sebastián Elcano.
- IP 44 *Comunicación y educación antárticas en un año pandémico* (Chile). En este trabajo se presentó el trabajo del Instituto Antártico Chileno en educación y difusión del conocimiento polar durante 2020, un año marcado por la pandemia de la COVID-19.
- IP 63 *Actividades de educación y divulgación de Turquía en 2020-2021;* documento IP 64 *Concurso de proyectos de investigación polar para estudiantes de secundaria en Turquía,* y documento IP 75 *Libro de entrenamiento para las expediciones científicas polares turcas* (Turquía). Estos documentos presentaban información sobre: las regiones polares y las actividades de educación y divulgación relacionadas con el clima global llevadas a cabo en Turquía en 2020-21; un concurso de proyectos de investigación polar organizado en Turquía para dirigir el interés de las generaciones más jóvenes hacia las ciencias polares, y un libro preparado para formar a los participantes de las expediciones científicas polares turcas.
- IP 114 *Primer Congreso Internacional "Colombia y su proyección en la Antártida"* y documento IP 122 *Resultados del XIX Encuentro de Historiadores Antárticos Latinoamericanos y la I Feria de Historia Antártica Latinoamericana* (Colombia). Estos trabajos informaron sobre: el primer Congreso Internacional sobre Colombia y su proyección en la Antártida, que tuvo lugar en línea del 13 al 14 de agosto de 2020, así como del 19.º Encuentro de Historiadores Latinoamericanos de la Antártida y la 1.ª Feria de Historia Antártica Latinoamericana.
- IP 129 *Nuevo libro y sello de la estación de Ferraz* e IP 131 *Actividades de educación y divulgación de PROANTAR* (Brasil). Estos documentos informaron sobre: la inauguración de la nueva estación Ferraz en enero de 2020 y el lanzamiento de un libro y un sello de celebración sobre la construcción de la estación, y sobre las actividades de divulgación promovidas por el Programa Antártico Brasileño durante la temporada 2020/21.
- IP 141 *Celebrando el bicentenario del descubrimiento de la Antártida* (Federación de Rusia, ASOC). Este documento informó sobre la serie de eventos celebrados en 2020 por la Federación de Rusia y ASOC para marcar el bicentenario del descubrimiento de la Antártida por los navegantes rusos Faddey Bellingshausen y Mikhail Lazarev durante su circunnavegación del mundo de tres años en 1819-1821.

(150) En relación con este tema, se entregaron también los siguientes documentos:

- BP 9 rev. 1 *Actividades italianas en la Antártida antes de la creación del Programa Nacional de Investigación de Italia en la Antártida (PNRA)* (Italia).
- BP 11 *Documento de la Expedición Antártica de Turquía (TAE - IV) 2019-2020* (Turquía).
- BP 12 *Proyecto de la Enciclopedia Polar Turca* (Turquía).

Tema 12: Plan de trabajo estratégico plurianual

(151) La Reunión consideró el Plan de trabajo estratégico plurianual aprobado en la XLII RCTA (Decisión 5 [2019]). La Reunión consideró la forma de impulsar cada tema prioritario durante los próximos años, así como la necesidad de eliminar algunas

prioridades actuales y de agregar otras.

(152) Tras el debate, la Reunión actualizó su Plan de trabajo estratégico plurianual y aprobó la Decisión 5 (2021), *Plan de trabajo estratégico plurianual para la Reunión Consultiva del Tratado Antártico*.

Tema 13: Seguridad y operaciones antárticas

Seguridad y operaciones: Aviación

(153) El COMNAP presentó el documento WP 8 *Asesoramiento preliminar del COMNAP con respecto a la revisión de la Resolución 1 (2013) por la RCTA* y señaló que el documento IP 59 también contenía más información sobre aviación. El COMNAP acogió con satisfacción la decisión de la RCTA de revisar la Resolución 1 (2013) y expresó su gratitud por la oportunidad de brindar asesoramiento a la RCTA para apoyar a las Partes en su proceso de revisión. El asesoramiento del COMNAP se centró, en términos generales, en: intercambiar información antes del inicio de una actividad; garantizar claridad en la formulación de políticas para toda actividad aérea, independientemente del tipo de operador; y ofrecer comunicación en tiempo real durante las operaciones aéreas, así como una participación integral en cualquier comunicación en tiempo real para apoyar la eliminación de conflictos en el espacio aéreo. Se prevé que el próximo Taller de Aviación Antártica del COMNAP proporcione más información para asesorar a la RCTA, y que el COMNAP informe al respecto a la XLIV RCTA (2022).

(154) El presidente proporcionó un resumen de las presentaciones en el foro previo a la RCTA relacionadas con el WP 8 y señaló que Nueva Zelandia, el Reino Unido, Australia, España, el Perú, la Argentina, Estados Unidos y la IAATO habían contribuido al foro. Todos los participantes habían agradecido al Consejo de Administradores de Programas Antárticos Nacionales (COMNAP) por examinar y proponer modificaciones a la Resolución 1 (2013). Algunas Partes habían observado que este trabajo había sido especialmente importante debido a la creciente diversificación de las actividades de aviación, y habían destacado la necesidad de garantizar que esta Resolución se aplicara a todas las actividades aéreas de la Antártida, incluidas las de los programas antárticos nacionales y las de las organizaciones no gubernamentales. Había habido acuerdo general sobre las propuestas incluidas en el documento. Durante estos debates previos, algunos participantes habían considerado que cualquier actualización de la Resolución 1 (2013) debería esperar la orientación del Taller de Aviación Antártica del COMNAP, que probablemente se llevaría a cabo a mediados de abril o mediados de mayo de 2022, y algunos participantes habían señalado que se debía tener precaución antes de confiar en el SEII para obtener información relacionada con la seguridad aérea. Algunas Partes sugirieron que los Presidentes y la Secretaría prepararan un proyecto de Resolución para abordar las recomendaciones del documento WP8. El COMNAP agradeció a las Partes sus comentarios, hizo algunas aclaraciones al respecto y confirmó que estará listo para ayudar a las Partes y trabajar con ellas en forma mancomunada en el tema de las operaciones aéreas en la Antártida.

(155) La Reunión agradeció al COMNAP su documento y su trabajo en la revisión de la Resolución 1 (2013) y la propuesta de actualizaciones, así como a los participantes en los foros previos a la RCTA por sus presentaciones. La Reunión destacó la importancia de este trabajo dada la creciente diversidad de actividades aéreas en la Antártida y la necesidad de asegurar que la Resolución actualizada se aplique a todas las actividades aéreas en la Antártida, incluidas las actividades de los programas antárticos nacionales, así como las actividades no gubernamentales. Algunas Partes comentaron sobre la estrecha relación entre las responsabilidades de búsqueda y salvamento, el medio ambiente y el turismo relacionado con las actividades aéreas. Varias Partes señalaron que

en una futura actualización de la norma podrían incluirse nuevas recomendaciones y sugerencias que podrían surgir del próximo Taller de aviación antártica del COMNAP.

(156) En respuesta a una pregunta, el COMNAP explicó que la seguridad de la información personal y los datos contenidos en la base de datos del COMNAP que sirve de base informativa al AFIM era de gran importancia para el COMNAP. El acceso alAFIM, que se producía a partir de la base de datos, estaba disponible para entidades gubernamentales y no gubernamentales. Una vez que el AFIM era descargado, COMNAP no podía controlar cómo estas entidades manejaban la información y los datos contenidos en el AFIM.

(157) Una Parte solicitó que la Resolución actualizada especificara que los criterios técnicos no deben menoscabar el derecho de observación aérea otorgado en el Artículo VII del Tratado, y otra Parte sugirió que se brindaran más detalles sobre el tipo de aeronave que la Resolución cubría.

(158) El COMNAP agradeció a las Partes sus comentarios y confirmó que continuaría ayudándolas a trabajar mancomunadamente en la seguridad aérea en la Antártida.

(159) La Reunión adoptó la Resolución 6 (2021) *Seguridad aérea en la Antártida*, para actualizar la Resolución 1 (2013).

(160) En este tema también se entregó el siguiente documento, que se consideró como presentado:

- IP 59 *Proyecto de aviación antártica del COMNAP: Actualización* (COMNAP). Este documento presentaba una actualización sobre el progreso del Proyecto de Aviación Antártica del COMNAP. Señalaba que el proyecto estaba muy avanzado y que se había completado el trabajo preliminar de asesoramiento a la RCTA con respecto a la revisión de la Resolución 1 (2013), la auditoría relacionada con tecnología aérea y el desarrollo de recomendaciones de equipo mínimo de supervivencia (no obligatorio) para el transporte en aeronaves. La convocatoria al Taller de aviación antártica se había retrasado debido a la pandemia mundial.

Operaciones: Marítimas

(161) La OHI presentó el documento IP 4 *Informe de la Organización Hidrográfica Internacional* y explicó cuál es su rol para mejorar la calidad, cobertura y disponibilidad de las cartas náuticas y otros servicios geoespaciales e hidrográficos marinos, incluso en el área antártica. La OHI señaló que la Comisión Hidrográfica de la Antártida (CHA), su principal organismo que se ocupa de los asuntos antárticos, mantuvo fuertes vínculos con el Tratado Antártico y otras organizaciones de apoyo durante muchos años. Recordando la Resolución 5 (2008), la Resolución 5 (2014) y la Resolución 6 (2019), la OHI reiteró su voluntad de apoyar a la RCTA para mejorar la calidad y la disponibilidad de los datos hidrográficos del océano Austral. La OHI invitó a las Partes a compartir datos hidrográficos con la CHA para la próxima fase del proyecto de la Carta Batimétrica General de los Océanos (GEBCO).

(162) La Reunión agradeció a la OHI por su trabajo. Algunas Partes subrayaron que asignaban gran importancia a contar con cartas náuticas adecuadas y actualizadas a través de mecanismos de cooperación apropiados, ya que esta era una herramienta esencial para las operaciones de búsqueda y salvamento, particularmente en áreas de alto tráfico marítimo como la región de la península Antártica. La Reunión reconoció la necesidad de mejorar los datos hidrográficos para el océano Austral, en particular también para las áreas más transitadas, como la región de la península, y alentó a las Partes a recopilar y compartir dichos datos.

(163) Se entregaron los siguientes documentos de información, que se consideraron como

presentados en este tema:

- IP 38 *Informe sobre la 23.ª edición de la Patrulla Naval Conjunta Antártica entre Argentina y Chile - 2020/2021* (Argentina y Chile). El documento informó sobre las actividades realizadas por la 23.ª edición de la Patrulla Antártica Naval Combinada, con un enfoque en las circunstancias derivadas de la pandemia COVID-19.
- IP 39 *Informe sobre las tareas completadas por el Servicio de Hidrografía Naval en la Antártida 2020/21* (Argentina). El documento describía las actividades desarrolladas por el Servicio de Hidrografía Naval en la península Antártica para aumentar la seguridad náutica y la protección del medio ambiente marino y costero antártico. Estos incluían nuevas características de balizamiento e información sobre actualizaciones de cartas náuticas argentinas y trabajos de batimetría/topografía realizados en bahía Esperanza e isla Medialuna.
- IP 132 *Levantamiento hidrográfico brasileño de aguas antárticas* (Brasil). El documento informa sobre las actividades recientes de la Dirección de Hidrografía y Navegación (DHN) de Brasil, la organización que representa a Brasil en la OHI. El documento resume el trabajo reciente de la Dirección de Hidrografía y Navegación (DHN) de la Armada de Brasil en relación con el Plan Cartográfico Brasileño para la Antártida. Además, resume el estado de las cartas náuticas antárticas de Brasil e informa sobre experimentos recientes para realizar un monitoreo remoto del oleaje, del viento y de la temperatura de la superficie del mar en las cercanías de la estación Ferraz.
- IP 57 *Implementación del Código Polar de la OMI en España. Certificación del buque oceanográfico (B/O)* Sarmiento de Gamboa (España). El documento detalla el procedimiento empleado por España para implementarel Código internacional para buques que operan en aguas polares (Código Polar de la OMI) de 2017 en el buque de investigación español *Sarmiento de Gamboa*, así como el trabajo de la Administración Marítima española para certificar este buque de acuerdo con el Código Polar de la OMI.
- IP 125 *Gestión y eliminación de residuos a bordo del buque ARC "20 de julio", en el marco de las expediciones científicas de Colombia a la Antártida* (Colombia). El documento resume los mecanismos de tratamiento de residuos implementados a bordo del buque ARC "20 de Julio", incluidos sus esquemas de clasificación, tratamiento y disposición final.

Seguridad y operaciones: Estaciones

(164) Chile presentó el documento WP 42 *Eclipse en la península Antártica*, elaborado de manera conjunta con la Argentina. Llamó la atención de las Partes sobre los riesgos potenciales que pueden surgir como resultado del posible aumento de las actividades turísticas y no gubernamentales en el área de observación del eclipse solar total. También expresó una especial preocupación por el posible aumento de buques no autorizados y los riesgos asociados a estos. Los proponentes recomendaron a las Partes: tomar nota de la posibilidad de un aumento en el tráfico de embarcaciones en el área de observación del eclipse solar total, que tendrá lugar el 4 de diciembre de 2021, y los riesgos asociados que este fenómeno podría generar en el área del Tratado Antártico; promover el cumplimiento de la Resolución 3 (2004); intensificar el intercambio de información sobre los barcos que naveguen en el área del Tratado Antártico durante las observaciones de eclipses; promover el uso de los actuales mecanismos de comunicación y coordinación para ejercer un riguroso control de las actividades turísticas y no gubernamentales en la zona; e intensificar la cooperación entre las Partes para informar a los países con

responsabilidades de búsqueda y salvamento antártico sobre cualquier barco que salga de sus puertos y que planee estar en el área del eclipse durante el 4 de diciembre de 2021.

(165) El presidente proporcionó un resumen de las presentaciones en el foro previo a la RCTA relacionadas con el documento WP 42 y señaló que Nueva Zelandia, Australia, España, el Reino Unido, el Perú, Estados Unidos y la IAATO habían contribuido. Si bien los participantes en general habían apoyado las cuatro recomendaciones del documento, dos de ellos habían señalado que no habían tenido conocimiento de ningún operador en su jurisdicción que planeara visitar la zona durante el período del eclipse. La IAATO había señalado que, aunque la temporada de 2021-22 era incierta debido a la pandemia mundial, los operadores de la IAATO notificarían a sus autoridades nacionales competentes sobre las actividades previstas. La IAATO también había confirmado que estaba preparada para compartir información en tiempo real sobre los trayectos con los Centros de Coordinación de Rescate Marino (MRCC) durante toda la temporada.

(166) La Reunión agradeció a Chile y la Argentina su documento, así como a los participantes en el foro sus aportes. La Reunión tomó nota de las preocupaciones de los proponentes con respecto a un posible aumento de visitantes a la Antártida durante el eclipse solar total y alentó a las Partes a tomar nota de las cuatro recomendaciones del documento WP 42, particularmente en relación con el intercambio de información y la reglamentación de actividades no gubernamentales y turísticas a través de sus autoridades competentes.

(167) Chile presentó el WP 65 *Sistema de gestión de emergencias por terremotos* y llamó la atención de la Reunión sobre el aumento inusual en la frecuencia de sismicidad observado al norte de la península Antártica. Al comentar sobre la probabilidad de que un gran terremoto o tsunami pudiera afectar gravemente a las personas y las infraestructuras en la Antártida, el proponente describió planes de contingencia que podrían ser útiles en caso de que ocurriera tal desastre. Chile recomendó a la RCTA: invitar a las Partes a compartir información de sus investigaciones sobre cuestiones sismológicas o sobre riesgos potenciales de desastres en la Antártida; actualizar el Plan de trabajo estratégico plurianual para solicitar al SCAR que proporcione una actualización sobre las investigaciones sismológicas o los posibles riesgos de desastres en la Antártida; solicitar al COMNAP que elabore un informe para evaluar el estado de los planes de emergencia en las bases antárticas y su implementación de los programas de riesgo de desastres; alentar a las Partes interesadas a revisar los planes de gestión de emergencias existentes con el fin de evaluar su implementación y compartir sus buenas prácticas con otras Partes, e incluir temas sismológicos y otros riesgos asociados a desastres como una prioridad en el Plan de trabajo estratégico plurianual.

(168) El presidente proporcionó un resumen de las presentaciones en el foro previo a la RCTA relacionadas con el documento WP 65 y señaló que la Argentina, Australia, Japón, el Perú, España, el Reino Unido y la IAATO habían contribuido. Los participantes habían apoyado en general la propuesta, destacando la importancia de compartir información para identificar los riesgos potenciales de un desastre sismológico en la Antártida, incluido el riesgo volcánico, para determinar las herramientas de gestión y las medidas preventivas necesarias. También habían acogido con satisfacción el asesoramiento del COMNAP y el SCAR al respecto.

(169) El presidente también recordó a las Partes que la RCTA ya había considerado este tema en reuniones anteriores.

(170) La Reunión agradeció a Chile su documento y expresó su firme apoyo a un sistema de gestión de emergencias para eventos sísmicos importantes. Varias Partes mencionaron sus redes de monitoreo para registrar la actividad sísmica y ofrecieron su experiencia en la detección temprana de tales eventos, así como en la facilitación de la respuesta de emergencia, incluidos los planes de evacuación. La Argentina también destacó la

necesidad de analizar cuidadosamente el nivel de riesgo sísmico de acuerdo con el origen y las características de la actividad tectónica y determinar, en consecuencia, la necesidad de desarrollar herramientas de gestión y el tipo de herramientas requeridas. También se sugirieron algunos cambios en la Resolución para incluir otros peligros naturales como el vulcanismo y para reflejar que, aunque el SCAR era el organismo más apropiado para proporcionar información científica, el COMNAP y la IAATO estaban en la mejor posición para conducir evaluaciones de riesgo para las personas y la infraestructura.

(171) Teniendo en cuenta estas sugerencias, la Reunión adoptó la Resolución 7 (2021) *Sistema de gestión de emergencias por terremotos.*

(172) También se entregaron los siguientes documentos, los cuales se consideraron como presentados en este tema del programa:

- IP 56 *Mitigación de la erosión del litoral en la Base Antártica Española Gabriel de Castilla* (España). El documento presentó las obras de ingeniería civil realizadas en la Base Antártica Española (BAE) Gabriel de Castilla durante la campaña antártica 2019-20 para mitigar la erosión de la pendiente en el emplazamiento de la estación, en un intento de evitar que el litoral avance hacia la zona de la estación.
- IP 61 *Estudio conceptual para la estación Troll* (Noruega). El documento informó sobre el trabajo en curso realizado por Noruega para considerar las necesidades futuras de la estación Troll y evaluar sus necesidades de actualización. También señaló que el estudio conceptual produciría tres alternativas para una versión futura de la estación de investigaciones Troll en la Antártida, con tres niveles diferentes de ambición e inversión. Se proyectaba que el proceso concluiría en noviembre de 2021.
- IP 92 *Operaciones científicas autónomas en la estación de investigaciones Halley* (Reino Unido). El documento informó sobre la respuesta del personal de la estación de investigaciones Halley a los cambios en el comportamiento de la plataforma de hielo. Dados los cambios en el medio ambiente desde 2016, las operaciones de invierno se habían suspendido por la seguridad del personal de Halley. Al señalar que varios de los instrumentos que recopilan datos se habían automatizado con éxito con el uso de turbinas de microchorro, el documento sugirió cómo esto podría lograrse en otros lugares.
- IP 103 *Modernización del Programa Antártico de Australia* (Australia). Recordando el documento IP 89 de la XLII RCTA, este documento proporcionó una actualización sobre el progreso realizado hacia la modernización del programa antártico australiano. También incluyó un nuevo buque de investigación antártico, mejoras en las capacidades de realizar travesías, la modernización de estaciones científicas antárticas y la planificación de actividades para una propuesta de construcción y operación de un nuevo aeródromo cerca de la estación científica Davis, situada en los cerros Vestfold.
- IP 118 *Implementación de una turbina eólica en la Antártida* (Colombia). Este documento detalla el proceso de instalación de una turbina eólica en la base Marambio como parte de los esfuerzos del Programa Antártico Colombiano (PAC) para establecer una base permanente en la Antártida.
- IP 127 *Comunicaciones satelitales de la Fuerza Área Colombiana (FAC) en la Antártida* (Colombia). En este documento se explica el alcance de un proyecto de investigación colombiano en la estación chilena O'Higgins que busca permitir la adquisición y apropiación de capacidades de comunicación satelital por parte de Colombia. También señaló el objetivo a medio plazo de contar con una estación de monitoreo y control para el seguimiento de satélites y, a más largo plazo, con

información que otras instituciones podrían utilizar en proyectos científicos.

- IP 130 *Reconstrucción de la estación antártica de Brasil Comandante Ferraz* (Brasil). Este documento informó sobre la inauguración de la nueva estación brasileña Comandante Ferraz, que inició sus operaciones el 15 de enero de 2020 y que fue construida en el sitio de la estación anterior. También proporcionó un resumen de las actividades del primer año de funcionamiento de la estación.
- IP 134 *Vigilancia volcánica de la isla Decepción durante la campaña antártica española 2020-2021* (España). El documento informó sobre la actividad volcánica de la isla Decepción registrada entre enero y febrero de 2021 sobre la base de los resultados de la red de vigilancia que contraba este volcán activo. También informó que durante este período la isla se mantuvo en alerta verde de acuerdo con las directrices de la Asociación Internacional de Vulcanología y Química del Interior de la Tierra (IAVCEI).

(173) En relación con este tema del programa, se entregaron también los siguientes documentos:

- BP 10 *XIX Simposio del Consejo de Administradores de Programas Nacionales Antárticos (COMNAP) (2020)* (COMNAP).
- BP 14 *Incendio en la estación antártica rusa Mirny* (Federación de Rusia).
- BP 15 *Sobre el aplazamiento de la primera etapa de montaje de un nuevo edificio de invernada en la estación de Vostok para la temporada 2021/2022* (Federación de Rusia).
- BP 16 *Informe de ejecución de la XXIV Expedición Antártica Ecuatoriana (2019-2020)* (Ecuador).
- BP 18 *Informe de ejecución de la XXV Expedición Antártica Ecuatoriana (2020-2021)* (Ecuador).
- BP 21 *Informe de actividades y resultados REFUGIO ANTÁRTICO ECUATORIANO Expediciones XXIV y XXV* (Ecuador).

Temas relacionados con la gestión de la pandemia de COVID-19

(174) COMNAP presentó el IP 82 *Operaciones de los programas antárticos nacionales durante una temporada antártica sin precedentes*, que destacó los esfuerzos de los miembros del COMNAP desde diciembre de 2019 para mitigar o eliminar los riesgos asociados con la pandemia de COVID-19 y mantener seguros a los expedicionarios antárticos. El COMNAP también informó a la Reunión que las Directrices para la prevención y la gestión de brotes de COVID-19, desarrolladas para que los programas antárticos nacionales respondan a los riesgos y desafíos durante la temporada 2020-21, se estaban actualizando para la temporada 2021-22 y se presentarían en la Reunión General Anual del COMNAP 2021. Tras señalar que las directrices se habían puesto a disposición de las Partes a través de sus programas antárticos nacionales, el COMNAP reiteró su compromiso de continuar apoyando el objetivo común de mantener la Antártida libre de COVID-19.

(175) La Reunión agradeció al COMNAP su documento y su trabajo en la coordinación del intercambio de estrategias cruciales para mitigar los riesgos planteados por la pandemia de COVID-19 y por sus continuos esfuerzos para apoyar los programas antárticos nacionales para garantizar que el COVID-19 no se introduzca en la Antártida.

(176) Bulgaria expresó su agradecimiento a Chile, España y Uruguay por su apoyo logístico a las actividades de la Expedición Antártica Búlgara 2020/21. Bulgaria destacó el trabajo

del Instituto Antártico Chileno (INACH) para garantizar que viajar a la Antártida fuera lo más fácil y seguro posible durante la pandemia de COVID-19 y agradeció a Chile por acoger a científicos búlgaros en la estación científica Escudero de Chile.

(177) La Federación de Rusia llamó la atención sobre su documento IP 138, que describe las lecciones aprendidas durante la pandemia de COVID-19.

(178) También se entregaron los siguientes documentos, los cuales se consideraron como presentados en este tema del programa:

- IP 36 *La respuesta del Programa Nacional Antártico italiano a la pandemia COVID-19 en la expedición 2020-2021* (Italia). El documento esbozó los principios detrás de la planificación de la 36.ª expedición antártica italiana dadas las desafiantes circunstancias de una pandemia de COVID-19 y las principales actividades resultantes de su implementación. Destacó la estrecha coordinación de Italia con otros programas antárticos nacionales, a través del COMNAP, para evitar la introducción de COVID-19 en la Antártida, así como el apoyo ofrecido por Australia y Nueva Zelandia en sus puertas de acceso a la Antártida.
- IP 42 *La experiencia de Chile en la implementación del protocolo COVID-19 de control y monitoreo* (Chile). El documento describía el "Protocolo COVID-19 de Chile para el control y el seguimiento del tránsito de pasajeros y carga entre Punta Arenas y la península Antártica". El protocolo contó con medidas de prevención y protección personal, cuarentena en instalaciones especiales en Punta Arenas y pruebas de PCR al inicio y al final de la cuarentena, y permitió a personal de otros programas antárticos nacionales ingresar en la Antártida a través de Chile sin inconvenientes significativos, aunque se detectaron algunos casos de COVID-19 en el personal chileno.
- IP 108 *Protocolo sanitario aplicable a ciudadanos nacionales y extranjeros que participaron en actividades en la Campaña Antártica 2020-2021* (Uruguay), que describe el protocolo sanitario implementado por Uruguay para evitar la introducción de la COVID-19 en la Antártida durante su última campaña de verano. El documento señala que el programa antártico uruguayo no notificó casos de COVID-19 en la Antártida y vacunó con éxito a todo el personal uruguayo desplegado en la Antártida.
- IP 128 *Operación Antártica Brasileña (OPERANTAR) - OPERANTAR XXXIX (2020/2021) y OPERANTAR XL (2021/2022)* (Brasil). El documento presentó las actividades realizadas por Brasil durante su temporada 2020/21, incluidos los cambios causados por la pandemia de COVID-19 y los planes para la temporada antártica 2021/22. El documento señaló que durante la campaña 2020/21 Brasil implementó cuarentenas obligatorias, controles de salud, pruebas de COVID-19 y otras medidas de higiene y procedimientos de carga, y no registró casos de COVID-19 en la Antártida.
- IP 138 *Sobre el trabajo de la expedición antártica rusa durante la pandemia de COVID-19: lecciones de la campaña 2020-2021* (Federación Rusa). Este documento describe las operaciones y el trabajo de la 66.ª expedición antártica rusa durante la campaña 2020/21, que tuvo lugar en condiciones de severas restricciones asociadas a la pandemia de COVID-19. El programa de la expedición se redujo al mínimo y solo incluyó actividades expedicionarias urgentes para garantizar el funcionamiento de las estaciones antárticas permanentes y los estaciones de campo estacionales. El documento informó que, en general, el trabajo de la EAR en la temporada 2020/21 mostró que las medidas anticoronavirus emprendidas no fueron excesivas. El documento también informó sobre dos accidentes médicos fatales no relacionados con la COVID-19.

Tema 14: Inspecciones realizadas en virtud del Tratado Antártico y del Protocolo sobre Protección del Medio Ambiente

(179) El presidente se refirió a los siguientes documentos de información y señaló que se tomarían como presentados:

- IP 1 *Informe de inspección de Estados Unidos, febrero de 2020* (Estados Unidos). El documento informó sobre las inspecciones realizadas por Estados Unidos entre el 7 y el 10 de febrero de 2020 en: la estación Mario Zucchelli y la pista Boulder Clay (Italia); la estación Jang Bogo (República de Corea); la estación en construcción en la isla Inexpressible (China), y la Zona Antártica Especialmente Protegida (ZAEP) 161, bahía Terra Nova, mar de Ross. Estados Unidos agradeció a todas las Partes cuyas estaciones fueron inspeccionadas por su cooperación y hospitalidad durante el proceso de inspección y por su ayuda en la redacción del informe. La inspección no observó violaciones de las disposiciones del Tratado que reservan la Antártida únicamente para fines pacíficos.
- IP 15 *Inspecciones australianas del Protocolo sobre Protección del Medio Ambiente y del Tratado Antártico: enero/febrero de 2020 (Australia).* Este documento informó sobre las inspecciones realizadas por Australia en la temporada de 2019/20 en seis estaciones antárticas: estación Jang Bogo (República de Corea); instalación en la isla Inexpressible (China); estación Gondwana (Alemania); campamento Taishan (China); estación Molodezhnaya (Federación de Rusia), y estación Mountain Evening (Belarús). Australia dio las gracias a todas las Partes cuyas estaciones fueron inspeccionadas y señaló que las instalaciones y actividades observadas cumplían en general con las disposiciones del Protocolo sobre Protección del Medio Ambiente, aunque se identificaron algunas oportunidades para mejorar prácticas operativas.

(180) La Reunión agradeció a Australia y Estados Unidos su trabajo en la consecución de las inspecciones y tomó nota de los resúmenes de las intervenciones realizadas durante el período entre sesiones en los informes de inspección, tal y como se detalla en el documento IP 144. También agradeció a todas las Partes los comentarios proporcionados en respuesta a las inspecciones durante el período entre sesiones, incluido el documento IP 139 entregado por la Federación de Rusia en respuesta a la inspección realizada por Australia.

(181) La Reunión también tomó nota de que en la XLI RCTA se había sugerido emprender debates informales sobre recomendaciones prácticas para mejorar la organización de las inspecciones. La Reunión alentó a las Partes a participar informalmente en cuestiones relacionadas con las actividades de inspección durante el próximo período entre sesiones, si así lo desearan.

(182) La República de Corea comentó que dio la bienvenida a los equipos de inspección de Estados Unidos y Australia, y señaló que las recomendaciones de estas inspecciones se habían seguido y detallado en el documento BP 7.

(183) Estados Unidos y Australia señalaron que estaban agradecidos por la cálida recepción de los equipos de inspección de todas las Partes inspeccionadas.

(184) En relación con este tema del programa, se entregaron los siguientes documentos, que se tomaron como presentados:

- IP 139 *Respuesta a las observaciones de inspección de Australia 2019/2020* (Federación de Rusia). Este documento proporcionó información adicional sobre la estación Molodezhnaya, inspeccionada por Australia durante la temporada

2019/20, mientras estaba cerrada. La Federación de Rusia agradeció a Australia sus comentarios y recomendaciones y reafirmó el importante papel que desempeñan las inspecciones con respecto a las actividades del Tratado Antártico.

- IP 144 *Resumen de la discusión entre sesiones sobre los informes de inspección en virtud del Artículo VII del Tratado Antártico y el Artículo 14 del Protocolo sobre Protección del Medio Ambiente* (Noruega, España). Este documento resumió la discusión entre sesiones en respuesta a los informes de inspección de Australia y Estados Unidos. Se subrayó el valor de las inspecciones para mejorar los aspectos logísticos de las actividades antárticas de las Partes. El documento destacó: que era importante mantener la información de contacto de las estaciones en todas las bases de datos del sistema, particularmente del COMNAP, para asegurar comunicaciones fáciles y seguras; que el progreso en todas las actividades, incluido cualquier tipo de construcción o mejora, fuera coherente con cualquier EMG relevante y con el asesoramiento proporcionado por el CPA, y que era necesario fomentar un mejor uso del Sistema Electrónico de Intercambio de Información (SEII).

(185) En relación con este tema se entregó también el siguiente documento:

- BP 7 *Seguimiento de las recomendaciones de la inspección en la estación antártica Jang Bogo durante la Campaña Antártica de Verano 2019-2020* (República de Corea).

Tema 15: Asuntos, futuros desafíos, cooperación y asesoramiento científicos

Cooperación y asesoramiento científicos

(186) China presentó el documento WP 57 *Propuesta para mejorar la cooperación en la investigación y el seguimiento de la dinámica de la población de pingüinos en la región del mar de Ross*, que informaba sobre la importancia y la dinámica de la población de pingüinos en la región del mar de Ross. Al observar las tendencias de aumento de la población en las últimas dos décadas en las poblaciones de pingüino emperador y pingüino de Adelia en la región del mar de Ross, China recomendó que se promoviera la cooperación internacional y el intercambio de datos para: realizar investigaciones exhaustivas, coordinadas, a largo plazo y precisas, así como el seguimiento y la evaluación de la dinámica de la población de pingüinos en la zona del mar de Ross; incluir factores ambientales para revelar los patrones de cambio poblacional y la dinámica de los impulsores, e incorporar las necesidades científicas en los planes de trabajo pertinentes de la RCTA y el CPA.

(187) El presidente proporcionó un resumen de las presentaciones en el foro previo a la RCTA relacionadas con el documento WP 57 y señaló que Nueva Zelandia, Australia, Noruega, el Perú, Alemania y la ASOC habían proporcionado comentarios. Los participantes habían agradecido a China por alentar la cooperación internacional en la investigación sobre las poblaciones de pingüinos, y habían señalado que estas representan indicadores clave de los ecosistemas antárticos en la región del mar de Ross. Varios participantes habían reconocido la importancia de realizar más investigaciones colaborativas en esta área y habían señalado que ya existía una gran cantidad de datos científicos disponibles para mejorar el estado de conservación de estas especies en la región del mar de Ross. En este sentido, algunos participantes habían expresado su voluntad de proporcionar información adicional sobre la cooperación científica existente en este campo en la región del mar de Ross. Los participantes también se habían referido a los documentos del SCAR sobre las tendencias de las poblaciones de pingüinos emperador (WP 37 y IP 22).

(188) La Reunión agradeció a China su documento y a los participantes del foro, sus

presentaciones. Muchas Partes señalaron que los programas de cooperación e investigación existentes estaban bien establecidos en la región y alentaron a que se generen conexiones con esos programas existentes. Algunas Partes también señalaron el buen flujo de información existente en la RCTA para servir de base informativa para la toma de decisiones y destacaron la importancia de aprovechar la mejor ciencia disponible y de adoptar un enfoque precautorio. La Reunión destacó el valor de la colaboración internacional y el intercambio de datos para mejorar la investigación y el seguimiento relacionados con las poblaciones de pingüinos en la Antártida y la importancia de considerar los resultados de las actividades de seguimiento en la toma de decisiones.

(189) La Reunión observó que, dado que este documento también se había presentado en el marco del Tema 9d del programa del Comité para la Protección del Medio Ambiente (CPA), la consideración de este asunto debería tener en cuenta cualquier resultado pertinente de los debates en el Comité. El presidente informó sobre las consultas con el presidente del CPA y señaló que, aunque no se había recibido un asesoramiento específico para la RCTA, el Comité había apoyado la colaboración internacional en curso en la investigación de la dinámica de la población de pingüinos en la región del mar de Ross. El Comité también había observado que sería particularmente valiosa la colaboración a través de los programas existentes de monitoreo de pingüinos y los grupos de expertos, y que una mayor colaboración internacional en la investigación de pingüinos y las actividades de monitoreo en la región del mar de Ross se ajustaría a las necesidades científicas identificadas en el Plan de trabajo quinquenal del CPA y su Programa de trabajo de respuesta al cambio climático.

(190) La ASOC destacó que la recopilación de información científica adicional no debería ser un obstáculo para aplicar un enfoque precautorio en la región cuando fuera necesario y señaló que esto era particularmente relevante en el caso de los pingüinos emperador, a causa de la pérdida de sitios de reproducción y la transformación de hábitats de alimentación debido al cambio climático, como se indica en los documentos WP 37 e IP 22 del SCAR.

(191) La Reunión apoyó la idea de seguir reforzando la investigación sobre el seguimiento de los pingüinos en la zona del mar de Ross y fortalecer la cooperación internacional sobre la base de los datos existentes.

(192) También se entregaron los siguientes documentos, que se consideraron como presentados en este tema:

- IP 25 *Informe del Foro Asiático de Ciencias Polares (AFoPS) 2019-2021* (Japón), que informaba sobre las actividades del AFoPS de 2018 a 2020 e incluía los resultados de las reuniones y simposios realizados por el AFoP en este período. El documento destacaba el impacto de la pandemia de COVID-19 en las actividades de los países asiáticos en la Antártida.

- IP 65 *La Carta de Aval entre la Asociación de Científicos Polares de Carrera Temprana (APECS) y el Comité Nacional de la APECS de Turquía*; IP 68 *Membresía de Turquía a la Junta Polar Europea*; IP 69 *La membresía plena de Turquía en el SCAR*, e IP 70 *Premio de Estudios Polares del Programa de Premios a Jóvenes Científicos de la Academia de Ciencias de Turquía* (Turquía). Estos trabajos informaron: sobre la firma de la carta de respaldo entre la APECS y la APECS de Turquía (IP 65); que la Junta Polar Europea (EPB) dio la bienvenida como miembro al Consejo de Investigación Científica y Tecnológica de Turquía (TUBITAK), el Centro de Investigación de Mármara (MAM), el Instituto de Investigación Polar (PRI) y el operador polar nacional de Turquía (IP 68); sobre el proceso de adhesión plena de Turquía al SCAR, aprobado en marzo de 2021 durante su 36.ª Reunión de Delegados después de ser miembro asociado de la organización durante 5 años (IP 69), y sobre el Premio de Estudios Polares del Programa de Premios para Jóvenes Científicos (GEBIP) de la Academia de Ciencias de Turquía (TUBA) que, en su edición 2020, fue otorgado a cuatro jóvenes científicos (2 mujeres y 2 hombres) de Estudios Polares (IP 70).

- IP 71 *Una carta de intenciones entre el Consejo de Investigación Científica y Tecnológica de Turquía, el Centro de Investigación de Mármara, el Instituto de Investigación Polar y el Instituto de Investigación Polar de Corea* (Turquía y República de Corea). Documento IP 72 *Memorando de entendimiento entre el Consejo de Investigaciones Científicas y Tecnológicas de Turquía, el Centro de Investigaciones de Mármara, el Instituto de Investigaciones Polares y el Instituto Antártico Búlgaro* (Turquía, Bulgaria). Documento IP 73 A *Memorando de entendimiento entre el Consejo de Investigaciones Científicas y Tecnológicas de Turquía, el Centro de Investigaciones de Mármara, el Instituto de Investigaciones Polares y la institución estatal Centro Científico Nacional Antártico de Ucrania* (Turquía, Ucrania). Estos documentos informaron sobre la firma de una carta de intenciones y de memorandos de entendimiento entre Turquía y la República de Corea, Bulgaria y Ucrania, respectivamente.
- IP 87 *Colaboración polaco-rusa en la Antártida oriental* (Polonia, Federación de Rusia), que informaba que expertos polacos se sumarían a la 67.ª Expedición Antártica Rusa (EAR) en la próxima Campaña Antártica de Verano 2021/22 para investigar en forma conjunta en las colinas Bunger de la Antártida oriental. Las actividades de colaboración planificadas incluíann una inspección del estado de la infraestructura en la estación antártica polaca de Dobrowolski después de 40 años de inactividad; trabajo de campo geológico y geomorfológico en la zona de las colinas de Bunger; e investigación sobre la posibilidad de instalar instrumentos sismológicos y/o geomagnéticos autonómicos y automáticos para monitorear campos geofísicos con fines científicos.
- IP 112 *Avances en la participación de Colombia en el SCAR*; IP 113 *Adhesión de Colombia al Protocolo del Tratado Antártico sobre Protección del Medio Ambiente: Retos y Oportunidades*; IP 119 *Cooperación de Colombia con la Comisión para la Conservación de los Recursos Vivos Marinos Antárticos (CCRVMA): Implementación Voluntaria de la Medida de Conservación 10-05 (2018)*; IP 120 *Cooperación internacional para el estudio de mamíferos marinos en el Pacífico Sudeste y la Antártica* (Colombia); e IP 123 *Cooperación entre Colombia y Argentina sobre análisis magnetoeléctrico en tectónica: Instalación de una Estación Geofísica Permanente en la Base Antártica Isla Marambio* (Colombia). Estos documentos informaron sobre: los avances realizados por Colombia en el marco de su adhesión al SCAR (IP 112); los desafíos y las oportunidades que afrontó Colombia durante su reciente adhesión al Protocolo sobre Protección del Medio Ambiente en febrero de 2020 (IP 113); el trabajo en curso dentro de las agencias nacionales colombianas con miras a solicitar la condición de Estado no contratante en la CCRVMA (IP 119); las actividades de cooperación científica internacional del Programa Antártico Colombiano con otros programas antárticos nacionales en el campo de la investigación de mamíferos marinos antárticos (IP 120), y la instalación por parte de Colombia, en conjunto con la Argentina, de una estación geofísica permanente cerca de la base Marambio (Argentina) con el fin de adquirir y almacenar datos sobre el campo magnético, el campo eléctrico y los gases de efecto invernadero (IP 123).

(193) En relación con este tema del programa, se entregaron los siguientes documentos:

- BP 8 *Cooperación científica y en asuntos relativos a la ciencia con las Partes Consultivas y la comunidad antártica más amplia y respuestas a la COVID-19* (República de Corea).

- BP 17 *Cooperación Científica entre Programas Antárticos Nacionales ECUANTAR XXIV (2019-2020)* (Ecuador).
- BP 19 *Cooperación Científica entre Programas Antárticos Nacionales ECUANTAR XXV (2020-2021)* (Ecuador).
- BP 23 *Primer boletín de Sudáfrica sobre la estrategia de la Antártida y el océano Austral* (Sudáfrica).

Asuntos científicos y futuros desafíos científicos

(194) La Secretaría presentó el documento SP 8 *Prioridades científicas clave de los programas antárticos nacionales*. Este documento informó sobre la publicación de una sección en el sitio web de la Secretaría que proporciona información sobre las prioridades científicas clave de los programas antárticos nacionales, en respuesta a una solicitud de la RCTA en 2019. También destacó que la información de nueve Partes ya se había publicado y señaló que la Secretaría estaba disponible para asistir a todas las Partes.

(195) Asimismo, en este tema se entregaron los siguientes documentos, que se consideraron como presentados:

- IP 9 *Seguimiento de especies mediante cámaras de lapso de tiempo en el área del Tratado Antártico)* (Reino Unido). Este documento presenta un resumen del seguimiento con cámaras remotas en el Área del Tratado Antártico y de los flujos de trabajo necesarios para procesar datos crudos en la elaboración de resúmenes preparados para la formulación de políticas. El documento concluyó que los procesos para permitir el procesamiento masivo de datos de imágenes estaban bien desarrollados, al menos para la mayoría de las especies de pingüinos antárticos, y que había habido un progreso sustancial en el desarrollo de procesos equivalentes para focas y otras aves marinas.
- IP 31 *Reproducción de aves marinas insensibles a los cambios de temperatura del océano)* (Portugal, Canadá, Nueva Zelandia, Sudáfrica, Reino Unido). El documento, que había sido presentado en el CPA, proporcionaba evidencia científica de que las aves marinas en todo el mundo no habían ajustado sus temporadas de cría a lo largo del tiempo o en respuesta al aumento de la temperatura de la superficie del mar. El documento advertía sobre las posibles consecuencias del calentamiento de los océanos en las especies reproductoras de la Antártida si se alterara el momento de la disponibilidad de presas durante un punto clave de la temporada.
- IP 37 *Semillas para el futuro. Bóveda Global de Semillas de Plantas Silvestres (previa consideración por el CPA)* (Italia), que describe el proyecto Seeds for Future (SFF) para establecer un repositorio mundial de semillas de plantas silvestres en la profundidad del hielo de la meseta antártica. El proyecto tenía como objetivo preservar semillas de plantas en peligro de extinción en la Antártida con miras a recuperar especies extintas en caso de pérdida de germoplasma almacenado en otros lugares.
- IP 77 *Observando el cambiante océano Austral y sus conexiones globales* (Estados Unidos), e IP 79 *Mapa de alta precisión de la topografía de la capa de hielo de la Antártida* (Estados Unidos). Los documentos informaban sobre: el proyecto de Observaciones y Modelado del Clima y el Carbono del Océano Austral (SOCCOM), lanzado en 2014 con el enfoque de permitir un cambio transformador en la comprensión científica y pública del papel del océano Austral en el sistema

oceánico y climático del planeta (IP 77), y la publicación de un mapa de alta precisión de la topografía del lecho de la Antártida, que ayudaba a identificar qué regiones del continente eran más vulnerables a los impactos del cambio climático (IP 79).

- IP 94 *Períodos de observación de invierno y planes adicionales del año de la predicción polar en el hemisferio sur (YOPP-SH)* (OMM), e IP 95 *Red del Centro Regional del Clima de la Antártida: alcance y concepto* (OMM). El IP 94 resumía las actividades recientes realizadas en la Antártida como parte del Año de la Predicción Polar (YOPP) de la OMM. Este incluía un segundo período especial de observación, de mediados de abril a mediados de julio de 2022, que coincide con la rápida expansión de la cobertura de hielo marino. El documento también resumía las muchas actividades asociadas con el YOPP, incluidas las iniciativas de modelado y pronóstico, el portal de datos del YOPP y las diversas actividades de educación y desarrollo de capacidades. El documento IP 95 informó sobre el progreso hacia el establecimiento de una Red de centros climáticos regionales antárticos (AntRCC) que proporcionará productos y servicios climáticos en la región de la Antártida y el océano Austral, incluidos pronósticos a largo plazo, monitoreo y productos de datos del clima, y capacitación, y señaló que la OMM convocaría una reunión para planificar su puesta en marcha en la que participarían los países interesados en contribuir a la red, así como varios socios clave a nivel regional e internacional.
- IP 116 *Determinación del aporte de la presión Atmosférica sobre las variaciones del nivel del mar en la Antártica, verano austral 2020-2021* (Colombia y Ecuador). El documento informó sobre un proyecto conjunto entre Colombia y Ecuador en la Base Pedro Vicente Maldonado. El proyecto conjunto buscaba ampliar el conocimiento sobre la meteorología y los procesos de interacción entre el océano y la atmósfera en la Antártida, a partir del estudio de la influencia de la presión atmosférica sobre el nivel del mar. El proyecto tenía como objetivo contribuir a futuros estudios de cambio climático mediante la aplicación de correcciones a las tendencias del nivel del mar.
- IP 136 *La contribución del Océano Austral al Decenio de las Naciones Unidas de las Ciencias Oceánicas para el Desarrollo Sostenible* (SCAR), que informaba sobre las actividades del Grupo de Trabajo del Océano Austral, coordinado por el SCAR y en el que participan varios grupos de investigación. El documento señalaba que el Grupo de Trabajo del Océano Austral se había creado en el marco del Decenio de las Naciones Unidas de las Ciencias Oceánicas para el Desarrollo Sostenible (2021-2030) para revertir los ciclos de deterioro de la salud de los océanos y fortalecer la cooperación internacional necesaria para desarrollar investigación científica y tecnologías innovadoras que podrían conectar las ciencias oceánicas con las necesidades de la sociedad. El documento proporcionaba detalles sobre una serie de talleres y reuniones celebrados por el Grupo de Trabajo para identificar las prioridades claves de investigación para el océano Austral, así como información sobre sus futuros eventos y actividades.

(196) En relación con este tema, se entregaron los siguientes documentos:

- BP 20 *Estudios toxicológicos de metales pesados, microplásticos y ecología microbiana con potencial biotecnológico en la península Antártica* (Ecuador).
- BP 22 *Informe de progreso sobre el proyecto Estructura microalgal y su relación con la variabilidad físico-química en el ecosistema marino de las islas Shetland del Sur* (Ecuador).

Principales actividades científicas y resultados de los Programas Nacionales

(197) Asimismo, en este tema se entregaron los siguientes documentos, que se consideraron como presentados:

- IP 26 *Actividades del Programa Nacional Antártico de Perú período 2020-2021* (Perú), e IP 27 *Expedición científica del Perú a la Antártida* (Perú). Uno de los trabajos describía las principales actividades realizadas por el Programa Nacional Antártico del Perú para el período 2020-21 (IP 26), y el otro informaba sobre la cancelación de actividades en verano de 2021-22, reconociendo los esfuerzos realizados por Australia, Brasil y Polonia para recopilar información allí donde participaban investigadores peruanos, e incluía información sobre recientes publicaciones científicas del Perú sobre la Antártida (IP 27).
- IP 40 *Actividades y logros de Malasia en la investigación y la diplomacia antárticas* (Malasia). El documento proporcionaba información sobre el progreso de los logros en investigación y diplomacia antárticas de Malasia, incluida la participación en actividades de campo, la cooperación internacional, los subsidios y becas otorgados y los seminarios organizados por Malasia.
- IP 50 *Programa Chileno de Ciencias Antárticas (PROCIEN) y desafíos del Plan Quinquenal 2020-2025* (Chile). Este documento describe la productividad científica y la cooperación internacional implicadas en el Programa de Ciencias Antárticas de Chile (PROCIEN). También brindó información sobre los desafíos que enfrenta el PROCIEN en el futuro, con énfasis en una serie de proyectos de infraestructura como el Centro Antártico Internacional situado en la ciudad de Punta Arenas.
- IP 51 *Actividades actuales de investigación glaciológica en la estación Dome Fuji y sus alrededores* (Japón). El documento describe investigaciones de campo recientes y actividades asociadas en la estación Domo Fuji y sus alrededores. El documento informa sobre el transporte exitoso de muestras de núcleos de hielo profundo a Japón y las actividades preparatorias para la próxima perforación profunda (2023-2027) en las cercanías de la estación Domo Fuji.
- IP 52 *Programa de Ciencia Antártica Australiana 2019-20 y 2020-21* (Australia). El documento presenta una descripción general del Programa Australiano de Ciencias Antárticas para los períodos 2019-20 y 2020-21, e incluye información sobre sus recientes investigaciones , prioridades, asociaciones y planes futuros. El documento informa que el programa llevó a cabo 69 proyectos científicos en varias disciplinas, más del 50 % de los cuales incluyeron colaboraciones internacionales que involucraron a 65 instituciones internacionales en 21 países.
- IP 66 *Quinta Expedición Antártica Turca (TAE-V)* (Turquía); IP 74 *Publicaciones antárticas de científicos turcos (actualización 2020/2021)* (Turquía); e IP 76 *Convocatorias de proyectos y procesos de evaluación en las expediciones antárticas turcas* (Turquía). Los documentos presentaban información sobre: la organización y las actividades realizadas en la quinta expedición antártica turca (TAE-V) durante la temporada antártica 2020/2021 (IP 66); las publicaciones científicas antárticas de científicos turcos durante la temporada 2020/2021 (IP 74), y el sistema de gestión de convocatorias de proyectos de investigación polar en Turquía, que también había definido la participación en la expedición (IP 76).
- IP 85 *Puntos destacados de la investigación antártica de Japón durante el período 2020/21* (Japón). Este documento proporciona información sobre las observaciones realizadas durante todo el año en la estación Syowa, y sobre las observaciones estacionales a bordo del *Shirase* para observaciones oceanográficas y en las

cercanías de la estación Syowa.

- IP 107 *Informe sobre la Campaña Antártica de Verano 2020-2021 del Programa Antártico Nacional de Uruguay* (Uruguay). Este documento describe las principales actividades realizadas por Uruguay durante la Campaña Antártica de Verano 2020-21, y los desafíos que la COVID-19 impuso a su programa de investigación antártica.
- IP 115 *VII Expedición Científica de Colombia a la Antártica, verano austral 2020-2021* (Colombia) e IP 126 *Aportes de Colombia a la Investigación Antártica: Publicaciones científicas* (Colombia). Estos trabajos resumen los proyectos de investigación de Colombia en la Antártida durante el verano austral 2020-2021 (IP 115); y describe las actividades asociadas con el desarrollo de proyectos de investigación antártica de Colombia durante 2020-21, incluyendo información sobre los aspectos logísticos, operativos y de cooperación internacional de dichas actividades.
- IP 142 *Informe sobre la actividad científica del Instituto Antártico Argentino - 2020* (Argentina). El documento presentó un resumen de las publicaciones científicas producidas por investigadores argentinos en los últimos años y su contribución a la ciencia antártica a nivel mundial. El documento informaba que en un año marcado por la pandemia de COVID-19, los resultados del trabajo del Instituto Antártico Argentino en producción científica, asesoramiento, recursos humanos y divulgación habían sido satisfactorios y mostraban una tendencia de crecimiento.

Asuntos de diversidad en la ciencia antártica

(198) El presidente se refirió a los siguientes documentos de información y señaló que se tomarían por presentados:

- IP 43 *Agenda de Género del Programa Científico Chileno* (Chile). El documento proporcionó una actualización de la Agenda de género adoptada por el Instituto Antártico Chileno con el objetivo de hacer visible la importancia de asegurar la igualdad y paridad de género en las actividades antárticas de Chile, particularmente en términos de la participación de las mujeres en la ciencia antártica.
- IP 45 *Iniciativa de diversidad en la ciencia polar: horizontes polares* (Reino Unido). El documento informaba sobre las actividades, eventos y recursos de la iniciativa de diversidad en la ciencia polar del Reino Unido (Diversity in Polar Science), desarrollada para ofrecer un futuro más diverso e inclusivo para la ciencia polar del Reino Unido, mediante la promoción y la mejora de las oportunidades científicas antárticas para grupos subrepresentados, incluidas las mujeres, las personas de minorías étnicas, las personas con discapacidad y las personas de la comunidad LGBT+. El documento incluía una guía explicativa que también estaba disponible en línea junto con otros recursos desarrollados y compilados a través de la iniciativa Diversidad en la ciencia polar.
- IP 78 *Cumplimiento de la promesa de la ciencia antártica mediante la inclusión y la diversidad* (Estados Unidos, Reino Unido). El documento invitaba a las Partes a profundizar su trabajo sobre cuestiones de diversidad y a promover la participación plena de grupos subrepresentados en sus actividades antárticas. También incluía un breve resumen histórico de la participación de las mujeres en la investigación antártica.

(199) La Reunión agradeció a los proponentes sus documentos y acogió con agrado una propuesta de España para agregar "el abordaje de la igualdad, diversidad e inclusión" como una acción en el Plan de trabajo estratégico plurianual. Varias Partes señalaron los

esfuerzos en curso para abordar este importante tema, tal y como se describe en los documentos IP 43 y 78. Al expresar su apoyo a la propuesta, las Partes plantearon varias cuestiones, entre ellas: la importancia de abordar no solo la igualdad de género, sino también otros factores relacionados con la interseccionalidad y la diversidad; la necesidad de redoblar los esfuerzos para abordar las desigualdades de género; el hecho de que el SCAR ya estaba trabajando en materia de igualdad de género; la discusión más amplia sobre la definición del concepto de diversidad; el deseo de alcanzar la paridad de género y trabajar para minimizar la brecha de género; la importancia de tener diversidad de compromiso y pensamiento, no solo en la actividad científica, sino también en los niveles de gestión y operativo, y la necesidad de revisar las Reglas de Procedimiento de la RCTA para reflejar estas cuestiones.

(200) La Reunión acordó agregar la igualdad, la diversidad y la inclusión al Plan de trabajo estratégico plurianual.

Tema 16: Implicaciones del cambio climático para la gestión del Área del Tratado Antártico

(201) El Reino Unido presentó el documento WP 32 *La Antártida en un clima cambiante*, elaborado de manera conjunta con Alemania, Australia, Bélgica, España, Estados Unidos, Finlandia, Francia, Noruega, Nueva Zelandia, los Países Bajos y Suecia . Llamó la atención de la Reunión sobre el Informe especial del IPCC sobre el océano y la criósfera en un clima cambiante (SROCC), cuyos hallazgos clave en relación con la Antártida incluían: la aceleración del flujo y el retroceso del hielo en la región del mar de Amundsen, Antártida occidental y en la Tierra de Wilkes, Antártida oriental; los cambios futuros en la circulación oceánica debido a las importantes cantidades de calor producido por el hombre y por el carbono disuelto en el océano Austral, y los cambios que se proyectan en la distribución del kril. Tras señalar que la RCTA tenía un papel que desempeñar en la investigación y la comunicación de la ciencia del cambio climático en la Antártida a la audiencia internacional, y dadas las duras conclusiones del informe SROCC sobre las posibles implicaciones futuras para la Antártida, los proponentes recomendaban que la RCTA adoptara una Resolución actualizada sobre cambio climático.

(202) El presidente proporcionó un resumen de las presentaciones realizadas en el foro previo a la RCTA relacionadas con el documento WP 32, y señaló que Noruega, Chile, la Argentina, el Perú y la ASOC habían hecho contribuciones. Las Partes agradecieron al Reino Unido y a los coautores y, sobre la base de las principales conclusiones del Informe del IPCC, también destacadas por el SCAR en el WP 17, expresaron su apoyo general para adoptar una Resolución actualizada sobre el cambio climático.

(203) La Reunión agradeció al Reino Unido y a los demás proponentes su documento y liderazgo sobre el tema, así como a los participantes del foro previo a la RCTA sus presentaciones. La Reunión expresó su firme apoyo al WP 32, destacando los hallazgos clave del informe SROCC y reconociendo la importancia del IPCC y el Acuerdo de París como pilares de la acción contra el cambio climático. Se sugirieron cambios adicionales al texto del proyecto de Resolución, incluida la incorporación de puntos importantes señalados por SCAR en los documentos WP 17 y WP 36.

(204) La ASOC expresó su esperanza de que la Resolución tuviera algún efecto práctico tangible, tanto con respecto a la Antártida como a nivel mundial. También alentó a las Partes a tomar medidas de inmediato para aumentar la resiliencia climática en los ecosistemas terrestres y marinos de la Antártida y para reducir las emisiones de las operaciones en la Antártida, como así también para garantizar que sus políticas nacionales redujeran las emisiones de carbono a niveles seguros. Hacer esto no sería solo

para proteger la Antártida, sino también para proteger al mundo de los efectos del cambio climático en la Antártida.

(205) Tras más debates, la Reunión adoptó la Resolución 8 (2021) *La Antártida en un clima cambiante*.

(206) El SCAR presentó el WP 17 *El cambio climático de la Antártida y el océano austral en un contexto global*. Llamó la atención de la Reunión sobre los hallazgos clave de los informes especiales recientes del IPCC, centrados en incertidumbres sustanciales sobre los impactos globales y antárticos, incluidos: el comportamiento actual y futuro de la criósfera antártica; la variabilidad climática en escalas de tiempo breves, y el futuro de la biodiversidad antártica marina y terrestre. El SCAR recomendó que las Partes: consideren más a fondo los resultados de la investigación científica proporcionados por el SCAR; reafirmen su apoyo a las investigaciones científicas del cambio climático y las respuestas a este en la región; enfaticen a sus naciones la importancia de la Antártida y el océano Austral con respecto a la regulación climática global; transmitan a sus naciones la importancia del Acuerdo de París, y consideren los informes del IPCC, especialmente el Resumen para responsables de políticas de cada informe.

(207) El presidente proporcionó un resumen de las presentaciones realizadas en el foro previo a la RCTA relacionadas con el WP 17, y señaló que Nueva Zelandia, Reino Unido, Australia, Noruega, Chile, la Argentina, el Perú, Finlandia y la ASOC habían publicado comentarios en el foro. Los participantes habían expresado su agradecimiento al SCAR por la elaboración de este documento, que constituía un resumen de alta calidad de los puntos clave de los recientes informes especiales del IPCC, así como su trabajo constante para ofrecer las mejores pruebas científicas disponibles sobre las cuestiones prioritarias identificadas por la RCTA. Los participantes habían reconocido que el cambio climático y sus efectos en la Antártida eran una de las mayores preocupaciones a nivel mundial y para el Sistema del Tratado Antártico. Las cinco recomendaciones del documento habían recibido un amplio apoyo y se sugirió un lenguaje alternativo para la recomendación 2, que se debatiría más a fondo durante la RCTA.

(208) El presidente también señaló que el WP 17 anticipaba la próxima publicación del Informe del SCAR sobre el cambio climático en la Antártida y el medio ambiente (Informe ACCE), que había inspirado, más de una década atrás, la adopción de la Resolución 4 (2010). La Reunión esperaba con interés la actualización decenal del informe ACCE.

(209) La Reunión agradeció al SCAR su documento, así como a los participantes del foro previo a la RCTA sus presentaciones. También reiteró el papel fundamental del SCAR en apoyo a los esfuerzos de la RCTA para abordar el cambio climático, y señaló que el WP 17 subrayaba la importancia fundamental y la urgencia del trabajo en la respuesta al cambio climático, particularmente a través de la implementación del Programa de Trabajo de Respuesta al Cambio Climático del CPA. La Reunión también señaló la importancia y relevancia de los informes especiales del IPCC para el Área del Tratado Antártico y discutió los diversos impactos preocupantes que los informes destacaban para la región, incluido el aumento de la fusión de las plataformas de hielo, los impactos en los ecosistemas marinos, los impactos en los sitios y monumentos históricos y el mayor riesgo de introducción de especies no autóctonas. Destacando la naturaleza crítica de las incertidumbres señaladas en el WP 17, el papel central que jugaban la Antártida y el océano Austral en el clima global y la necesidad de contar con buenas observaciones que apoyaran los modelos y el modelado a la hora de servir de base informativa para la formulación de políticas, la Reunión acordó expresar la necesidad de priorizar las investigaciones científicas sobre el cambio climático.

(210) Expresando su firme apoyo al WP 17, la Reunión acordó apoyar las recomendaciones del SCAR y recomendó a las Partes:

- considerar más a fondo los resultados de la investigación científica proporcionados por el SCAR, sobre los que podrán fundamentarse las respuestas y acciones políticas regionales y continentales propuestas a través del CCRWP y el SGCCR;
- priorizar las investigaciones científicas sobre el cambio climático y las respuestas a este en la región,
- insistir a sus naciones sobre la importancia de la Antártida y el océano Austral con respecto a la regulación climática global y sobre la necesidad de una protección continua del medio ambiente de la Antártida y el océano Austral para asegurar un futuro sostenible para la humanidad y para la biodiversidad de la que dependemos;
- transmitir a sus naciones, en el contexto de los 60 años del Tratado Antártico, la importancia del Acuerdo de París y el esperado fortalecimiento de los objetivos de reducción de emisiones de gases de efecto invernadero para que los entornos de la Antártida y del océano Austral, así como su biodiversidad, se mantengan libres de los impactos y los riesgos del cambio climático; y
- considerar los informes del IPCC, especialmente el resumen para responsables de políticas de cada informe.

(211) El SCAR presentó el documento WP 36: *Acidificación del océano en el océano austral.* En él, se proporcionó una descripción general del estado del conocimiento relacionados con la acidificación de los océanos en el océano Austral, los impactos de la acidificación de los océanos en la biota y los ecosistemas marinos, y las investigaciones que se están realizando a través del SCAR para abordar estas incertidumbres. El SCAR señaló que la acidificación continuaría aumentando incluso si las concentraciones de CO2 atmosférico se estabilizaran en los niveles actuales y que, por lo tanto, considerar las tendencias de acidificación de los océanos y los impactos bióticos era esencial para predecir el futuro y planificar los esfuerzos de conservación en la región antártica.

(212) El presidente proporcionó un resumen de las presentaciones del foro previo a la RCTA relacionadas con el WP 36, y señaló que Nueva Zelandia, el Reino Unido, Australia, los Países Bajos, Noruega, Chile, la Argentina, España, el Perú, Estados Unidos y la ASOC habían publicado comentarios. Los participantes habían expresado su agradecimiento al SCAR por presentar este documento, que informaba sobre las principales consecuencias y preocupaciones relacionadas con la acidificación de los océanos. Los participantes habían destacado la importancia del documento y habían acordado que los hallazgos eran muy relevantes para planificar los esfuerzos futuros de gestión y conservación, y que siempre debían considerarse en el contexto de los impactos del cambio climático en la Antártida y el océano Austral. Los participantes habían coincidido en la continua necesidad de apoyar la investigación para comprender mejor las implicaciones de la acidificación de los océanos para la gobernanza y la gestión de la región antártica. Durante los debates en el foro previo a la RCTA, algunos participantes también habían compartido diferentes ejemplos de proyectos relacionados con el tema de la acidificación de los océanos en los que estaban involucrados. En el foro, se sugirió que la RCTA confirmara en su informe que había tomado nota de las conclusiones clave del WP 36.

(213) El presidente también recordó que el tema de la acidificación de los océanos había dado lugar a la presentación de varios documentos a la RCTA durante la última década y que el tema había sido objeto de una conferencia del SCAR en 2015, lo cual ponía de manifiesto la relevancia de este tema para la comunidad científica antártica.

(214) La Reunión agradeció a los participantes sus presentaciones durante el foro previo a la RCTA y al SCAR, su documento, y expresó su preocupación por los alarmantes hallazgos allí informados. También señaló la importancia y la urgencia de tomar medidas

para abordar la acidificación de los océanos y los impactos relacionados en el océano Austral y sus ecosistemas, al tiempo que señaló los importantes vínculos entre la Antártida y el resto del planeta en relación con el cambio climático y la acidificación de los océanos.

(215) Al destacar la importancia de la investigación y la comunicación de las cuestiones oceánicas a una audiencia mundial, Portugal informó a la Reunión que Portugal y Kenia serían co-anfitriones de una conferencia de las Naciones Unidas sobre los océanos en Portugal en 2022 e invitó a las Partes interesadas a participar (RCTA XLII - IP 68).

(216) La Reunión expresó su apoyo al WP 17 y una vez más agradeció al SCAR por su trabajo e investigación para abordar las incertidumbres planteadas por el aumento de la acidificación del océano Austral.

(217) Sobre la base de sus debates acerca de las implicaciones del cambio climático para la gestión del Área del Tratado Antártico, la Reunión también acordó las enmiendas pertinentes a su Plan de trabajo estratégico plurianual.

(218) También se entregó el siguiente documento, que se consideró como presentado en este tema:

- IP 46 *Red latitudinal de estaciones multiparamétricas en la Antártida y Observatorio del Cambio Climático* (Chile). El documento informó sobre un importante esfuerzo científico y logístico liderado por Chile para instalar sensores multiparamétricos en la península Antártica, lo que completa así el gradiente latitudinal más extenso del mundo para estudiar el cambio climático. Chile señaló que la instalación de los primeros sensores y su conexión al Observatorio de Cambio Climático ocurriría en diciembre de 2021 e invitó a las Partes a participar en este esfuerzo conjunto.

Tema 17: Turismo y actividades no gubernamentales en el Área del Tratado Antártico, incluidos asuntos relativos a las autoridades competentes

Política y gestión

(219) Los Países Bajos presentaron el documento WP 35 *Instalaciones permanentes para el turismo y otras actividades no gubernamentales en la Antártida.* Este documento se refería a posibles futuras instalaciones permanentes para el turismo y otras actividades no gubernamentales en la Antártida, tales como hoteles, o para el alojamiento de turistas en instalaciones de investigación o cerca de estas. Recordando que los debates previos de la RCTA sobre este tema no habían dado como resultado un consenso sobre respuestas políticas específicas, los Países Bajos señalaron que la RCTA había dado más pasos en sus consideraciones sobre el turismo antártico y que la IAATO había adoptado una política más explícita sobre este tema. Además, señaló que los acontecimientos recientes mostraban que las preocupaciones relacionadas con las instalaciones permanentes para el turismo u otros fines no gubernamentales no deberían considerarse en forma teórica. Los Países Bajos recomendaron que la Reunión revisara este tema e invitaron a las Partes a: intercambiar opiniones sobre la base del documento de trabajo; compartir información sobre iniciativas pasadas y presentes para establecer instalaciones permanentes para el turismo en la Antártida y sobre otras posibles preocupaciones relacionadas; y acordar participar en debates entre sesiones sobre la cuestión de si la RCTA debería o no debería tomar medidas relacionadas con los planes futuros de instalaciones permanentes para el turismo en la Antártida y, de ser así, qué medidas podrían ser apropiadas.

(220) El presidente resumió las presentaciones del foro previo a la RCTA relacionadas con el WP 35, y señaló que Nueva Zelandia, el Reino Unido, Francia, la Argentina, Japón, Australia, Noruega, Chile, Perú, Finlandia, la ASOC e IAATO habían contribuido al

foro. Algunas Partes y la ASOC se habían hecho eco de las preocupaciones planteadas por los Países Bajos sobre el posible desarrollo de instalaciones permanentes para el turismo y las actividades no gubernamentales en ausencia de una posición clara de la RCTA. El aumento en el número de turistas antárticos antes de la pandemia de COVID-19 y la prevista reanudación de la actividad se señalaron como consideraciones importantes, al igual que las implicaciones de las instalaciones permanentes para la capacidad de búsqueda y salvamento de los programas antárticos nacionales. La IAATO había reafirmado que sus miembros no estaban interesados en promover o financiar instalaciones permanentes como hoteles. Hubo apoyo general a la propuesta del documento, y varias Partes sugirieron el establecimiento de un GCI y acogieron con satisfacción la oferta de los Países Bajos de preparar términos de referencia. Los Países Bajos agradecieron los comentarios positivos y valiosos de los participantes, tomaron nota de las expresiones de apoyo a las recomendaciones y proporcionaron un borrador de los términos de referencia para un GCI, para lo cual invitaron a los participantes interesados a ponerse en contacto y proporcionar sugerencias. Los Países Bajos habían informado que ya habían trabajado con las Partes interesadas para perfeccionar los términos de referencia.

(221) La Reunión felicitó a los Países Bajos por su documento y su trabajo para llamar la atención de las Partes sobre este asunto. Muchas Partes destacaron que este tema se relacionaba con consideraciones más amplias de la RCTA y el CPA sobre el turismo y las actividades no gubernamentales en la Antártida, ante lo que recordaron la relevancia de la Resolución 5 (2007) y la Resolución 7 (2009), así como la Reunión de Expertos del Tratado Antártico (RETA) de 2004 sobre turismo, la RETA de 2009 sobre turismo marítimo, el estudio de turismo del CPA de 2012 y el acuerdo de la XXXIX RCTA para desarrollar una visión común del turismo antártico (RCTA XXXIX - WP 28). También se señaló la importancia del asesoramiento especializado y las aportaciones de la IAATO.

(222) Las Partes comentaron sobre las preocupaciones planteadas por el WP 35 con respecto a posibles futuras instalaciones permanentes para el turismo, incluidos los impactos ambientales, los impactos en la capacidad de búsqueda y salvamento de los programas antárticos nacionales y el potencial de la infraestructura abandonada en caso de que cambiaran las circunstancias comerciales actuales. Se expresó la opinión de que los campamentos "semipermanentes" erigidos durante varias campañas en los mismos lugares podrían plantear algunos problemas similares, y se señaló que esto también podría considerarse en los debates entre sesiones.

(223) Las Partes comentaron sobre la conveniencia de compartir información sobre cualquier iniciativa relativa a posibles instalaciones permanentes con fines turísticos o no gubernamentales, incluida la propuesta de una posible instalación educativa y de investigación mencionada en el WP 35. Bélgica informó que esa propuesta se encontraba en una fase inicial y estaría sujeta a la ley belga. Bélgica destacó además la prioridad otorgada a la investigación científica por el Protocolo sobre Protección del Medio Ambiente, y la importancia de la evaluación del impacto ambiental y la evaluación de riesgos en la consideración de tales iniciativas.

(224) Las Partes señalaron la importancia de asegurar que el turismo continúe ocasionando un impacto menor que mínimo o transitorio, que no afecte el trabajo científico realizado por los programas antárticos nacionales, que cumpla con las reglas del Sistema del Tratado Antártico y que cree embajadores para la Antártida.

(225) La IAATO reafirmó que sus miembros no estaban interesados en construir o financiar instalaciones permanentes, tales como hoteles, en la Antártida, y señaló que dicha actividad entraría en conflicto con los estatutos de la IAATO, que establecían que las actividades no debían causar un impacto mayor que mínimo o transitorio, y que ello supondría un riesgo que degradaría la naturaleza salvaje y los valores estéticos que

llevaron a los turistas a la Antártida. La IAATO expresó además su apoyo al GCI propuesto y señaló que esperaba participar en los debates en curso.

(226) La ASOC expresó su apoyo a los debates entre sesiones en curso de acuerdo con los términos de referencia propuestos, y señaló que la RCTA no había adoptado medidas importantes sobre la gestión del turismo desde 2009, ante lo que alentó a la Reunión a mostrar liderazgo en este tema. También destacó la necesidad de aclarar qué formas de apoyo o usos del turismo terrestre cuentan como instalaciones turísticas permanentes y destacó la importancia de adoptar un enfoque precautorio en la gestión de tales actividades.

(227) La Reunión acordó establecer un GCI sobre instalaciones permanentes para el turismo y otras actividades no gubernamentales en la Antártida, con los siguientes términos de referencia:

- compartir y recopilar información sobre iniciativas pasadas y presentes para establecer instalaciones permanentes para el turismo y otras actividades no gubernamentales en la Antártida;
- intercambiar opiniones sobre la conveniencia y el posible contenido de una definición de instalaciones permanentes para el turismo y otras actividades no gubernamentales en la Antártida;
- intercambiar opiniones sobre posibles preocupaciones relacionadas con tales instalaciones, incluidas, por ejemplo, las preocupaciones ambientales y la presión sobre la capacidad de búsqueda y salvamento de los programas nacionales;
- debatir la cuestión de si la RCTA debería o no tomar medidas relacionadas con los planes futuros de instalaciones permanentes para el turismo y otras actividades no gubernamentales en la Antártida y, de ser así, qué medidas podrían ser apropiadas, y
- dependiendo del progreso y los resultados de los debates sobre el punto de arriba, desarrollar una propuesta clara sobre el tema de las instalaciones permanentes para el turismo y otras actividades no gubernamentales en la Antártida que podría presentarse a la XLIV RCTA.

(228) Asimismo, se acordó lo siguiente:

- Se invitaría a los Observadores y Expertos que participan en la RCTA a hacer sus contribuciones;
- El secretario ejecutivo abriría el foro de la RCTA para el GCI y le brindaría asistencia, y
- los Países Bajos actuarían como coordinadores, e informarían ante la próxima RCTA sobre los avances logrados por el GCI.

(229) Francia presentó el documento WP 41 *Informe del Grupo de Contacto Intersesional (GCI) sobre un marco operativo voluntario de observadores a bordo para buques turísticos que operan dentro del área del Tratado Antártico*, preparado de manera conjunta con la Argentina. Francia informó que el GCI, establecido por la XLII RCTA, había revisado los esquemas nacionales de monitoreo existentes y había considerado cuidadosamente cómo se podría establecer un marco operacional voluntario de observadores a bordo en el área del Tratado Antártico. Francia proporcionó una descripción general del marco de seguimiento voluntario completado con su lista de verificación de seguimiento adjunta. Francia manifestó que el marco operativo mejoraría la comprensión, por parte de las autoridades nacionales competentes, de las actividades realizadas en el área del Tratado Antártico, su conocimiento de los sitios visitados y de las prácticas de los operadores, y permitiría que el monitoreo para que sea coherente con

los requisitos nacionales e internacionales. El objetivo del marco es que las Partes lo utilicen como una orientación voluntaria para apoyar y armonizar sus prácticas. A tal efecto, Francia explicó que el marco debería concebirse como una "caja de herramientas" formal que las Partes pueden adaptar a sus prácticas y legislaciones nacionales, de resultar necesario. Además, el GCI recomendó que la Reunión respaldara el marco propuesto mediante una Resolución.

(230) El presidente resumió los debates del foro previo a la RCTA sobre el WP 41, y señaló que Nueva Zelandia, los Países Bajos, Chile, la Argentina, Australia, el Perú, la ASOC e IAATO habían proporcionado comentarios. Los participantes habían expresado su apoyo al marco y a la adopción de una Resolución, y habían señalado la importancia de supervisar las actividades turísticas y la conveniencia de que las Partes cooperaran, así como de que los esquemas de monitoreo fueran coherentes. Se habían sugerido algunos cambios menores para el marco, incluida una sugerencia de cambiar el título para reflejar su aplicación al turismo basado en buques, y se habían marcado algunas sugerencias para el texto de la Resolución.

(231) Durante el debate del foro anterior a la RCTA, la IAATO había proporcionado detalles de sus experiencias con el plan de observación de la IAATO, y había llamado la atención sobre una serie de cuestiones, entre ellas: la importancia de considerar cuestiones de confidencialidad al incluir los resultados del seguimiento en los documentos de la RCTA que se hacen públicos; la conveniencia de que los encargados del seguimiento busquen comentarios y aclaraciones de los operadores u otras fuentes para garantizar la precisión de los informes de seguimiento y la importancia de coordinar con los operadores la planificación y programación de las actividades de seguimiento. La IAATO había alentado a las autoridades nacionales competentes a consultar con los operadores que ellas autorizan a la hora de considerar los impactos de la implementación del marco propuesto. La IAATO había hecho algunas observaciones sobre elementos de la lista de verificación para el seguimiento donde podría ser útil una mayor claridad y donde se podrían fortalecer los vínculos entre los elementos de la lista de verificación, los requisitos establecidos en las autorizaciones proporcionadas por una Parte y los instrumentos adoptados por la RCTA.

(232) Francia y la Argentina acogieron con satisfacción el apoyo expresado a la propuesta, y destacaron las sugerencias de algunas Partes sobre el texto del marco, así como las sugerencias planteadas por la IAATO. Francia y la Argentina habían realizado las revisiones correspondientes luego de los debates mantenidos en el foro previo a la reunión.

(233) La Reunión elogió a Francia por su manejo cuidadoso, detallado y completo de la discusión entre sesiones, y agradeció a Francia y la Argentina por presentar el WP 41. La Reunión expresó su apoyo al marco propuesto en su forma enmendada, destacando los beneficios de contar con un esquema de observadores para fortalecer la supervisión de las actividades turísticas en la Antártida, al tiempo que señaló su carácter voluntario.

(234) La IAATO sugirió que el término "no mayor que mínimo o transitorio" podría emplearse tanto en el marco como en la lista de verificación, al referirse a los impactos del turismo en la flora y la fauna. La IAATO explicó que el término "no mayor que mínimo o transitorio" estaba incluido en los estatutos de la IAATO y apuntalaba la interpretación de su guía para los operadores, y que su inclusión proporcionaría a los operadores turísticos claridad sobre lo que se estaba evaluando.

(235) El Reino Unido señaló que el término "no mayor que mínimo o transitorio" tenía un significado específico en el Protocolo, y sugirió que se podría encontrar un texto alternativo para transmitir el significado apropiado. Destacando el carácter voluntario del marco, el Reino Unido también sugirió que las autoridades nacionales competentes que

implementaran el marco deberían compartir sus experiencias y mejores prácticas para que el marco pudiera actualizarse y mejorarse en los próximos años.

(236) La ASOC agradeció a Francia y la Argentina por liderar este importante trabajo y a la IAATO por subrayar la noción de "menor que mínimo o transitorio" en este texto. La ASOC estuvo de acuerdo en que la noción de producir un impacto menor que mínimo o transitorio es un objetivo importante para todas las actividades turísticas, pero señaló que no era en sí misma una conclusión inevitable sobre los impactos del turismo.

(237) La Reunión adoptó la Resolución 9 (2021) *Marco operativo voluntario de observadores a bordo para turismo basado en embarcaciones en el área del Tratado Antártico.*

(238) Francia presentó el documento WP 48 *Informe del debate informal sobre la elaboración de un manual de normas y directrices pertinentes para el turismo y las actividades no gubernamentales en el área del Tratado Antártico*, preparado de manera conjunta con la Argentina y Estados Unidos. Francia recordó que la XLII RCTA había adoptado la Decisión 6 (2019), que encargaba a la Secretaría la elaboración del manual, con la orientación de las Partes y la coordinación de Francia en debates informales. Francia informó que se habían elaborado una versión en texto completo del manual, una versión resumida y un folleto destinado a proporcionar información a los operadores de buques. Francia señaló que el manual reunía todos los instrumentos pertinentes y que sería una herramienta valiosa para facilitar el trabajo tanto de los operadores como de las autoridades gubernamentales. Francia también informó que en el debate se habían identificado algunos instrumentos que podrían considerarse obsoletos. Los proponentes recomendaban que la Reunión adoptara una Decisión para que las tres versiones del manual en sus distintos formatos fueran de fácil acceso en el sitio web de la Secretaría y para que dispusiera que su actualización estuviera a cargo de la Secretaría, así como para declarar que la Recomendación X-8 y la Recomendación XVIII-1 ya no estaban vigentes.

(239) El presidente resumió las presentaciones del foro previo a la RCTA sobre el WP 48, y señaló que Nueva Zelandia, los Países Bajos, Chile, la Argentina, Australia, España, Reino Unido y la ASOC habían proporcionado comentarios. Los participantes habían acogido con satisfacción el manual como una herramienta útil para los operadores y las autoridades nacionales, y como base para un debate adicional sobre la regulación y gestión del turismo. Las Partes habían comentado la importancia de asegurar el conocimiento de las disposiciones pertinentes a fin de mejorar el cumplimiento de esas disposiciones y habían acogido con satisfacción el manual como una herramienta importante para ese propósito. Las Partes también habían destacado la necesidad de una revisión periódica para asegurar que el manual reflejara todas las reglas vigentes. Se había expresó preocupación sobre la propuesta de declarar que la Recomendación X-8 y la Recomendación XVIII-1 ya no estarían vigentes, sobre la base de que estas recomendaciones tenían un estatus diferente a las Resoluciones posteriores. El presidente observó que había habido un apoyo general en el foro previo de debate para la propuesta de adoptar el manual, ponerlo a disposición pública en sus diversos formatos en el sitio web de la Secretaría y promover su actualización previa petición de la RCTA.

(240) La Reunión agradeció a Francia por su detallado y minucioso trabajo durante el período entre sesiones y a los copatrocinadores del documento de trabajo. Las Partes señalaron la utilidad de tener una referencia consolidada en formatos útiles que pudieran orientar a las autoridades competentes en su gestión de las actividades turísticas. Las Partes destacaron la importancia de las actualizaciones periódicas del manual para reflejar los cambios en las normas y directrices acordadas por la RCTA. La Reunión agradeció a la Secretaría su considerable trabajo para preparar el manual.

(241) Varias Partes destacaron que una próxima versión del manual y las directrices debería incluir una sección separada sobre la necesidad de notificación anticipada de las

actividades en el área del Tratado Antártico, y la Reunión tomó nota de esta sugerencia para incorporarla en una revisión futura.

(242) La Reunión tomó nota de que se justificaba seguir examinando la situación de la Recomendación X-8 y la Recomendación XVIII-1. La Reunión también acordó que la RCTA tomaría las decisiones futuras para actualizar el manual.

(243) La Reunión adoptó la Decisión 6 (2021) *Manual de reglamentos y directrices relevantes para las actividades turísticas y no gubernamentales en el Área del Tratado Antártico.*

(244) Asimismo, se entregaron los siguientes documentos, que se consideraron como presentados en este tema:

- IP 58 *Foro de debate de las autoridades competentes sobre las actividades reguladoras del turismo: informe del coordinador* (Australia). En este documento se informaba sobre el establecimiento de un foro permanente en la web para que las Partes debatan sobre actividades de reglamentación del turismo e intercambien conocimientos y experiencias, según lo acordado durante la XLII RCTA. El documento señaló que los participantes habían identificado temas prioritarios para el debate inicial y que el foro estaba abierto a todas las autoridades nacionales competentes, y se alentó una amplia participación.

- IP 62 *Esquema de supervisión noruego para operadores de cruceros antárticos* (Noruega). Este documento detallaba el sistema establecido para supervisar a los operadores de cruceros noruegos. Con el fin de servir de base informativa para los debates en curso sobre los esquemas de observadores a bordo para los operadores de cruceros antárticos, Noruega proporcionó detalles de sus directrices y modelos adoptados, así como aspectos prácticos relacionados con la fase previa a la salida, la fase a bordo y la fase posterior a la supervisión.

- IP 86 *Clausura de la estación antártica polaca de Arctowski para el tráfico turístico debido a la pandemia de COVID-19 y renovación en curso de las instalaciones de la estación* (Polonia). Este documento informaba sobre el impacto de la pandemia de la COVID-19 en las operaciones de la estación antártica polaca Arctowski y advertía que la estación estaba cerrada a visitas turísticas hasta nuevo aviso debido tanto a la pandemia como a la renovación en curso de sus instalaciones.

- IP 96 *Marco para evaluar "Actividades nuevas, novedosas o particularmente preocupantes"* (Reino Unido). Este documento proporcionó una actualización sobre el trabajo realizado durante el período extendido entre sesiones sobre cómo las Partes podrían abordar la realización de evaluaciones previas relacionadas con actividades nuevas, novedosas o particularmente preocupantes. El documento informaba que durante el próximo período entre sesiones continuarían extendiéndose los debates informales con miras a presentar un documento de trabajo a la XLIV RCTA.

- IP 104 *Orientación sobre estancias nocturnas cortas: coherencia y coordinación mediante el intercambio de conocimientos* (Estados Unidos, Canadá). Este documento presentó los resultados de un cuestionario sobre estadías cortas nocturnas (SOS) que se había distribuido entre las autoridades nacionales competentes (ANC) de las seis Partes que actualmente revisan la actividad. También informó que casi todos los operadores que realizaban SOS cumplían las directrices de la IAATO para la actividad. El documento sugeríaintercambiar conocimientos y mejores prácticas en forma virtual para coordinar y lograr coherencia de enfoques entre las ANC que revisan y autorizan SOS y otras actividades no gubernamentales, en lugar de desarrollar directrices específicas en esta etapa.

(245) En relación con este tema del programa, se presentó también el siguiente documento:

- BP 3 (Chile) *Sobre la política turística antártica chilena.*

Información, actividades y tendencias

(246) La Argentina presentó el documento WP 61 *Informe del Grupo de Contacto Intersesional (GCI) sobre informes posteriores a visitas,* que informó sobre los resultados del GCI para revisar los requisitos para el intercambio de información sobre expediciones no gubernamentales. La Argentina informó a la Reunión que el GCI había examinado opciones para lograr coherencia entre el formulario del informe posterior a las visitas (PVR) utilizado para informar actividades turísticas y los requisitos de intercambio de información, y había considerado la posibilidad de recopilar e intercambiar información adicional. El GCI había acordado las revisiones propuestas al formulario PVR, había sugerido la adopción de instrucciones para el uso de este formulario y algunos cambios a los requisitos de intercambio de información. Por lo tanto, el GCI había recomendado que la RCTA realizara cambios en los requisitos de intercambio de información, modificara el formulario PVR, solicitara a la Secretaría la actualización de los campos correspondientes en el Sistema Electrónico de Intercambio de Información (SEII) y pusiera que el formulario PVR disponible para su descarga desde el sitio web de la STA en la sección de Turismo y actividades no gubernamentales en los cuatro idiomas oficiales. El GCI también había recomendado que la RCTA alentara a las Partes a continuar debatiendo estos temas.

(247) El presidente presentó un resumen de las presentaciones realizadas en el foro previo a la RCTA relacionadas con el WP 61, y señaló que Australia, Chile, Francia, Nueva Zelandia, el Perú, Estados Unidos, la ASOC y la IAATO habían proporcionado comentarios en el foro. Había habido apoyo general para las recomendaciones del documento. La mayoría de las Partes había apoyado que los debates continuaran en el próximo período entre sesiones. Se había planteado una sugerencia alternativa en la que se proponía que, antes de considerar más perfeccionamientos, podría ser útil permitir un período de implementación y funcionamiento bajo los nuevos requisitos.

(248) La ASOC acogió con agrado el documento y el trabajo del GCI, y señaló que los cambios mejorarían la recopilación y el análisis de datos y ayudarían en la formulación de políticas.

(249) La IAATO expresó su voluntad de seguir trabajando con la Secretaría para garantizar que la información sobre las actividades de sus miembros recopilada y seleccionada en la base de datos de la IAATO coincida con los requisitos de la base de datos de la Secretaría para garantizar que la información exportada de la base de datos de la IAATO fuera compatible. La IAATO también indicó su voluntad de contribuir al futuro desarrollo de un PVR específico para actividades terrestres remotas y para operadores aéreos.

(250) La Reunión agradeció a la Argentina su trabajo al frente del GCI y expresó su apoyo a las recomendaciones del WP 61, destacando la importancia de actualizar el formulario PVR para reflejar las tendencias cambiantes en las actividades turísticas y no gubernamentales en la Antártida. La Reunión acordó adoptar una Decisión para modificar los requisitos de intercambio de información y una Resolución para adoptar el PVR actualizado y ponerlo a disposición en el sitio web de la Secretaría en los cuatro idiomas oficiales del Tratado.

(251) En consecuencia, la Reunión adoptó la Decisión 7 (2021) *Actualización de requisitos para el intercambio de información sobre expediciones nacionales* y la Resolución 10 (2021) *Formulario para informes- posteriores a las visitas para actividades turísticas y*

no gubernamentales en la Antártida.

(252) La Reunión acogió con satisfacción el ofrecimiento de las Partes interesadas de continuar los debates informales sobre los informes posteriores a las visitas durante el período entre sesiones, y señaló que estos debates se centrarían en: los métodos para garantizar que la lista de sitios y la lista de actividades en el PVR y SEII se actualicen adecuadamente; y en un análisis detallado sobre las formas de especificar tipos de incidentes inusuales que se podrían comunicar a través del formulario PVR. La Reunión agradeció a la Argentina su ofrecimiento para coordinar estos debates.

(253) La IAATO presentó el documento IP 109, *Informe de la Asociación Internacional de Operadores Turísticos en la Antártida 2020-2021*. La IAATO proporcionó detalles sobre su membresía y señaló que ha habido una disminución neta de miembros debido a que varios miembros asociados se retiraron debido a la pandemia de COVID-19. Si los desafíos relacionados con la pandemia continuaran durante la campaña del verano boreal y durante la temporada antártica 2021-22 sería esperable que ocurrieran más cambios en la membresía de la IAATO. La IAATO destacóó el número récord de visitantes en la temporada 2019/20, que llegó a un poco más de 74 000. Debido a la pandemia, las operaciones en la temporada 2020/21 se habían limitado a tres yates con 15 pasajeros. La IAATO señaló que el IP 110 incluía estimaciones para la temporada 2021/22, cuyos cálculos contemplaban el mejor escenario posible, presumiendo un levantamiento de las restricciones de viaje y una plena implementación de la vacunación, y adelantó que proporcionaría cifras actualizadas más adelante en 2021. La IAATO señaló que su compromiso con los viajes seguros y ambientalmente responsables del sector privado a la Antártida no ha cambiado y es duradero, y que la IAATO continúa trabajando para mejorar los procedimientos y fortalecer las prácticas actuales. Los resultados clave de 2021 incluyeron el establecimiento de un comité de operaciones aéreas y terrestres remotas y un comité de cambio climático, el establecimiento de un grupo de trabajo sobre sumergibles, la imposición de un límite de velocidad de 10 nudos para embarcaciones con el fin de mitigar las colisiones con las ballenas en las zonas clave y un trabajo de colaboración con el Sistema de Observación del Océano Austral (SOOS). La IAATO acogió con satisfacción el nivel de cooperación experimentado con las Partes del Tratado Antártico, la ASOC, el COMNAP y la CCRVMA en el contexto de los desafíos afrontados por la comunidad antártica debido a la pandemia.

(254) La Reunión agradeció a la IAATO su continuo compromiso en la RCTA, incluso mediante la participación en reuniones, el suministro de documentos de información, la cooperación continua con la Secretaría en apoyo de una gestión eficaz de la información y el compromiso con las autoridades nacionales y el COMNAP, incluso en asuntos operativos. La reunión señaló que la experiencia y la información de la IAATO eran valiosas para apoyar los debates sobre políticas y gestión en la RCTA.

(255) La ASOC se refirió a su documento IP 81, entregado bajo el tema 6(b) del programa de la RCTA, en ocasión del 30.º Aniversario del Protocolo sobre Protección del Medio Ambiente, y señaló que en este documento se discutían, entre otros, varios asuntos de gestión turística. La ASOC sugirió que la RCTA podría: identificar áreas representativas que se mantuvieran libres de turismo, algunas de las cuales podrían usarse como áreas de referencia para el estudio de los impactos del turismo o para otros fines, incluido el desarrollo de resiliencia; establecer un programa de vigilancia ambiental apuntado a la gestión del turismo, e incorporar formas de "turismo lento" en la planificación y la realización de actividades turísticas antárticas.

(256) La Argentina se refirió al documento SP 7 *Nuevo mapa e informes de todos los sitios que reciben visitas desde embarcaciones en la Antártida*, y destacó la importante labor realizada por la Secretaría para que los mapas y los informes estuvieran disponibles tras ser solicitados por la RCTA. La Argentina tomó nota de las observaciones en el

documento sobre la necesidad de mejorar la información proporcionada al SEII para lograr una mayor precisión, y apoyó que las Partes incrementen su compromiso para mejorar los datos que proporcionan y, en última instancia, mejorar la utilidad de esta herramienta. Además, en relación con el documento IP 104, tomado como presentado por Estados Unidos y Canadá, la Argentina recordó la importancia de que todas las visitas a cualquier área de una estación antártica sean notificadas adecuadamente por los operadores a las autoridades nacionales competentes, en particular para evitar cualquier interferencia no deseada con las actividades que las estaciones estén desempeñando en la zona.

(257) La Reunión expresó su apoyo y agradecimiento por el trabajo realizado por la Secretaría para hacer que esta información esté disponible y accesible.

(258) India recordó su documento IP 104, entregado a la XXXVIII RCTA, que había resumido las recomendaciones pendientes en relación con el turismo y las actividades no gubernamentales en el Área del Tratado Antártico. India propuso actualizar el documento para presentarlo ante la XLIV RCTA a fin de facilitar los debates.

(259) Asimismo, se entregaron los siguientes documentos, que se consideraron como presentados en este tema:

- IP 7 *Informe sobre remediación ambiental* (Reino Unido). Este documento informó sobre la eliminación de residuos y equipos y sobre la remediación de un depósito abandonado de equipos y combustible en el campamento Blue One en 2019, un proyecto que se había completado en conformidad con el anexo III del Protocolo sobre Protección del Medio Ambiente.
- IP 13 *Un caso de cooperación fructífera entre las autoridades nacionales competentes de Chile y Ucrania respecto a la actividad de yates en la Antártida* (Chile, Ucrania). Este documento proporcionó información sobre la cooperación y el intercambio de información entre las autoridades competentes de Chile y Ucrania en relación con solicitudes paralelas de autorización para la realización de una actividad con base en yates. También destacó los esfuerzos realizados por ambas autoridades nacionales competentes para asegurar que la actividad cumpliera con las regulaciones del Sistema del Tratado Antártico.
- IP 54 *Recolección de datos y presentación de informes sobre la actividad de yates en la Antártida en la temporada 2019-20 y 2020-21* (Argentina, Chile, Reino Unido, IAATO). Este documento presentaba información sobre yates avistados en la Antártida, o que indicaban una intención de viajar a la Antártida, durante las temporadas 2019/20 y 2020/21 (esta última se había visto significativamente afectada por la pandemia de COVID-19). El documento observaba que durante la temporada 2019/20 se habían avistado en la Antártida (o habían indicado su intención de viajar allí) un total de 43 yates, y señalaba que 11 de ellos parecían haber estado operando en el área del Tratado sin autorización. Los copatrocinadores instaban a la Reunión a seguir considerando la cuestión de los yates no autorizados.
- IP 110 *Resumen de la IAATO sobre el turismo antártico: análisis histórico del crecimiento, temporada antártica 2020-21 y cálculos preliminares para la temporada 2021-22* (IAATO). Este documento proporcionaba los datos de la temporada 2020-21 afectada por la pandemia y las estimaciones preliminares para 2021-22. Las estimaciones preliminares se basaban en el mejor escenario posible, y en la capacidad para operar (según los protocolos del país de partida, las restricciones de viaje en todo el mundo y la administración de las vacunas). El documento también proporcionaba un panorama histórico destinado a respaldar los debates sobre el crecimiento y la diversificación de las actividades turísticas. La IAATO notificó acerca de su trabajo sobre las herramientas de gestión para sus

actividades, en previsión de un regreso a los niveles de actividad previos a la pandemia.

- IP 111 *Resumen quinquenal e informe de la temporada 2020-21 sobre el uso de los sitios de desembarco en la península Antártica por parte de los operadores de la IAATO y las directrices para los sitios de visitantes de la RCTA (IAATO)*, que presentó datos recopilados de los formularios de los informes posteriores a la visita de los operadores de la IAATO para la península Antártica durante la temporada 2020/21. El análisis mostró que, si bien los niveles generales de turismo continuaron aumentando antes de la pandemia, los aumentos no eran uniformes, y algunos sitios continuaban recibiendo la mayor parte del aumento, mientras que otros experimentaban una disminución en la actividad. Los veinte sitios principales de desembarco en la Península fueron gestionados conforme a las directrices para sitios de visitantes de la RCTA o a las directrices de gestión preparadas por los programas nacionales. También señalaba que en este análisis no se incluyeron visitas de operadores no asociados a la IAATO. Además de sus conjuntos de datos anuales, la IAATO informó que había incluido algunos datos históricos que podrían ayudar a los debates futuros sobre el uso de sitios.
- IP 140 *Participación de un científico ruso en el viaje de Heritage Expeditions* (Federación de Rusia). Este artículo informó sobre la participación de un científico ruso en un viaje turístico operado por la compañía de viajes de Nueva Zelandia Heritage Expeditions en el área del mar de Ross en la temporada 2019/20. El documento señaló que la cooperación entre científicos y compañías de viajes hizo posible realizar investigaciones científicas sin organizar expediciones especiales y sin necesidad de atraer fondos adicionales.
- SP 7 *Nuevo mapa e informes de todos los sitios que reciben visitas de embarcaciones en la Antártida* (Secretaría del Tratado Antártico). Este documento presentaba los desarrollos realizados en el sitio web de la Secretaría relacionados con las visitas de buques no gubernamentales a todos los sitios de la Antártida. Se trata de un sistema que permite la producción de informes, que incluye una herramienta de mapa dinámico con múltiples capas de datos y ventanas emergentes que ofrecen detalles adicionales, y permiten la visualización de las actividades llevadas a cabo por los visitantes en los sitios antárticos. Esto se fundamenta en un trabajo previo de la Secretaría sobre la presentación de información relativa a las visitas a los sitios sujetos a las directrices para sitios, que fuera presentada durante la XLII RCTA. También se hicieron observaciones sobre la necesidad de mejorar la información proporcionada al SEII para lograr una mayor precisión, así como sugerencias sobre cómo las Partes podrían tratar de mejorar los datos proporcionados.

Tema 18: Preparativos para la 44.ª reunión

a. Fecha y lugar

(260) La Reunión agradeció la amable invitación del Gobierno de Alemania para organizar la XLIV RCTA en Berlín, que en principio tendría lugar del 23 de mayo al 2 de junio de 2022.

(261) A los fines de planificación, la Reunión tomó nota del siguiente cronograma posible para las próximas RCTA:

- 2023 Finlandia
- 2024 India

- 2025 Italia.

(262) En relación con este tema del programa, se entregaron también los siguientes documentos, los cuales se tomaron como presentados:

- IP 28 *Propuesta de Finlandia para albergar la 45 RCTA en Helsinki en 2023* (Finlandia). Tras señalar la cancelación de la XLIII RCTA en Helsinki en 2020, el documento proponía que Finlandia albergara una RCTA en 2023. El documento destacó que Finlandia había llegado a un acuerdo con la India, cuya RCTA se trasladaría a 2024.
- IP 145 *Preparación de la 44.ª reunión, Berlín, 2022* (Alemania). El documento informaba sobre los preparativos de Alemania para albergar la XLIV RCTA en Berlín del 23 de mayo al 2 de junio de 2022.

b. Invitación a las organizaciones internacionales y no gubernamentales

(263) De acuerdo con la práctica establecida, la Reunión acordó que se debería invitar a las siguientes organizaciones, que tienen un interés científico o técnico en la Antártida, a que envíen expertos para que asistan a la XLIV RCTA: ACAP, ASOC, CMNUCC, COI, FIDAC, IAATO, IGP&I Clubs, IPCC, OACI, OHI, OMI, OMM, OMT, PNUMA, y la UICN.

c. Preparación del programa para la XLIV RCTA

(264) La Reunión aprobó el programa preliminar para la XLIV RCTA (ver Apéndice 1).

d. Organización de la XLIV RCTA

(265) De acuerdo con la Regla 11 de las Reglas de Procedimiento, la Reunión decidió proponer los mismos grupos de trabajo de esta reunión para la XLIV RCTA. La Reunión nombró a Theodore Kill, de Estados Unidos, como presidente del Grupo de Trabajo 1 durante 2022. También acordó designar a Sonia Ramos García de España y al Dr. Phillip Tracey de Australia como copresidentes del Grupo de Trabajo 2 durante 2022.

e. Conferencia del SCAR

(266) Teniendo en cuenta la valiosa serie de conferencias brindadas por el SCAR en diversas RCTA, la Reunión decidió invitar al SCAR a brindar una conferencia sobre la actualización decenial de su Informe ACCE durante la XLIV RCTA.

Tema 19: Otros asuntos

(267) La Reunión adoptó la Declaración de París con motivo del sexagésimo aniversario de la entrada en vigor del Tratado Antártico y en el trigésimo aniversario de la firma del Protocolo al Tratado Antártico sobre Protección del Medio Ambiente, firmado en Madrid en 1991, en la que todas las Partes reafirmaron su compromiso firme e inquebrantable con los objetivos del Tratado Antártico, con su Protocolo sobre Protección del Medio Ambiente y con otros instrumentos del sistema del Tratado Antártico (Apéndice 2).

(268) La Argentina hizo la siguiente declaración: "Con respecto a una intervención que hicimos durante los debates del CPA relacionadas con el WP52 y el IP49, Argentina simplemente quisiera reiterar ante este plenario su posición con respecto a la forma en que creemos que el SCAR debe llevar a cabo sus actividades. Desde hace muchos años Argentina es un miembro pleno y muy activo del SCAR, que contribuye significativamente tanto a la investigación científica que coordina como a su

presupuesto. Lo hacemos porque somos plenamente conscientes de la relevancia y la alta calidad del trabajo que realiza, y reconocemos el importante papel que desempeña como principal órgano asesor científico dentro del Sistema del Tratado Antártico. Sin embargo, estamos convencidos de que todo el trabajo realizado por SCAR, así como los documentos e informes que produce, debe fundamentarse estrictamente en la ciencia y presentarse de manera neutral, objetiva e imparcial, sin afectar de ninguna manera el carácter legal o la posición política de cualquiera de sus miembros, particularmente en relación con temas políticos que excedan su competencia. Esto es incluso más necesario en el caso de los documentos que se presentan en foros del Sistema del Tratado Antártico, teniendo en cuenta que el SCAR es una organización a la que se invita como observadora para participar y contribuir a nuestros debates sobre la base de su experiencia científica. Esperamos firmemente que el SCAR mantenga estos principios en sus actividades futuras, incluida la gestión del Portal de Medioambientes Antárticos, a fin de seguir cumpliendo su papel tan relevante dentro del Sistema del Tratado Antártico".

(269) El Reino Unido agradeció los documentos WP 52 e IP 49, que en su opinión presentaban la mejor ciencia disponible. No obstante, el Reino Unido coincidió en que, idealmente, todos los documentos presentados al Sistema del Tratado Antártico deberían evitar desencadenar cuestiones políticas delicadas.

(270) El SCAR señaló que valora mucho su papel como observador de la Reunión Consultiva del Tratado Antártico y se esfuerza por brindar asesoramiento independiente y autorizado con base científica. Como organización no gubernamental, el SCAR es siempre neutral y no mantiene ni apoya posiciones contrarias a los intereses de sus miembros y no comenta sobre cuestiones no científicas. El SCAR reafirma su posición de neutralidad y su objetivo de proporcionar el mejor conocimiento científico disponible que sirva de base informativa para respaldar la toma de decisiones por las Partes del Tratado Antártico.

Tema 20: Aprobación del Informe Final

(271) La Reunión aprobó el Informe Final de la 43.ª Reunión Consultiva del Tratado Antártico. El presidente de la reunión, el Sr. Olivier Poivre d'Arvor, pronunció las palabras de clausura.

Tema 21: Clausura de la reunión

(272) La reunión se clausuró el jueves 24 de junio a las 12:27 UTC.

2. Informe de la XXIII reunión del CPA

Informe de la vigésima tercera reunión del Comité para la Protección del Medio Ambiente (XXIII Reunión del CPA)

París, Francia, 14 al 18 de junio de 2021

(1) De conformidad con el artículo 11 del Protocolo al Tratado Antártico sobre Protección del Medio Ambiente, los representantes de 38 de las 41 Partes del Protocolo (Alemania, Argentina, Australia, Belarús, Bélgica, Brasil, Bulgaria, Canadá, Chile, China, la República Checa, Colombia, Ecuador, España, Estados Unidos, Finlandia, Francia, India, Italia, Japón, Malasia, Mónaco, los Países Bajos, Noruega, Nueva Zelandia, Perú, Polonia, Portugal, el Reino Unido, la República de Corea, la Federación de Rusia, Sudáfrica, Suecia, Suiza, Turquía, Ucrania, Uruguay y Venezuela) se reunieron virtualmente del 14 al 18 de junio de 2021 con el propósito de brindar asesoramiento y formular recomendaciones a las Partes con relación a la aplicación del Protocolo.

(2) De conformidad con la Regla 4 de las Reglas de procedimiento del CPA, asistieron también a la reunión los siguientes observadores:

- el Comité Científico de Investigaciones Antárticas (SCAR) y el Consejo de Administradores de Programas Antárticos Nacionales (COMNAP); y
- organizaciones científicas, medioambientales y técnicas: la Coalición Antártica y del Océano Austral (ASOC), la Asociación Internacional de Operadores Turísticos en la Antártida (IAATO), la Organización Meteorológica Mundial (OMM) y la Unión Internacional para la Conservación de la Naturaleza (UICN).

Tema 1: Apertura de la reunión

(3) La presidenta del CPA, la Sra. Birgit Njåstad (Noruega), declaró abierta la reunión el lunes 14 de junio de 2021 y agradeció a Francia por organizar la reunión y por ser su país anfitrión en forma virtual.

(4) La presidenta del CPA señaló que esta reunión se realizaba durante el año que conmemora el 30° aniversario de la aprobación del Protocolo sobre Protección del Medio Ambiente, el 4 de octubre de 1991. Puso de relieve la importante función del CPA en apoyar a las Partes en la continuación de su trabajo de lograr su objetivo común de proteger de manera integral el medio ambiente antártico, y expresó sus agradecimientos a los miembros y observadores por sus constantes esfuerzos en este sentido.

(5) En nombre del Comité, la presidenta dio una cálida bienvenida a Colombia como nuevo miembro tras su adhesión al Protocolo el 14 de marzo de 2020. La presidencia señaló que el CPA estaba ahora compuesto por 41 miembros.

(6) Colombia declaró que era un honor unirse al Comité como miembro y agradeció al Comité por su cálida bienvenida. Destacó que era consciente de las responsabilidades que implicaba la membresía plena y que continuaría sus esfuerzos para cumplir con las disposiciones del Protocolo. Colombia destacó su interés en concluir el proceso de obtención de la condición de Miembro Consultivo del Tratado Antártico.

(7) La presidencia señaló que se habían establecido subforos de conformidad con las directrices especiales para la XLIII RCTA - XXII reunión virtual del CPA. A través de este mecanismo se había llevado a cabo una ronda de discusiones previas a la reunión sobre documentos seleccionados. La intención había sido hacer que los debates durante la reunión en sí fueran más eficientes en el uso del tiempo.

(8) En la sección de informes borrador del sitio web de la STA se había puesto a disposición un resumen de esos debates que se utilizó como punto de partida para la redacción del informe sobre elementos individuales, y que fue modificado y ampliado según el caso sobre la base de las observaciones y consideraciones adicionales aportadas por los miembros durante la reunión.

Tema 2: Aprobación del programa

(9) El Comité aprobó el siguiente programa y confirmó la asignación de 50 documentos de trabajo (WP), 57 documentos de información (IP), 4 documentos de la Secretaría (SP) y 4 documentos de antecedentes (BP), a los temas del programa:

1. Apertura de la reunión
2. Aprobación del programa
3. Deliberaciones estratégicas sobre el trabajo futuro del CPA
4. Funcionamiento del CPA
5. Cooperación con otras organizaciones
6. Reparación y remediación del daño al medio ambiente
7. Implicaciones del cambio climático para el medio ambiente
    a. Enfoque estratégico
    b. Implementación y examen del Programa de trabajo de respuesta al cambio climático
8. Evaluación del Impacto Ambiental (EIA)
    a. Proyectos de Evaluación Medioambiental Global
    b. Otros temas relacionados con las Evaluaciones del Impacto Ambiental
9. Protección de zonas y planes de gestión
    a. Planes de gestión
    b. Sitios y Monumentos Históricos
    c. Directrices para sitios
    d. Protección y gestión del espacio marino
    e. Otros asuntos relacionados con el Anexo V
10. Conservación de la flora y la fauna antárticas
    a. Cuarentena y especies no autóctonas
    b. Especies especialmente protegidas
    c. Otros asuntos relacionados con el Anexo II
11. Vigilancia ambiental e informes sobre el estado del medio ambiente
12. Informes de inspección
13. Asuntos generales
14. Elección de autoridades
15. Preparativos para la próxima reunión
16. Aprobación del informe
17. Clausura de la reunión

Tema 3: Deliberaciones estratégicas sobre el trabajo futuro del CPA

Plan de Trabajo Quinquenal del CPA

(10) El Comité consideró el Plan de Trabajo Quinquenal, aprobado durante la XXII reunión del CPA (SP 2), así como su Programa de trabajo de respuesta al cambio climático (CCRWP), al final de cada tema del programa.

(11) El Comité revisó y actualizó su Plan de trabajo quinquenal (apéndice 1).

Tema 4: Funcionamiento del CPA

(12) La presidencia presentó el Documento de Información IP 143, *Comité para la Protección del Medio Ambiente (CPA): resumen de actividades durante el período entre sesiones 2019/2021* (Noruega), en el que se resume la labor que se llevó a cabo durante el período entre sesiones en función de las tareas establecidas durante la XXII reunión del CPA, y se señaló el volumen sustancial de trabajo realizado durante el período entre sesiones en respuesta a esas tareas.

(13) La moderadora de las discusiones del subforo sobre borradores de planes de gestión previo a la reunión, Polly Penhale (Estados Unidos), señaló que considerar los planes de gestión en el subforo antes de la reunión había conducido a una tramitación más rápida de los planes de gestión en el CPA. Continuar con este enfoque podría permitir la discusión de cuestiones más urgentes en el CPA. La moderadora sugirió que el Grupo Subsidiario sobre Planes de Gestión (GSPG) en el futuro podría considerar bajo este enfoque los planes de gestión revisados y abordar cualquier modificación antes de recomendar los planes revisados al CPA. Se señaló que esto no excluiría la discusión sobre los cambios a los planes de gestión durante la reunión del CPA.

(14) Los miembros reconocieron los esfuerzos de coordinación de Estados Unidos y solicitaron que el GSPG debata sobre cómo mejorar el proceso de revisión de los planes de gestión y presente un informe al Comité con sugerencias sobre cómo aumentar su eficiencia. El Comité también destacó la responsabilidad colectiva de todos los miembros en el proceso de revisión de planes de gestión nuevos y existentes.

(15) La moderadora del subforo sobre borradores de Planes de Gestión también recomendó que la Secretaría colocase la última versión de la lista de verificación que se incluye en los documentos de trabajo que presentan planes de gestión nuevos o revisados en un lugar destacado en el sitio web de la Secretaría para garantizar que sea fácilmente visible y accesible para los miembros y así evitar el uso de versiones antiguas de la lista de verificación. El Comité acordó solicitar que la Secretaría se asegure de que la lista de verificación esté disponible.

Tema 5: Cooperación con otras organizaciones

(16) COMNAP presentó el IP 11 *Informe anual para 2020/2021*, que describió los esfuerzos de la organización en respuesta a la pandemia global de COVID-19 con el fin de mitigar el riesgo. Informó que los programas antárticos nacionales redujeron el número de personas enviadas a la Antártida para la temporada 2020/2021, al tiempo que continuaron manteniendo la infraestructura antártica imprescindible, intercambiando personal y proporcionando apoyo operativo, logístico y científico que permitió que continuaran las investigaciones antárticas de importancia global. Señaló que el Simposio del COMNAP sobre «Modernización de estaciones: Infraestructura preparada para el futuro para apoyar la investigación y reducir el impacto ambiental» se llevó a cabo a través del canal de YouTube del COMNAP y que las presentaciones del Simposio se habían puesto a disposición pública.

(17) El SCAR presentó el IP 29 rev. 1, *Informe anual del Comité Científico de Investigación Antártica de 2021 para la XLIII Reunión Consultiva del Tratado Antártico*. Destacó tres nuevos programas emblemáticos de investigación científica aprobados en 2020: 'Ciencia integrada para informar la conservación de la Antártida y el océano Austral' (Ant-ICON), que se centraría en responder preguntas fundamentales relacionadas con la conservación y la gestión de la Antártida y el océano Austral; 'Inestabilidades y umbrales

en la Antártida' (INSTANT), que aborda una pregunta de primer orden sobre la contribución de la Antártida al nivel del mar; y 'Variabilidad y predicción a corto plazo del sistema climático antártico' (AntClim^{now}), que investigaría la predicción de condiciones a corto plazo en el sistema climático antártico en escalas de tiempo de años a varias décadas. El SCAR también informó sobre una amplia variedad de actividades que incluyen: actualizaciones de su Portal de Biodiversidad Antártica; su contribución al Decenio de las Naciones Unidas de las Ciencias Oceánicas para el Desarrollo Sostenible (2021-2030) a través del desarrollo de un plan de acción para el océano Austral; un programa de investigación iniciado por el Comité Permanente de Humanidades y Ciencias Sociales (SC-HASS) del SCAR para evaluar los impactos de la pandemia en la investigación y en los investigadores antárticos, así como las implicaciones a largo plazo del COVID-19 para las operaciones, el turismo y la gobernanza antárticos; y la primera reunión virtual de delegados del SCAR.

(18) La OMM presentó el IP 93 *Informe anual de la OMM*, que informó sobre sus investigaciones, observaciones y actividades de datos relevantes para la Antártida. Destacó el progreso con Global Cryosphere Watch, que incluyó un compromiso centrado por parte de la OMM para las observaciones y los datos de los sistemas de observación en la Antártida. También destacó que, a través de su Programa Mundial de Investigaciones Climáticas copatrocinado, la OMM había llevado a cabo una serie de actividades de investigación y elaboración de modelos en las que un aspecto clave había sido el clima de la región antártica, y señaló que proporcionaría actualizaciones al respecto en futuras reuniones. También informó sobre los Períodos especiales de observación del invierno antártico y otros planes del Año de la predicción polar en el hemisferio sur (XLIII RCTA - IP 94), así como el progreso en el establecimiento de una red de centros climáticos regionales ntárticos (AntRCC) que proporcionaría productos climáticos en la región de la Antártida y del océano Austral y que podría ser de particular relevancia para el CCRWP del CPA.

(19) El Comité tomó nota del siguiente documento de información presentado en relación con este tema del programa:

- IP 95 *Red de Centros Climáticos Regionales Antárticos: alcance y concepto* (OMM). El documento informó sobre los avances en el establecimiento de una red de centros climáticos regionales antárticos (AntRCC) que proporcionaría productos climáticos en la región de la Antártida y el océano Austral, incluidos pronósticos a largo plazo, datos e información climáticos y capacitación. Señaló que la OMM convocará una reunión de planificación de la implementación con los países interesados que deseen contribuir a la red.

Nominación de los Representantes del CPA ante otras organizaciones.

(20) El Comité nominó a las siguientes personas:

- Antonio Quesada (España) representará al CPA en la 33ª Reunión General Anual del COMNAP que se realizará en forma virtual en los períodos del 2 al 3 de junio, del 9 al 10 de junio y del 12 al 14 de julio de 2021; y
- Polly Penhale (Estados Unidos) representará al CPA en la 40ª reunión del SC-CAMLR que se realizará en forma virtual en la segunda mitad de 2021 (fechas por determinar).

Tema 6: Reparación y remediación del daño al medio ambiente

(21) El Comité tomó nota del siguiente documento de información presentado en relación con

este tema del programa:

- IP 7 *Informe sobre remediación ambiental* (Reino Unido). Este documento informó sobre la remediación ambiental de un alijo abandonado de equipos y combustible en el campamento 'Blue One' y destacó que se había completado con éxito de acuerdo con el anexo III del Protocolo sobre Protección del Medio Ambiente.

(22) El Comité tomó nota del siguiente documento de antecedentes presentado en relación con este tema del programa:

- BP 5 *Caracterización de combustibles antárticos para informar sobre la limpieza de los sitios de derrames de combustible* (Australia, Argentina).

Tema 7: Implicaciones del cambio climático para el medio ambiente

7a) Enfoque estratégico

(23) El SCAR presentó el WP 17 *El cambio climático del Océano Antártico Austral en un contexto global,* que presentaba varios de los hallazgos clave de los informes especiales recientes del Grupo Intergubernamental de Expertos sobre el Cambio Climático (IPCC). Estos hallazgos describían los cambios esperados en varios elementos del medio ambiente antártico, incluidos los cambios en las capas de hielo de la Antártida, los niveles del mar en el océano Austral y la sostenibilidad de las pesquerías del océano Austral. El SCAR señaló que los resultados de estos informes especiales, así como las ideas de los tres nuevos programas de investigación científica que había establecido el SCAR, proporcionarían información para la actualización decenal del Informe sobre el cambio climático y el medio ambiente en la Antártida (Informe ACCE), que se publicará el próximo año. El SCAR recomendó que el Comité: considere más a fondo los resultados de la investigación científica proporcionados por el SCAR que podrían respaldar las respuestas y acciones políticas regionales y continentales que se proponen a través del Programa de Trabajo de Respuesta al Cambio Climático (CCRWP) y del Grupo Subsidiario sobre Respuesta al Cambio Climático (GSRCCGSCCR); reafirmar su apoyo a las investigaciones científicas del cambio climático y las respuestas a este en la región; enfatizar a sus países la importancia de la Antártida y el océano Austral con respecto a la regulación climática global, y la necesidad de una protección continua del medio ambiente de la Antártida y el océano Austral para asegurar un futuro sostenible para la humanidad y para la biodiversidad de la que dependemos; transmitir a los países la importancia del Acuerdo Climático de París y el esperado fortalecimiento de los objetivos de reducción de emisiones de gases de efecto invernadero para mantener los entornos de la Antártida y del océano Austral y su biodiversidad, tal y como se los conoció durante los 60 años del Tratado Antártico, y considerar los Informes del IPCC, especialmente el Resumen para responsables de políticas de cada informe.

(24) El Comité felicitó al SCAR por su documento y destacó el valor de contar con esa síntesis científica como base para su trabajo. También reconoció la importancia de los nuevos programas de investigación científica del SCAR y destacó su deseo de recibir actualizaciones sobre los avances. El Comité señaló que esperaba con interés la actualización decenal del Informe de la ACCE el próximo año. El Comité expresó su apoyo general a las recomendaciones del documento, y muchos miembros destacaron la importancia de la colaboración internacional, el seguimiento a largo plazo y la investigación sobre el cambio climático y sus impactos, las políticas científicamente fundamentadas, las interrelaciones entre la Antártida y el sistema terrestre global, y la implementación del Acuerdo de París. Algunos miembros también proporcionaron información sobre las investigaciones sobre el cambio climático que están realizando sus programas antárticos nacionales.

(25) La OMM expresó su apoyo a las recomendaciones y se refirió a sus continuas actividades de investigación y de modelado, incluidas la aportación de escenarios para el IPCC a través del Programa Mundial de Investigaciones Climáticas (PMIC), y señaló que continuaría proporcionando estas actualizaciones también para la región antártica.

(26) La ASOC agradeció al SCAR su descripción general y expresó su apoyo a las recomendaciones. La ASOC también señaló que las incertidumbres descritas en el documento no restaban mérito al claro consenso de que el clima está cambiando. La ASOC enfatizó que la mejor manera de que las Partes respondan a las amenazas del cambio climático y la acidificación de los océanos era reducir drásticamente sus emisiones de carbono a nivel nacional y designar áreas marinas protegidas para ayudar a las especies y ecosistemas antárticos a afrontar estos cambios sin factores de estrés antropogénicos adicionales como la pesca.

(27) El Comité alentó a los miembros a:

- considerar más a fondo los resultados de la investigación científica proporcionados por el SCAR en los que pueden basarse las respuestas y acciones políticas regionales y continentales que se proponen a través del CCRWP y el GSRCC;
- priorizar su apoyo a las investigaciones científicas sobre el cambio climático y las respuestas a este en la región,
- insistir a sus países sobre la importancia de la Antártida y el océano Austral con respecto a la regulación climática global, y sobre la necesidad de una protección continua del medio ambiente de la Antártida y el océano Austral y los ecosistemas dependientes y asociados de acuerdo con el Protocolo sobre Protección del Medio Ambiente, para asegurar la construcción de un futuro sostenible para la humanidad y para la biodiversidad de la que dependemos;
- transmitir a sus naciones, en el contexto de los 60 años del Tratado Antártico, la importancia del Acuerdo Climático de París y el esperado fortalecimiento de los objetivos de reducción de emisiones de gases de efecto invernadero para proteger los entornos de la Antártida y del océano Austral y sus ecosistemas dependientes y asociados de impactos adicionales y de los riesgos del cambio climático; y
- considerar los informes del IPCC, especialmente el resumen para responsables de políticas de cada informe.

Asesoramiento del CPA a la RCTA sobre el cambio climático del océano Antártico Austral en un contexto global.

(28) El Comité advirtió que había acordado alentar a los miembros a:

- considerar más a fondo los resultados de la investigación científica proporcionados por el SCAR en los que pueden basarse las respuestas y acciones políticas regionales y continentales propuestas a través del CCRWP y el GSRCC;
- priorizar su apoyo a las investigaciones científicas sobre el cambio climático y las respuestas a este en la región,
- insistir a sus países sobre la importancia de la Antártida y el océano Austral con respecto a la regulación climática global, y sobre la necesidad de una protección continua del medio ambiente de la Antártida y el océano Austral y los ecosistemas dependientes y asociados de acuerdo con el Protocolo sobre protección del medio ambiente, para asegurar la construcción de un futuro sostenible para la humanidad y para la biodiversidad de la que dependemos;
- transmitir a sus naciones, en el contexto de los 60 años del Tratado Antártico, la importancia del Acuerdo Climático de París y el esperado fortalecimiento de los objetivos de reducción de emisiones de gases de efecto invernadero para proteger los entornos de la Antártida y del océano Austral y sus ecosistemas dependientes

y asociados de impactos adicionales y de los riesgos del cambio climático; y

- considerar los informes del IPCC, especialmente el resumen para responsables de políticas de cada informe.

---

(29) Nueva Zelandia presentó el Documento de Trabajo WP 27, *Diseño de estación antártica sostenible: Reducir las contribuciones al cambio climático*, preparado juntamente con el Reino Unido. Recordando la Decisión 1 (2009), las recomendaciones presentadas por la Reunión de Expertos del Tratado Antártico de 2010, y el XLII RCTA - IP 47 del COMNAP que señalaba que el 73 % de los programas nacionales antárticos miembros del COMNAP estaban actualmente planificando o en proceso de modernizar sus estaciones. El documento informó sobre la sugerencia de considerar el uso de herramientas o estándares de diseño sostenible para el diseño, construcción y operación de estaciones antárticas mejoradas. El uso de herramientas de diseño sostenible puede ayudar a reducir las emisiones de carbono de esta actividad, mejorar la salud y la calidad de vida de las personas que utilizan los edificios y garantizar el continuo rendimiento operativo óptimo de los edificios. Los proponentes recomendaron que el CPA aconseje a las Partes que: consideren el uso de un estándar de diseño sostenible para el diseño, construcción y funcionamiento de nuevos edificios o proyectos de infraestructura de modernización en la Antártida; tomen nota de la disponibilidad de un estándar *Green Star Antarctic* personalizado y de herramientas BREEAM, también personalizadas, que pueden compartirse con las Partes y adoptarse y adaptarse para cualquier proyecto de infraestructura de modernización o construcción de la Antártida; consideren la adopción de la norma PAS 2080, o una norma similar, para gestionar y reducir las emisiones de carbono resultantes de los proyectos de construcción; consideren desarrollar internamente procesos de sustentabilidad que estén alineados con iniciativas de sustentabilidad locales, nacionales y / o globales, allídonde no estuvieran disponibles estándares completos de diseño sustentable; y alienten al COMNAP a continuar compartiendo prácticas de diseño sustentable para proyectos de modernización de estaciones.

(30) El Comité agradeció a Nueva Zelandia y al Reino Unido por su documento y reconoció la importancia de considerar normas de diseño de las estaciones para mejorar la sostenibilidad y la eficiencia energética, y minimizar los impactos ambientales relacionados con los seres humanos en la Antártida. Varios miembros informaron que estaban renovando sus estaciones antárticas y señalaron que la información proporcionada en el WP 27 era particularmente útil. Los miembros también destacaron la importancia de compartir experiencias relacionadas con el diseño de estaciones sostenibles, y señalaron los numerosos ejemplos de buen trabajo que están realizando las Partes y los miembros, así como el COMNAP, al respecto.

(31) El COMNAP expresó su agradecimiento por el reconocimiento de los proponentes a su trabajo para continuar compartiendo las buenas prácticas con respecto a la modernización, y llamó la atención del Comité sobre el reciente trabajo del Simposio 2020 del COMNAP, tal como se describe en el documento BP 10 presentado a la XLIII RCTA. El COMNAP reconoció la importancia de las prácticas ecológicas, no solo en el diseño y construcción de las estaciones sino también en las operaciones antárticas, la logística y el apoyo a la actividad científica, y señaló que estaba priorizando sus ambiciones en este tema.

(32) El Comité recordó la Resolución 4 (2017) *Expedición ecológica a la Antártida*, y expresó su apoyo general a los principios de diseño ecológico sostenible y al intercambio y comunicación de información sobre la modernización y reconstrucción de las estaciones, al tiempo que advirtió contra la adopción de estándares unificados que no necesariamente se ajusten a todas las circunstancias o se alineen con todos los estándares

nacionales y no hayan sido diseñados para las circunstancias particulares de la Antártida. Algunos miembros también señalaron la importancia de tener en cuenta las emisiones de carbono al diseñar, construir y operar estaciones antárticas.

(33) SCAR presentó el WP 36 *Acidificación del océano en el océano Austral,* que proporcionaba una descripción general del estado de los conocimientos relacionados con la acidificación de los océanos en el océano Austral. El SCAR llamó la atención del Comité sobre los cambios nunca antes vistos en el pH del océano Austral durante varias décadas, los efectos de la acidificación del océano Austral en los ecosistemas antárticos y las respuestas de los organismos antárticos a estos cambios en su medio ambiente. También destacó la relación sinérgica entre la acidificación de los océanos y el aumento de las temperaturas, y enfatizó que realizar el seguimiento de la acidificación de los océanos y sus efectos en el medio ambiente antártico sería esencial para predecir el futuro y planificar los esfuerzos de conservación en la región antártica.

(34) El Comité agradeció al SCAR por su importante síntesis general del impacto del aumento de la acidificación de los océanos sobre el medio ambiente antártico. Felicitó al SCAR por coordinar la investigación sobre la acidificación de los océanos en el océano Austral y recomendó continuar con la colaboración internacional en ciencia y vigilancia. En este sentido, varios miembros apoyaron el uso de nuevas tecnologías de detección para continuar realizando el seguimiento de los cambios en el pH del océano Austral. Dado el rápido calentamiento de la región de la península Antártica y la concentración de estaciones científicas de varias Partes, se debería alentar a un esfuerzo de observación coordinado en esta área.

(35) El Comité destacó nuevamente la importancia de cumplir los objetivos del Acuerdo de París para reducir las emisiones de carbono y señaló la clara relación entre las emisiones de carbono y el aumento de la acidificación de los océanos.

(36) El Comité tomó nota del siguiente documento de información presentado en relación con este tema del programa:

- IP 16 *Una herramienta antártica Green Star personalizada: Un estándar de diseño sostenible* (Nueva Zelandia). El documento informaba sobre la herramienta de diseño personalizada Antarctic Green Star, desarrollada en colaboración con los Consejos de Construcción Ecológica de Nueva Zelandia y Australia como parte del proyecto propuesto de reurbanización de la Base Scott. Esta herramienta puede ayudar a las Partes a lograr resultados sostenibles, incluyendo la minimización de las emisiones de carbono. La herramienta fue desarrollada para ser utilizada y modificada según las necesidades de las Partes como un estándar de diseño sostenible para su aplicación en cualquier proyecto de desarrollo de edificios en la Antártida.

7b) Implementación y examen del Programa de trabajo de respuesta al cambio climático

(37) El coordinador del GSRCC, Kevin Hughes (Reino Unido), presentó el WP 14 *Informe del Grupo Subsidiario de Respuesta al Cambio Climático (GSRCC) 2019-2021* y señaló que el GSRCC se estableció en 2017 para facilitar la implementación del CCRWP. El coordinador informó sobre el trabajo y los resultados del GSRCC durante el período entre sesiones 2019-21. El GSRCC recomendó que el CPA: apruebe el borrador actualizado y rediseñado del CCRWP (2021) y lo use para reemplazar la versión actual del CCRWP (2015); respalde la adición de las necesidades científicas identificadas en el CCRWP a las del Plan de Trabajo Quinquenal del CEP; recomiende a la RCTA que la Secretaría brinde apoyo para el desarrollo de páginas web relevantes para la comunicación del CCRWP, incluida la traducción de las presentaciones del CCRWP, en colaboración con el GSRCC; revise la efectividad del GSRCC desde su establecimiento,

y considere el trabajo realizado hasta la fecha por el GSRCC y respalde la continuidad de su trabajo bajo sus actuales términos de referencia.

(38) El Comité agradeció al GSRCC por su trabajo durante el período entre sesiones, y al coordinador, Kevin Hughes, en particular por su esfuerzo. Acordó que el trabajo del GSRCC debería continuar en el futuro bajo sus términos de referencia actuales. Se alentó a todos los miembros y observadores interesados a unirse y participar activamente en el GSRCC.

(39) ASOC agradeció al GSRCC por su trabajo durante el período entre sesiones y alentó al CPA a apoyar las recomendaciones propuestas. ASOC señaló que, si bien el enfoque actual del GSRCC estaba puesto en la investigación científica y su comunicación, el GSRCC debería aumentar sus ambiciones e implementar una gama de respuestas de gestión al cambio climático tanto en los órganos del Tratado Antártico como a nivel nacional.

(40) Muchos miembros expresaron apoyo a las recomendaciones presentadas en el Documento de Trabajo WP 14. De los muchos miembros que hicieron uso de la palabra, todos menos uno apoyaron firmemente el CCRWP revisado que se presenta en el anexo A del WP 14. Ese miembro propuso varias enmiendas al CCRWP. El coordinador del GSRCC efectuó consultas con los miembros durante la reunión, pero no fue posible llegar a un consenso sobre las revisiones del CCRWP o sobre la provisión de fondos para el desarrollo de páginas web de la STA sobre el CCRWP y el trabajo del GSRCC. Muchos miembros expresaron su decepción por el hecho de que no hubiera sido posible llegar a un acuerdo para actualizar el CCRWP. El Comité pidió al GSRCC que continuara su trabajo durante el período entre sesiones y, para evitar más demoras en la actualización del CCRWP, alentó encarecidamente a todos los miembros interesados a unirse o participar activamente en el GSRCC.

Asesoramiento del CPA a la RCTA sobre la implementación del Programa de trabajo de respuesta al cambio climático (CCRWP).

(41) El Comité consideró el Informe del Grupo Subsidiario sobre Respuesta al Cambio Climático (GSRCC) 2019-2021 y acordó respaldar la adición de las necesidades científicas identificadas en el CCRWP a las del Plan de Trabajo Quinquenal del CPA.

(42) Luego de revisar el trabajo del GSRCC durante los últimos cuatro años, el Comité acordó que el trabajo del GSRCC debería continuar en el futuro bajo sus términos de referencia actuales.

Tema 8: Evaluación del Impacto Ambiental (EIA)

8a) Evaluación del Impacto Ambiental (EIA): Proyectos de Evaluación Medioambiental Global

(43) Nueva Zelandia presentó el WP 46 *Borrador de la Evaluación Medioambiental Global (EMG) para el Proyecto de Reurbanización de la Base Scott.* Este proyecto de Evaluación Medioambiental Global (EMG) fue elaborado por Antarctica New Zealand para evaluar los impactos ambientales potenciales asociados a la renovación propuesta para la base Scott y el reemplazo de la red de energía eólica de la isla de Ross. Nueva

Zelandia destacó que las actividades propuestas eran necesarias porque los edificios, las instalaciones y la infraestructura asociada actual de la base Scott, incluido el parque eólico, estaban llegando al final de su vida útil y los riesgos a la seguridad y al medio ambiente estaban aumentando. Señaló que la remodelación de la base Scott proponía la deconstrucción y remoción de la base Scott existente y enfatizó que la nueva base propuesta había sido diseñada para ser más eficiente, resiliente y sostenible a fin de brindar un entorno seguro y saludable para sus ocupantes y de apoyar el Programa científico de Nueva Zelandia durante los próximos 50 años. También destacó los planes para reemplazar las tres turbinas eólicas existentes ubicadas en Crater Hill con cuatro nuevas turbinas que proporcionarían una fuente de energía renovable para el 98 % de los requisitos de energía de la nueva base. Nueva Zelandia informó que era probable que las actividades propuestas produjeran un impacto mayor que mínimo o transitorio en el medio ambiente antártico. Agradeció a España por convocar al GCI, y a todos los participantes del GCI por sus comentarios constructivos sobre el proyecto de EMG, y señaló que los comentarios planteados por el proceso del GCI, y cualquier comentario adicional realizado durante las discusiones en la XXIII reunión del CPA, se abordarían en la EMG final.

(44) España presentó el WP 10 *Informe del grupo de contacto de composición abierta entre sesiones (GCI) para revisar el borrador de la Evaluación Medioambiental Global preparado por Nueva Zelandia para la renovación de la base Scott*, que detalla las discusiones llevadas a cabo en el período entre sesiones por el GCI para revisar el borrador de la EMG. España señaló que el GCI había acordado que el proyecto de EMG se ajustaba a los requisitos del artículo 3 del anexo I del Protocolo y que los participantes del GCI habían comentado favorablemente sobre las actividades propuestas descritas en el proyecto de EMG, en particular el uso de la ubicación previa de la base, el empleo intensivo de fuentes de energía renovables, las modernas tecnologías de tratamiento de aguas residuales y la eficiencia de la propuesta de desmantelar la estación original. Sobre la base de los comentarios proporcionados por los participantes, el GCI informó al CPA que el borrador de la EMG era claro, estaba bien estructurado y presentado. El GCI estuvo de acuerdo con la conclusión de que la actividad propuesta daría como resultado un impacto mayor que mínimo o transitorio en el medio ambiente, lo cual quedaba respaldado por la información contenida en el proyecto de EMG. El GCI había concluido que si Nueva Zelandia decidiera continuar con la actividad propuesta, habría varios aspectos para los cuales sería beneficioso obtener información o aclaraciones adicionales en la EMG final requerida, como: una mejor resolución de mapas y figuras; más información sobre la descripción de la actividad propuesta, particularmente en referencia a los materiales de construcción; los impactos ambientales del polvo y productos químicos generados durante el proceso de demolición y construcción, y los impactos acumulativos que podrían surgir a la luz de la reconstrucción simultánea de la estación McMurdo de Estados Unidos en las proximidades de la base Scott.

(45) El Comité agradeció a Nueva Zelandia por presentar un borrador de EMG completo y bien estructurado. También agradeció a España por coordinar el GCI, así como a los participantes del GCI por sus esfuerzos y comentarios constructivos. El Comité expresó su apoyo a las conclusiones y recomendaciones del GCI y señaló que esperaba recibir la EMG final de Nueva Zelandia.

Asesoramiento del CPA a la RCTA sobre el Borrador de la Evaluación Medioambiental Global (EMG) para el proyecto de renovación de la base Scott

(46) El Comité discutió en detalle el borrador de la Evaluación Medioambiental Global (EMG) preparado por Nueva Zelandia para el Proyecto de Reurbanización de la base Scott (WP 46). El Comité analizó el informe de España sobre el GCI que se había

establecido para considerar el proyecto de EMG, de acuerdo con los Procedimientos para la consideración por el CPA en el período entre sesiones de proyectos de EMG (WP 10).

(47) Tras revisar el proyecto de EMG, el CPA informó a la RCTA sobre lo siguiente:

1) El proyecto de EMG se ajustaba a los requisitos contenidos en el artículo 3 del anexo I del Protocolo al Tratado Antártico sobre Protección del Medio Ambiente.

2) Si Nueva Zelandia decidiera continuar con la actividad propuesta, habría varios aspectos para los cuales se debería proporcionar información adicional o aclaraciones en la EMG final requerida.

3) La conclusión de que el impacto de la renovación de la base Scott «daría como resultado un impacto mayor que mínimo o transitorio en el medio ambiente» estaba adecuadamente respaldada por la información proporcionada en el proyecto de EMG.

4) El borrador de la EMG era claro y estaba bien estructurado y presentado, aunque se recomendaba una mejor resolución de mapas y figuras.

---

(48) Turquía presentó el Documento de trabajo 18 *Proyecto de evaluación medioambiental global (EMG) para la construcción y operación de la Estación de Investigación Antártica Turca (TARS) en la isla Herradura, Antártida.* El borrador de EMG evaluó los impactos ambientales potenciales asociados a la construcción de una estación propuesta para reemplazar el campamento temporario de investigación científica establecido por Turquía en la isla Herradura en 2019. Turquía explicó que la estación propuesta había sido diseñada para un uso óptimo de 24 personas y planeada para un funcionamiento de un mínimo de 25 años. La estación consistiría, en su mayoría, en módulos prefabricados para reducir el trabajo y la producción de residuos durante la construcción. Incluiría un edificio principal, una usina, una planta de tratamiento de aguas residuales, depósitos de combustible, turbinas eólicas, paneles solares, dos hangares, un helipuerto, estaciones de bombeo de combustible y aguas residuales y un refugio de emergencia. Los principios con los que se había diseñado la estación incluían la eficiencia energética, la reducción de la generación de residuos, y el consumo de combustible utilizando energía solar y eólica, a la vez que se mantenían la seguridad y el bienestar del grupo de científicos. La TARS se construiría en dos etapas durante dos veranos antárticos consecutivos. Turquía indicó que los impactos ambientales potenciales causados por la construcción y el funcionamiento de la TARS previstos incluían emisiones atmosféricas, desechos y aguas residuales, ruido, derrames de combustible y aceite y efectos sobre la flora y fauna. Explicó que se aplicarían medidas de mitigación y programas de seguimiento pertinentes para minimizar los posibles impactos. Señaló que, si bien la estación generaría un impacto en el medio ambiente, los impactos probables se minimizarían mediante la implementación de las medidas de protección propuestas. Turquía concluyó que el establecimiento de TARS era muy recomendable ya que sus ventajas científicas y logísticas superarían sus impactos ambientales, que se esperaba que fueran mayores que mínimos o transitorios.

(49) Australia presentó el WP12, *Informe del Grupo de Contacto Intersesional (GCI) de composición abierta para revisar el proyecto de evaluación medioambiental global preparado por Turquía para la construcción y operación de la Estación de Investigación Antártica Turca (TARS) en la isla Herradura, Antártida.* Australia agradeció a Turquía su presentación y señaló que los participantes del GCI habían comentado favorablemente varios aspectos de la actividad propuesta, particularmente

en relación con sus planes para utilizar un diseño de estación modular prefabricado que minimizaría los desechos generados durante la construcción y facilitaría un proceso de desmantelamiento eficiente. También se elogiaron los planes de Turquía para la minimización de la generación de desechos durante el funcionamiento de la estación, la utilización de un tratamiento avanzado de aguas residuales y el uso de fuentes renovables para satisfacer una parte de los requisitos energéticos y reducir las emisiones de carbono. El GCI informó al Comité que, en general, el proyecto de EMG estaba claro, bien estructurado y presentado, y que en términos generales se ajustaba a los requisitos del artículo 3 del anexo I del Protocolo, aunque era necesario abordar algunos aspectos del artículo 3 con mayor detalle. El GCI informó al CPA que Turquía debería considerar las cuestiones planteadas durante el GCI y que, si decidiera continuar con la actividad propuesta, había varios aspectos para los que se debería proporcionar información adicional o aclaraciones en la EMG final requerida, incluida la información relacionada con: la descripción de las actividades propuestas; posibles alternativas a la actividad; descripción del estado de referencia ambiental inicial en el sitio propuesto; descripción de los métodos utilizados para predecirr los impactos de las actividades propuestas; estimación de los probables impactos directos, indirectos, acumulativos e inevitables de la actividad propuesta y los efectos sobre la realización de investigación científica y otros usos y valores existentes, como así tambiénla identificación de lagunas en el conocimiento e incertidumbres. El GCI advirtió también que la conclusión de que la actividad propuesta «conduciría a una perturbación mínima del medio ambiente» no estaba respaldada adecuadamente por la información contenida en el proyecto de EMG. La conclusión debería presentarse en la terminología empleada en el artículo 8 y el Anexo I del Protocolo y resultaba probable que la actividad propuesta tuviera «un impacto mayor que mínimo o transitorio».

(50) Turquía presentó el IP 91 *Respuestas iniciales a los comentarios sobre el proyecto de EMG para la construcción y el funcionamiento de la Estación de Investigación Antártica Turca (TARS) en la Isla Herradura, Antártida*, y expresó su agradecimiento por los valiosos comentarios hechos por los participantes en el GCI para revisar su borrador de EMG. Turquía agradeció a los participantes del GCI sus comentarios y presentó respuestas a una variedad de temas planteados en el informe del GCI, incluidas las actividades científicas respaldadas en la estación, la planificación y el cronograma de la construcción, y la gestión de energía y desechos. Turquía informó que su proyecto de EMG sería revisado sobre la base de estos comentarios y discusiones mantenidas durante la XXIII CPA. Turquía destacó que había identificado un potencial considerable para ampliar la investigación científica en la región. Además, Turquía señaló que el establecimiento de turbinas eólicas no estaba planificado actualmente dentro del alcance del proyecto de EMG presentado debido a que la información sobre rutas migratorias de aves era limitada, según los comentarios hechos en el GCI.

(51) El Comité agradeció a Turquía el proyecto de EMG y comentó que en general era claro y se ajustaba a los requisitos. También expresó su agradecimiento por la respuesta detallada de Turquía en el documento IP 91, incluida su intención de revisar su evaluación del impacto ambiental general de la propuesta. El Comité acogió con satisfacción el creciente compromiso científico de Turquía en la Antártida.

(52) Los miembros destacaron una serie de cuestiones que requerían mayor consideración, incluida una consideración más detallada de las alternativas a la actividad planificada y una consideración más explícita y detallada del impacto de la actividad en los valores antárticos, en particular los valores silvestres. Algunos miembros también expresaron preocupaciones generales en relación con la creciente huella de las actividades humanas en la Antártida. Para ayudar a abordar las inquietudes planteadas, algunos miembros también se ofrecieron a compartir con Turquía su experiencia y su conocimiento de la

zona de la bahía Margarita.

(53) Un miembro señaló que contar con predicciones de calidad del aire y ruido durante y después del escenario de construcción complementaría la evaluación integral del impacto. Se podría utilizar el mejor modelo de predicción disponible para evaluar el pronóstico.

(54) El Comité felicitó a Turquía por ajustar sus planes y decidir depender de la desalinización en lugar de los lagos de agua dulce para su suministro de agua. Además, algunos miembros señalaron que el sistema lacustre de la zona es de tal valor que podría ser pertinente para su consideración en una futura ZAEP.

(55) En respuesta a una pregunta, Turquía aclaró además que proporcionaría una descripción más detallada de la planta incineradora que propone utilizar.

(56) ASOC agradeció a Turquía y a Nueva Zelandia por sus EMG, y destacó los problemas comunes a muchas EMG: la limitada consideración de acciones alternativas y el establecimiento de bases e infraestructura en áreas casi prístinas, lo que tiene consecuencias para los valores de las áreas silvestres. La ASOC señaló que consideraba que el proceso de EIA estaba funcionando bien y que las Partes proporcionaban cada vez más actualizaciones periódicas e informes de cumplimiento de las EMG presentadas con anterioridad, incluido el IP 97.

Asesoramiento del CPA a la RCTA sobre el proyecto de EMG preparado por Turquía para la Construcción y el funcionamiento de la Estación de Investigación Antártica Turca (TARS) en la isla Herradura, Antártida

(57) El Comité debatió a fondo el proyecto de evaluación medioambiental global (EMG) preparado por Turquía para la construcción y el funcionamiento de la Estación de Investigación Antártica Turca (TARS) en la isla Herradura, Antártida (WP 18). El Comité analizó el informe de Australia sobre el GCI que se había establecido para considerar el proyecto de EMG, de acuerdo con los Procedimientos para la consideración por el CPA en el período entre sesiones de proyectos de EMG (WP 12). El Comité analizó también la información adicional que había proporcionado Turquía como respuesta a los comentarios del GCI (IP 91) y los asuntos que se plantearon durante la reunión.

(58) Tras revisar el proyecto de EMG, el CPA informó a la RCTA sobre lo siguiente:

1) El proyecto de EMG se ajustaba en gran medida a los requisitos del artículo 3 del anexo I del Protocolo al Tratado Antártico sobre Protección del Medio Ambiente, aunque era necesario abordar algunos aspectos del artículo 3 en mayor detalle.

2) Si Turquía decidiera proceder con la actividad propuesta, había algunos aspectos para los que se debía proporcionar más información o aclaraciones adicionales en la EMG final requerida, como se resume en el informe del GCI y como esbozaron las contribuciones y comentarios de los miembros del GCI durante la reunión.

3) La información proporcionada en la EMG no respaldaba la conclusión de que los impactos de la actividad propuesta conducirían a una "alteración mínima del medio ambiente". La conclusión debe utilizar preferentemente la terminología del Artículo 8 y del Anexo I del Protocolo y, en ese sentido, resultaba probable que la actividad propuesta tuviera "un impacto mayor que mínimo o transitorio".

4) El proyecto de EMG era generalmente claro, bien estructurado y presentado, aunque se recomendaron agregados y mejoras en mapas y figuras, y resultaba necesario que se proporcionase más información y explicaciones adicionales para presentar una evaluación completa del impacto ambiental de la actividad propuesta.

(59) El Comité tomó nota del siguiente documento de información presentado en relación con este tema del programa:

- IP 102 *Preparación de una Evaluación Ambiental Integral para la construcción y operación propuestas de un aeródromo cerca de la estación de investigación Davis de Australia (el Proyecto de Aeródromo Davis)* (Australia). El documento informaba que la División Antártica Australiana estaba realizando actividades de planificación para proponer construir y operar un nuevo aeródromo cerca de la estación científica Davis en los cerros Vestfold, Antártida Oriental (el Proyecto Davis Aerodome). El documento señalaba que la propuesta estaría sujeta al más alto nivel de escrutinio ambiental, incluida la preparación y circulación de una Evaluación Medioambiental Global (EMG) de acuerdo con los requisitos del Protocolo al Tratado Antártico sobre Protección del Medio AmbienteAmbiental.

8b) Otros temas relacionados con la evaluación del impacto ambiental

(60) El SCAR presentó el WP 33 *Código de conducta ambiental del SCAR sobre actividades de campo en geociencias en la Antártida*, que presentaba una actualización del *Código de conducta ambiental del SCAR sobre actividades de investigación en geociencias sobre el terreno en la Antártida.* El SCAR recomendó que el CPA examinara el Código de Conducta y, en caso de acuerdo, alentara su difusión y uso al planificar y emprender actividades de campo en geociencias en la Antártida.

(61) El Comité agradeció al SCAR su trabajo en la actualización del Código de Conducta y señaló la importancia de asegurar que la investigación geológica en la Antártida tenga un impacto mínimo en el medio ambiente antártico. También reconoció la importante labor que se está realizando sobre la conservación del patrimonio geológico. Muchos miembros elogiaron al SCAR por el amplio e inclusivo proceso de actualización del Código de Conducta. Los miembros expresaron su apoyo al Código de Conducta y enfatizaron su utilidad en los procesos de EIA. Los miembros también reiteraron su compromiso de mantener actualizada la información sobre sus colecciones de especímenes y datos geológicos a través de la lista de repositorios nacionales en el sitio web del SCAR.

(62) Algunos miembros sugirieron cambios menores y actualizaciones al Código de Conducta del SCAR, que incluían: cambios menores en el lenguaje utilizado; la inclusión del trabajo realizado por la Asociación Internacional de Geoética, en particular la *Declaración de Ciudad del Cabo* de 2016, la *Declaración de Montreal sobre integridad en la investigación en el marco de colaboraciones en investigación que atraviesan fronteras* y la *Declaración de Singapur sobre integridad en la investigación*; y la ampliación de la sección sobre planificación de actividades sobre el terreno para fomentar una mejor preparación para el almacenamiento de datos y muestras y en relación con el potencial de alterar la vida silvestre antes de embarcarse en actividades geológicas de trabajo de campo.

(63) Tras realizar modificaciones menores para incorporar las propuestas planteadas durante la reunión, el Comité acordó alentar la difusión y el uso del Código de Conducta al planificar y emprender actividades de campo en geociencias en la Antártida.

(64) El SCAR agradeció al Comité el amplio apoyo a su trabajo en el desarrollo de un Código de Conducta actualizado y expresó su disposición en considerar la incorporación de sugerencias adicionales en una próxima versión del Código de Conducta.

Asesoramiento del CPA a la RCTA sobre el Código de conducta ambiental del SCAR sobre actividades de campo en geociencias en la Antártida

(65) El Comité aprobó la actualización del *Código de conducta ambiental del SCAR sobre actividades de campo en geociencias en la Antártida* y acordó:

1) reconocer que se han llevado a cabo consultas amplias y extensas en el marco de la elaboración del Código de conducta ambiental voluntario del SCAR sobre actividades de campo en geociencias en la Antártida;
2) reconocer que este Código de Conducta sustituyó al anterior Código de Conducta de Muestreo Geológico del SCAR;
3) remitir el Código de Conducta a la RCTA para su aprobación mediante una Resolución para fomentar su difusión y uso al planificar y emprender actividades de campo en geociencias en la Antártida; y
4) recomendar que las Partes mantengan actualizada la información sobre repositoriosnacionales que alberguen especímenes geológicos y paleontológicos antárticos,según se registra en la lista de SCAR disponible en: https://www.scar.org/scar-library/search/science-4/geosciences/5595-list-of-national-geosciences- repositories/file/.

---

(66) El Comité tomó nota de los siguientes documentos de información y documentos de la Secretaría presentados en relación con este tema del programa:

- IP 30 *Suministro de información de la evaluación cuantitativa de los impactos atmosféricos acumulados en el marco de la evaluación del impacto ambiental en la Antártida* (Belarús). El documento destacó la importancia de recopilar y archivar información sobre las fuentes de emisiones contaminantes en las estaciones antárticas y en las áreas de operación de los programas antárticos nacionales para su uso en la evaluación del impacto acumulativo en el aire atmosférico durante la evaluación del impacto.
- IP 51 *Actividades actuales de investigación glaciológica en la estación Dome Fuji y sus alrededores* (Japón), que describió las recientes actividades científicas y de campo en la estación Dome Fuji y sus alrededores. El documento señaló que, luego de finalizar la extracción de muestras de hielo profundo en la estación Dome Fuji en la década de 2000, la Expedición Científica Antártica Japonesa (JARE) había completado el transporte de todas los testigos de hielo a Japón, proporcionando muestras para estudios paleoclimáticos durante los últimos 720 000 años. JARE, en colaboración con socios internacionales, también había estado realizando estudios de campo para ubicar un nuevo sitio de perforación para un proyecto de perforación planificado para el hielo más antiguo en el área de Dome Fuji, que tendrá lugar entre 2023 y 2027.
- IP 96 *Marco para evaluar actividades nuevas, novedosas o particularmente preocupantes* (Reino Unido), que describió el trabajo realizado por el Reino Unido luego de las discusiones en la XLII RCTA para determinar de qué manera las Partes podrían llevar a cabo una evaluación previa relacionada con actividades nuevas, novedosas o particularmente preocupantes y las cuestiones clave que podrían tenerse en cuenta. El documento destacaba las intenciones del Reino Unido de llevar adelante debates informales más amplios en el próximo período entre sesiones con miras a presentar un documento de trabajo a la XLIV RCTA en Berlín en 2022.
- IP 97, *Actualización e informe de cumplimiento con la EMG: reconstrucción del*

muelle de Rothera y proyecto de estabilización de la zona costera (Reino Unido), que informó que el proyecto de reconstrucción y estabilización costera del muelle de Rothera estaba en gran parte completo y el muelle ya estaba en funcionamiento. El documento concluyó que el proyecto de construcción había sido un éxito, que el cumplimiento de la EMG había sido bueno, que la EMG había sido eficaz para predecir los probables impactos ambientales y que las medidas de mitigación descritas habían sido efectivas.

- IP 124 *Procedimiento implementado en el marco del Programa Antártico Colombiano para la evaluación de impacto ambiental de las actividades desarrolladas en el área del Tratado Antártico* (Colombia), que presentó los esfuerzos realizados para prevenir o minimizar el impacto ambiental de las actividades realizadas en el marco del Programa Antártico Colombiano. El documento destacó el fortalecimiento de los procedimientos y protocolos para identificar y evaluar el impacto ambiental para asegurar una investigación científica ambientalmente responsable.
- SP 12 *Lista anual de Evaluaciones Ambientales Iniciales (EMI) y Evaluaciones Ambientales Globales (EMG) preparadas entre el 1 de abril de 2019 y el 31 de marzo de 2021* (STA), que enumeró las EIA realizadas durante este período e incluía una breve descripción y la ubicación de la actividad, el tipo de evaluación de impacto (EMI o EMG), la organización responsable y cualquier decisión tomada tras la consideración de la EIA.

(67) El Comité tomó nota de que se había presentado el siguiente documento de antecedentes en relación con este tema del programa:

- BP 13 *Información sobre el progreso de la renovación de la estación antártica polaca Henryk Arctowski en la isla Rey Jorge/isla 25 de Mayo, Islas Shetland del Sur* (Polonia).

Tema 9: Protección de zonas y planes de gestión

9a) Planes de gestión

i) Proyectos de Planes de Gestión examinados por el Grupo Subsidiario sobre Planes de Gestión

(68) La coordinadora del Grupo Subsidiario sobre Planes de Gestión (GSPG), Patricia Ortúzar, de la Argentina, presentó el Documento WP 62, *Informe de actividades del Grupo Subsidiario sobre Planes de Gestión durante el período entre sesiones 2019-2021*, en representación del GSPG. La coordinadora agradeció a todos los participantes del GSPG por su arduo trabajo y recordó al Comité que todos los miembros eran bienvenidos a unirse al GSPG. De acuerdo con los términos de referencia n.° 1 al 3, la coordinadora del GSPG indicó que se habían remitido al grupo seis propuestas de proyectos de Planes de Gestión de Zonas Antártica Especialmente Protegidas (ZAEP) para su revisión entre sesiones.

(69) Con respecto a la propuesta de nuevas ZAEP en las islas Rosenthal, la isla Anvers, en el archipiélago Palmer (Estados Unidos), en las islas Léonie y el sureste de la isla Adelaide, en la península Antártica (Reino Unido y los Países Bajos), y en la isla Inexpressible y la bahía Terra Nova, en el mar de Ross (China, Italia y la República de Corea), el GSPG, en su asesoramiento al Comité, le informó que los planes de gestión revisados estaban bien redactados, eran de alta calidad, eran coherentes con las directrices pertinentes del CPA y abordaban adecuadamente los puntos clave planteados en el asesoramiento a sus

proponentes. Por consiguiente, el GSPG recomendó que el Comité aprobara los planes de gestión para estas tres nuevas ZAEP.

(70) El Comité acogió con agrado el asesoramiento y agradeció al GSPG su cuidadosa revisión y útiles sugerencias para mejorar los planes de gestión durante el período entre sesiones. El Comité respaldó las recomendaciones del GSPG, aprobó los planes de gestión para las nuevas ZAEP y acordó remitirlos a la RCTA para su adopción mediante una Medida.

(71) La ASOC agradeció a los proponentes sus planes de gestión revisados y señaló los valores importantes en cada uno de los sitios propuestos para protección, destacando en particular la justificación de la designación por motivos precautorios y científicos. La ASOC destacó su apoyo a las tres designaciones.

(72) El coordinador del GSPG informó al Comité que Chile aún estaba revisando los planes de gestión para las siguientes tres ZAEP:

- ZAEP 125: península Fildes, isla Rey Jorge/25 de Mayo (Chile).
- ZAEP 146: bahía South, isla Doumer, archipiélago Palmer (Chile).
- ZAEP 150: isla Ardley (península Ardley), bahía Maxwell, isla Rey Jorge/25 de Mayo (Chile).

(73) Chile informó al Comité que tenía la intención de presentar planes de gestión revisados para estas ZAEP antes de la próxima reunión del CPA. El Comité acogió con agrado esta información.

ii) Proyectos de Planes de Gestión revisados no examinados por el Grupo Subsidiario sobre Planes de Gestión

(74) El Comité consideró la revisión quinquenal de 24 planes de gestión de ZAEP y un plan de gestión de ZAEA. En cada caso, el Comité consideró los cambios sugeridos al actual plan de gestión; y señaló que los planes de gestión de las ZAEP se habían revisado y modificado en línea con la *Guía para la Preparación de Planes de Gestión para las Zonas Antárticas Especialmente Protegidas* (la Guía):

- Documento WP 2 rev. 1 *Revisión de los planes de gestión para las Zonas Antárticas Especialmente Protegidas (ZAEP) n.° 113 de isla Litchfield, puerto Arthur, archipiélago de Palmer; n.° 119 de valle Davis y laguna Forlidas, macizo Dufek, y n.° 139 de punta Biscoe, archipiélago de Palmer* (Estados Unidos).
- Documento WP 3 *Plan de Gestión revisado de la Zona Antártica Especialmente Protegida n.° 121, cabo Royds, isla de Ross* (Estados Unidos).
- Documento WP 4 *Plan de Gestión revisado de la Zona Antártica Especialmente Protegida n.° 124, cabo Evans, isla de Ross* (Estados Unidos).
- Documento WP 6 *Plan de Gestión revisado de la Zona Antártica Especialmente Protegida n.° 106, cabo Hallett, Tierra Victoria del Norte, mar de Ross* (Estados Unidos).
- Documento WP 9 rev. 1 *Revisión del Plan de Gestión para la Zona Antártica Especialmente Protegida n.° 163: Glaciar Dakshin Gangotri, Tierra de la Reina Maud* (India)
- Documento WP 20, *Revisión del Plan de Gestión para la Zona Antártica Especialmente Protegida (ZAEP) n.° 104: Isla Sabrina, islas Balleny* (Nueva Zelandia).
- Documento WP 22 *Revisión del Plan de Gestión para la Zona Antártica Especialmente Protegida n.° 105: Isla Beaufort, ensenada McMurdo, mar de Ross*

(Nueva Zelandia).

- Documento WP 23 rev. 1 *Revisión del Plan de gestión de la Zona Antártica Especialmente Protegida (ZAEP) n.º 155, cabo Evans, isla Ross* (Nueva Zelandia).
- Documento WP 24 rev. 1 *Revisión del Plan de gestión de la Zona Antártica Especialmente Protegida (ZAEP) n.º 157, bahía Backdoor, cabo Royds, isla Ross* (Nueva Zelandia).
- Documento WP 25 rev. 1 *Revisión del Plan de gestión de la Zona Antártica Especialmente Protegida (ZAEP) n.º 158, punta Hut, isla Ross* (Nueva Zelandia).
- Documento WP 26 rev. 1 *Revisión del Plan de gestión de la Zona Antártica Especialmente Protegida (ZAEP) n.º 159, cabo Adare, costa Borchgrevink* (Nueva Zelandia).
- Documento WP 28 *Revisión del plan de gestión para la Zona Antártica Especialmente Protegida (ZAEP) n.º 103, isla Ardery e isla Odbert, costa Budd, Tierra de Wilkes, Antártida oriental* (Australia).
- Documento WP 29, *Revisión del Plan de Gestión para la Zona Antártica Especialmente Protegida (ZAEP) n.° 102, Islas Rookery, bahía Holme, Tierra de Mac Robertson* (Australia).
- Documento WP 30, *Revisión del Plan de Gestión para la Zona Antártica Especialmente Protegida (ZAEP) n.° 167, Isla Hawker, Tierra de la Princesa Isabel* (Australia).
- Documento WP 31 *Revisión de los planes de gestión para la Zona Antártica Especialmente Administrada (ZAEA) n.º 6, colinas de Larsemann, y la Zona Antártica Especialmente Protegida (ZAEP) n.º 174, Stornes, Antártida oriental* (Australia, China, India, Federación de Rusia).
- Documento WP 39 rev. 1 *Plan de Gestión Revisado para la Zona Antártica Especialmente Protegida n.° 145, puerto Foster, isla Decepción, islas Shetland del Sur* (Chile, España).
- Documento WP 40 *Revisión del Plan de Gestión para la Zona Antártica Especialmente Protegida (ZAEP) n.° 148, monte Flora, bahía Esperanza, península Antártica* (Reino Unido, Argentina).
- Documento WP 45, *Revisión del Plan de Gestión para la Zona Antártica Especialmente Protegida (ZAEP) n.° 131: Glaciar Canadá, lago Fryxell, valle Taylor, Tierra de Victoria* (Nueva Zelandia).
- Documento WP 50 *Revisión del Plan de Gestión para la Zona Antártica Especialmente Protegida (ZAEP) n.° 101, pingüinera Taylor, Tierra de Mac Robertson* (Australia).
- Documento WP 51, *Plan de Gestión revisado para la ZAEP 166, Puerto Martin, Tierra de Adelia. Propuesta de ampliación del plan existente* (Francia).
- Documento WP 54, *Revisión del Plan de Gestión para la Zona Antártica Especialmente Protegida (ZAEP) n.° 120: Punta Géologie* (Francia).
- Documento WP 64 *Revisión del Plan de Gestión para la Zona Antártica Especialmente Protegida (ZAEP) n.º 134, Punta Cierva e islas costeras, Costa Danco, península antártica* (Argentina).

(75) Con respecto a la ZAEP 101 (WP 50), la ZAEP 103 (WP 28), la ZAEP 104 (WP 20), la ZAEP 105 (WP 22), la ZAEP 131 (WP 45), la ZAEP 148 (WP 40), la ZAEP 163 (WP 9 rev. 1), y la ZAEA 6 (WP 31), el Comité tomó nota de que los planes de gestión revisados proponían solo revisiones menores y no tenía más comentarios.

(76) Con respecto a la ZAEP 102 (WP 29), ZAEP 106 (WP 6), ZAEP 120 (WP 54), ZAEP 121 (WP 3), ZAEP 134 (WP 64), ZAEP 155 (WP 23), ZAEP 157 (WP 24), ZAEP 158 (WP 25), ZAEP 159 (WP 26) y ZAEP 167 (WP 30), el Comité señaló que los planes de gestión revisados proponían solo revisiones menores. El Comité discutió enmiendas menores a estos planes, incluidas: la corrección de los nombres de especies que habían sido revisadas recientemente; la omisión de disposiciones específicas sobre cómo tratar los desechos de aves de corral; correcciones en las leyendas y mapas de figuras; la aclaración de las referencias a los sistemas de aeronaves pilotadas a distancia (RPAS); y la confirmación de que los Códigos de Conducta para Cabañas Históricas eran obligatorios, cambiando el término a Código de Conducta Obligatorio (ZAEP 155, 157, 158, 159).

(77) Con respecto a las ZAEP 113, 119 y 139 (WP 2) y la ZAEP 124 (WP4), China expresó su preocupación por la inclusión de la frase "prevenir la presencia humana innecesaria" en el objetivo de las ZAEP y pidió que la frase volviera a su forma original en los planes de gestión originales de las ZAEP para garantizar coherencia en el marco del Protocolo medioambiental.

(78) China también expresó su preocupación con respecto a la eliminación de parte de la descripción de los límites para la ZAEP 139 (WP 2) sin proporcionar ningún dato científico y solicitó mantener la siguiente oración en su lugar original: «El límite original de la Zona tenía forma geométrica y abarcaba el terreno asociado a la punta Biscoe, el promontorio separado, sin hielo, situado a 300 metros al norte, además de las islas y el medio ambiente marino intercalado. Un examen pormenorizado reciente reveló poca información que respaldara los valores especiales asociados al medio ambiente marino local. El área marina no es el tema de estudios científicos en curso o previstos, ni está sometida a determinadas presiones o amenazas que requieran atención. Por estos motivos, se revisó el límite a fin de excluir el medio ambiente marino.»

(79) El autor de la propuesta (Estados Unidos) señaló que la inclusión de "presencia humana" en sus planes de gestión para las ZAEP se basaba en la recomendación de un revisor durante la revisión del GSPG entre sesiones en relación con la ZAEP propuesta en las islas Rosenthal, la isla Anvers, en el archipiélago de Palmer (WP 62) y que consideraba que la frase era compatible con la intención del Protocolo, especialmente cuando los valores que se quieren proteger incluyen valores estéticos y silvestres. El proponente también destacó que había eliminado la explicación del cambio de límite. La explicación había sido relevante para la revisión anterior, como una explicación del cambio de límite. Dado que aquí no se propuso ningún nuevo cambio de límites, Estados Unidos consideró que esta explicación no agregaba valor a la revisión actual del plan de gestión.

(80) Con respecto a la ZAEP 166 (WP 51), Francia señaló que el propósito principal de la designación de la ZAEP 166 era proteger los intereses arqueológicos en el sitio y permitir que se llevaran a cabo investigaciones arqueológicas en puerto Martin. Debido al retraso en este trabajo, Francia propuso ampliar el plan de gestión por otros cinco años.

(81) Con respecto a la ZAEP 174 (WP 31), los proponentes no habían propuesto cambios al plan de gestión y solicitaron una extensión adicional de cinco años para el plan existente.

(82) Con respecto a la ZAEP 145 (WP 39 rev. 1), Chile y España presentaron cambios importantes al plan de gestión existente y recomendaron que el CPA solicite al GSPG que proporcione una revisión más detallada del plan revisado en el período entre sesiones. El Comité agradeció a los proponentes su documento y reconoció los importantes valores ambientales, educativos y estéticos de puerto Foster y su entorno marino. Tras señalar el valor del área, la IAATO y la ASOC agradecieron la oportunidad de contribuir a la revisión a través del GSPG.

(83) Sujeto a cambios menores, el Comité refrendó diecisiete de los veinticuatro planes de gestión revisados que no habían sido examinados por el GSPG. El Comité también aprobó la prórroga de los actuales Planes de Gestión de las ZAEP 174, Stornes, Antártida oriental, y ZAEP 166, puerto Martin, por cinco años más. El Comité acordó remitir el plan de gestión revisado para la ZAEP 145 al GSPG para su revisión en el período entre sesiones.

(84) Estados Unidos expresó su decepción porque un miembro no hubiera aprobado los planes de gestión revisados para las ZAEP 113, 119, 124 y 139 y, por lo tanto, no había habido consenso para transmitir estos planes de gestión a la RCTA. Estados Unidos no esperaba que seguir debatiendo fuese productivo. Los planes de gestión propuestos, tal como estaban actualmente revisados, serían presentados por Estados Unidos para su aprobación en las reuniones de 2022 del CPA y la RCTA.

iii) Nuevos proyectos de planes de gestión de zonas protegidas y administradas

(85) No se presentaron nuevos planes de gestión para zonas protegidas y administradas.

iv) Documentos relacionados con la evaluación previa de nuevas áreas protegidas propuestas

(86) No se presentaron documentos relacionados con la evaluación previa de nuevas áreas protegidas propuestas.

Recomendaciones del CPA a la RCTA sobre planes de gestión revisados para ZAEP

(87) El Comité aceptó presentar los siguientes planes de gestión revisados ante la RCTA para su aprobación por medio de una Medida:

N.º	Nombre
ZAEA 6	Colinas de Larsemann
ZAEP 101	Pingüinera Taylor, Tierra de Mac Robertson
ZAEP 102	Islas Rookery, bahía Holme, Tierra de Mac Robertson
ZAEP 103	Isla Ardery e Isla Odbert, costa Budd, Tierra de Wilkes, Antártida Oriental
ZAEP 104	Isla Sabrina, islas Balleny
ZAEP 105	Isla Beaufort, ensenada McMurdo, mar de Ross
ZAEP 106	Cabo Hallett, Tierra Victoria del Norte, Mar de Ross
ZAEP 120	Punta Géologie
ASPA 121	Cabo Royds, isla Ross
ZAEP 131	Glaciar Canadá, lago Fryxell, valle Taylor, Tierra de Victoria
ZAEP 134	Punta Cierva e islas mar adentro, costa Danco, península Antártica
ZAEP 148	Monte Flora, bahía Esperanza, península Antártica
ZAEP 155	Cabo Evans, isla Ross
ZAEP 157	Bahía Backdoor, cabo Royds, isla Ross
ZAEP 158	Punta Hut, isla Ross
ZAEP 159	Cabo Adare, costa Borchgrevink
ZAEP 163	Glaciar Dakshin Gangotri, Tierra de la Reina Maud
ZAEP 167	Isla Hawker, Tierra de la Princesa Isabel
NUEVA ZAEP	Islas Rosenthal, isla Anvers, archipiélago Palmer
NUEVA ZAEP	Islas Leonie y sudeste de la isla Adelaida, península Antártica

NUEVA ZAEP	Isla Inexpressible y bahía Terra Nova, mar de Ross

(88) El Comité acordó informar a la RCTA que, dados los significativos cambios propuestos al plan de gestión para la ZAEP 145 (WP 39 rev. 1), el plan de gestión revisado se remitiría al GSPG para su consideración en el período entre sesiones.

(89) El Comité acordó notificar a la RCTA que las revisiones quinquenales de los planes de gestión para las siguientes ZAEP se habían realizado de acuerdo con el artículo 6 (3) del anexo V del Protocolo sobre Protección del Medio Ambiente y que los planes de gestión existentes deberían permanecer en vigor hasta que se iniciaran las siguientes revisiones en 2026:

- ZAEP 166, Puerto Marin, Tierra de Adelia
- ZAEP 174 Stornes, Antártida oriental

---

v) Otros asuntos relacionados con los planes de gestión de zonas protegidas y administradas

(90) El Comité tomó nota de los siguientes documentos de información presentados en relación con este tema del programa:

- IP 53 *Inicio de la revisión del Plan de Gestión de la Zona Antártica Especialmente Protegida No 126 Península Byers, Isla Livingston, Islas Shetland del Sur* (Chile, España, Reino Unido). El documento informaba sobre el inicio de una revisión del Plan de gestión para la ZAEP 126 y señalaba que se presentaría un Plan de gestión revisado al CPA XXIV en 2022.

- IP 133 *Progresos en el proceso de revisión del Plan de Gestión para la Zona Antártica Especialmente Administrada bahía Almirantazgo (bahía Lasserre) (ZAEP n.° 1)* (Brasil, Ecuador, Perú, Polonia, Estados Unidos). El documento señaló el inicio de la revisión quinquenal del plan de gestión para la ZAEA 1 e informó sobre el progreso hasta la fecha y sobre los próximos pasos. El documento destacó que la revisión seguiría la Resolución 1 (2007) anexo B (*Directrices para la preparación de planes de gestión de ZAEA*).

9b) Sitios y Monumentos Históricos

(91) España presentó el WP 1 *Propuesta para la inclusión del pecio del San Telmo en la lista de Sitios y Monumentos Históricos del Tratado Antártico*, en el que se recomienda que el CPA apruebe la incorporación del pecio del navío español San Telmo a la lista como nuevo Sitio y Monumento Histórico (SMH). En 2019, España había presentado el WP 18 en la XLII RCTA, donde había indicado su intención de presentar una propuesta para incorporar oficialmente el navío como nuevo SMH, y el Comité había acordado otorgar al pecio del *San Telmo* una protección provisional mediante la Resolución 5 (2001) en caso de descubrirse su ubicación. Ante posibles expediciones encaminadas a localizar los restos del pecio, España consideró oportuno otorgar la máxima protección a los restos del navío *San Telmo* a través de su inclusión como un SMH.

(92) El Comité acogió con satisfacción la propuesta de España de incluir el pecio del *San Telmo* en la lista de Sitios y Monumentos Históricos del Tratado Antártico. Si bien se desconocía la ubicación del pecio del *San Telmo*, el Comité señaló que la importancia de su descubrimiento sería alta. Varios miembros pidieron que España proporcionara la mayor cantidad de información posible sobre el posible emplazamiento del *San Telmo*, para evitar daños inadvertidos al pecio.

(93) Varios de los miembros sugirieron que podría ser útil seguir debatiendo enfoques para

proteger los artefactos históricos cuya ubicación precisa se desconoce. Además de esto, Nueva Zelandia señaló que los resultados del trabajo del Comité Internacional del Patrimonio Polar para desarrollar directrices de mejores prácticas de arqueología antártica terrestre y subacuática (IP 135) podrían servir de base informativa para una actualización de las *Directrices para la evaluación y gestión del patrimonio antártico* adjuntas a la Resolución 2 (2018).

(94) España agradeció al Comité su apoyo y declaró que proporcionaría más información sobre el pecio del *San Telmo* a los miembros interesados.

(95) El Comité aprobó la designación del pecio del *San Telmo* como un nuevo SMH, y señaló que la información proporcionada en el apéndice 2 de este informe debería integrarse en el nuevo formato de SMH presentado para su adopción en esta reunión.

(96) El Comité acordó además agregar la necesidad de ampliar las discusiones sobre los SMH cuyas ubicaciones sean desconocidas al Plan de Trabajo Quinquenal.

Asesoramiento del CPA a la RCTA sobre las modificaciones y adiciones para la lista de Sitios y Monumentos Históricos

(97) El Comité acordó enviar una propuesta de adición a la lista de Sitios y Monumentos Históricos a la RCTA para su aprobación a través de una Medida.

N.º	Nombre
SMH n.º	Pecio del buque español «San Telmo», desaparecido en 1819

(98) El Comité presentó en el apéndice 2 información para este SMH en el formato rediseñado propuesto para la lista de SMH para ser incluida en la misma.

---

(99) La Argentina presentó el WP 60 rev. 1 *Rediseño del formato de la lista de Sitios y Monumentos Históricos de acuerdo con la Decisión 1 (2019)],* elaborado con Noruega y el Reino Unido. El documento presentaba los resultados del trabajo de los proponentes para rediseñar el formato de la lista de Sitios y Monumentos Históricos según lo acordado en la Decisión 1 (2019). El WP 60 rev. 1 presentaba, para la consideración por parte del Comité, un proyecto de Medida para la adopción de la lista rediseñada, un proyecto de Decisión sobre la gestión de la lista y un proyecto de Resolución con una versión revisada del modelo de portada para nuevas propuestas de SMH.

(100) El Comité agradeció a la Argentina, Noruega y el Reino Unido por su extenso trabajo de coordinación para actualizar la lista de SMH de acuerdo con la Decisión 1 (2019). También agradeció a la Secretaría por su apoyo continuo para completar y mantener la base de datos de SMH.

(101) El Comité expresó un sólido apoyo a las recomendaciones presentadas en el WP 60 rev. 1 y señaló que simplificarían el proceso de designación y modificación de la lista de SMH y promoverían el valor continuo de la lista de SMH como una herramienta tanto de gestión como de formación y divulgación.

Asesoramiento del CPA a la RCTA sobre el rediseño de la lista de Sitios y Monumentos Históricos

(102) El Comité aprobó la lista de SMH rediseñada y acordó:

1) enviar la lista de SMH rediseñada a la RCTA para su adopción mediante una Medida;
2) recomendar a la RCTA que acuerde mediante una Decisión que:

a. la información contenida en los campos denominados «N.º», «Descripción», «Ubicación», «Nombre», «Tipo», «Descripción del contexto histórico», «Criterios aplicables de acuerdo con la Resolución 3 (2009)» y «Características físicas del entorno y contexto cultural y local» continúe siendo una parte formal de la lista de SMH y que cualquier cambio en estos campos requiera su adopción a través de una Medida.
b. La información contenida en los campos «Estado de conservación», «Herramientas de gestión», «Designación/Enmienda» y «Fotografías» pueda considerarse información complementaria requerida a la lista de SMH para la cual cualquier cambio deba ser acordado por el CPA y señalado en su informe a la RCTA.

3) respaldar la versión revisada de la *Guía para la presentación de documentos de trabajo que contengan propuestas relativas a Zonas Antárticas Especialmente Protegidas, Zonas Antárticas Especialmente Administradas o a Sitios y Monumentos Históricos* y remitirla a la RCTA para su adopción mediante una Resolución; y

4) solicitar a la Secretaría que complete la base de datos con la información proporcionada para el nuevo formato y que la publique en el sitio web de la STA lo antes posible, de conformidad con la Decisión 1 (2019).

---

(103) Australia presentó el WP 13, *Evaluación y gestión de restos históricos anteriores a 1958 en el lago Camp, cerros Vestfold, Antártida Oriental*, que detalla el proceso de evaluación de los restos encontrados en lago Camp, cerros Vestfold. Australia informó que había evaluado el valor patrimonial de los restos históricos de acuerdo con las *Directrices para la evaluación y gestión del patrimonio antártico* adjuntas a la Resolución 2 (2018). Australia señaló que no se proponía la nominación para la inclusión en la lista de SMH, y que el valor local del sitio para interpretar los primeros aterrizajes en las colinas Vestfold se protegería a través de trámites de gestión establecidos dentro del Programa antártico australiano. En consecuencia, Australia recomendaba que el Comité acordara que la protección provisional de los restos bajo las *Directrices para el manejo de los restos históricos de antes de 1958 para los cuales no se ha establecido su existencia o presente ubicación* adjuntas a la Resolución 5 (2001) ya no era necesaria.

(104) El Comité agradeció a Australia su evaluación y reconoció el uso y la aplicación de las directrices en la evaluación del sitio. Un miembro expresó interés en recibir más información sobre los resultados del proceso de evaluación realizado. Australia expresó su disposición a compartir información con cualquier miembro interesada. Se resaltaron las discusiones informales que se estaban llevando a cabo durante el período entre sesiones con respecto al desarrollo de Orientaciones para los planes de gestión para la conservación de los SMH que, una vez finalizadas y presentadas al Comité, podrían constituir una guía no solo para los SMH existentes sino también para casos como estos.

(105) El Comité tomó nota de la conclusión de que no se proponía la nominación del sitio para la inclusión en la lista de SMH y acordó informar a la RCTA de la evaluación, y de que la protección provisional en virtud de la Resolución 5 (2001) para los restos históricos anteriores a 1958 en lago Camp, cerros Vestfold, Antártida Oriental, ya no era necesaria.

Asesoramiento del CPA a la RCTA sobre la gestión de restos históricos anteriores a 1958 en lago Camp, cerros Vestfold, Antártida Oriental

(106) El Comité consideró el resultado de una evaluación de restos históricos anteriores a 1958 en lago Camp, cerros Vestfold, Antártida Oriental, tomó nota de la conclusión de que no se proponía la nominación del sitio para la inclusión en la lista de SMH, y acordó que la protección provisional de los restos bajo las *Directrices para el manejo de los restos históricos de antes de 1958 para los cuales no se ha establecido su existencia o presente ubicación* adjuntas a la Resolución 5 (2001) ya no era necesaria.

---

(107) El Comité tomó nota del siguiente documento de información presentado en relación con este tema del programa:

- IP 135 *Elaboración de un proyecto de directrices sobre mejores prácticas en arqueología antártica terrestre y subacuática* (SCAR). El documento informó que el Comité Internacional del Patrimonio Polar (IPHC), un comité científico internacional centrado en la preservación y protección del patrimonio polar, había estado desarrollando un proyecto de mejores prácticas de arqueología antártica terrestre y subacuática. Las directrices ofrecerían experiencia profesional sobre cómo planificar, realizar y presentar resultados de la investigación arqueológica antártica. El IPHC invitaba a los miembros interesados y a otros grupos de expertos que tuvieran interés en desarrollar las directrices a realizar aportes.

9c) Directrices para sitios

(108) Alemania presentó el WP 11 *Informe del Grupo de Contacto Intersesional (GCI) sobre el refuerzo de las instrucciones existentes para los visitantes a la Antártida: propuesta para adoptar las directrices generales actualizadas para visitantes a la Antártida.* El documento informaba sobre las revisiones propuestas a las *Directrices generales para visitantes a la Antártida* adoptadas mediante la Resolución 3 (2011) y sugería que el Comité acordara enviar las directrices enmendadas a la RCTA para su adopción. El documento también informaba acerca de los debates sobre el alcance del GCI y sobre una propuesta para extender el GCI un año más.

(109) El Comité agradeció a Alemania que liderase el GCI y mostró su apoyo para enviar las directrices generales modificadas a la RCTA. Señaló su confianza en que las revisiones proporcionarán una orientación general para reducir el impacto ambiental potencial de las actividades de los visitantes. La IAATO sugirió una adición al texto relacionada con el repostaje de aviones, que el Comité aprobó.

(110) Al debatir si el GCI debiera continuar trabajando en temas afines, muchos miembros reafirmaron su deseo de que el GCI continúe, mientras que algunos sugirieron que el GCI podría concluir. Algunos miembros señalaron que seguirían participando en un GCI si se determinara que continuar con el GCI fuera útil y que, en el caso de continuar, los términos de referencia deberían ser lo suficientemente claros para garantizar que todos los miembros y observadores estuvieran trabajando de manera unificada para lograr una sólida orientación al visitante.

(111) El Comité señaló el valor de las *Directrices generales para visitantes de la Antártida* y las *Directrices para sitios que reciben visitantes* como herramientas educativas y bien desarrolladas que habían proporcionado información útil y orientación práctica a los visitantes de la Antártida. Varios miembros también señalaron su vacilación a la hora de aceptar que las directrices generales o las directrices para sitios deberían especificar las categorías de actividades permitidas en cada sitio. Un miembro señaló la importancia de continuar los debates sobre las posibles consecuencias de la diversificación de las actividades humanas en la Antártida para las directrices para visitantes. Muchos miembros también señalaron que aquellas Partes que estaban más familiarizadas con los sitiosestaban en la mejor posición para desarrollar, en consulta con la IAATO cuando

sea apropiado, nuevas directrices para sitios, y para revisar las existentes, como era la práctica actual. Algunos miembros enfatizaron que, en relación con las visitas a las estaciones, cada Parte debería tener la prerrogativa de decidir cómo gestionar esas visitas, y señalaron que las directrices acordadas por la RCTA podrían limitar la capacidad de los programas antárticos nacionales para realizar y modificar los preparativos para las visitas a las estaciones. Varios miembros consideraron que sería mejor que el desarrollo de una aplicación o la reconsideración del diseño de las directrices para sitios lo llevaran a cabo los miembros interesados en consulta con la Secretaría para su consideración en una futura reunión del CPA.

(112) Algunos miembros señalaron que, debido a las diversas posiciones y puntos de vista sobre algunas de las cuestiones pendientes relacionadas con las directrices para sitios, podría ser difícil alcanzar un consenso. Otros miembros señalaron que el GCI en curso propuesto podría brindar una oportunidad para seguir intercambiando puntos de vista y opiniones.

(113) Algunos miembros destacaron la necesidad de contar con directrices para visitas a las estaciones, especialmente en los casos de estaciones cerradas con actividades científicas activas y en curso, mientras que otros miembros señalaron que la responsabilidad recae en la Parte respectiva o el programa antártico nacional. La IAATO acogió con agrado el trabajo de las Partes para establecer directrices para visitas a las estaciones y destacó su valor, y señaló que IAATO incluye dichas directrices en el Manual de operaciones de campo de la IAATO si se solicita.

(114) La ASOC declaró que sería útil que las discusiones sobre las directrices para visitantes continuaran en un formato apropiado para que se pudieran abordar los asuntos pendientes, como la relación entre las directrices generales y las directrices específicas de cada sitio. Esto sería relevante en el contexto de la diversificación de las actividades turísticas, a pesar de que también podrían necesitarse otras herramientas de gestión.

(115) Alemania respondió a los comentarios de los miembros señalando que, de continuar el GCI, los términos de referencia recomendados y el alcance del GCI deberían evitar la duplicación de esfuerzos en varias iniciativas, por ejemplo, el trabajo de SCAR e IAATO con relación a un plan de conservación sistemático para la península antártica. Alemania también sugirió una adición a la *Lista de verificación para el desarrollo y revisión de las directrices para sitios* que se habían adoptado a través de la Resolución 3 (2019) que podría generar coherencia entre las directrices para sitios y las directrices generales de manera global, y excluir la necesidad de seguir debatiendo este asunto en un GCI. El Comité acordó que se trataba de una forma útil de avanzar y acordó enmendar la lista de verificación adjunta a la Resolución 3 (2019) y remitirla a la RCTA para su adopción mediante una Resolución.

(116) Dado que los miembros consideraron que las reglamentaciones para actividades específicas no deberían formar parte de las directrices para sitios, Alemania sugirió que el debate sobre esta cuestión debería realizarse en otro contexto, por ejemplo, dentro del trabajo dirigido por el Reino Unido sobre un marco para evaluar actividades nuevas, novedosas o particularmente preocupantes, descritas en el IP 96. En cuanto al objetivo inicial, fortalecer la orientación al visitante y, en última instancia, producir pautas actualizadas, mejoradas y fáciles de usar, Alemania propuso que las directrices para sitios se beneficiarían si fueran rediseñadas, y señaló que le gustaría dirigir los esfuerzos y debates respecto a un nuevo diseño de plantilla y desarrollarlo a través de un proceso informal, e invitó a la Secretaría, los miembros interesados y la IAATO a sumarse a este trabajo.

Asesoramiento del CPA a la RCTA sobre las directrices generales revisadas para visitantes de la Antártida

(117) El Comité acordó remitir a la RCTA las directrices generales revisadas para visitantes de la Antártida para su aprobación mediante una Resolución.

(118) El Comité acordó enmendar la lista de verificación adjunta a la Resolución 3 (2019), modificada para generar coherencia entre las directrices para sitios y las directrices generales de manera global, y remitirla a la RCTA para su adopción mediante la misma Resolución.

---

(119) Estados Unidos presentó el WP 7 *Directrices del Tratado Antártico revisadas para el sitio n.º 28, Seabee Hook, cabo Hallett, norte de la Tierra Victoria, mar de Ross*, señalando que las directrices para Seabee Hook se habían presentado originalmente en 2010 después de revisiones sustanciales del Plan de Gestión para la ZAEP 106 adyacente, cabo Hallett. Estados Unidos informó que en la revisión del Plan de Gestión de la ZAEP 106 de 2021 se identificó la necesidad de realizar pequeños cambios en el límite norte de la zona protegida debido a nuevos datos que mostraban cambios en la extensión de la gran colonia de pingüinos Adelia de Seabee Hook. Se proponía actualizar las directrices para sitios a fin de garantizar la coherencia con el Plan de Gestión y realizar pequeñas mejoras editoriales y aclaraciones.

(120) El Comité agradeció a Estados Unidos su documento y acogió con agrado la actualización sobre los conteos de pingüinos Adelia y los cambios en los límites para garantizar la coherencia entre las directrices para sitios y el Plan de Gestión de la ZAEP 106.

(121) El Comité convino en remitir las directrices revisadas para Seabee Hook para su aprobación por la RCTA mediante una Resolución.

(122) Nueva Zelandia presentó el WP 44, *Directrices para sitios del Tratado Antártico que reciben visitantes para sitios históricos importantes en la región del mar de Ross*, elaborado con Estados Unidos. El documento reflejaba la necesidad de gestionar el impacto del número constante y potencialmente creciente de visitantes a los cuatro sitios históricos en la región del mar de Ross: cabo Royds, cabo Evans, punta Hut y cabo Adare. Reconociendo que los cuatro sitios fueron designados como Sitios y Monumentos Históricos (SMH) y ZAEP, la revisión de las directrices para sitios de Cape Royds y el desarrollo de nuevas directrices para sitios para cabo Evans, punta Hut y cabo Adare se habían completado teniendo en cuenta las revisiones a los Planes de gestión de la ZAEP. El documento proponía enmiendas a las directrices para sitios para cabo Royds y la adopción de nuevas directrices para sitios para cabo Evans, punta Hut y cabo Adare.

(123) El Comité agradeció a Nueva Zelandia y Estados Unidos su documento y expresó su apoyo a las directrices para sitios revisadas y nuevas. Los miembros señalaron que las directrices propuestas reflejaban las disposiciones de los planes de gestión para las ZAEP que abarcan o son adyacentes a los sitios. Un miembro señaló la necesidad de aclarar la función del Código de Conducta para Visitantes, que sería obligatorio en los planes de gestión de las ZAEP y no obligatorio en las directrices para sitios. Esta cuestión se abordó en la redacción de una versión revisada del plan de gestión de la ZAEP.

(124) La IAATO remarcó la importancia histórica excepcional de los sitios históricos del mar de Ross y apreció la mayor claridad de las nuevas directrices para sitios. La IAATO destacó la importancia de continuar el debate sobre la priorización, la gestión y el seguimiento de los visitantes en los sitios.

(125) El Comité acordó remitir las directrices para sitios revisadas para cabo Royds y las

nuevas directrices para sitios para cabo Evans, punta Hut y cabo Adare para su adopción por la RCTA mediante una Resolución.

(126) Ucrania presentó el WP 56 *Directrices propuestas para sitios que reciben visitantes para las islas argentinas, archipiélago de Wilheim.* Señaló que las islas Argentinas albergaban una de las colonias de pingüinos papúa registradas más meridionales, y que la estación ucraniana Vernadsky había experimentado un crecimiento en el número de visitantes en los últimos años. Ucrania sugirió incluir límites en el número de visitantes a la zona, así como requisitos de desembarque para cruceros y yates privados, rutas turísticas especiales para desviar a los visitantes de los edificios de la estación, e incorporó la política de Ucrania con respecto a las visitas de turistas a la estación Vernadsky (XXXIV RCTA - IP 110).

(127) El Comité acogió con agrado la propuesta de considerar enfoques para gestionar las actividades de los visitantes en las islas Argentina. Varios miembros señalaron que la zona propuesta en las directrices para sitios incluía un área cubierta por la directriz para sitios n.º 22, casa Wordie, isla Winter (isla Invierno), lo que podría causar confusión. Algunos miembros también recordaron que se había alentado a las Partes a preparar sus propias directrices para visitantes a sus estaciones y a compartirlas con las Partes y la IAATO, según proceda, en lugar de incluirlas en las directrices para sitios. La IAATO se ofreció a participar en más debates sobre las directrices propuestas para aclarar lo que se espera de los operadores turísticos que organizan visitas a la estación Vernadsky.

(128) Ucrania aclaró que las directrices propuestas no incluían a la estación en sí, sino que cubrían el área circundante, incluidas tres islas cercanas: La isla Galindez (la más grande), la isla Skua y, en parte, la isla Winter, así como sus aguas circundantes. Con el fin de evitar posibles confusiones en la gestión de las directrices para sitios 22 Wordie House ya existentes, Ucrania propuso excluir la totalidad de la isla Winter de una mayor consideración y mejorar las directrices propuestas para aplicarlas a la isla Galindez y sus aguas circundantes en estrecha cooperación con todas las partes interesadas.

(129) Observando que las directrices propuestas para sitios que reciben visitantes para las islas Argentina se beneficiarían de un trabajo adicional, el Comité alentó a Ucrania a trabajar entre sesiones para mejorar aún más las directrices y proporcionar una versión revisada para su consideración en la próxima reunión del CPA.

Asesoramiento del CPA a la RCTA sobre las directrices para sitios nuevas y revisadas

(130) El Comité acordó remitir a la RCTA para su aprobación las siguientes directrices para sitios nuevas y revisadas:

Nombre
Cabo Evans, isla Ross (nueva)
Punta Hut, isla Ross (nueva)
Cabo Adare, isla Ross (nueva)
Cabo Royds, isla Ross
Seabee Hook, Cabo Hallett, Tierra Victoria del Norte, mar de Ross

---

(131) IAATO presentó el IP 111 *Resumen quinquenal e informe de la temporada 2020-21 sobre el uso de los sitios de desembarco en la península antártica por parte de los operadores de la IAATO y de las directrices de la RCTA para los sitios que reciben visitantes*, que presentaba datos recopilados de los formularios de informes posteriores a la visita de los operadores de la IAATO para la península antártica durante la

temporada 2020/21. El análisis mostraba que, si bien los niveles generales de turismo habían continuado aumentando antes de la pandemia, los aumentos no habían sido uniformes. Algunos sitios habían continuado recibiendo la mayor parte de ese aumento mientras que otros habían experimentado una disminución en la actividad. Las visitas a los veinte principales sitios de desembarco en la Península estaban administradass por las directrices de la RCTA para sitios que reciben visitantes o por las directrices de gestión de programas nacionales. Se señaló que en este análisis no se habían incluido visitas ajenas a la IAATO. Además de sus conjuntos de datos anuales, la IAATO informó que había incluido algunos datos históricos que podrían ayudar a las discusiones futuras sobre el uso de sitios.

(132) El Comité agradeció a la IAATO esta descripción general y también señaló que esta información sería útil para que las autoridades competentes comprendieran mejor el impacto acumulativo de las actividades turísticas en los sitios antárticos. El Comité esperaba con interés las futuras actualizaciones de la IAATO.

(133) El Comité tomó nota de que se había presentado el siguiente documento de información en relación con este tema del programa:

- IP 99 *Política de Gestión Turística de la Estación Antártica Esperanza* (Argentina), que presentaba las directrices para las visitas turísticas a la Base Esperanza. Argentina solicitó que las directrices se incluyeran en el Manual de operaciones de campo de la IAATO.

9d) Protección y gestión del espacio marino

(134) Nueva Zelandia presentó el WP 21 *Informe sobre debates informales sobre medidas de protección del medio marino* (Nueva Zelandia), que informaba sobre las discusiones mantenidas entre 2019 y 2021 sobre cómo las medidas de protección del medio marino en el marco del Protocolo sobre Protección del Medio Ambiente pueden respaldar las iniciativas de protección del medio marino. El documento remitía a la Resolución 5 (2017), donde la RCTA había acogido de buen grado el establecimiento del Área Marina Protegida de la Región del mar de Ross (AMPRMR) y había invitado al CPA a:

- considerar medidas apropiadas dentro de las competencias de la RCTA para contribuir a la consecución de los objetivos específicos detallados en la Medida de Conservación 91-05 de la CCRVMA, sobre todo en lo relativo a la designación e implementación de ZAEP y ZAEA en la región del mar de Ross, así como a la gestión de actividades humanas pertinentes; e
- identificar oportunidades para desempeñar y respaldar actividades pertinentes de investigación y seguimiento en consonancia con los objetivos y con el inminente Plan de Investigación y Seguimiento del AMPRMR, en especial a través de colaboraciones internacionales.

(135) El documento presentaba debates informales que concluían con una respuesta a la RCTA presentada como apéndice 1 del WP 21. El apéndice 1 del WP 21 enumeró ejemplos existentes de «herramientas» del CPA según el Protocolo que pueden usarse para contribuir a la protección del medio marino e informó sobre las actividades de investigación y seguimiento relevantes en la región del mar de Ross. El documento también señalaba problemas adicionales identificados durante los debates informales e invitaba a formular sugerencias para considerar opciones sobre cómo avanzar en los debates sobre estos temas.

(136) El Comité agradeció a Nueva Zelandia por liderar el debate informal sobre las medidas de protección marina y destacó los importantes pero diferentes mandatos de la RCTA, el CPA y la CCRVMA en materia de protección marina. Varios miembros hicieron

hincapié en la codependencia y los vínculos entre los ecosistemas terrestres, costeros y marinos de la región antártica. Varios miembros destacaron que los debates en el CPA y la RCTA no deberían duplicar o complicar el trabajo de la CCRVMA, y un miembro propuso enmiendas al apéndice 1 para asegurar que el trabajo del CPA y la RCTA no estuviera sujeto a los objetivos de la CCRVMA y su Medida de Conservación 91-05. Muchos miembros señalaron que el apéndice 1 compilaba una colección completa y valiosa de herramientas del CPA y, en general, apoyaron la recomendación de remitir el apéndice 1 a la RCTA como respuesta a la solicitud de la Resolución 5 (2017). El Comité también destacó la importancia de que el CPA responda de manera oportuna a las solicitudes de asesoramiento de la RCTA.

(137) China enfatizó la importancia de lograr un buen estado ambiental en el Océano Antártico, a través de responsabilidades conjuntas y varias de la RCTA/CPA y la CCRVMA para la gestión de diferentes actividades. China sugirió que el CPA debería recordar a la RCTA que la CCRVMA debería desarrollar y adoptar un plan de investigación y seguimiento para el AMPRMR, ya que esto resultaría útil para identificar oportunidades de realización y apoyo de actividades de investigación y seguimiento pertinentes.

(138) La ASOC agradeció a Nueva Zelandia por liderar estas discusiones y esperaba que el apéndice 1 fuera adoptado sin cambios sustanciales y enviado a la RCTA. La ASOC resaltó que la armonización de las medidas de protección marina es una oportunidad importante para que el Sistema del Tratado Antártico adopte un enfoque holístico que reconozca realidades ecológicas y científicas. La ASOC señaló que consideraba que estos enfoques de gestión flexibles cumplirían mejor con las obligaciones del Tratado Antártico, el Protocolo y la Convención de la CRVMA, y reflejaban el hecho de que la naturaleza no siempre se ajusta a las estructuras de gobernanza creadas por la humanidad.

(139) Muchos miembros apoyaron continuar con un debate más a fondo sobre las cuestiones adicionales identificadas en el WP 21 y señalaron que varias de las cuestiones se habían abordado en otros documentos presentados al CPA para su consideración. Varios miembros sugirieron que un taller conjunto del CPA y el CC-CRVMA para abordar las cuestiones adicionales identificadas en la discusión podría ser una alternativa, y también que el Comité había acordado celebrar talleres conjuntos de este tipo con regularidad (cada cinco años). Debido a la naturaleza virtual de la reunión, no hubo tiempo suficiente para considerar completamente la propuesta de los talleres.

(140) El Comité no llegó a un consenso sobre la recomendación de remitir el apéndice 1 del WP 21 como respuesta a la Resolución 5 (2017).

(141) China presentó el WP 57, *Propuesta para mejorar la cooperación en la investigación y el seguimiento de la dinámica de la población de pingüinos en la región del mar de Ross*. El documento destacaba el importante papel que desempeñaban los pingüinos emperador y los pingüinos de Adelia en el ecosistema de la región del mar de Ross, e informaba sobre un aumento de la población de ambas especies en la región del mar de Ross durante las últimas dos décadas. China propuso que el CPA alentase a los miembros a mejorar la cooperación en la investigación, el seguimiento y la evaluación de la dinámica de la población de pingüinos en la región del mar de Ross para proporcionar información para la toma de decisiones sobre temas pertinentes, y para que se incorporasen las necesidades científicas relacionadas con el Plan de Trabajo Quinquenal del CPA.

(142) El Comité agradeció a China su documento y acogió con agrado el llamamiento de este país a una mayor colaboración internacional en actividades de investigación y seguimiento de pingüinos en la región del mar de Ross, señalando que las actividades estaban alineadas con las necesidades científicas identificadas en el Plan de Trabajo

Quinquenal del CPA y el Programa de Trabajo de Respuesta al Cambio Climático. El Comité destacó la cooperación internacional en relación con las poblaciones de pingüinos sometidas a seguimiento durante los últimos 40 años por parte de los programas antárticos nacionales activos en la región del mar de Ross, según lo reflejaban los documentos presentados a la XXIII reunión del CPA.

(143) Algunos miembros también señalaron el papel del SCAR en el apoyo a la colaboración y el desarrollo de programas científicos para proporcionar a la RCTA asesoramiento científico objetivo e independiente.

(144) Algunos miembros destacaron el gran número de programas de investigación actualmente en curso en la región del mar de Ross y alentaron a China a colaborar y participar en estas iniciativas en busca de su propuesta para mejorar la investigación y el seguimiento en el área. Se señaló que muchas bases de datos internacionales tenían datos de acceso abierto sobre pingüinos y que la coordinación y colaboración en la recopilación y el acceso a los datos ayudaría a comprender las diversas presiones sobre la especie.

(145) Refiriéndose al WP 37 y al IP 22 rev. 1, el SCAR señaló que se preveía que las poblaciones de pingüinos emperador disminuyeran, y que los aumentos recientes en las estimaciones de población se debieron al descubrimiento, a través de imágenes de satélite, de colonias previamente desconocidas. El SCAR destacó que investigaciones adicionales para comprender el estado y las tendencias de los pingüinos serían fundamentales en el contexto de un clima cambiante, y agradeció la experiencia de China en su contribución a este trabajo.

(146) Reconociendo el valor de la investigación para contribuir a mejorar la protección de los ecosistemas en la región del mar de Ross, la ASOC pidió cautela a los miembros advirtiendo que no debían depender de la recopilación de información científica adicional antes de establecer una protección medioambiental precautoria adicional. La ASOC señaló la necesidad de proteger a los pingüinos emperador dados los impactos conocidos del cambio climático en la especie por la pérdida de hábitats de reproducción.

(147) El Comité apoyó la colaboración internacional en curso en la investigación de la dinámica de la población de pingüinos en la región del mar de Ross y señaló que la colaboración a través de programas existentes de seguimiento de pingüinos y grupos de expertos, por ejemplo, Oceanites y el Grupo de Expertos del SCAR sobre Aves y Mamíferos Marinos, sería particularmente valiosa.

(148) En respuesta a una consulta de un miembro sobre el estado de la EMG final para la construcción de la nueva estación de China en la región del mar de Ross con respecto a las especies de pingüinos, China respondió que la cuestión de la EMG no era relevante para el tema que se estaba considerando y que podría abordarse en otro punto del programa. China confirmó que la EMG final se distribuiría 60 días antes del comienzo de la estación, y el borrador de EMG presentado a la RCTA en 2018 ha enfatizado la importancia de proteger a la población cercana de pingüinos Adelia, que fue incluida en la propuesta de ZAEP de la isla Inexpressible de este año.

(149) El Comité tomó nota de que se había presentado el siguiente documento de información en relación con este tema del programa:

- IP 77 *Observación del cambiante océano Austral y sus conexiones globales* (Estados Unidos). Este documento informa sobre el proyecto de Observaciones y Modelado de Carbono y Clima del océano Austral (SOCCOM). Desde su inicio en 2014, el proyecto, que involucraba a científicos estadounidenses en once instituciones y varios socios internacionales, había desplegado más de 130 flotadores de perfiles robóticos equipados con sensores químicos y biológicos, y a través de esto había sentado las bases para una evaluación para varias décadas de los efectos climáticos naturales y antropogénicos en el medio ambiente del océano Austral.

9e) Otros asuntos relacionados con el anexo V

(150) La coordinadora del GSPG, Patricia Ortúzar (Argentina), presentó la segunda parte del WP 62, *Grupo Subsidiario sobre Planes de Gestión. Reporte de actividades durante el período entre sesiones 2019-2021*. El GSPG solicitó que el Comité considere utilizar los resultados de las discusiones mantenidas bajo los TdR 4-5 como fuente de información para apoyar a los proponentes a la hora de concluir la revisión de los planes de gestión que permanecían bajo el ámbito del GSPG durante varios períodos entre sesiones.

(151) El Comité agradeció al GSPG su asesoramiento. Los miembros estuvieron de acuerdo con las conclusiones del GSPG sobre las discusiones mantenidas con respecto a los TdR 4-5 y señalaron que la información recopilada sería útil tanto para los proponentes como para el GSPG para hacer avanzar y revisar los planes de gestión.

(152) El Comité agradeció a la coordinadora del GSPG, Patricia Ortúzar (Argentina), por su duro trabajo y liderazgo durante su mandato como coordinadora del grupo subsidiario. Se alentó a los miembros a unirse y participar en el grupo.

(153) El Comité agradeció al GSPG su recomendación y expresó su acuerdo en aprobar el plan de trabajo del GSPG propuesto para el periodo 2021/22:

Términos de referencia	Tareas sugeridas
TdR 1 a 3	Analizar los borradores de los planes de gestión remitidos por el CPA para su revisión entre sesiones y proporcionar asesoramiento a los proponentes (incluidos los cuatro planes pendientes del período entre sesiones anterior).
TdR 4 y 5	Trabajar con las Partes pertinentes a fin de garantizar el progreso en la revisión de los planes de gestión cuya revisión quinquenal se encuentre vencida.
	Con base en las experiencias del subforo previo a la reunión delanálisis de los planes de gestión revisados al XXIII CPA, considerar opciones para una revisión eficiente previa a la reunión de los planes de gestión revisados presentados al CPA para su consideración y adopción.
	Examinar y actualizar el plan de trabajo del GSPG.
Documentos de trabajo	Preparar el informe para la XXIV reunión del CPA cotejándolo con los TdR 1 a 5 del GSPG.

(154) Noruega presentó el WP 5 *Directrices sugeridas para la anulación de la designación de Zonas Antárticas Especialmente Protegidas (ZAEP)*, preparado con Australia, China, Nueva Zelandia, el Reino Unido y Estados Unidos, y señaló que el Protocolo sobre Protección del Medio Ambiente no incluía disposiciones que abordasen expresamente la anulación de la designación de ZAEP ni tampoco desautorizaba activamente dicho proceso. Noruega informó que los proponentes habían redactado las directrices sugeridas con la intención de que los miembros y el Comité las utilizaran como base para el examen de la anulación de la designación de las ZAEP.

(155) El Comité agradeció a los proponentes su trabajo para desarrollar directrices para la anulación de la designación de ZAEP. Muchos miembros hicieron hincapié en que se debía tener mucha precaución al abordar la anulación de la designación de cualquier sitio, y señalaron que, por ejemplo, cualquier pérdida de valor puede ser temporal y que debe asegurarse la improbabilidad de que las causas que llevaron a la designación del sitio reaparezcan en caso de una anulación de la designación. Destacaron además que las directrices formaban parte de un conjunto más amplio de herramientas de gestión y que la anulación de la designación era algo que no debería tomarse a la ligera. Los miembros indicaron además que, tras la anulación de la designación de cualquier sitio, se debería realizar un análisis de cómo podría producirse la pérdida de los valores protegidos a pesar de la existencia de medidas de protección.

(156) La ASOC señaló que prefería expandir en lugar de contraer los sistemas de zonas protegidas. De ser necesaria la anulación de la designación, la ASOC apoyaba que se estableciese un proceso coherente. La ASOC señaló que este trabajo centraba las actividades del CPA en áreas pequeñas en lugar de seguir un enfoque sistemático para la protección de áreas, y acordó que el proceso debía usarse con moderación. La ASOC comentó que, como era muy difícil designar nuevas áreas o expandir la red de áreas protegidas, resultaba decepcionante cuando se le quitaba la designación a un área, y señaló que tener protección, en sí mismo, podía agregar valor al área.

(157) El Comité acordó respaldar las Directrices para la anulación de la designación de ZAEP adjuntas a este informe (apéndice 3) y utilizarlas en cualquier posible proceso futuro de anulación de la designación. Además, acordó que las directrices se incluirían como parte del paquete de material de orientación que se considerará en el inminente programa de trabajo para revisar y racionalizar los materiales de orientación existentes sobre áreas protegidas. El Comité también solicitó que la Secretaría publicara las directrices en el sitio web de la STA.

Asesoramiento del CPA a la RCTA sobre las directrices para la anulación de la designación de Zonas Antárticas Especialmente Protegidas (ZAEP)

(158) El Comité respaldó las Directrices para la anulación de la designación de ZAEP (apéndice 3) y acordó usar las directrices en cualquier proceso futuro de anulación de la designación, además de incluirlas como parte del paquete de material de orientación que se considerará en el inminente programa de trabajo para revisar y racionalizar los materiales de orientación existentes sobre áreas protegidas. El Comité enfatizó que se debía tener precaución al abordar la anulación de la designación de cualquier sitio. El Comité también solicitó que la Secretaría publicara las directrices en el sitio web de la STA.

---

(159) Nueva Zelandia presentó el WP 43, *Zonas Importantes para la Conservación de las Aves y Zonas Antárticas Especialmente Protegidas: hacia el desarrollo de criterios de selección*, elaborado con Australia, Alemania, Noruega, España, el Reino Unido y Estados Unidos. También se hizo referencia al IP 23 *Zonas Importantes para la Conservación de las Aves y Zonas Antárticas Especialmente Protegidas: hacia el desarrollo de criterios de selección.* El documento recordaba la Resolución 5 (2015), que reconocía un informe de 204 Zonas Importantes para la Conservación de las Aves (ZIA) en toda la Antártida y las islas costeras al sur del paralelo 60 sur y solicitaba al CPA poner al día a la RCTA sobre qué ZIA fueron incluidas o deberían incluirse en la serie de ZAEP. El documento proponía que el CPA solicitara al SCAR, en colaboración con el ACAP y otros expertos en aves marinas, según corresponda, refinara y pusiera a prueba los criterios, para garantizar que aportan un enfoque científicamente defendible

para seleccionar ZIA u otras colonias o grupos que puedan merecer consideración para su designación como ZAEP. En el documento se invitaba al CPA a proporcionar un informe a la XLIII RCTA sobre los avances logrados en respuesta a la solicitud de la RCTA establecida en la XXXVIII RCTA. El documento también sugería que el CPA podría plantearse cómo un mayor desarrollo de estos criterios podría respaldar el trabajo en curso del CPA para desarrollar sistemáticamente el sistema de zonas protegidas antárticas, y alentaba a las comunidades de investigación de los miembros a continuar con el seguimiento y estudio de las colonias de aves antárticas.

(160) El Comité agradeció a los proponentes su documento y el importante trabajo realizado para desarrollar estos criterios. Los miembros plantearon varios asuntos para consideración adicional sobre los criterios, incluyendo: la cuestión de si las Áreas Clave para la Biodiversidad (ACB), resultado de un proceso de expertos de la UICN, podrían adaptarse al contexto antártico; la naturaleza multicausal de los problemas ambientales, incluidos los impactos del cambio climático y otros factores ecológicos; la necesidad de evaluar la magnitud de las amenazas dadas las lagunas existentes en las cifras de población; la cuestión de si tener en cuenta áreas de forrajeo; el asunto de la libre navegación y la libre investigación científica en el mar y la necesidad de tener en cuenta otros elementos al considerar la designación de ZAEP, incluida la representatividad, el grado de interferencia y la evaluación del riesgo ambiental (en referencia a la Resolución 1 [2000]). Un miembro propuso el establecimiento de un GCI para fomentar un mayor debate y consideración entre los miembros de cara a los criterios de selección de posibles ZIA en la Antártida, y señaló, entre otros criterios, que podría no ser apropiado que el CPA considerase las designaciones de ZIA en las áreas de forrajeo.

(161) Muchos miembros apoyaron pedir que el SCAR, en colaboración con el ACAP y otros expertos interesados, considerase los criterios propuestos, y que informe al CPA con asesoramiento y las revisiones que sugiera. Un miembro recordó las discusiones en curso sobre el sistema de áreas protegidas en su conjunto y sugirió que el CPA se centrase primero en este tema prioritario para facilitar la implementación del marco para las áreas protegidas.

(162) La ASOC agradeció a los proponentes el importante y oportuno documento, y esperaba que este trabajo diese como resultado una acción práctica para incluir a las ZIA en futuras ZAEP. La ASOC también expresó interés en contribuir a los debates entre sesiones sobre esta cuestión.

(163) Los miembros señalaron que la propuesta se relacionaba con una prioridad incluida en el Plan de Trabajo Quinquenal y reconocieron la importancia de continuar el trabajo y los debates sobre el desarrollo de criterios que podrían aplicarse a las ZIA identificadas u otras áreas con presencia de aves al considerar la designación de ZAEP. El Comité acogió con satisfacción la voluntad del SCAR de participar en los próximos debates.

(164) El SCAR presentó el WP 34, *Identificación sistemática de sitios geológicos de importancia mundial en la Antártida* que informaba sobre un método sistemático para identificar sitios geológicos de importancia global (geositios antárticos) en la Antártida y sobre los avances en las pruebas del método propuesto. El SCAR destacó que muchos sitios antárticos contenían elementos geológicos y geomorfológicos de importancia científica global y que el método propuesto comprendía dos elementos principales: la clasificación sistemática del pasado geológico de la Antártida en temas geológicos definidos de importancia global mediante la identificación de una lista de «marcos geológicos»; y la susbsecuente identificación de sitios antárticos de valor geológico excepcional (conocidos como «geositios antárticos») dentro de cada uno de los marcos geológicos identificados. El SCAR recomendó al CPA: reconocer que la identificación de los geositios antárticos podría resultar útil como herramienta de apoyo a las Partes a la hora de realizar Evaluaciones del Impacto Ambiental y, de manera más general, a la

hora de planificar y llevar a cabo actividades en la Antártida; respaldar el método sistemático propuesto para identificar geositios antárticos; respaldar el geositio antártico identificado que representa la transición Cretácico-Paleógeno (K-Pg) en la isla Marambio / isla Seymour, y considerar diferentes enfoques prácticos en lo que respecta a la implementación del método propuesto para identificar otros geositios antárticos, incluso a través del Grupo de Expertos del SCAR sobre Conservación y Patrimonio Geológico.

(165) El Comité agradeció al SCAR su importante contribución en la realización de la investigación y el desarrollo de un marco para identificar geositios antárticos en forma sistemática. . Algunos miembros señalaron su utilidad para respaldar la gestión de los valores y las actividades en esos sitios, incluso mediante el uso de las herramientas de gestión pertinentes. En tanto se alentó al SCAR a continuar este trabajo, un miembro señaló que el CPA no estaba en condiciones de respaldar un método científico y unos resultados que se fueran a utilizar o producir en el SCAR. Algunos miembros expresaron inquietudes con respecto a la justificación para designar y clasificar geositios. Un miembro expresó su preocupación en relación con el riesgo de aumentar el nivel de carga administrativa para los investigadores en estos sitios.

(166) Algunos miembros recordaron que los debates sobre la protección de los valores geológicos se habían celebrado durante muchos años y que las acciones relacionadas estaban incluidas como una prioridad en el Plan de Trabajo Quinquenal.

(167) En respuesta a los comentarios de algunos miembros, el SCAR señaló que la identificación de sitios para cada uno de los nueve marcos es una recomendación científica más que un requisito. El SCAR también destacó que la metodología no pretendía ser prescriptiva y confirmó que podría usarse junto con otras herramientas para identificar localidades importantes. Además, destacó la vulnerabilidad de algunos valores geológicos y expresó su voluntad de continuar trabajando en esta metodología.

(168) El Comité acogió con satisfacción el trabajo continuo del SCAR, incluso a través del Grupo de expertos del SCAR sobre patrimonio geológico, y lo alentó a volver a informar sobre este trabajo.

(169) El Comité alentó al SCAR y a los miembros interesados a seguir trabajando en la cuestión de la identificación sistemática de sitios geológicos de importancia global en la Antártida y a informar en una próxima reunión.

(170) China presentó el WP 58, *Promoción de la investigación científica para proporcionar información para la toma de decisiones sobre la Antártida*. El documento recordaba que los debates en la XLII RCTA y la XXII reunión del CPA habían dado lugar a que la protección y la gestión del espacio marino y la descripción general del sistema de áreas protegidas se incluyeran en el Plan de Trabajo Quinquenal del CPA para promover estudios adicionales. El documento señalaba que, a diferencia de otros elementos del Plan de Trabajo Quinquenal, estos dos temas no especificaban necesidades de información ni conocimientos científicos. El documento proponía que el CPA llevase a cabo una recolección exhaustiva de datos de referencia y una evaluación de amenazas y riesgos en relación con el medio ambiente marino y el sistema de áreas protegidas e identificase las lagunas en la gestión para aumentar la fiabilidad y adaptabilidad de la investigación científica utilizada en el proceso de toma de decisiones sobre la Antártida.

(171) El Comité agradeció a China su documento. El Comité enfatizó el importante papel de la ciencia como base informativa para la protección integral del medio ambiente antártico y reafirmó su compromiso de avanzar en el trabajo sobre protección y gestión del espacio marino, y de continuar desarrollando el sistema de áreas protegidas antárticas.

(172) Muchos miembros señalaron que gran parte del trabajo propuesto en el documento estaba ya en marcha gracias al trabajo del SCAR y de los programas antárticos nacionales, y que se estaban realizando esfuerzos importantes para que este conocimiento científico fuese accesible para la toma de decisiones dentro de los marcos existentes del CPA. Muchos miembros también enfatizaron que los acuerdos del sistema del Tratado Antártico requieren un enfoque precautorio para la toma de decisiones basado en el mejor conocimiento científico disponible. Varios miembros destacaron que la acción de gestión oportuna y preventiva era cada vez más importante en la gestión de riesgos y para abordar el cambio climático, así como otras amenazas al medio ambiente antártico, independientemente de si fuera deseable una evaluación científica adicional. Reconociendo que las acciones de gestión necesitaban adaptarse a medida que evolucionaban los conocimientos científicos, muchos miembros señalaron que esto no menoscababa la importancia de aplicar un enfoque precautorio.

(173) China reconoció el alcance del trabajo científico realizado por el SCAR y los programas antárticos nacionales. Reiteró su apoyo a la toma de decisiones basada en el mejor conocimiento científico disponible y, frente al riesgo de daños irreversibles, en el uso de un enfoque precautorio y de medidas de prevención equilibradas. Refiriéndose a las declaraciones y directrices de otros foros internacionales, China señaló que el enfoque precautorio no debería impedir reevaluar en forma continua el mejor conocimiento científico disponible o la consideración de medidas de protección económicamente viables. China afirmó su compromiso con la protección del medio ambiente antártico y con la libertad de investigación científica como uno de los pilares clave del Tratado Antártico y también destacó la importancia de que los procesos de toma de decisiones se basen en hechos científicos.

(174) La ASOC agradeció a China el documento y respaldó los comentarios hechos por muchos miembros sobre la importancia del enfoque precautorio para la toma de decisiones en el Sistema del Tratado Antártico. La ASOC expresó que quedaba claro en la literatura científica revisada por pares que las áreas protegidas eran una herramienta eficaz para proteger la biodiversidad y aumentar la resiliencia de los ecosistemas frente al cambio climático. La ASOC señaló que muchas naciones habían respaldado el objetivo de aumentar la cobertura de áreas protegidas en áreas nacionales al 30 % para 2030, y esperaba que el CPA y otros órganos del Tratado Antártico trabajaran para promover los sistemas de áreas protegidas.

(175) Tras un amplio debate, el Comité reiteró el papel central de la ciencia en la promoción de la protección integral del medio ambiente antártico, y que continuaría abordando la cuestión de cómo respaldar de la mejor manera la toma de decisiones informada basándose en el mejor asesoramiento científico y técnico disponible.

(176) El Comité tomó nota de que se habían presentado los siguientes documentos de información y documento de la Secretaría en relación con este punto del programa:

- IP 23 *Zonas importantes para la conservación de las aves y zonas antárticas especialmente protegidas: hacia el desarrollo de criterios de selección,* (Australia, Alemania, Nueva Zelandia, Noruega, España, Reino Unido y Estados Unidos). Este documento complementó el WP 43 al establecer un borrador de criterios que podrían aplicarse a las Zonas Importantes para la Conservación de las Aves (ZIA) identificadas, así como a otras colonias o conjuntos de aves al considerar la designación de ZAEP.
- IP 100 *Zona antártica especialmente administrada de la isla Decepción (ZAEA n.o 4) - Informe de gestión 2019/2021* (Argentina, Chile, España, Estados Unidos, Noruega, Reino Unido, ASOC, IAATO). Este documento destacaba las discusiones mantenidas y las acciones tomadas por el Grupo de Gestión de la isla Decepción

durante el período entre sesiones 2019/21. Los temas cubiertos incluían la revisión planificada del plan de gestión de la ZAEP 145, el entorno submarino en la caldera, el sitio web de la ZAEA y otros medios alternativos para publicar información sobre la isla Decepción como así también el folleto para visitantes.

- IP 101 *Evaluación de los servicios de los ecosistemas e identificación preliminar de sus compensaciones* (España). Este documento presenta una evaluación publicada recientemente sobre la identificación y evaluación de los servicios de los ecosistemas para el medio ambiente antártico terrestre. Señala que el marco de evaluación de los servicios de los ecosistemas podría ofrecer una identificación completa de las partes interesadas, los impulsores del cambio y los escenarios futuros que contribuya a preservar los valores antárticos.
- IP 104 *Orientación sobre estancias nocturnas de corta duración: Coherencia y coordinación mediante el intercambio de conocimientos* (Estados Unidos, Canadá). Este documento presentó los resultados de un cuestionario sobre estadías *nocturnas de corta duración* (SOS) que se distribuyó entre las autoridades nacionales competentes (ANC) que actualmente revisan la actividad. Recomendaba un intercambio virtual de conocimientos y mejores prácticas para coordinar y lograr coherencia de enfoques entre las ANC que revisan y autorizan SOS y otras actividades no gubernamentales, en lugar de desarrollar directrices específicas en esta etapa.
- IP 134 *Vigilancia volcánica de la isla Decepción durante la campaña antártica española 2020-2021* (España). Este documento informó sobre la actividad volcánica de la Isla Decepción entre el 23 de enero y el 24 de febrero de 2021. El cierre de la base el 15 de marzo de 2020 y su reapertura en 2021 se habían realizado mediante un sistema de semáforo siguiendo las recomendaciones de la Asociación Internacional de Vulcanología y Química del Interior de la Tierra (IAVCEI).
- SP 7 *Nuevo mapa e informes de todos los sitios que reciben visitas de embarcaciones en la Antártida* Este documento presentaba las novedades en el sitio web de la Secretaría relacionadas con la producción de informes y un mapa de visitas de buques no gubernamentales a todos los sitios de la Antártida, así como con los desarrollos vinculados a las visitas a sitios sujetas a las directrices para sitios presentadas en la XLII RCTA.

Tema 10: Conservación de la flora y la fauna antárticas

10a) Cuarentena y especies no autóctonas

(177) El COMNAP presentó el WP 47, *SARS-CoV-2 en especies antárticas mediante zoonosis inversa*, que consideraba aspectos relacionados con el riesgo de zoonosis inversa del SARS-CoV-2 por contacto directo entre seres humanos y la fauna antártica en la Antártida. El documento señaló que el riesgo de zoonosis inversa del SARS-CoV-2 por contacto directo en la Antártida entre humanos y fauna antártica era muy bajo o nulo, dado que no había casos confirmados o sospechosos de COVID-19 en la Antártida en el momento de su redacción, pero que las medidas de precaución eran pertinentes. El documento WP 47 contenía una serie de recomendaciones para las Partes, varias de las cuales eran pertinentes para el Comité al considerar su asesoramiento a la RCTA.

(178) El Comité agradeció al COMNAP su documento, señalando que su análisis resultaba fundamental para minimizar los riesgos de COVID-19 tanto para las personas en la Antártida como para la fauna antártica.

(179) Muchos miembros expresaron su apoyo a las recomendaciones del COMNAP, en

particular a las relacionadas con las investigaciones en curso y los estudios de enfermedades en la vida silvestre de la Antártida y el océano Austral, y con la garantía de que los investigadores y el personal de apoyo de la Antártida que entren en contacto directo o cercano con la vida silvestre con fines de investigación lo hagan bajo protocolos estrictos.

(180) Los miembros también plantearon cuestiones relacionadas que requerían mayor atención, entre las que se incluyen: la necesidad más amplia, identificada en el *Manual de especies no autóctonas* del CPA, de desarrollar directrices y recursos para prevenir, detectar y responder a enfermedades en la vida silvestre antártica; la necesidad de capacitar a los científicos que trabajan en proyectos de investigación que impliquen contacto o proximidad con especies antárticas de alto riesgo (principalmente cetáceos) para minimizar el riesgo potencial de transmisión de virus, y como se declara en el IP 47, la implementación de un programa de seguimiento para detectar la presencia de SARS-CoV-2 en plantas de tratamiento de aguas residuales mediante técnicas de PCR o tecnologías basadas en biosensores, así como monitoreo de ecosistemas.

(181) Varios miembros destacaron la red de vigilancia de enfermedades establecida por el Grupo de Seguimiento de la Salud de la Vida Silvestre Antártica del SCAR para coordinar los programas de investigación y vigilancia sobre los impactos de las enfermedades infecciosas existentes y emergentes en la vida silvestre antártica (IP 55). El SCAR agradeció al Comité que destacase el IP 55 y agradeció las contribuciones de todos los miembros en el desarrollo de su red de vigilancia de enfermedades.

(182) La IAATO informó al CPA que sus procedimientos operativos estándar, incluidos aquellos relacionados con la bioseguridad, estaban bien establecidos y habían desempeñado un papel clave en la prevención de la introducción y propagación de enfermedades en la Antártida. La IAATO expresó que continuaba revisando y desarrollando sus directrices y procedimientos basados en la mejor información disponible para llevar a cabo operaciones seguras y ambientalmente responsables.

(183) El Comité respaldó las recomendaciones del COMNAP y agradeció al COMNAP su respuesta crítica y oportuna a los riesgos que representa la COVID-19 para la vida silvestre antártica y las personas en la Antártida.

Asesoramiento del CPA a la RCTA sobre el riesgo de zoonosis inversa del SARS-CoV-2 en especies antárticas

(184) El Comité respaldó las recomendaciones del COMNAP sobre el riesgo de zoonosis inversa del SARS-CoV-2 en las especies antárticas y acordó recomendar a la RCTA que las Partes:

- continúen apoyando los protocolos proactivos relacionados con la gestión y prevención de brotes de COVID-19, tales como los recogidos en las *Directrices del COMNAP para la prevención y gestión de brotes de COVID-19*;
- trabajen con sus respectivas autoridades competentes y agencias nacionales no antárticas para formar a dichas agencias en lo que respecta a la naturaleza migratoria de las especies marinas antárticas y a los riesgos relacionados con la zoonosis inversa para las especies antárticas, especialmente para los cetáceos;
- garanticen, a través del proceso de EIA, que los investigadores antárticos y los miembros del personal de apoyo a la investigación asociado que cuenten con autorización nacional y que entren en contacto directo o cercano con la fauna silvestre con fines de investigación, lo hagan siguiendo los estrictos protocolos establecidos para llevar a cabo las investigaciones propuestas, incluido el seguimiento de los procedimientos del programa antártico nacional y cualquier directriz aplicable del SCAR y el COMNAP;

- aseguren que todo el personal de la Antártida reciba una formación regular que incluya una capacitación sobre los protocolos de su programa con respecto a las distancias de «no aproximación» a la vida silvestre;
- eduquen a todos los expedicionarios de la Antártida sobre la importancia de continuar empleando prácticas rigurosas de limpieza e higiene básica en cualquier situación (en la estación, sobre el terreno, en un buque o avión), especialmente si están en contacto cercano o directo con la fauna silvestre antártica;
- garanticen que los investigadores o los miembros del personal de apoyo a la investigación que sospechen que han contraído la COVID-19 sigan los protocolos de su programa, que pueden incluir el autoaislamiento y el sometimiento a las correspondientes pruebas. Asimismo, estos investigadores no deberían entrar en contacto con la fauna silvestre antártica, incluso si se les estuviera permitido hacerlo, y
- apoyen la puesta en marcha de estudios de zoonosis inversa sobre especies antárticas y compartan la información y los datos de dichos estudios.

---

(185) El Comité tomó nota de que se habían presentado los siguientes documentos de información en relación con este punto del programa:

- IP 6 *Ejercicio de búsqueda sistemática de horizontes para identificar posibles especies no autóctonas invasoras en la región de la península antártica* (Reino Unido). El documento presentó los resultados de un ejercicio de *búsqueda sistemática de horizontes* para identificar especies no autóctonas invasoras que puedan amenazar la biodiversidad y los ecosistemas en la región de la península antártica, y señaló que los invertebrados marinos dominaban la lista de especies de mayor riesgo, y que las plantas con flores y los invertebrados terrestres también estaban representados.
- IP 35 *Progreso y plan para la erradicación de las moscas no autóctonas en la isla Rey Jorge, Islas Shetland del Sur* (Chile, República de Corea, Federación de Rusia, Uruguay). El documento destacó que las moscas no autóctonas (*Trichocera maculipennis*) habían colonizado varias plantas de tratamiento de aguas residuales de la estación en la isla Rey Jorge / isla 25 de Mayo, islas Shetland del Sur. El documento actualizó al Comité sobre los logros de los proponentes en la evaluación de la variabilidad genética en las poblaciones de moscas no autóctonas y el progreso de la colaboración internacional, incluidos los planes para desarrollar un manual de erradicación eficaz de moscas no autóctonas y estrategias de control y gestión.
- IP 37 *Semillas para el futuro. Bóveda global de semillas de plantas silvestres* (Italia). El documento explicaba el proyecto *Seeds for Future* (SFF) en el marco de la RCTA para el establecimiento de un repositorio mundial de semillas de plantas silvestres en la profundidad del hielo de la meseta antártica. El documento señaló que Italia presentaría esta iniciativa en mayor detalle en la RCTA en 2022 para obtener la orientación necesaria de la RCTA y el CPA.
- IP 47 *Potencial de transmisión zoonótica del SARS-CoV-2 de los seres humanos a la fauna antártica* (Chile). El documento señaló que Chile había desarrollado una monitorización constante de patógenos y virus en las poblaciones de aves antárticas presentes en las islas Shetland del Sur y la península antártica como parte de su programa científico desde 2013. El documento también recomendó implementar

programas de monitoreo de la posible presencia de SARS-CoV-2 en plantas de tratamiento de aguas residuales (con técnicas de PCR o tecnologías basadas en biosensores que habían sido ampliamente utilizadas para la detección de virus) y en los correspondientes ecosistemas antárticos afectados y en diferentes niveles de la cadena alimentaria antártica. Chile señaló que continuaría trabajando en esta investigación prioritaria.

- IP 55 *Riesgos del COVID-19 para la fauna antártica* (SCAR). El documento presentó los resultados de una evaluación de riesgos que se ha realizado para examinar si el SARS-CoV-2 podría sobrevivir en el medio ambiente antártico y transmitirse de los humanos a la vida silvestre (y viceversa). El documento destacó: la vulnerabilidad de la fauna antártica a nuevos virus; el conocimiento y la comprensión limitados de las enfermedades infecciosas en la fauna antártica; y los riesgos potenciales que plantea la actividad humana en el continente antártico.
- IP 88 *Erradicación de especies no autóctonas Trichocera maculipennis (Diptera) de la estación antártica polaca Arctowski, costa occidental de Admiralty Bay, isla King George, islas Shetland del Sur - actualización 2020/2021* (Polonia). El documento presentó el estado y las estrategias de erradicación recientes de las especies exóticas *Trichocera maculipennis* (Diptera) de la estación antártica polaca Arctowski, costa occidental de la bahía Almirantazgo (Bahía Laserre), isla Rey Jorge / isla 25 de Mayo, islas Shetland del Sur.
- IP 89, *Erradicación de la hierba no autóctona Poa annua de las costas occidentales de la bahía Almirantazgo (bahía Lasserre), isla Rey Jorge (isla 25 de Mayo), islas Shetland del Sur, actualización 2020/2021)* (Polonia). El trabajo presentó los resultados de un estudio sobre la erradicación de la especie no autóctona *Poa annua* de la ZAEP n. ° 128,costa occidental de la bahía del Almirantazgo (bahía Laserre), y de la estación Arctowski y señaló las actividades de seguimiento realizadas a partir de la temporada antártica 2020/21.
- IP 98 *Detección y erradicación de una incursión de lepidópteros no nativos en un depósito de alimentos en la estación Carlini* (Argentina, Alemania). El documento informó sobre la especie no nativa (del orden *Lepidoptera*) que se detectó y confirmó en las instalaciones de almacenamiento de alimentos del Laboratorio Dallmann en diciembre de 2020. El documento describió la implementación del Protocolo de Respuesta y proporcionó información sobre los esfuerzos de erradicación a largo plazo.

10b) Especies especialmente protegidas

(186) El SCAR presentó el WP 37, *Las proyecciones de una futura disminución de la población enfatizan la necesidad de designar al pingüino emperador como especie antártica especialmente protegida* y remitió al IP 22 rev. 1, *Projections of future population decline indicate the need to designate the emperor penguin as an Antarctic Specially Protected Species* [*Las proyecciones de una futura disminución de la población indican la necesidad de designar al pingüino emperador como especie antártica especialmente protegida*] (SCAR). En su análisis sobre el estatus del pingüino emperador, el SCAR había descubierto que este era vulnerable al cambio climático en curso y previsto, lo que justificaba su protección como especie antártica especialmente protegida. El SCAR recomendó que el Comité: estableciera un GCI para revisar el borrador del plan de acción preparado por el SCAR; apoyara una argumentación para presentar a la UICN para elevar a los pingüinos emperador al estatus de «vulnerables» y encargara al GCI que informase a la XLIV RCTA - XXIV Reunión del CPA de Berlín mediante un borrador revisado del Plan de Acción, junto con una recomendación sobre

el estado de conservación del pingüino emperador, de acuerdo con las *Directrices para la consideración por el CPA de proyectos relativos a designaciones nuevas y revisadas de especies antárticas especialmente protegidas en virtud del Anexo II al Protocolo*.

(187) El Comité agradeció al SCAR que presentase sus artículos de gran calidad, exhaustivos y relevantes, que destacaban claramente las implicaciones del cambio climático para el pingüino emperador. Los miembros consideraron que los hallazgos de los documentos eran sólidos y convincentes, y apoyaron la necesidad de una respuesta rápida y considerada por parte del Comité. Muchos miembros señalaron que al designar especies especialmente protegidas se utilizaba una de las herramientas que el CPA tiene disponibles para responder a los desafíos ambientales a medida que surjan. Los miembros también señalaron la relevancia de esta iniciativa como respuesta a un elemento de acción identificado en el CCRWP.

(188) Los miembros expresaron un sólido apoyo al establecimiento de un GCI para seguir desarrollando un borrador de plan de acción para especies y se ofrecieron a participar en el trabajo entre sesiones para elaborar el plan de acción.

(189) Un miembro propuso que un objetivo adicional del Plan de acción para los pingüinos emperador debería ser lograr una mejor comprensión de la variabilidad genética de las diferentes metapoblaciones en la Antártida.

(190) Si bien varios miembros estuvieron de acuerdo en que se presentara una argumentación a la UICN para incluir a los pingüinos emperador en la lista de vulnerables, otros miembros afirmaron que no apoyaban la inclusión en la lista en este momento. Tomando nota de que el borrador del plan de acción se presentaría al CPA, junto con la evaluación del SCAR del estado de conservación del pingüino emperador de acuerdo con las *Directrices para la consideración por el CPA de proyectos relativos a designaciones nuevas y revisadas de especies antárticas especialmente protegidas en virtud del Anexo II al Protocolo*, se sugirió que cualquier acercamiento a la UICN para incluir al pingüino emperador en la lista, si fuera necesario, sería adecuado después de que el CPA y la RCTA consideraran la evaluación del SCAR.

(191) La IAATO informó al CPA que consideraba muy importante la gestión responsable y adecuada de visitantes en las colonias de pingüinos emperador y que su Grupo de Trabajo para el Pingüino Emperador agradecía el asesoramiento y la colaboración de expertos para facilitar las mejores prácticas posibles. La IAATO consideraba que las recomendaciones del SCAR eran valiosas para promover aún más estos valores y se ofreció a contribuir a este trabajo en la medida necesaria.

(192) La ASOC apoyó firmemente la designación del pingüino emperador como una especie antártica especialmente protegida. La ASOC señaló, además, que este era un buen ejemplo de cómo la RCTA y el CPA podían utilizar las herramientas disponibles en el Protocolo para abordar los desafíos ambientales actuales y mejorar la capacidad de las especies para adaptarse al cambio climático.

(193) El Comité acordó establecer un GCI para preparar un proyecto de plan de acción revisado para el pingüino emperador a ser presentadoa la XLIV RCTA - XXIV CPA, junto con la evaluación del SCAR sobre el estado de conservación del pingüino emperador (en el WP 37), de conformidad con las *Directrices para la consideración por el CPA de proyectos relativos a designaciones nuevas y revisadas de especies antárticas especialmente protegidas en virtud del Anexo II al Protocolo*.

(194) El Comité acordó que el GCI funcionaría de acuerdo con los siguientes términos de referencia:

- Con referencia a las «Directrices para la consideración por el CPA de proyectos relativos a designaciones nuevas y revisadas de especies antárticas especialmente protegidas en Virtud del Anexo II al Protocolo», y teniendo en cuenta el WP37/ XLIII RCTA, el IP22/ XLIII RCTA y otras aportaciones de los miembros, observadores, y de otras organizaciones científicas, ambientales y técnicas relevantes, preparar un borrador de Plan de Acción para el pingüino emperador.

- informar durante la XXIV Reunión del CPA.

(195) El Comité acogió con agrado el ofrecimiento del Reino Unido (Dr. Kevin Hughes) para actuar como coordinador del GCI.

(196) El SCAR agradeció al Comité su firme apoyo al trabajo realizado por sus expertos y expresó su voluntad de respaldar el trabajo del GCI durante el próximo período entre sesiones.

Asesoramiento del CPA a la RCTA sobre el estado de conservación del pingüino emperador

(197) El Comité acordó establecer un GCI para preparar un proyecto de plan de acción revisado para el pingüino emperador que se presentará a la XLIV RCTA - XXIV CPA, de conformidad con las *Directrices para la consideración por el CPA de proyectos relativos a designaciones nuevas y revisadas de especies antárticas especialmente protegidas en virtud del Anexo II al Protocolo.*

---

(198) El Comité tomó nota del siguiente documento de información presentado en relación con este tema del programa:

- IP 22 rev. 1 *Las proyecciones de la futura disminución de la población indican la necesidad de designar al pingüino emperador como una especie antártica especialmente protegida (SCAR).* Este documento informó sobre el estado del pingüino emperador y señaló que la pérdida de un hábitat de reproducción adecuado es el desafío más importante al que se enfrentan los pingüinos emperador. Si bien los esfuerzos globales buscan combatir el cambio climático inducido por el hombre que surge del aumento de las emisiones de gases de efecto invernadero, el documento señaló que esta designación sería una forma adecuada de aplicar el enfoque precautorio para reducir o eliminar otros factores de estrés que de otro modo podrían aumentar la carga que enfrentan los pingüinos emperador. El documento sugirió que es importante desarrollar opciones de gestión que se basen en la mejor evidencia científica disponible, y que incluir a los pingüinos emperador como Especie especialmente protegidas mejoraría las opciones de gestión.

10c) Otros asuntos relacionados con el anexo II

(199) Francia presentó el WP 52 *Análisis retrospectivo de datos de seguimiento antárticos (RAATD): Zonas de Importancia Ecológica identificadas en el medio marino antártico*, elaborado con Sudáfrica, Estados Unidos, el Reino Unido, Alemania, Bélgica y Australia. También se refirió al IP 49 rev. 1, *El análisis retrospectivo de los datos de seguimiento de la Antártida identifica Zonas de Importancia Ecológica en el océano Austral* (SCAR). Estos documentos aportaban información sobre un proyecto del SCAR que, utilizando el seguimiento de depredadores marinos a nivel de conjunto, tenía como objetivo mejorar la comprensión de los procesos fundamentales de los ecosistemas en el océano Austral mediante la identificación de Zonas de Importancia Ecológica (ZIE) con altas concentraciones de múltiples especies depredadoras. El WP 52 recomendó que el Comité adoptase un proyecto de Resolución para reconocer la importancia y utilidad de las ZIE en el medio marino antártico.

(200) El Comité agradeció a los proponentes su documento y destacó el excelente trabajo y el valor científico del proyecto del RAATD. Muchos miembros señalaron la importancia de las iniciativas y herramientas como el RAATD y las ZIE para desarrollar una mayor comprensión de las conexiones entre la tierra y el océano y que esta comprensión era aplicable a otros instrumentos de la STA, incluida la CCRVMA. También señalaron que el estudio del SCAR sobre las ZIE proporcionaba un excelente ejemplo de cooperación y colaboración científica internacional. Muchos miembros también destacaron la importancia y pertinencia de este tipo de estudio científico para las decisiones de gestión y alentaron a la comunidad científica a continuar con la investigación científica que brinda respaldo a la formulación de políticas. También se señaló que podría ser necesario alinear las diversas herramientas espaciales que están a disposición del Comité.

(201) La ASOC apoyó el trabajo de RAATD y destacó la participación del miembro de ASOC WWF. La ASOC consideró además que la investigación destacó que había un gran volumen de información científica disponible para apoyar la formulación de políticas sobre una amplia gama de temas, desde las EIA hasta las ZAEP y las ZAEA hasta el seguimiento ambiental. La ASOC también señaló que las Zonas de importancia ecológica podrían contribuir a las acciones del CCRWP y esperaba que el CPA pudiera recomendar que la RCTA adopte la Resolución.

(202) La IAATO informó al CPA de que, en su búsqueda para apoyar el seguimiento en tierra y en el mar de las poblaciones de depredadores, varios de sus miembros llevaban observadores de mamíferos marinos o brindaban apoyo a investigaciones relacionadas. La IAATO también señaló que había establecido áreas de tiempo geocercadas a lo largo de la península antártica y, en mayo de 2021, sus miembros habían acordado que se aplicaría un límite de velocidad de 10 nudos a todos los barcos en las áreas de tiempo geocercadas de la IAATO.

(203) Si bien muchos miembros expresaron su apoyo al proyecto de resolución, algunos miembros expresaron su preocupación por algunos aspectos del documento. Un miembro señaló si era necesaria una Resolución para cada nivel de datos científicos y si era preciso que la institución internacional adecuada, como la CCRVMA, considerase las interacciones de alimentación entre las especies depredadoras y las presas, que es el núcleo de la ZIE propuesta. En respuesta, los proponentes enfatizaron que los depredadores marinos dependen de áreas terrestres para su reproducción que son biológicamente inseparables de las áreas marinas en las que se alimentan y, por lo tanto, deben considerarse en conjunto para asegurar una protección efectiva de estas especies. Además, subrayaron que el CPA y la CCRVMA tienen varias áreas de interés mutuo, incluida la protección del medio marino. Dadas estas inquietudes, el Comité no acordó apoyar el proyecto de Resolución para reconocer la importancia y utilidad de las ZIE en el medio marino antártico. Tomando nota del valor del WP 52 y el IP 49 rev. 1 para futuras investigaciones sobre la conservación de la fauna antártica, el Comité señaló la importancia de volver a tratar este tema en una futura reunión del CPA.

(204) En referencia al WP 52 y al IP 49, la Argentina intervino, como se había acordado previamente con la presidenta del CPA y con el SCAR, y manifestó su preocupación por la nomenclatura e imágenes específicas contenidas en el IP 49 en referencia a los territorios y áreas marinas que son el tema de una disputa de soberanía en el Atlántico Sur entre la Argentina y el Reino Unido, tal como reconoce la comunidad internacional. La Argentina señaló además que el documento del SCAR contenía referencias a una AMP que no reconoce y que tanto esta supuesta AMP como algunas AMP nacionales dentro de la CCRVMA habían sido representadas erróneamente como AMP de la CCRVMA, lo cual no es así. La Argentina también cuestionó la referencia directa en el IP 49 y el WP 52 a un artículo publicado en la revista *Nature* que contenía representaciones erróneas similares.

(205) A pesar de que se presentó una versión revisada del IP 49 rev. 1, la Argentina declaró que era inaceptable que el SCAR, una organización de la que es miembro, produzca y presente documentos que contengan representaciones parciales o referencias a territorios bajo una disputa de soberanía. La Argentina recordó, una vez más, que, como principal órgano científico asesor del Sistema del Tratado Antártico, el SCAR solo debe brindar asesoramiento o documentación estrictamente científica, objetiva e imparcial y en ningún caso afectar o menoscabar los derechos o la posición jurídica de ninguno de sus miembros. La Argentina dijo además que haría comentarios adicionales durante el plenario de la RCTA.

(206) Con respecto al WP 52, la Argentina señaló que tenía algunas observaciones y, en particular, recordó que las recomendaciones que puedan surgir de una RCTA/CPA deben limitarse al ámbito del área del Tratado Antártico.

(207) El Reino Unido tomó nota de la declaración de la Argentina, que el Reino Unido rechazó. El Reino Unido señaló la importancia de presentar a la RCTA y al CPA la mejor investigación científica disponible y que hacer esto puede plantear cuestiones que incomoden a algunos miembros. Sin embargo, el Reino Unido señaló que apoyaba firmemente la imparcialidad de sus asesores científicos. El Reino Unido señaló que también volvería a los comentarios más específicos hechos por la Argentina más adelante.

(208) Francia presentó el documento WP 53 *Áreas importantes para mamíferos marinos (IMMA)* preparado con Sudáfrica, Mónaco, Alemania, Chile y el Reino Unido. También se refirió al IP 24, *Áreas importantes para mamíferos marinos (IMMA) dentro del área del Tratado Antártico: Una colaboración internacional para servir de base informativa en la toma de decisiones de conservación del hábitat y para la planificación de la conservación de especies de mamíferos marinos* (UICN y SCAR). Los proponentes recomendaban que el CPA adoptara una Resolución para reconocer la importancia de las Áreas Importantes para Mamíferos Marinos (IMMA) dentro de la zona del Tratado como una herramienta para ayudar a las Partes en la planificación y realización de actividades en la Antártida.

(209) El Comité agradeció a los proponentes estos documentos. Al señalar que la conservación de la fauna antártica era un principio fundamental del Protocolo sobre Protección del Medio Ambiente, muchos de los miembros enfatizaron la importancia de la investigación sobre los mamíferos marinos antárticos para servir de base informativa para la toma de decisiones y la planificación de la conservación, y apoyaron la idea de que la información científica que hay detrás de estas IMMA podría ser una herramienta útil a tener en cuenta al planificar y realizar actividades en la Antártida.

(210) La ASOC agregó que la información contenida en el WP 53 era útil para mejorar la protección de la biodiversidad en la Antártida y que las zonas que no son IMMA también pueden ser importantes para la protección de los mamíferos marinos y pueden merecer una protección o gestión especial.

(211) Muchos de los miembros estuvieron de acuerdo en que sería útil poner el informe de IMMA de relieve ante otros organismos internacionales con funciones relevantes para promover la conservación de los mamíferos marinos en la región antártica. También señalaron la importancia de tener cuidado al utilizar nombres y designaciones en la información procedente de organismos internacionales que no formen parte del Sistema del Tratado Antártico.

(212) Durante este debate, también se plantearon varias limitaciones. Los miembros señalaron que las IMMA identificadas durante el taller de 2018 no representaban todas las partes

del área del Tratado Antártico importantes para los mamíferos marinos. Algunos miembros expresaron su preocupación por el hecho de que el trabajo científico sobre las IMMA estuviera limitado por importantes lagunas de datos y no pareciera presentar el nivel de análisis y madurez científica de otros trabajos similares, como el análisis de ZIA y el proyecto de RAATD. Al señalar que las IMMA se basaban en el ejemplo de las ZIA, un miembro también cuestionó si el fundamento de la ZIA respaldado por la Resolución 5 (2015), que tiene como objetivo evitar el potencial de disturbios dañinos a las concentraciones de aves en la Antártida de una variedad de actividades humanas era aplicable a los mamíferos marinos. Como respuesta, los proponentes enfatizaron que el estudio se llevó a cabo con rigor científico y se concluyó para las IMMA dentro del área del Tratado Antártico. Explicaron además que los criterios de designación utilizados para las IMMA son coherentes con los utilizados para las ZIA, pero se han adaptado para tener en cuenta las actividades específicas de los mamíferos marinos y terrestres.

(213) El Comité apoyó un llamamiento para que se realicen más investigaciones y seguimientos de las poblaciones de mamíferos marinos que sirvande base informativa a las acciones de gestión, pero como el tiempo no permitió una discusión en profundidad, el Comité no pudo acordar apoyar el proyecto de Resolución presentado en el WP 53 en esta etapa, y acordó continuar el debate en la XXIV Reunión del CPA.

(214) El Comité tomó nota de los siguientes documentos de información presentados en relación con este tema del programa:

- IP 18 *Poner en funcionamiento el uso de vehículos aéreos no tripulados (UAV) para evaluar las poblaciones de vida silvestre antártica* (Alemania). Este documento discutía las oportunidades para hacer operativos los estudios de UAV para evaluar las poblaciones de vida silvestre en la Antártida. Después de una investigación revisada por pares, se había demostrado que se podrían lograr resultados confiables, comprensibles y reproducibles.
- IP 19 *Gestión de los efectos del ruido antropogénico en la Antártida: pasos hacia el desarrollo de un concepto de protección contra el ruido subacuático para la 'Antártida'* (Alemania). El documento describía un proyecto para desarrollar una matriz de criterios para abordar las 24 especies nativas de mamíferos marinos antárticos y las tres principales fuentes de ruido submarino antropogénico: pistolas de aire sísmicas; equipos de investigación hidroacústica; y barcos. Para lograrlo, se llevarían a cabo una serie de talleres para identificar los valores máximos de exposición al sonido para prevenir lesiones auditivas y el acoso por sonido antropogénico.
- IP 20 rev. 1 *Evaluación del enmascaramiento de la comunicación entre mamíferos marinos antárticos por sonido de pistola de aire* (Alemania). Este documento describe que la Agencia Ambiental Alemana (UBA) lanzó un proyecto para evaluar los posibles efectos de enmascaramiento del uso científico de armas de aire comprimido en la Antártida para proporcionar una base científica sólida para permitir estudios geofísicos. El trabajo en este proyecto se había llevado a cabo con institutos de Australia, Dinamarca, Alemania, Países Bajos y Estados Unidos.
- IP 24 *Importantes áreas de mamíferos marinos (IMMAS) dentro del área del Tratado Antártico: Una colaboración internacional para servir de base informativa en la toma de decisiones de conservación del hábitat y para la planificación de la conservación de especies de mamíferos marinos* (UICN y SCAR). El documento informó sobre el trabajo realizado para nominar candidatas a Áreas Importantes de Mamíferos Marinos (cIMMA), según lo determinado por un conjunto de criterios respaldados por evidencia específica. Se enviaron quince cIMMA a un panel de revisión independiente y 13 fueron posteriormente aprobados

como IMMA. El documento señaló que cuatro IMMA estaban ubicadas total o parcialmente dentro del área del Tratado Antártico, enumeradas en el e-Atlas IMMA con acceso a información en formato *shapefile* e información de antecedentes (https://www.marinemammalhabitat.org/imma-eatlas/). El documento señalaba que los resultados de este trabajo podrían ser útiles en el desarrollo de medidas de conservación espacial.

- IP 48 *Segunda edición del Manual de sensibilización sobre la vida silvestre* (Alemania, IAATO, Reino Unido). El documento destacaba la publicación de la nueva edición del Manual de Concientización sobre la Vida Silvestre. El manual permitía a los pilotos planificar y volar misiones evitando, en la medida de lo práctico, los sitios de elevada sensibilidad a la vida silvestre.
- IP 49 rev. 1, *El análisis retrospectivo de los datos de seguimiento de la Antártida identifica Zonas de Importancia Ecológica en el océano Austral* (SCAR). El documento proporcionaba detalles sobre el proyecto Análisis retrospectivo de datos de seguimiento antártico (RAATD) que utilizaba datos de seguimiento de animales para modelar las preferencias de hábitat circumpolar de 17 especies de depredadores marinos (12 especies de aves marinas y 5 especies de mamíferos marinos) para identificar regiones que eran importantes para todas estas especies, denominadas 'Zonas de Importancia Ecológica' (ZIE).
- IP 60 rev. 1, *Informe sobre el estado de los pingüinos antárticos 2020* (SCAR). Este documento describe el *Informe sobre el estado de los pingüinos antárticos 2020*, que resumía el estado, el tamaño de la población y las tendencias de la población en todo el continente de las cinco especies de pingüinos de la Antártida.

(215) El Comité tomó nota de que se habían presentado los siguientes documentos de antecedentes en relación con este tema del programa:

- BP 1: *Los estudios del Sistema aéreo desocupado (UAS) minimizan la respuesta de los depredadores en relación con los estudios en tierra* (Estados Unidos).
- BP 6: *Base de datos de audiogramas de animales* (Alemania).

Tema 11: Vigilancia ambiental e informes sobre el estado del medio ambiente

(216) El SCAR presentó el WP 19 *Portal de Medioambientes Antárticos*, que proporcionó una actualización del sitio web del Portal Medioambiental Antártico que incluye interfaz y diseño nuevos, destinados a garantizar un fácil acceso a los resúmenes de información. El documento proporcionó ejemplos de cómo los Resúmenes de Información publicados en el portal se vinculaban directamente con temas prioritarios para el CPA. El SCAR recomendó que el CPA continúe respaldando al portal, reconozca el apoyo que puede brindar el portal al Programa de Trabajo de Respuesta al Cambio Climático del CPA e indique qué Resumen de Información adicional desearía que se preparara.

(217) El Comité agradeció al SCAR por su extenso trabajo en el Portal de Medioambientes Antárticos y destacó que los Resúmenes de información del portal brindaban información de gran calidad de la mejor investigación científica disponible en la que los responsables de políticas podían apoyarse para tomar decisiones. También destacó la importancia del portal para apoyar el trabajo del GSRCC, particularmente en lo que respecta a su Programa de Trabajo de Respuesta al Cambio Climático.

(218) Varios miembros ofrecieron sugerencias para el contenido del portal, entre las que se destacaban la importancia de los resúmenes de información sobre la criósfera y la acidificación de los océanos, en particular a la luz de la información proporcionada en los documentos WP 17 y WP 36; y el agregado de nuevos temas, como los impactos

acumulativos y los microplásticos. Algunos miembros también señalaron la importancia de mantener el equilibrio geográfico y la diversidad de género de la autoría de la información proporcionada en el portal, y señalaron que era importante incluir publicaciones revisadas por pares en una variedad de idiomas y traducir los artículos siempre que sea posible a los idiomas oficiales del Tratado. Varios miembros comentaron los arreglos particulares que estaban realizando para traducir sus publicaciones científicas a los cuatro idiomas del Tratado, y ofrecieron apoyo de traducción al SCAR para mejorar aún más la utilidad del portal para el Comité.

(219) El SCAR agradeció al Comité sus comentarios positivos y su continuo apoyo, y acogió con agrado las sugerencias del Comité para realizar adiciones al Portal. Reiteró que el Portal acogía con agrado la inclusión de publicaciones revisadas por pares en varios idiomas y señaló que los resúmenes de información en el portal fueron escritos por científicos. El SCAR alentó a los miembros a unirse al esfuerzo para proporcionar resúmenes más completos de las publicaciones en varios idiomas. El SCAR también destacó su compromiso continuo con la diversidad geográfica, lingüística y de género de la información, y acogió con satisfacción cualquier esfuerzo para mejorar esto en el trabajo del portal.

(220) El Comité agradeció al SCAR su trabajo y reiteró su continuo apoyo al portal, destacando una vez más su valor como fuente de información científica de alta calidad sobre temas de relevancia para el trabajo del Comité.

(221) Refiriéndose al IP 137, un miembro señaló la importancia del Grupo de Acción SCAR-ImPACT y mostró interés en unirse al Grupo de Acción ImPACT.

(222) El Comité tomó nota de los siguientes documentos de información presentados en relación con este tema del programa:

- IP 9 *Seguimiento de especies mediante cámaras de lapso de tiempo en el área del Tratado Antártico* (Reino Unido). Este documento presenta un resumen del seguimiento con cámaras remotas en el Área del Tratado Antártico y de los flujos de trabajo para el procesamiento de datos sin procesar en resúmenes preparados para la formulación de políticas.

- IP 21 *Un paso hacia una compilación estructurada de muestras y datos sobre la contaminación ambiental en la Antártida* (Alemania, Italia). Este documento proporcionó una actualización sobre la ocurrencia de contaminantes orgánicos persistentes (COP) y oligoelementos en la Antártida, y discutió una iniciativa para una mayor cooperación entre los miembros en el trabajo hacia una compilación estructurada de muestras y datos sobre la contaminación ambiental en la Antártida.

- IP 31 *Reproducción de aves marinas insensibles a los cambios de temperatura del océano* (Reino Unido, Sudáfrica, Nueva Zelandia, Canadá, Portugal). Este documento proporcionó evidencia científica de que las aves marinas en todo el mundo no habían ajustado sus temporadas de reproducción a lo largo del tiempo o en respuesta al aumento de la temperatura de la superficie del mar, lo que refuerza la necesidad de realizar el seguimiento de las poblaciones de aves marinas antárticas y sus interacciones con las especies presa relevantes para brindar información al desarrollo de acciones de gestión.

- IP 34 *Utilización de aguas residuales tratadas para el cultivo hidropónico de hortalizas en la Antártida* (Bulgaria, Portugal). Este artículo describió el desarrollo de un proceso para el tratamiento de aguas residuales que produce una solución nutritiva para su uso en sistemas hidropónicos antárticos.

- IP 137 *Sustancias químicas orgánicas persistentes en la Antártida: Un análisis del horizonte de desafíos prioritarios* (SCAR). Este documento presentó el trabajo del

Grupo de Acción sobre Vías de Entrada de Contaminantes Orgánicos Persistentes en la Antártida (ImPACT) del SCAR sobre un análisis del horizonte de os desafíos prioritarios en el campo de la investigación química orgánica persistente en la Antártida. El documento contenía acciones sugeridas y enfoques potenciales para coordinar los esfuerzos en las actividades de investigación y seguimiento y destacaba la importancia de tales actividades para la toma de decisiones políticas con sustento científico.

Tema 12: Informes de inspección

(223) Estados Unidos presentó IP 1 *Informe de inspección de Estados Unidos, febrero de 2020.* Informó sobre las inspecciones del Tratado Antártico realizadas entre el 7 y el 10 de febrero de 2020, que involucraron a tres estaciones de investigación de China, Italia y la República de Corea, y a la ZAEP 161. Estados Unidos agradeció a todas las Partes su cooperación y hospitalidad durante el proceso de inspección y su ayuda en la redacción del informe. No se observaron infracciones importantes al Tratado o su Protocolo sobre Protección del Medio Ambiente.

(224) Australia presentó IP 15 *Inspecciones de Australia en virtud del Tratado Antártico y el Protocolo sobre Protección del Medio Ambiente: enero/febrero de 2020.* Informó sobre las inspecciones del Tratado Antártico realizadas en enero de 2020, que involucraron a seis estaciones antárticas: Estación de Jang Bogo (República de Corea); Instalación de isla Inexpressible (China); Estación de Gondwana (Alemania); Campamento de Taishan (China); Estación de Molodezhnaya (Federación de Rusia), y estación de Mountain Evening (Belarús). Australia agradeció la cooperación de todas las Partes cuyas estaciones habían sido inspeccionadas y señaló que las instalaciones y actividades observadas cumplían en general con las disposiciones del Protocolo, aunque se habían identificado algunas oportunidades para mejorar las prácticas operativas.

(225) El Comité también se refirió al IP 144 *Resumen de la discusión entre sesiones sobre los informes de inspección en virtud del artículo VII del Tratado Antártico y el artículo 14 del Protocolo sobre Protección del Medio Ambiente*, preparado conjuntamente por Noruega y España. El documento destacaba que la revisión entre sesiones de los informes de las inspecciones realizadas por Australia y Estados Unidos en la temporada antártica 2019-2020 había subrayado el valor de las inspecciones para mejorar el cumplimiento de las normas de protección ambiental y mejorar los aspectos logísticos de las actividades antárticas de las Partes. El documento destacaba la importancia de actualizar la base de datos del COMNAP y el uso del Sistema de Intercambio Electrónico de Información (EIES) para mantener un registro actualizado de las actividades, instalaciones y equipos presentes en el Área del Tratado Antártico.

(226) Teniendo en cuenta el IP 1, IP 15 e IP 144, el Comité tomó nota de que las dos inspecciones habían demostrado que, en términos generales, existía un alto compromiso con los aspectos ambientales de las operaciones de las estaciones en la mayoría de ellas, de acuerdo con los objetivos, disposiciones y normas del Protocolo. El Comité agradeció a Australia y Estados Unidos su informe y el haber realizado sus inspecciones, y reconoció la importancia del instrumento de inspección, destacando la importancia de mantener la transparencia e intercambiar información sobre todas las actividades en la Antártida. En este contexto, se señaló la conveniencia del uso activo del EIES. El Comité también alentó a las Partes inspeccionadas a prestar atención a las recomendaciones formuladas en sus informes para permitir mejoras en los aspectos ambientales de sus actividades.

(227) En relación con el IP 1, Italia y la República de Corea agradecieron a Estados Unidos su informe y los comentarios proporcionados. China también agradeció a Estados Unidos su inspección e informe y solicitó una aclaración con respecto a los comentarios en el

informe sobre los edificios temporales en el sitio inspeccionado, específicamente con respecto a su inclusión en una EMG. China señaló que estas estructuras eran de naturaleza temporal para permitir una evaluación ambiental continua y la recopilación de datos para mejorar aún más la EMG. Cuando finalice la construcción de la nueva estación de investigación, estas estructuras serán desmanteladas y eliminadas. China señaló que la estación de investigación sería una infraestructura completamente diferente y que la construcción de la estación no había comenzado. China distribuirá la EMG final sesenta días antes del comienzo de dichos trabajos de construcción de conformidad con el procedimiento del Protocolo.

(228) Recordando las Directrices revisadas para evaluaciones de impacto ambiental anexas a la Resolución 1 (2016), Estados Unidos señaló que las estructuras temporales se consideraban una característica principal de la estación permanente planificada, que debían estar claramente identificadas en la EMG para la estación permanente, y no en un documento separado o mediante un proceso separado.

(229) En relación con el IP 15, la Federación de Rusia agradeció a Australia su inspección e informe y señaló que, debido a los desafíos presentados por la pandemia de COVID-19, no había podido comenzar a implementar las mejoras sugeridas. La Federación de Rusia informó al Comité de que llevaría a cabo las mejoras previstas, como la eliminación del combustible y equipo antiguos, a partir de 2023. El Comité agradeció a la Federación de Rusia por esta actualización de su respuesta a la inspección.

(230) Belarús, refiriéndose también a su IP 17, expresó su agradecimiento a Australia por su inspección, señalando sus intenciones de seguir las recomendaciones en el espíritu y marco del Protocolo sobre Protección del Medio Ambiente.

(231) El Comité tomó nota del siguiente documento de información presentado en relación con este tema:

- IP 17 *Sobre las actividades de la República de Belarús para implementar los principios ambientales del Protocolo de Madrid de 1991 en 2019-2021* (Belarús). El documento informaba sobre las medidas tomadas por Belarús en 2019-2021 para implementar las disposiciones del Protocolo sobre Protección del Medio Ambiente. El documento también proporcionaba una actualización sobre la Evaluación Ambiental Integral final para la construcción y operación de la Estación Antártica bielorrusa Montaña Vechernyaya, y respondía a las recomendaciones del equipo de inspección de Australia.

Tema 13: Asuntos generales

(232) La ASOC presentó el IP 81 *El Protocolo de Madrid después de 30 años: ¿a dónde nos dirigimos desde aquí?*, que destacaba el surgimiento de la pérdida de biodiversidad global y el cambio climático en los treinta años desde que se firmó el Protocolo sobre Protección del Medio Ambiente. La ASOC señaló que los documentos científicos presentados a esta reunión por el SCAR revelaban que los cambios experimentados por la región antártica no reconocían los límites políticos o las sensibilidades del Sistema del Tratado Antártico y, en consecuencia, requerían que los órganos del Sistema del Tratado Antártico cooperaran para lograr objetivos comunes. La ASOC identificó áreas prioritarias actuales clave que incluyen: áreas protegidas, el cambio climático, el turismo, la contaminación por las embarcaciones y el Código Polar. Para celebrar el 30 aniversario del Protocolo, la ASOC recomendó que las Partes renovaran su compromiso de implementar de manera eficaz los principios del Protocolo para asegurar que los próximos treinta años del Protocolo fueran incluso más exitosos que los primeros treinta.

(233) El Comité tomó nota de los siguientes documentos de información presentados en relación con este tema del programa:

- IP 14 Áreas prístinas y de vida silvestre (Australia, Países Bajos, Nueva Zelandia). Este documento resumía los resultados de un análisis cuantitativo de la extensión de las áreas silvestres antárticas, publicado recientemente en *Nature* (Leihy *et al.*, 2020). El documento tomaba nota de la relevancia de esos hallazgos para el trabajo del CPA, como los esfuerzos en curso para desarrollar un enfoque acordado para comprender y proteger las áreas silvestres antárticas, y para desarrollar sistemáticamente el sistema de áreas protegidas antárticas, incluida la consideración de zonas de excepcional valor silvestre y zonas que se mantienen libres de interferencia humana.
- IP 32 *Educación y divulgación de las Partes del Tratado Antártico en el marco de la RCTA: una revisión* (Bélgica, Bulgaria, Reino Unido, Portugal). El documento analizaba el nivel de información sobre las actividades de educación y divulgación de las Partes desde 1961, revelando un aumento significativo en la actividad tras la firma en 1991 del Protocolo sobre Protección del Medio Ambiente. Los proponentes invitaban a las Partes, Observadores y Expertos a seguir participando activamente y a informar sobre los logros en este campo a través del Grupo de contacto entre sesiones de la RCTA sobre educación y divulgación y en el Foro de la RCTA.
- IP 33 *Homenaje a Magallanes y Elcano* (Portugal, España). Este documento informa sobre una serie de iniciativas educativas llevadas a cabo por Portugal y España para celebrar el 500 Aniversario de la Primera Circunnavegación del Globo por Fernando de Magallanes y Juan Sebastián Elcano. El documento destacaba el éxito de estas actividades de educación y divulgación a pesar de la pandemia de COVID-19.
- IP 106 *El programa de memoria del hielo* (Francia, Italia). Tras la presentación inicial del Programa de Memoria del Hielo en la XLII RCTA, este documento proporcionaba una actualización sobre el Programa. Los proponentes reconocíann que se requería un mayor debate entre las Partes y los observadores para determinar los próximos pasos del Programa. Los proponentes reiteraban que el Programa de Memoria del Hielo cumpliría con el Tratado Antártico y el Protocolo sobre Protección del Medio Ambiente, especialmente el Anexo I sobre Evaluación de Impacto Ambiental.
- IP 113 *Adhesión de Colombia al Protocolo del Tratado Antártico sobre Protección del Medio Ambiente: Retos y Oportunidades* (Colombia). El documento describió los desafíos y oportunidades asociados con la incorporación del Protocolo sobre Protección del Medio Ambiente en las instituciones nacionales y el gobierno de Colombia. Colombia reafirmó su compromiso con la preservación de la Antártida y con su propio conjunto de principios ambientales nacionales contenidos en su Constitución Política de 1991, también conocida como la "Constitución Ecológica".

Tema 14: Elección de autoridades

(234) El Comité eligió al Dr. Anoop Kumar Tiwari, de la India, como vicepresidente por un periodo de dos años y le felicitó por su designación en el cargo. El Dr. Tiwari fue designado también como coordinador del GSPG.

(235) El Comité agradeció cordialmente a Patricia Ortúzar de la Argentina por su incansable esfuerzo, su productividad, y su liderazgo como Vicepresidenta y coordinadora del GSPG.

(236) El Comité eligió a Birgit Njåstad, de Noruega, como presidenta por un segundo periodo bienal y la felicitó por su renovación en el cargo.

Tema 15: Preparativos para la próxima reunión

(237) El Comité aprobó el programa preliminar para la XXIV Reunión del CPA (apéndice 4).

(238) El Comité tomó nota del siguiente documento de información presentado en relación con este tema del programa:

- IP 28 *Propuesta de Finlandia para albergar la 45ª RCTA en Helsinki en 2023* (Finlandia). Tras señalar la cancelación de la RCTA XLIII en Helsinki en 2020, el documento proponía que Finlandia albergara una RCTA en 2023. El documento señalaba que Finlandia había llegado a un acuerdo con la India, cuya RCTA se trasladaría a 2024.

Tema 16: Aprobación del informe

(239) El Comité aprobó su informe.

Tema 17: Clausura de la Reunión

(240) La presidencia clausuró la reunión el viernes 18 de junio de 2021.

Apéndice 1

Plan de trabajo quinquenal del CPA 2021

Asunto / Presión ambiental: Introducción de especies no autóctonas	
Prioridad: 1	
Acciones: 1. Seguir desarrollando directrices y recursos prácticos para todos los operadores en la Antártida. 2. Implementar las acciones relacionadas identificadas en el Programa de trabajo de respuesta para el cambio climático. 3. Considerar las evaluaciones de riesgo diferenciadas por actividad y espacialmente explícitas para mitigar los riesgos planteados por las especies terrestres no autóctonas. 4. Desarrollar una estrategia de vigilancia para las zonas que están en riesgo elevado de establecimiento de especies no autóctonas. 5. Prestar mayor atención a los riesgos que implica la transferencia de propágulos dentro de la Antártida.	
Período entre sesiones 2021/2022	• Iniciar los trabajos para desarrollar una estrategia de respuesta ante las especies no autóctonas, incluidas las respuestas adecuadas frente a las enfermedades de la vida silvestre. • Ayudar al Comité a evaluar la eficacia del Manual, solicitar al COMNAP un informe sobre las medidas de cuarentena y bioseguridad implementadas por sus miembros.
XXIV reunión del CPA, 2022	• Deliberar sobre el trabajo entre sesiones en relación con el desarrollo de una estrategia de respuesta para su inclusión en el Manual sobre especies no autóctonas, y la implementación de medidas de cuarentena y bioseguridad implementadas por los miembros del COMNAP. Revisar el informe de la OMI sobre las directrices sobre corrosión biológica. • El SCAR debe presentar información sobre los actuales mecanismos para ayudar en la identificación de especies no autóctonas.
Período entre sesiones 2022/2023	• Solicitar al SCAR la compilación de un listado de fuentes de información y bases de datos disponibles sobre biodiversidad para ayudar a las Partes a establecer las especies autóctonas que se encuentran

	presentes en los sitios antárticos y ayudar con ello a identificar la escala y el alcance de las introducciones actuales y futuras. • Desarrollar directrices para el seguimiento que tengan aplicación general. Es posible que en algunos lugares en particular se requiera un seguimiento más detallado o específico del sitio. • Solicitar a las Partes y a los Observadores un informe sobre la aplicación de las directrices sobre bioseguridad por parte de sus miembros.
XXV reunión del CPA, 2023	• Debatir sobre el trabajo entre sesiones relativo a la elaboración de directrices para el seguimiento para su inclusión en el Manual sobre ENA. • Considerar los informes de las Partes y los Observadores sobre la aplicación de las directrices sobre bioseguridad por parte de sus miembros.
Período entre sesiones 2023/2024	• Iniciar los trabajos para evaluar el riesgo de introducción de especies no autóctonas marinas.
XXVI reunión del CPA, 2024	• Análisis del trabajo entre sesiones relativo a los riesgos de las especies no autóctonas marinas.
Período entre sesiones 2024/2025	• Desarrollar directrices específicas para reducir la liberación de especies no autóctonas asociada a las descargas de aguas residuales. • Revisar los avances logrados y los contenidos del Manual del CPA sobre especies no autóctonas.
XXVII reunión del CPA, 2025	• El CPA debe considerar si es necesario realizar un trabajo entre sesiones para la revisión y actualización del Manual sobre especies no autóctonas.
Período entre sesiones 2025/26	• Según corresponda, se realizará trabajo entre sesiones para la revisión del Manual sobre especies no autóctonas.
XXVIII reunión del CPA, 2026	• El CPA debe considerar el informe del GCI, en caso de que se establezca, y considerar la aprobación por parte de la RCTA, por medio de una Resolución, del Manual sobre especies no autóctonas revisado.

Necesidades de conocimientos e información en el plano científico:

- Identificación de las regiones y hábitats terrestres y marinos en riesgo de introducción
- Identificación de las especies autóctonas en riesgo de traslado, y vectores y rutas de traslado dentro del continente

- Resumen de los conocimientos sobre la biodiversidad, la biogeografía y la biorregionalización de la Antártida, y realización de estudios de referencia a fin de establecer qué especies autóctonas se encuentran presentes
- Identificación de las vías de introducción de especies marinas (incluidos los riesgos relacionados con las descargas de aguas residuales)
- Evaluación de los riesgos y las vías de introducción de microorganismos que puedan afectar a las comunidades microbianas existentes
- Seguimiento de las especies no autóctonas en los medios terrestre y marino (incluida la actividad microbiana cerca de las descargas de las plantas de tratamiento de aguas residuales)
- Identificación de técnicas para responder rápidamente a la introducción de especies no autóctonas
- Identificación de las vías de introducción de especies no autóctonas sin ninguna clase de intervención humana directa

Asunto / Presión ambiental: Turismo y actividades no gubernamentales	
Prioridad: 1	
Acciones: 1. Proporcionar asesoramiento a la RCTA conforme a lo solicitado. 2. Realizar avances en las recomendaciones de la RETA sobre turismo marítimo.	
Período entre sesiones 2021/2022	• Trabajar en un marco para realizar evaluaciones previas de las actividades nuevas o novedosas, o de aquellas que sean particularmente relevantes. • Trabajar en forma continua sobre la metodología de la vulnerabilidad de sitios.
XXIV reunión del CPA, 2022	• Considerar el asesoramiento del SCAR sobre el posible diseño de un programa de vigilancia del ecosistema para evaluar los impactos del turismo. • Considerar los resultados de los debates relativos a las evaluaciones previas de las actividades nuevas o novedosas, o de aquellas que sean particularmente relevantes. • Deliberar sobre la metodología de prueba de la vulnerabilidad de sitios.
Período entre sesiones 2022/2023	

XXV reunión del CPA, 2023	• Considerar el informe del SCAR y otros sobre los valores de la vida silvestre y su aplicación práctica. • Informe del SCAR sobre capacidad de carga.
Período entre sesiones 2023/2024	
XXVI reunión del CPA, 2024	
Período entre sesiones 2024/2025	
XXVII reunión del CPA, 2025	
Período entre sesiones 2025/26	
XXVIII reunión del CPA, 2026	
Necesidades de conocimientos e información en el plano científico: • Seguimiento constante y específico de los impactos ocasionados por el turismo • Seguimiento de las zonas que reciben visitantes que cubren las directrices para sitios	

Asunto / Presión ambiental: Implicaciones del cambio climático para el medio ambiente	
Prioridad: 1	
Acciones: 1. Considerar las implicaciones del cambio climático en la gestión del medio ambiente antártico. 2. Implementar el Programa de trabajo de respuesta al cambio climático.	
Período entre sesiones 2021/2022	• El grupo subsidiario realiza trabajos de conformidad con el plan de trabajo acordado. • El SCAR proporciona una actualización decenal al informe ACCE
XXIV reunión del CPA, 2022	• Tema permanente del programa. • Considerar el informe del grupo subsidiario, incluidas las actualizaciones del CCRWP

	• El Comité considera la actualización decenal del informe ACCE del SCAR • Revisar la implementación de las medidas surgidas del taller conjunto del CPA y el SC-CAMLR de 2016. • Planificar el taller quinquenal conjunto del CPA y el SC-CAMLR durante el período entre sesiones 2021/2022.
Período entre sesiones 2022/2023	
XXV reunión del CPA, 2023	• Finalizar la planificación del taller conjunto del CPA y el SC-CAMLR para el período entre sesiones 2021/2022.
Período entre sesiones 2023/2024	• Taller quinquenal conjunto y periódico del CPA y el SC-CAMLR.
XXVI reunión del CPA, 2024	
Período entre sesiones 2024/2025	
XXVII reunión del CPA, 2025	
Período entre sesiones 2025/26	
XXVIII reunión del CPA, 2026	

Necesidades de conocimientos e información en el plano científico:

- Mejorar la comprensión de los cambios actuales y a futuro en el medio ambiente biótico y abiótico terrestre (incluido el acuático) debidos al cambio climático
- Seguimiento a largo plazo de los cambios en el medio ambiente biótico y abiótico terrestre (incluido el acuático) debidos al cambio climático
- Continuar elaborando herramientas biogeográficas con el fin de proporcionar una base fiable de información a partir de la cual fundamentar la protección y gestión de zonas a escala regional y continental en la Antártida a la luz del cambio climático, lo que incluye identificar la necesidad de reservar zonas de referencia para futuras investigaciones e identificar zonas con capacidad de adaptación al cambio climático
- Identificación y priorización de las regiones biogeográficas de la Antártida más vulnerables al cambio climático
- Comprensión y pronóstico de los cambios marinos litorales y los impactos producidos por los cambios

- Seguimiento a largo plazo de los cambios en el medio ambiente marino litoral biótico y abiótico debidos al cambio climático
- Evaluación del impacto de la acidificación del océano sobre la biota y los ecosistemas marinos
- Comprensión del estado de la población, las tendencias, la vulnerabilidad y la distribución de especies antárticas clave
- Comprensión del estado, las tendencias, la vulnerabilidad y la distribución de los hábitats
- Observación y trazado de modelos del océano Austral para comprender el cambio climático
- Identificación de las zonas que puedan contar con capacidad de adaptación al cambio climático.
- Seguimiento de las colonias de pingüinos emperador mediante teledetección y técnicas complementarias, entre otros, a fin de identificar tendencias poblacionales y posibles refugios contra el cambio climático.

Asunto / Presión ambiental: Procesamiento de los planes de gestión de zonas protegidas y administradas nuevos y revisados

Prioridad: 1

Acciones:

1. Perfeccionar el proceso de revisión de planes de gestión nuevos y revisados.
2. Actualización de las actuales directrices.
3. Elaborar directrices para la preparación de ZAEA.

Período entre sesiones 2021/2022	• El GSPG realiza el trabajo conforme al plan de trabajo convenido.
XXIV reunión del CPA, 2022	• Considerar el informe del GSPG.
Período entre sesiones 2022/2023	• El GSPG realiza el trabajo conforme al plan de trabajo convenido.
XXV reunión del CPA, 2023	• Considerar el Informe del GSPG.

Período entre sesiones 2023/2024	• El GSPG realiza el trabajo conforme al plan de trabajo convenido.
XXVI reunión del CPA, 2024	• Considerar el Informe del GSPG.
Período entre sesiones 2024/2025	• El GSPG realiza el trabajo conforme al plan de trabajo convenido.
XXVII reunión del CPA, 2025	• Considerar el Informe del GSPG.
Período entre sesiones 2025/26	• El GSPG realiza el trabajo conforme al plan de trabajo convenido.
XXVIII reunión del CPA, 2026	• Considerar el Informe del GSPG.
Necesidades de conocimientos e información en el plano científico: • Seguimiento para evaluar el estado de los valores en la ZAEP 107, isla Emperor • Uso de técnicas de teledetección para observar los cambios en la vegetación dentro de las ZAEP • Control a largo plazo de los valores biológicos de las ZAEP	

Asunto / Presión ambiental: Operación del CPA y Planificación estratégica	
Prioridad: 2	
Acciones: 1. Mantener actualizado el Plan de trabajo quinquenal basándose en las circunstancias cambiantes y en los requisitos de la RCTA. 2. Identificar las oportunidades para mejorar la eficacia del CPA. 3. Considerar objetivos de largo plazo para la Antártida (período de entre 50 y 100 años). 4. Considerar las oportunidades para mejorar la relación de trabajo entre el CPA y la RCTA.	
Período entre sesiones 2021/2022	
XXIV reunión del CPA, 2022	
Período entre sesiones 2022/2023	

XXV reunión del CPA, 2023	
Período entre sesiones 2023/2024	
XXVI reunión del CPA, 2024	
Período entre sesiones 2024/2025	
XXVII reunión del CPA, 2025	
Período entre sesiones 2025/26	
XXVIII reunión del CPA, 2026	

Asunto / Presión ambiental: Reparación o remediación del daño al medio ambiente	
Prioridad: 2	
Acciones: 1. Responder a la solicitud adicional de la RCTA en relación con la reparación y remediación, según corresponda. 2. Supervisar el avance del establecimiento de un inventario de sitios de actividad pasada en toda la Antártida. 3. Considerar la elaboración de directrices sobre reparación y remediación. 4. Los Miembros desarrollan directrices prácticas y recursos de apoyo para su inclusión en el Manual sobre limpieza. 5. Continuar desarrollando prácticas de biorremediación y reparación para incluirlas en el Manual sobre limpieza.	
Período entre sesiones 2021/2022	• Revisión continua del Manual. Las Partes deben trabajar en el desarrollo de nuevas técnicas o directrices.
XXIV reunión del CPA, 2022	• Incluir nuevas herramientas y directrices a medida que estén disponibles y que el Comité las apruebe.
Período entre sesiones 2022/2023	• Revisión continua del Manual. Las Partes deben trabajar en el desarrollo de nuevas técnicas o directrices.

XXV reunión del CPA, 2023	• Revisión continua del Manual e inclusión de nuevas herramientas y directrices a medidas que estén disponibles.
Período entre sesiones 2023/2024	• Revisión continua del Manual. Las Partes deben trabajar en el desarrollo de nuevas técnicas o directrices.
XXVI reunión del CPA, 2024	• Revisión continua del Manual e inclusión de nuevas herramientas y directrices a medidas que estén disponibles.
Período entre sesiones 2024/2025	• Revisión continua del Manual. Las Partes deben trabajar en el desarrollo de nuevas técnicas o directrices.
XXVII reunión del CPA, 2025	• Revisión continua del Manual e inclusión de nuevas herramientas y directrices a medidas que estén disponibles.
Período entre sesiones 2025/26	• Revisión continua del Manual. Las Partes deben trabajar en el desarrollo de nuevas técnicas o directrices.
XXVIII reunión del CPA, 2026	• Revisión continua del Manual e inclusión de nuevas herramientas y directrices a medidas que estén disponibles.

Necesidades de conocimientos e información en el plano científico:

- Investigación que sirva como base informativa para el establecimiento de metas de calidad medioambiental adecuadas para la reparación o remediación del daño medioambiental en la Antártida
- Técnicas para evitar el traslado de contaminantes, como el desvío de las aguas de deshielo y las barreras de contención
- Técnicas para la remediación *in situ* y *ex situ* de los lugares contaminados por derrames de combustible u otras sustancias peligrosas.

Asunto / Presión ambiental: Elaboración de informes sobre vigilancia y estado del medio ambiente

Prioridad: 2

Acciones:

1. Identificar indicadores y herramientas medioambientales clave.
2. Establecer un proceso para informar a la RCTA.
3. El SCAR debe proporcionar información al COMNAP y al CPA.

Período entre sesiones 2021/2022	
XXIV reunión del CPA, 2022	

Período entre sesiones 2022/2023	
XXV reunión del CPA, 2023	• Consideración del informe de seguimiento del Reino Unido sobre la ZAEP 107.
Período entre sesiones 2023/2024	
XXVI reunión del CPA, 2024	
Período entre sesiones 2024/2025	
XXVII reunión del CPA, 2025	
Período entre sesiones 2025/26	
XXVIII reunión del CPA, 2026	

Necesidades de conocimientos e información en el plano científico:

- Seguimiento a largo plazo de los cambios en el medio ambiente biótico y abiótico terrestre (incluido acuático) debidos al cambio climático
- Seguimiento a largo plazo de los cambios en el medio ambiente marino litoral biótico y abiótico debidos al cambio climático
- Seguimiento de las poblaciones de aves para informar las futuras medidas de gestión
- Uso de técnicas de teledetección para observar los cambios en la vegetación dentro de las ZAEP y más ampliamente
- Seguimiento de las colonias de pingüinos emperador mediante teledetección y técnicas complementarias, a fin de identificar posibles refugios contra el cambio climático.
- Control a largo plazo de los valores biológicos de las ZAEP
- Seguimiento a largo plazo para verificar o detectar el impacto medioambiental relacionado con las actividades humanas
- Seguimiento a largo plazo y una observación constante de los cambios medioambientales
- Seguimiento constante y específico de los impactos ocasionados por el turismo
- Seguimiento sistemático y periódico de las zonas que reciben visitantes que cubren las Directrices para sitios
- Seguimiento a largo plazo de los indicadores biológicos en los sitios visitados por turistas

Asunto / Presión ambiental: Protección y gestión del espacio marino	
Prioridad: 2	
Acciones: 1. Cooperación entre el CPA y el SC-CAMLR sobre los asuntos de interés común. 2. Cooperar con la CCRVMA en materia de biorregionalización del océano Austral y otros intereses comunes y principios convenidos. 3. Identificar y aplicar procesos de protección del espacio marino. 4. Considerar la conectividad entre el océano y las zonas terrestres, y las medidas complementarias que pueden adoptar las Partes con respecto a las AMP.	
Período entre sesiones 2021/2022	
XXIV reunión del CPA, 2022	• Continuar considerando el asesoramiento relacionado con la Resolución 5 (2017)
Período entre sesiones 2022/2023	
XXV reunión del CPA, 2023	
Período entre sesiones 2023/2024	
XXVI reunión del CPA, 2024	
Período entre sesiones 2024/2025	
XXVII reunión del CPA, 2025	
Período entre sesiones 2025/26	
XXVIII reunión del CPA, 2026	

<table>
<tr><td colspan="2">Asunto / Presión ambiental: Directrices específicas para sitios que reciben visitantes</td></tr>
<tr><td colspan="2">Prioridad: 2</td></tr>
<tr><td colspan="2">Acciones:
1. Revisar periódicamente la lista de sitios sujetos a las Directrices para sitios y considerar si sería necesario el desarrollo de directrices para nuevos sitios.
2. Revisar periódicamente todas las directrices para sitios existentes para garantizar que sean exactas y estén actualizadas, lo que incluye actualizaciones preventivas cuando corresponda.
3. Proporcionar asesoramiento a la RCTA conforme a lo requerido.
4. Revisar el formato de las Directrices para sitios.</td></tr>
<tr><td>Período entre sesiones 2021/2022</td><td>• Considerar la elaboración de directrices relativas a las estadías nocturnas breves a fin de garantizar una aplicación coherente de mejores prácticas y minimizar los efectos en el medio ambiente antártico.
• Alemania liderará debates informales sobre una nueva plantilla de diseño para las Directrices para sitios que reciben visitantes
• Ucrania y las Partes interesadas desarrollarán Directrices para sitios para las islas Argentina, archipiélago Wilhelm.</td></tr>
<tr><td>XXIV reunión del CPA, 2022</td><td>• El comité considerará el resultado de las discusiones sobre una nueva plantilla de diseño para las Directrices para sitios que reciben visitantes
• El comité considerará las Directrices para sitios desarrolladas para las islas Argentina, archipiélago Wilhelm
• Tema permanente del programa; las Partes deben informar acerca de su revisión de las Directrices para sitios.</td></tr>
<tr><td>Período entre sesiones 2022/2023</td><td>• Desarrollar un repositorio fotográfico para asistir en las revisiones periódicas de las Directrices para sitios.</td></tr>
<tr><td>XXV reunión del CPA, 2023</td><td>• Tema permanente del programa; las Partes deben informar acerca de su revisión de las Directrices para sitios.</td></tr>
<tr><td>Período entre sesiones 2023/2024</td><td></td></tr>
<tr><td>XXVI reunión del CPA, 2024</td><td></td></tr>
<tr><td>Período entre sesiones 2024/2025</td><td></td></tr>
</table>

XXVII reunión del CPA, 2025	
Período entre sesiones 2025/26	
XXVIII reunión del CPA, 2026	
Necesidades de conocimientos e información en el plano científico: • Seguimiento a largo plazo para evaluar el estado y la recuperación de la vegetación de la isla Barrientos. • Seguimiento sistemático y periódico de las zonas que reciben visitantes que cubren las Directrices para sitios.	

Asunto / Presión ambiental: Panorama general del sistema de zonas protegidas	
Prioridad: 2	
Acciones: 1. Aplicar las clasificaciones según el Análisis de Dominios Ambientales (EDA) y las Regiones Biogeográficas de Conservación Antártica (RBCA) para mejorar el sistema de zonas protegidas. 2. Mantener y desarrollar una base de datos sobre zonas protegidas. 3. Evaluar el grado en el cual las ZIA antárticas están o deberían estar representadas dentro de la serie de ZAEP.	
Período entre sesiones 2021/2022	• Realizar tareas para avanzar en la implementación de acciones acordadas por el Comité a partir de los debates del taller sobre zonas protegidas. • El SCAR proporcionará asesoramiento sobre los criterios de selección que podrían aplicarse a las ZIA identificadas o a otras zonas de conservación de aves al estudiar su designación como ZAEP.
XXIV reunión del CPA, 2022	• El Comité considerará el asesoramiento del SCAR sobre los criterios de selección que podrían aplicarse a las ZIA identificadas o a otras zonas de conservación de aves al estudiar su designación como ZAEP. • Corroborar el progreso de las tareas para avanzar en la implementación de acciones acordadas por el Comité a partir de los debates del taller sobre zonas protegidas.

Período entre sesiones 2022/2023	• Realizar tareas para avanzar en la implementación de acciones acordadas por el Comité a partir de los debates del taller sobre zonas protegidas.
XXV reunión del CPA, 2023	• Corroborar el progreso de las tareas para avanzar en la implementación de acciones acordadas por el Comité a partir de los debates del taller sobre zonas protegidas.
Período entre sesiones 2023/2024	
XXVI reunión del CPA, 2024	
Período entre sesiones 2024/2025	
XXVII reunión del CPA, 2025	
Período entre sesiones 2025/26	
XXVIII reunión del CPA, 2026	

Necesidades de conocimientos e información en el plano científico:

- Continuar elaborando herramientas biogeográficas con el fin de proporcionar una base fiable de información a partir de la cual fundamentar la protección y gestión de zonas a escala regional y continental en la Antártida a la luz del cambio climático, lo que incluye identificar la necesidad de reservar zonas de referencia para futuras investigaciones e identificar zonas con capacidad de adaptación al cambio climático
- Uso de técnicas de teledetección para observar los cambios en la vegetación dentro de las ZAEP y, más en general, para servir de base informativa para el mayor desarrollo del sistema de zonas protegidas en la Antártida

Asunto / Presión ambiental: Implementar y mejorar las disposiciones sobre EIA del Anexo I

Prioridad: 2

Acciones:

1. Perfeccionar el proceso para considerar las EMG y asesorar a la RCTA en ese sentido.
2. Elaborar directrices para evaluar los impactos acumulativos.

3. Revisar las directrices sobre EIA y considerar las políticas generales y otros asuntos. 4. Considerar la aplicación de una evaluación medioambiental estratégica en la Antártida.	
Período entre sesiones 2021/2022	• Analizar los cambios a la base de datos sobre EIA con el propósito de presentar propuestas a la Secretaría. Debatir acerca de los mecanismos para responder a los comentarios sobre evaluaciones de impactos ambientales globales que se transmiten a través de los grupos de contacto entre sesiones u otros medios. • Considerar los posibles cambios a la base de datos sobre EIA que se requieran para mejorar su utilidad. • Establecer un GCI para la revisión de los proyectos de EMG, conforme a lo requerido. • Los Miembros y Observadores trabajan para lograr avances y coordinar la información que ayudará a desarrollar orientaciones para identificar y evaluar los impactos acumulativos. • Los Miembros deben trabajar en orientaciones adicionales sobre los procesos para realizar comentarios acerca de las EMG.
XXIV reunión del CPA, 2022	• Consideración de los informes del GCI sobre proyectos de EMG, conforme a lo requerido.
Período entre sesiones 2022/2023	• Establecer un GCI para la revisión de los proyectos de EMG, conforme a lo requerido. • Considerar la labor de los Miembros en torno a los procesos para realizar comentarios acerca de las EMG. • Los Miembros y Observadores trabajan para lograr avances y coordinar la información que ayudará a desarrollar orientaciones para identificar y evaluar los impactos acumulativos.
XXV reunión del CPA, 2023	• Solicitar al SCAR que proporcione orientaciones sobre la manera de producir un relevamiento sobre la condición medioambiental de referencia, y considerar su asesoramiento en su debido momento. • Consideración de los informes del GCI sobre proyectos de EMG, conforme a lo requerido.
Período entre sesiones 2023/2024	• Establecer un GCI para la revisión de los proyectos de EMG, conforme a lo requerido. • Los Miembros y Observadores trabajan para lograr avances y coordinar la información que ayudará a desarrollar

	orientaciones para identificar y evaluar los impactos acumulativos.
XXVI reunión del CPA, 2024	• Alentar a las Partes para que ofrezcan sus comentarios sobre la utilidad del conjunto revisado de *Lineamientos para la Evaluación de Impacto Ambiental en la Antártida* en la preparación de EIA. • Considerar las opciones para la preparación de orientaciones para la identificación y evaluación de impactos acumulativos. • Consideración de los informes del GCI sobre proyectos de EMG, conforme a lo requerido.
Período entre sesiones 2024/2025	• Establecer un GCI para la revisión de los proyectos de EMG, conforme a lo requerido.
XXVII reunión del CPA, 2025	• Consideración de los informes del GCI sobre proyectos de EMG, conforme a lo requerido.
Período entre sesiones 2025/26	• Establecer un GCI para la revisión de los proyectos de EMG, conforme a lo requerido.
XXVIII reunión del CPA, 2026	• Consideración de los informes del GCI sobre proyectos de EMG, conforme a lo requerido.

Asunto / Presión ambiental: Designación y gestión de Sitios y Monumentos Históricos	
Prioridad: 2	
Acciones: 1. Mantener dicha lista y considerar las nuevas propuestas a medida que estas se presenten. 2. Considerar los asuntos estratégicos según sea necesario, incluidas las cuestiones asociadas a la designación de SMH frente a las disposiciones sobre limpieza contenidas en el Protocolo. 3. Revisar la presentación de la lista de SMH con el objetivo de mejorar la disponibilidad de la información.	
Período entre sesiones 2021/2022	• Entablar debates informales durante el período entre sesiones para considerar mejores maneras de que el CPA elabore planes de gestión sobre conservación como herramientas para proteger el patrimonio antártico.
XXIV reunión del CPA, 2022	• Revisar propuestas relativas a las formas en que los planes de gestión sobre conservación pueden contribuir a la gestión de SMH.

Período entre sesiones 2022/2023	• Desarrollar más orientación con respecto a la lista de SMH sin ubicación conocida • Considerar cómo las evaluaciones del impacto ambiental pueden ser parte de la evaluación de Sitios y Monumentos Históricos.
XXV reunión del CPA, 2023	• Considerar la orientación sobre la inclusión de SMH sin ubicación conocida • Revisar propuestas relativas a las EIA y al proceso de designación de SMH.
Período entre sesiones 2023/2024	
XXVI reunión del CPA, 2024	
Período entre sesiones 2024/2025	
XXVII reunión del CPA, 2025	
Período entre sesiones 2025/26	
XXVIII reunión del CPA, 2026	

Asunto / Presión ambiental: Conocimientos sobre biodiversidad	
Prioridad: 2	
Acciones: 1. Mantenerse atentos a las amenazas a la actual biodiversidad. 2. El CPA debe considerar un mayor asesoramiento científico sobre la perturbación de la vida silvestre.	
Período entre sesiones 2021/2022	• El GCI producirá un plan de acción para la designación del pingüino emperador como una especie antártica especialmente protegida • Debates informales entre sesiones sobre la evaluación de la protección de las focas antárticas.

XXIV reunión del CPA, 2022	• El CPA considerará el informe del GCI establecido para producir un plan de acción para la designación del pingüino emperador como especie antártica especialmente protegida. • Elaborar informe sobre los debates informales entablados durante el período entre sesiones sobre la evaluación de la protección de las focas antárticas.
Período entre sesiones 2022/2023	
XXV reunión del CPA, 2023	
Período entre sesiones 2023/2024	
XXVI reunión del CPA, 2024	
Período entre sesiones 2024/2025	
XXVII reunión del CPA, 2025	
Período entre sesiones 2025/26	
XXVIII reunión del CPA, 2026	

Necesidades de conocimientos e información en el plano científico:

- Investigación acerca de los efectos medioambientales de los Sistemas de Aeronaves Dirigidas por Control Remoto (RPAS), sobre todo en las respuestas de la vida silvestre, incluido lo siguiente:
    - un abanico de especies, incluidas aves marinas voladoras y focas;
    - respuestas comportamentales y fisiológicas;
    - efectos demográficos, incluidas las cifras de reproducción y el éxito reproductivo;
    - condiciones medioambientales del ambiente, como el viento y el ruido;
    - los efectos de los RPAS de diversos tamaños y características;
    - la manera en que el ruido de los RPAS afecta la vida silvestre;
    - comparaciones con sitios de control y alteraciones causadas por la actividad humana; y

o los efectos del acostumbramiento. • Recopilación y presentación de nuevos datos sobre biodiversidad espacialmente explícitos • Investigación del impacto del ruido submarino sobre los mamíferos marinos de la Antártida • Síntesis de los conocimientos disponibles sobre biogeografía, biorregionalización y endemismo en la Antártida • Realización de estudios específicos del sitio, el momento y la especie, para comprender el impacto de la interacción entre las actividades humanas y la vida silvestre, y apoyo al desarrollo de directrices basadas en evidencias, a fin de evitar las alteraciones • Realización de un inventario de las cavernas de hielo y las comunidades microbianas del monte Erebus. • Conteos periódicos de población de petreles gigantes comunes e investigación para comprender el estado y las tendencias poblacionales

Asunto / Presión ambiental: Difusión y educación	
Prioridad: 3	
Acciones: 1. Revisar los actuales ejemplos e identificar oportunidades para una mayor difusión y educación. 2. Alentar a los miembros a intercambiar información en relación con sus experiencias en este ámbito. 3. Establecer una estrategia y directrices para el intercambio de información en materia de educación y difusión en el largo plazo entre los miembros.	
Período entre sesiones 2021/2022	
XXIV reunión del CPA, 2022	
Período entre sesiones 2022/2023	
XXV reunión del CPA, 2023	
Período entre sesiones 2023/2024	

XXVI reunión del CPA, 2024	
Período entre sesiones 2024/2025	
XXVII reunión del CPA, 2025	
Período entre sesiones 2025/26	
XXVIII reunión del CPA, 2026	

Asunto / Presión ambiental: Protección de valores geológicos sobresalientes	
Prioridad: 3	
Acciones: 1. Considerar mecanismos adicionales de protección de valores geológicos sobresalientes.	
Período entre sesiones 2021/2022	
XXIV reunión del CPA, 2022	
Período entre sesiones 2022/2023	
XXV reunión del CPA, 2023	
Período entre sesiones 2023/2024	
XXVI reunión del CPA, 2024	
Período entre sesiones 2024/2025	
XXVII reunión del CPA, 2025	
Período entre sesiones	

2025/26	
XXVIII reunión del CPA, 2026	

Apéndice 2

N.º	
Nombre	Pecio del *San Telmo*
Descripción	El pecio incluye todas las piezas y accesorios relacionados con la embarcación, armamento, equipo, suministros, así como la nave misma y la tripulación y el personal militar transportado en su interior. La designación también incluye todos los objetos personales que la tripulación dejara en el barco cuando se hundió. Este buque de línea de tercera clase (74 cañones) tenía dos cubiertas y 74 cañones, 190 pies de largo, una manga de 52 pies y un calado de 25 pies. Su desplazamiento aproximado era de 2750 toneladas y contaba con una tripulación de 644 hombres.
Ubicación	Se desconoce la ubicación exacta; el último avistamiento corresponde a 62º S 70º O
Designación/enmienda	
Parte proponente original	España
Parte encargada de la gestión	España
Tipo	Otros restos: naufragio
Estado de conservación	Actualmente se desconoce el estado de la embarcación.
Descripción del contexto histórico	Los documentos establecen que el capitán Smith hizo dos desembarcos en la caleta Shirreff y encontró restos de un pecio que incluían inscripciones del barco hundido (el San Telmo). En 1845, una carta de derroteros británica notificó la misma noticia, esta vez en un manual oficial especializado publicado por la Oficina Hidrográfica del Almirantazgo británico que contenía el siguiente párrafo: "Los restos del pecio fueron encontrados por cazadores de focas en 1820, sin sobrevivientes, en la isla Livingston, en las islas Shetland del Sur". James Weddell, quien estuvo en esos lugares entre 1822 y 1824, relata que se encontraron una gran cantidad de huesos de foca dispersos en una playa de dicha isla y lo relacionó con el incidente anterior. Según investigadores españoles que llevaron a cabo un proyecto de investigación arqueológica en la década de 1990, las pruebas encontradas en el sitio y la toponimia dejada por los británicos —isla Telmo, bahía Media Luna, caleta Shirreff— se corresponden plenamente con los documentos antiguos. El tiempo transcurrido entre esos hechos y la aparición de los navegantes comerciales en esas aguas, especialmente los cazadores de focas, hizo que los restos del pecio fueran reutilizados continuamente y con el tiempo desaparecieran, consumidos o transformados. Algunos de los refugios, incluidos los de los sobrevivientes del naufragio, fueron identificados de manera fiable por arqueólogos españoles entre 1992 y 1995.

Criterios aplicables de conformidad con la Resolución 3 (2009)	a) un evento de especial importancia en la historia de la exploración antártica; c) tiene una asociación particular con una hazaña notable de resistencia o logro. El pecio también será de interés para los arqueólogos marinos y otros que promueven el patrimonio de la Antártida y, por lo tanto: e) el valor técnico, histórico, cultural o arquitectónico particular de sus materiales, diseño o método de construcción; y f) ofrece el potencial, a través del estudio, y valor educativo para revelar información sobre actividades humanas significativas en la Antártida.
Herramientas de gestión	Se desarrollará al descubrir los restos del pecio.
Fotografías	
Características físicas del entorno y contexto cultural y local	Se desconoce la ubicación exacta del pecio. La evidencia documental localiza los restos del pecio alrededor del cabo Shirreff (isla Livingston, Islas Shetland del Sur). El tiempo transcurrido entre esos hechos y la aparición de los navegantes comerciales en esas aguas, especialmente los cazadores de focas, hizo que los restos del pecio fueran reutilizados continuamente y con el tiempo desaparecieran, consumidos o transformados.

Apéndice 3

Directrices para la anulación de la designación de ZAEP

1. Introducción

La opción de anular la designación de Zonas Antárticas Especialmente Protegidas (ZAEP) se consideró por primera vez por parte del CPA en 2001, y el Comité acordó que el sistema de zonas protegidas antárticas debía ser flexible y tener capacidad de respuesta y que el principio de anulación de la designación de sitios no debía desestimarse (Informe de la IV Reunión del CPA párrafos 53-56).

La primera ZAEP en anularse fue la ZAEP 114, isla Coronación del Norte, islas Orcadas del Sur, cuya designación acordó anular el CPA en 2014 (Medida 16 (2014)). Desde entonces, se ha retirado la designación a otras ZAEP, aunque se ha llevado a cabo en el contexto de la fusión de sitios bajo un plan de gestión de ZAEP (por ejemplo, la ZAEP 175).

Al mismo tiempo que se anuló la designación de la ZAEP 114, el CPA acordó elaborar unas directrices para anular la designación de ZAEP a fin de garantizar un enfoque coherente de la cuestión en el futuro.

El CPA ha reconocido que la anulación de la designación de ZAEP no debe tomarse a la ligera, al tiempo que señala la importancia de que el sistema de zonas protegidas antárticas sea dinámico y que cualquier zona anulada como ZAEP permanecerá bajo la protección general del Protocolo Ambiental.

Estas directrices están destinadas a que las Partes y el CPA las utilicen como base al contemplar la anulación de la designación de ZAEP.

2. Diagrama de flujo para considerar la anulación de la designación de ZAEP

La figura 1 resume el proceso para considerar la anulación de la designación de ZAEP, que se describe con más detalle en las siguientes secciones.

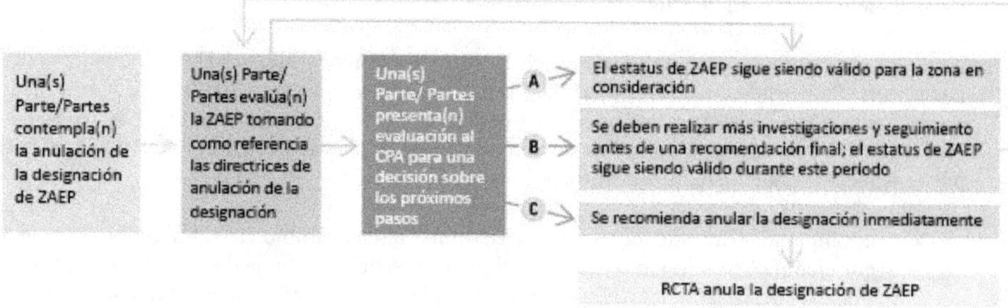

Figura 1. Diagrama de flujo que proporciona una descripción general del proceso de evaluación

3. Consideración de la relevancia para la anulación de la designación

De conformidad con las disposiciones del anexo V del Protocolo, se iniciará una revisión de un plan de gestión para una ZAEP al menos cada cinco años (artículo 6, apartado 3 del anexo V). La revisión del plan de gestión debe tener en cuenta el estado de los valores para cuya protección se designó la ZAEP y la necesidad de una protección continua del sitio. Esta consideración se ve como parte del proceso de revisión quinquenal (como se establece en la *Guía para la preparación de planes de gestión para las Zona Antárticas Especialmente Protegidas*), pero puede realizarse en cualquier momento.

Si queda claro, a través de una revisión del plan de gestión o de cualquier otro proceso, que ha habido un cambio significativo en las razones por las cuales se designó la ZAEP, podrá contemplarse la anulación de la designación de la ZAEP. Los cambios pertinentes que podrían desencadenar tal consideración incluyen cambios en:

- el estado del valor o valores para cuya protección se designó la Zona (por ejemplo, la pérdida total de una colonia reproductora, la expansión o recuperación significativa de una colonia reproductora previamente en peligro, la remoción o destrucción de un sitio o monumento histórico), considerándose que existe escasa o nula probabilidad y capacidad de restablecimiento de los valores que requieren protección o gestión especial;
- el valor de la Zona como componente del sistema más amplio de zonas protegidas antárticas, dentro de un marco ambiental geográfico sistemático (por ejemplo, mayor protección de los mismos valores dentro de otras ZAEP en la misma región biogeográfica), aunque reconociendo que puede haber casos en los que las ZAEP puedan proteger valores únicos sin desempeñar un papel particular en el sistema más amplio;
- la evaluación de una amenaza a los valores para cuya protección se designó la Zona como resultado de un cambio en la actividad humana en la región (p. ej., la eliminación de una base antártica cercana o la decisión de no desembarcar más turistas cerca de los valores identificados);
- la utilización del sitio con fines científicos (por ejemplo, al completarse un programa de seguimiento a largo plazo y no quedar ya justificada la protección del sitio para la investigación científica).

Es importante señalar, como parte de la evaluación, que aunque los valores originales se hayan perdido, podría haber casos en los que hayan surgido nuevos valores que respaldarían que la zona se mantuviese como ZAEP (por ejemplo, la presencia o identificación de nuevas especies o el valor de la zona como sitio de referencia con impacto limitado para el seguimiento y la investigación). En tales casos, se debe emprender un proceso separado de revisión y enmienda del plan de gestión para la zona.

También es importante plantearse si es probable que cualquier cambio en el valor o valores de la zona, ya sea la pérdida de valores o la aparición de nuevos valores, sea duradero. Según corresponda, se podrá recurrir al conocimiento técnico pertinente (por ejemplo, al SCAR) respecto a lo que constituye un marco de tiempo apropiado en cada caso. La toma de decisiones puede darse tras analizarse información de:

- seguimiento o investigaciones para determinar que el cambio es significativo y duradero (por ejemplo, seguimiento que identifique la ausencia continua de un valor previo para el cual se designara la ZAEP). El enfoque del seguimiento/las investigaciones (por ejemplo, frecuencia, intensidad, duración) dependerá de los valores en cuestión y de la accesibilidad de la zona. En algunos casos, es posible que no se requiera un seguimiento repetido si una observación única es suficiente (por ejemplo, una ZAEP designada para proteger un SMH);

- conocimiento científico sobre cualquier ciclo natural relacionado con los valores específicos;
- una sólida comprensión de los mecanismos que han provocado el cambio en el estado de los valores protegidos (por ejemplo, el cambio climático, el cambio ambiental, el impacto humano) y una evaluación relativa a cuán permanente es probable que sea el cambio;
- evaluaciones de expertos con respecto a la capacidad y probabilidad de que los valores se restablezcan o se mantengan dentro de la zona en el futuro.

4. Consideración del CPA de una propuesta para anular la designación de una ZAEP

Si una Parte o Partes, después de la debida consideración, concluyen que las circunstancias en una ZAEP pueden justificar la anulación de la designación, deben presentar un documento de trabajo como notificación inicial al CPA en el que se proporcione la justificación. El documento de trabajo debe exponer claramente la justificación de por qué el CPA debe contemplar la anulación de la designación y proporcionar documentación de respaldo como resultados de estudios de seguimiento, resultados de visitas de inspección, artículos científicos publicados, evaluaciones de expertos sobre el estado futuro de los valores identificados en la zona y, si procede, fotografías.

El CPA tendrá en cuenta el documento de trabajo y tomará una decisión para asesorar a la Reunión Consultiva del Tratado Antártico (RCTA) sobre la posible anulación de la designación de ZAEP, también sobre la base del asesoramiento experto, según corresponda (por ejemplo, asesoramiento científico del SCAR). Entre los resultados de la consideración del CPA puede darse lo siguiente:

A) **El estatus de ZAEP sigue siendo válido para la zona bajo consideración.** En los casos en los que el CPA considere que las razones previamente reconocidas para la designación de ZAEP siguen siendo válidas, o cuando puedan darse nuevas razones para mantener la designación de ZAEP, el CPA puede decidir notificar a la RCTA que es apropiado continuar con la designación de ZAEP. En los casos en los que hayan surgido nuevos valores, el CPA puede identificar modificaciones relacionadas con el plan de gestión de la zona (por ejemplo, cambios en los límites de la zona o disposiciones relativas al acceso y la realización de actividades dentro de la zona, etc.).

B) **Se necesitan más investigaciones y seguimiento.** El CPA puede decidir que se requiere más información para determinar si las razones previamente reconocidas para la designación de ZAEP siguen siendo válidas, o si pueden existir nuevas razones para mantener la designación de ZAEP. En tales casos, el CPA puede alegar que es necesario un mayor seguimiento o investigación para determinar el estado de los valores de la zona. Si los resultados del seguimiento o la investigación posterior respaldan una propuesta para anular la designación de la ZAEP, se debe presentar al CPA otro documento de trabajo con una evaluación actualizada.

C) **Se recomienda anular la designación inmediatamente.** En los casos en los que exista un cambio documentado, obvio y duradero en los valores que justificaron una protección o gestión especial y no hayan surgido valores adicionales para los cuales el CPA decida otorgar protección o administración especial, el CPA puede aconsejar a la RCTA que anule la designación de la ZAEP.

Apéndice 4

Programa provisional para la XXIV reunión del CPA

1. Apertura de la reunión
2. Aprobación del programa
3. Deliberaciones estratégicas sobre el trabajo futuro del CPA
4. Funcionamiento del CPA
5. Cooperación con otras organizaciones
6. Reparación y remediación del daño al medio ambiente
7. Implicaciones del cambio climático para el medio ambiente:
    a. Enfoque estratégico
    b. Implementación y evaluación del Programa de Trabajo de Respuesta al Cambio Climático
8. Evaluación del impacto ambiental (EIA):
    a. Proyectos de evaluación medioambiental global
    b. Otros temas relacionados con la evaluación del impacto ambiental
9. Protección de zonas y planes de gestión:
    a. Planes de gestión
    b. Sitios y Monumentos Históricos
    c. Directrices para sitios
    d. Protección y gestión del espacio marino
    e. Otros asuntos relacionados con el anexo V
10. Conservación de la flora y fauna antárticas:
    a. Cuarentena y especies no autóctonas
    b. Especies especialmente protegidas
    c. Otros asuntos relacionados con el anexo II
11. Vigilancia ambiental e informes sobre el estado del medio ambiente
12. Informes de inspección
13. Asuntos generales
14. Elección de autoridades
15. Preparativos para la próxima reunión

16. Aprobación del informe
17. Clausura de la reunión

3. Apéndices

Programa preliminar, grupos de trabajo y asignación de temas para la XLIV RCTA

Sesión plenaria

1) Apertura de la reunión
2) Elección de autoridades y creación de grupos de trabajo
3) Aprobación del programa, asignación de temas del programa a los grupos de trabajo y consideración del Plan de Trabajo Estratégico Plurianual
4) Funcionamiento del Sistema del Tratado Antártico: Informes de las Partes, observadores y expertos
5) Informe del Comité para la Protección del Medio Ambiente
6) Funcionamiento del Sistema del Tratado Antártico:
   a) Solicitud de Belarús para que se le acuerde la condición de Parte Consultiva

Grupo de Trabajo 1: ***(Asuntos jurídicos, institucionales y relativos a políticas)***

6) Funcionamiento del Sistema del Tratado Antártico:
   b) Asuntos generales
7) Funcionamiento del Sistema del Tratado Antártico: Asuntos relacionados con la Secretaría
8) Responsabilidad
9) Prospección biológica en la Antártida
10) Intercambio de información
11) Asuntos educacionales
12) Plan de Trabajo Estratégico Plurianual

Grupo de Trabajo 2: ***(Ciencias, operaciones, turismo)***

13) Seguridad y operaciones antárticas
14) Inspecciones realizadas en virtud del Tratado Antártico y el Protocolo sobre Protección del Medio Ambiente
15) Asuntos, futuros desafíos, cooperación y asesoramiento científicos
16) Implicaciones del cambio climático para la gestión del área del Tratado Antártico
17) Turismo y actividades no gubernamentales en el área del Tratado Antártico, incluidos asuntos relativos a las autoridades competentes

Sesión plenaria

18) Preparativos para la 45.ª reunión
19) Otros asuntos
20) Aprobación del informe final
21) Clausura de la reunión

Declaración de París con motivo del sexagésimo aniversario de la entrada en vigor del Tratado Antártico y del trigésimo aniversario de la firma del Protocolo de Madrid de 1991 o Protocolo al Tratado Antártico sobre Protección del Medio Ambiente.

Con motivo del 60.º aniversario de la entrada en vigor del Tratado Antártico el 23 de junio de 1961 y del 30.º aniversario de la firma del Protocolo al Tratado Antártico sobre Protección del Medio Ambiente (el Protocolo sobre Protección del Medio Ambiente) el 4 de octubre de 1991, las Partes Consultivas del Tratado Antártico,

Recordando la Declaración de Praga de la XLII Reunión Consultiva del Tratado Antártico (RCTA) de 2019 con motivo del sexagésimo aniversario de la firma del Tratado Antártico,

Recordando además la Declaración de Santiago sobre el 25.º aniversario de la firma del Protocolo al Tratado Antártico sobre Protección del Medio Ambiente realizada en la XXXIX RCTA de 2016,

Recordando también que en 2021 se cumple el 60.º aniversario de la primera Reunión Consultiva del Tratado Antártico, celebrada en Canberra,
Reconociendo la importancia del Protocolo sobre Protección del Medio Ambiente dentro del sistema del Tratado Antártico y como ejemplo normativo para otros sistemas internacionales,

Recordando el compromiso con la protección global del medio ambiente antártico y los ecosistemas dependientes y asociados, y con la designación de la Antártida como reserva natural consagrada a la paz y a la ciencia,

Reafirmando que la protección integral del medio ambiente antártico y los ecosistemas dependientes y asociados redunda en interés de la ciencia y de la humanidad en su conjunto,

Reconociendo los logros de la aplicación del Tratado Antártico para preservar y promover la paz y la cooperación internacional en la Antártida, y que redunda en interés de toda la humanidad que la Antártida siga utilizándose exclusivamente con fines pacíficos,
Afirmando la apertura del sistema del Tratado Antártico a todos los Estados interesados en la Antártida y dispuestos a respetar sus principios y regulaciones,

Conscientes de que la libertad de investigación científica en la Antártida y la cooperación internacional pacífica son piedras angulares del Tratado Antártico, y que la cooperación internacional en la investigación científica en la Antártida ha resultado en importantes contribuciones al conocimiento científico,
Recordando las responsabilidades de las Partes Consultivas del Tratado Antártico de realizar todas las actividades en la Antártida de conformidad con el sistema del Tratado Antártico,

Recordando además que la protección integral del medio ambiente antártico y los ecosistemas dependientes y asociados constituye una consideración fundamental en la planificación de las actividades y la investigación científica en el área del Tratado Antártico,

Observando el crecimiento proyectado del turismo y las actividades no gubernamentales, y los posibles impactos ambientales asociados con el crecimiento y la diversificación de actividades, y acogiendo con satisfacción todos los esfuerzos de las Partes para debatir estos asuntos y proponer acciones adecuadas,

Observando con profunda preocupación los efectos del cambio ambiental global, en particular del cambio climático, en el medio ambiente antártico y en los ecosistemas dependientes y asociados,

Recordando la importancia del Programa de Trabajo de Respuesta al Cambio Climático del CPA y su objetivo de prepararse y desarrollar resiliencia ante los impactos ambientales de un clima cambiante en el contexto del objetivo del Acuerdo de París de limitar el aumento de la temperatura media global a muy por debajo de 2 °C por encima del nivel preindustrial y realizando esfuerzos para limitar el aumento de temperatura a 1,5 °C por encima del nivel preindustrial, así como las ambiciosas medidas asociadas para mitigar el cambio climático y aumentar los esfuerzos de adaptación a sus efectos,

Teniendo en cuenta las conclusiones del Informe Especial sobre el Océano y la Criosfera en un Clima Cambiante adoptado por el Grupo Intergubernamental de Expertos sobre el Cambio Climático en 2019,

Reafirmándose en la importancia de aprovechar el mejor asesoramiento científico y técnico disponible en la gestión de las actividades en la Antártida y la protección integral del medio ambiente antártico y los ecosistemas dependientes y asociados,

Reconociendo la importancia del Comité para la Protección del Medio Ambiente como órgano asesor de las Reuniones Consultivas del Tratado Antártico en relación con la implementación del Protocolo sobre Protección del Medio Ambiente,

Subrayando la capacidad del sistema del Tratado Antártico para evolucionar y adaptarse, también en respuesta al turismo y las actividades no gubernamentales actuales y futuras, a la incorporación de nuevas Partes en el Tratado Antártico y a la instalación de nuevas bases,
Reconociendo el efecto acumulativo de los instrumentos del sistema del Tratado Antártico con ese fin, en particular del Tratado Antártico, así como la Convención para la Conservación de las Focas Antárticas de 1972, la Convención sobre la Conservación de los Recursos Vivos Marinos Antárticos de 1980 y el Protocolo sobre Protección del Medio Ambiente,

por la presente:

1. Reafirman su sólido y firme compromiso con los objetivos y propósitos del Tratado Antártico, su Protocolo sobre Protección del Medio Ambiente y otros instrumentos del Sistema del Tratado Antártico;

2. Reafirman la importancia de la contribución hecha por el Tratado, y por el Artículo IV en particular, para asegurar la continuidad de la armonía internacional en la Antártida;

3. Confirman que el Sistema del Tratado Antártico facilita la gobernanza efectiva y duradera de la Antártida a nivel internacional, aboga por un uso de la Antártida exclusivamente con fines pacíficos, tal como se especifica en el artículo 1 del Tratado Antártico, garantizando la libertad de investigación científica y la cooperación para tal fin y designando a la Antártida como una reserva natural consagrada a la paz y la ciencia;

4. Se reafirman en su compromiso con el Protocolo sobre Protección del Medio Ambiente y, en particular, en su firme e inequívoco compromiso con sus artículos 6 y 7, que respectivamente establecen los principios de cooperación en la planificación y realización de actividades en el área del Tratado Antártico y prohíben cualquier actividad relacionada con los recursos minerales distinta de la investigación científica;

5. Se reafirman en su compromiso de salvaguardar el medio ambiente antártico y los ecosistemas dependientes y asociados y de permanecer alertas y continuar identificando y abordando eficazmente los desafíos ambientales antárticos actuales y futuros, actuando de manera efectiva y oportuna;

6. Aprecian la importante contribución del Comité para la Protección del Medio Ambiente como fuente fundamental del mejor asesoramiento disponible sobre cuidado ambiental para que las Reuniones Consultivas del Tratado Antártico puedan tomar decisiones más informadas;

7. Se reafirman en su compromiso de trabajar juntas para comprender mejor los cambios en el clima antártico y para implementar acciones consistentes con las metas del Acuerdo de París, con miras a limitar los impactos adversos del cambio climático en el medio ambiente antártico y los ecosistemas dependientes y asociados, protegiendo los ecosistemas y mejorando la resiliencia de la Antártida al cambio climático;

8. Pretenden hacer todos los esfuerzos necesarios para que el anexo VI del Protocolo sobre Protección del Medio Ambiente sobre responsabilidad emanada de emergencias ambientales entre en vigor, como un paso crítico hacia la implementación de los artículos 15 y 16 del Protocolo sobre Protección del Medio Ambiente;

9. Pretenden realizar todos los esfuerzos necesarios para poner en vigor todas las Medidas adoptadas por las Reuniones Consultivas del Tratado Antártico de conformidad con el Tratado Antártico;

10. Se reafirman en la importancia de la Convención sobre la Conservación de los Recursos Vivos Marinos Antárticos (Convención de la CRVMA) dentro del sistema del Tratado Antártico y pretenden continuar cooperando estrechamente con la Comisión para la Conservación de los Recursos Vivos Marinos Antárticos (CCRVMA), en particular para fortalecer nuestros esfuerzos conjuntos para conservar los recursos vivos marinos antárticos, en apoyo a los objetivos del sistema del Tratado Antártico;

11. Refuerzan el valor de la participación del Comité Científico de Investigación Antártica (SCAR) para brindar asesoramiento científico y del Consejo de Administradores de Programas Antárticos Nacionales (COMNAP) para brindar asesoramiento y asistencia sobre temas relativos a las operaciones antárticas a las Reuniones Consultivas del Tratado Antártico;

12. Enfatizan su compromiso dentro del sistema del Tratado Antártico para promover programas cooperativos de valor científico, técnico y educativo, incluyendo actividades diseñadas para proteger el medio ambiente antártico y los ecosistemas dependientes y asociados; y facilitar el intercambio de activos e infraestructura antárticos para apoyar proyectos científicos colaborativos siempre que sea posible y factible y limitar cambios permanentes adicionales en el medio ambiente antártico natural;

13. Se reafirman en su compromiso de regular el turismo y las actividades no gubernamentales de manera efectiva, incluido el abordaje de los desafíos derivados del cumplimiento normativo, el crecimiento potencial y la diversificación de dichas actividades y los impactos ambientales asociados, teniendo en cuenta las disposiciones del sistema del Tratado Antártico y, en particular, las contenidas en el Protocolo sobre Protección del Medio Ambiente;

14. Se reafirman en su compromiso de tener en cuenta el mejor asesoramiento científico y técnico disponible en la planificación y realización de sus actividades en la Antártida, también en la preparación de Evaluaciones del Impacto Ambiental y en la designación y preparación de planes de gestión para las Zonas Antárticas Especialmente Protegidas y Zonas Antárticas Especialmente Administradas;

15. Se reafirman en su compromiso con la protección de los Sitios y Monumentos Históricos de la Antártida, que son muestra colectiva del patrimonio internacional de la exploración de la Antártida;

16. Reafirman su compromiso de continuar sus esfuerzos para proteger la fauna y la flora autóctonas, también evitando la introducción de especies no autóctonas, y de reducir en la medida de lo posible la cantidad de desechos producidos o eliminados en el área del Tratado Antártico, en particular reduciendo la contaminación plástica;

17. Alientan a los Estados que no son Partes en el Tratado Antártico y que están comprometidos con sus objetivos y propósitos, a adherirse a él y

18. Acogen positivamente el aumento de Partes en el Protocolo sobre Protección del Medio Ambiente a cuarenta y una en el momento de esta declaración y alientan a los Estados que son Partes en el Tratado Antártico pero que aún no son Partes en el Protocolo sobre Protección del Medio Ambiente, incluidos sus Anexos, así como en otros instrumentos del sistema del Tratado Antártico de acuerdo con sus disposiciones, a adherirse a ellos.

Adoptado en París, el 23 de junio de 2021

XLIII REUNIÓN CONSULTIVA DEL TRATADO ANTÁRTICO

PARÍS
14 de junio - 24 de junio de 2021

COMUNICADO DEL PAÍS ANFITRIÓN

Del 14 al 24 de junio de 2021, Francia fue el país anfitrión de la XLIII Reunión Consultiva del Tratado Antártico (RCTA) así como de la XXIII Reunión del Comité para la Protección del Medio Ambiente (CPA).

Estos encuentros, organizados por el Ministerio para Europa y de Asuntos Exteriores, se realizaron por videoconferencia debido a la situación sanitaria.

La RCTA, que reunió a las delegaciones de los 54 Estados Parte del Tratado Antártico, se llevó a cabo bajo la presidencia del Sr. Olivier Poivre d'Arvor, embajador a cargo de los asuntos polares y marítimos. El Comité de Protección del Medio Ambiente se reunió del 14 al 18 de junio bajo la presidencia de la Sra. Birgit Njåstad (Noruega).

Más de 450 participantes que incluyeron a las Partes del Tratado Antártico, a expertos, a representantes de la sociedad civil y a observadores internacionales asistieron a las reuniones de la RCTA y el CPA.

La RCTA fue inaugurada por el primer ministro Jean Castex. La ceremonia de apertura también estuvo marcada por los discursos del ministro para Europa y Asuntos Exteriores, D. Jean-Yves Le Drian, la ministra para la Transición Ecológica, Dña. Barbara Pompili y la ministra de Educación Superior, Investigación e Innovación, Dña. Frédérique Vidal.

La RCTA adoptó la Declaración de París con motivo del 60.º aniversario de la entrada en vigor del Tratado Antártico y el 30.º aniversario de la firma del Protocolo de Madrid para la protección del medio ambiente antártico. Esta declaración reafirma notablemente el compromiso de las Partes Consultivas con los principios y objetivos del Tratado Antártico, su compromiso de preservar el medio ambiente antártico y los ecosistemas dependientes y asociados, así como su compromiso de trabajar conjuntamente para comprender mejor los cambios en el clima antártico y actuar de forma coherente con los objetivos del Acuerdo Climático de París.

Las Partes Consultivas también adoptaron una Resolución que reafirma la necesidad de tener en cuenta las implicaciones del cambio climático en la gestión de las actividades humanas en la Antártida.

Además, la RCTA continuó sus debates relacionados con el funcionamiento del Sistema del Tratado Antártico y las Partes reafirmaron en esta ocasión su confianza en su capacidad para responder a los desafíos que puedan surgir.

Las Partes tomaron nota de y comentaron los informes de inspecciones de las estaciones y de otras instalaciones realizadas durante el año 2020 en la Antártida. Las Partes pudieron reiterar su adhesión a las reglas y principios del Sistema del Tratado, y su deseo común de asegurar que se respeten.

Los debates de la RCTA también se centraron en cuestiones relacionadas con el desarrollo del turismo y las actividades no gubernamentales en la Antártida. Se han adoptado herramientas concretas que permiten mejorar el conocimiento de y el respeto por las normas destinadas a conciliar la preservación del medio ambiente con las actividades turísticas y no gubernamentales.

La reunión también permitió a las Partes debatir qué acciones ejercer en educación y concienciación.

Mientras tanto, el CPA ha aprobado directrices generales revisadas para los visitantes a la Antártida. El CPA presentó sus recomendaciones sobre la conservación de la flora y la fauna, las consecuencias del cambio climático en el medio ambiente y la Evaluación del Impacto Ambiental de actividades llevadas a cabo en la Antártida. Las Partes evaluaron además 27 Zonas Antárticas Especialmente Protegidas y dos Sitios y Monumentos Históricos en la Antártida.

Las Partes agradecieron al Gobierno francés la buena organización de esta primera celebración virtual de la RCTA.

Con motivo de la clausura del evento, el presidente de la República, D. Emmanuel Macron, dirigió un mensaje a las delegaciones y a la comunidad científica internacional antártica.

La próxima RCTA la organizará Alemania del 23 de mayo al 2 de junio de 2022.

París, 24 de junio de 2021

PARTE II

Medidas, Decisiones y Resoluciones

1. Medidas

Medida 1 (2021)

Zona Antártica Especialmente Administrada n.º 6 (colinas de Larsemann, Antártida Oriental): plan de gestión revisado

Los representantes,

recordando los artículos 4, 5 y 6 del anexo V al Protocolo al Tratado Antártico sobre Protección del Medio Ambiente, que establece la designación de las Zonas Antárticas Especialmente Administradas («ZAEA») y la aprobación de los planes de gestión para dichas zonas;

recordando

- la Medida 2 (2007), que designó las colinas de Larsemann, Antártida Oriental, como ZAEA n.º 6 y anexó un plan de gestión para la zona;
- la Medida 15 (2014), que aprobó un plan de gestión revisado para la ZAEA n.º 6;

observando que el Comité para la Protección del Medio Ambiente («CPA») refrendó un plan de gestión revisado para la ZAEA n.º 6;

deseando reemplazar el actual Plan de Gestión para la ZAEA n.º 6 por el Plan de Gestión revisado;

recomiendan a sus Gobiernos la siguiente Medida para su aprobación de conformidad con el párrafo 1 del artículo 6 del anexo V del Protocolo al Tratado Antártico sobre Protección del Medio Ambiente:

que:

1. se apruebe el Plan de Gestión revisado para la Zona Antártica Especialmente Administrada n.º 6 (colinas de Larsemann, Antártida Oriental), anexo a la presente Medida, y
2. se revoque el Plan de Gestión de la Zona Antártica Especialmente Administraba n.° 6 anexo a la Medida 15 (2014).

Medida 2 (2021)

Zona Antártica Especialmente Protegida n.° 101 (pingüinera Taylor, Tierra de Mac Robertson): plan de gestión revisado

Los representantes,

recordando los artículos 3, 5 y 6 del anexo V al Protocolo al Tratado Antártico sobre Protección del Medio Ambiente, que establecen la designación de las Zonas Antárticas Especialmente Protegidas («ZAEP») y la aprobación de los planes de gestión para dichas Zonas;

recordando

- la Recomendación IV-1 (1966), que designó a la pingüinera Taylor, Tierra de Mac Robertson como Zona Especialmente Protegida («ZEP») n.° 1;
- la Recomendación XVII-2 (1992), que aprobó un plan de gestión para la Zona;
- la Decisión 1 (2002), que cambia el nombre y número de la ZEP n.° 1 al de ZAEP n.° 101;
- las Medidas 2 (2005), 1 (2010) y 1 (2015) que aprobaron los planes de gestión revisados para la ZAEP n.° 101;

recordando que la Recomendación XVII-2 (1992) no entró en vigor y que fue desplazada por la Medida 1 (2010);

observando que el Comité para la Protección del Medio Ambiente («CPA») refrendó un plan de gestión revisado para la ZAEP n.° 101;

deseando reemplazar el actual Plan de Gestión para la ZAEP n.° 101 por el Plan de Gestión revisado;

recomiendan a sus Gobiernos la siguiente Medida para su aprobación de conformidad con el párrafo 1 del artículo 6 del anexo V del Protocolo al Tratado Antártico sobre Protección del Medio Ambiente:

que:

1. se apruebe el Plan de Gestión revisado para la Zona Antártica Especialmente Protegida n.° 101 (pingüinera Taylor, Tierra de Mac Robertson), que se anexa a esta Medida; y

2. se revoque el Plan de Gestión para la Zona Antártica Especialmente Protegida n.° 101, anexo a la Medida 1 (2015).

Medida 3 (2021)

Zona Antártica Especialmente Protegida n.° 102 (islas Rookery, bahía Holme, Tierra de Mac Robertson): plan de gestión revisado

Los representantes,

recordando los artículos 3, 5 y 6 del anexo V al Protocolo al Tratado Antártico sobre Protección del Medio Ambiente, que establecen la designación de las Zonas Antárticas Especialmente Protegidas («ZAEP») y la aprobación de los planes de gestión para dichas Zonas;

recordando

- la Recomendación IV-2 (1966), que designó a las islas Rookery, bahía Holme, Tierra de Mac Robertson como Zona Especialmente Protegida («ZEP») n.º 2;
- la Recomendación XVII-2 (1992), que aprobó un plan de gestión para la Zona;
- la Decisión 1 (2002), que cambia el nombre y número de la ZEP n.º 2 al de ZAEP n.º 102;
- las Medidas 2 (2005), 2 (2010) y 2 (2015) que aprobaron los planes de gestión revisados para la ZAEP 102;

recordando que la Recomendación XVII-2 (1992) no entró en vigor y que fue desplazada por la Medida 1 (2010);

observando que el Comité para la Protección del Medio Ambiente («CPA») refrendó un plan de gestión revisado para la ZAEP n.º 102;

deseando reemplazar el actual Plan de Gestión para la ZAEP n.º 102 por el Plan de Gestión revisado;

recomiendan a sus Gobiernos la siguiente Medida para su aprobación de conformidad con el párrafo 1 del artículo 6 del anexo V del Protocolo al Tratado Antártico sobre Protección del Medio Ambiente:

que:

1. se apruebe el Plan de Gestión revisado para la Zona Antártica Especialmente Protegida n.º 102 (islas Rookery, bahía Holme, Tierra de Mac Robertson), que se anexa a esta Medida, y

2. se revoque el Plan de Gestión para la Zona Antártica Especialmente Protegida n.° 102, anexo a la Medida 2 (2015).

Medida 4 (2021)

Zona Antártica Especialmente Protegida n.º 103 (isla Ardery e isla Odbert, costa Budd, Tierra de Wilkes, Antártida Oriental): plan de gestión revisado

Los representantes,

recordando los artículos 3, 5 y 6 del anexo V al Protocolo al Tratado Antártico sobre Protección del Medio Ambiente, que establecen la designación de las Zonas Antárticas Especialmente Protegidas («ZAEP») y la aprobación de los planes de gestión para dichas Zonas;

recordando

- la Recomendación IV-3 (1966), que designó a la isla Ardery e isla Odbert, costa Budd como Zona Especialmente Protegida («ZEP») n.° 3;
- la Recomendación XVII-2 (1992), que aprobó un plan de gestión para la Zona;
- la Decisión 1 (2002), que cambia el nombre y número de la ZEP n.º 3 al de ZAEP n.º 103;
- las Medidas 2 (2005), 3 (2010) y 3 (2015) que aprobaron los planes de gestión revisados para la ZAEP 103;

recordando que la Recomendación XVII-2 (1992) no entró en vigor y que fue desplazada por la Medida 1 (2010);

observando que el Comité para la Protección del Medio Ambiente («CPA») refrendó un plan de gestión revisado para la ZAEP n.º 103;

deseando reemplazar el actual Plan de Gestión para la ZAEP n.º 103 por el Plan de Gestión revisado;

recomiendan a sus Gobiernos la siguiente Medida para su aprobación de conformidad con el párrafo 1 del artículo 6 del anexo V del Protocolo al Tratado Antártico sobre Protección del Medio Ambiente:

que:

1. se apruebe el Plan de Gestión revisado para la Zona Antártica Especialmente Protegida n.° 103 (isla Ardery e isla Odbert, costa Budd, Tierra de Wilkes, Antártida Oriental), que se anexa a esta Medida; y

2. se revoque el Plan de Gestión para la Zona Antártica Especialmente Protegida n.° 103, anexo a la Medida 3 (2015).

Medida 5 (2021)

Zona Antártica Especialmente Protegida n.°104 (isla Sabrina, islas Balleny): plan de gestión revisado

Los representantes,

recordando los artículos 3, 5 y 6 del anexo V al Protocolo al Tratado Antártico sobre Protección del Medio Ambiente, que establecen la designación de las Zonas Antárticas Especialmente Protegidas («ZAEP») y la aprobación de los planes de gestión para dichas Zonas;

recordando

- la Recomendación IV-4 (1966), que designa a la isla Sabrina, islas Balleny, como Zona Especialmente Protegida («ZEP») n.° 4, y anexa un mapa de la Zona;
- la Decisión 1 (2002), que cambia el nombre y número de la ZEP n.º 4 al de ZAEP n.º 104;
- la Medida 3 (2009), que aprobó un plan de gestión para la ZAEP n.º 104;
- la Medida 4 (2015), que aprobó un plan de gestión revisado para la ZAEP n.º 104;

recordando que la Recomendación IV-4 (1966) fue revocada por la Medida 3 (2009);

observando que el Comité para la Protección del Medio Ambiente («CPA») refrendó un plan de gestión revisado para la ZAEP n.º 104;

deseando reemplazar el actual Plan de Gestión para la ZAEP n.º 104 por el Plan de Gestión revisado;

recomiendan a sus Gobiernos la siguiente Medida para su aprobación de conformidad con el párrafo 1 del artículo 6 del anexo V del Protocolo al Tratado Antártico sobre Protección del Medio Ambiente:

que:

1. se apruebe el Plan de Gestión revisado para la Zona Antártica Especialmente Protegida n.º 104 (isla Sabrina, islas Balleny), que se anexa a esta Medida; y

2. se revoque el Plan de Gestión para la Zona Antártica Especialmente Protegida n.° 104, anexo a la Medida 4 (2015).

Medida 6 (2021)

Zona Antártica Especialmente Protegida n.° 105 (isla Beaufort, ensenada McMurdo, mar de Ross): plan de gestión revisado

Los representantes,

recordando los artículos 3, 5 y 6 del anexo V al Protocolo al Tratado Antártico sobre Protección del Medio Ambiente, que establecen la designación de las Zonas Antárticas Especialmente Protegidas («ZAEP») y la aprobación de los planes de gestión para dichas Zonas;

recordando

- la Recomendación IV-5 (1966), que designó a la isla Beaufort, mar de Ross como Zona Especialmente Protegida («ZEP») n.° 5;
- la Medida 1 (1997), que anexó un plan de gestión para la Zona;
- la Decisión 1 (2002), que cambia el nombre y número de la ZEP n.º 5 al de ZAEP n.º 105;
- las Medidas 2 (2003), 4 (2010) y 5 (2015) que aprobaron los planes de gestión revisados para la ZAEP n.º 105;

recordando que la Recomendación IV-5 (1966) fue revocada por la Medida 4 (2010);

recordando que la Medida 1 (1997) no entró en vigor y que fue desplazada por la Medida 4 (2010);

observando que el Comité para la Protección del Medio Ambiente («CPA») refrendó un plan de gestión revisado para la ZAEP n.° 105;

deseando reemplazar el actual Plan de Gestión para la ZAEP n.° 105 por el Plan de Gestión revisado;

recomiendan a sus Gobiernos la siguiente Medida para su aprobación de conformidad con el párrafo 1 del artículo 6 del anexo V del Protocolo al Tratado Antártico sobre Protección del Medio Ambiente:

que:

1. se apruebe el Plan de Gestión revisado para la Zona Antártica Especialmente Protegida n.° 105 (isla Beaufort, ensenada McMurdo, mar de Ross), que se anexa a la presente Medida; y

2. se revoque el Plan de Gestión para la Zona Antártica Especialmente Protegida n.° 105, anexo a la Medida 5 (2015).

Medida 7 (2021)

Zona Antártica Especialmente Protegida n.° 106 (cabo Hallett, Tierra Victoria del Norte, mar de Ross): plan de gestión revisado

Los representantes,

recordando los artículos 3, 5 y 6 del anexo V al Protocolo al Tratado Antártico sobre Protección del Medio Ambiente, que establecen la designación de las Zonas Antárticas Especialmente Protegidas («ZAEP») y la aprobación de los planes de gestión para dichas Zonas;

recordando

- la Recomendación IV-7 (1966), que designó al cabo Hallett, Tierra de Victoria como Zona Especialmente Protegida («ZEP») n.° 7;
- la Recomendación XIII-13 (1985), que presentó una modificación de la descripción y los límites de la ZEP 7;
- la Decisión 1 (2002), que cambia el nombre y número de la ZEP n.º 7 al de ZAEP n.º 106;
- las Medidas 1 (2002), 5 (2010) y 6 (2015), que aprobaron los planes de gestión revisados para la Zona;

recordando que las Recomendaciones IV-7 (1966) y XIII-13 (1985) fueron revocadas por la Medida 5 (2010);

observando que el Comité para la Protección del Medio Ambiente («CPA») refrendó un plan de gestión revisado para la ZAEP n.º 106;

deseando reemplazar el actual Plan de Gestión para la ZAEP n.º 106 por el Plan de Gestión revisado;

recomiendan a sus Gobiernos la siguiente Medida para su aprobación de conformidad con el párrafo 1 del artículo 6 del anexo V del Protocolo al Tratado Antártico sobre Protección del Medio Ambiente:

que:

1. se apruebe el Plan de Gestión revisado para la Zona Antártica Especialmente Protegida n.° 106 (cabo Hallett, Tierra Victoria del Norte, mar de Ross), que se anexa a la presente Medida, y

2. se revoque el Plan de Gestión para la Zona Antártica Especialmente Protegida n.º 106, anexo a la Medida 6 (2015).

Medida 8 (2021)

Zona Antártica Especialmente Protegida n.° 120 (archipiélago de Punta Géologie, Tierra de Adelia): plan de gestión revisado

Los representantes,

recordando los artículos 3, 5 y 6 del anexo V al Protocolo al Tratado Antártico sobre Protección del Medio Ambiente, que establecen la designación de las Zonas Antárticas Especialmente Protegidas («ZAEP») y la aprobación de los planes de gestión para dichas Zonas;

recordando

- la Medida 3 (1995), que designó al archipiélago de Punta Géologie como Zona Especialmente Protegida («ZEP») n.° 24 y anexó un plan de gestión para la zona;
- la Decisión 1 (2002), que cambia el nombre y número de la ZEP n.° 24 al de ZAEP n.° 120;
- las Medidas 2 (2005), 2 (2011) y 2 (2016) que aprobaron los planes de gestión revisados para la ZAEP 120;

recordando que la Medida 3 (1995) no entró en vigor y que fue desplazada por la Medida 2 (2011);

observando que el Comité para la Protección del Medio Ambiente («CPA») refrendó un plan de gestión revisado para la ZAEP n.° 120;

deseando reemplazar el actual Plan de Gestión para la ZAEP n.° 120 por el Plan de Gestión revisado;

recomiendan a sus Gobiernos la siguiente Medida para su aprobación de conformidad con el párrafo 1 del artículo 6 del anexo V del Protocolo al Tratado Antártico sobre Protección del Medio Ambiente:

que:

1. se apruebe el Plan de Gestión revisado para la Zona Antártica Especialmente Protegida n.° 120 (archipiélago de Punta Géologie, Tierra de Adelia), que se anexa a esta Medida, y

2. se revoque el Plan de Gestión para la Zona Antártica Especialmente Protegida n.° 120, anexo a la Medida 2 (2016).

Medida 9 (2021)

Zona Antártica Especialmente Protegida n.° 121 (cabo Royds, isla Ross): plan de gestión revisado

Los representantes,

recordando los artículos 3, 5 y 6 del anexo V al Protocolo al Tratado Antártico sobre Protección del Medio Ambiente, que establecen la designación de las Zonas Antárticas Especialmente Protegidas («ZAEP») y la aprobación de los planes de gestión para dichas Zonas;

recordando

- la Recomendación VIII-4 (1975), que designó a cabo Royds, isla Ross como Sitio de Especial Interés Científico (SEIC) n.º 1 y anexó un plan de gestión para el Sitio;

- las Recomendaciones X-6 (1979), XII-5 (1983), la Resolución 7 (1995) y la Medida 2 (2000), que extiende la fecha de expiración del SEIC 1;

- la Recomendación XIII-9 (1985), que anexó un plan de gestión revisado para el SEIC 1;

- la Decisión 1 (2002), que cambia el nombre y número del SEIC 1 a ZAEP 121;

- las Medidas 1 (2002), 5 (2009) y 2 (2014) que aprobaron los planes de gestión revisados para la ZAEP 121;

recordando que las Recomendaciones X-6 (1979), XII-5 (1983), XIII-9 (1985) y la Resolución 7 (1995) fueron designadas obsoletas por la Decisión 1 (2011);

recordando que la Medida 2 (2000) no entró en vigor y que fue desplazada por la Medida 5 (2009);

observando que el Comité para la Protección del Medio Ambiente («CPA») refrendó un plan de gestión revisado para la ZAEP n.º 121;

deseando reemplazar el actual Plan de Gestión para la ZAEP n.º 121 por el Plan de Gestión revisado;

recomiendan a sus Gobiernos la siguiente Medida para su aprobación de conformidad con el párrafo 1 del artículo 6 del anexo V del Protocolo al Tratado Antártico sobre Protección del Medio Ambiente:

que:

1. se apruebe el Plan de Gestión revisado para la Zona Antártica Especialmente Protegida n.º 121 (cabo Royds, isla Ross), que se anexa a esta Medida; y

2. se revoque el Plan de Gestión para la Zona Antártica Especialmente Protegida n.° 121, anexo a la Medida 2 (2014).

Medida 10 (2021)

Zona Antártica Especialmente Protegida n.° 131, (glaciar Canadá, lago Fryxell, valle Taylor, Tierra de Victoria): plan de gestión revisado

Los representantes,

recordando los artículos 3, 5 y 6 del anexo V al Protocolo al Tratado Antártico sobre Protección del Medio Ambiente, que establecen la designación de las Zonas Antárticas Especialmente Protegidas («ZAEP») y la aprobación de los planes de gestión para dichas Zonas;

recordando

- la Recomendación XIII-8 (1985), que designa al glaciar Canadá, lago Fryxell, valle Taylor, Tierra de Victoria como Sitio de Especial Interés Científico (SEIC) n.° 12 y anexó un plan de gestión para el sitio;
- la Recomendación XVI-7 (1991), que extendió la fecha de expiración del SEIC n.º 12;
- la Medida 3 (1997), que aprobó un plan de gestión revisado para el SEIC n.º 12;
- la Decisión 1 (2002), que cambió el nombre y número del SEIC n.º 12 a ZAEP n.º 131;
- las Medidas 1 (2006), 6 (2011) y 6 (2016) que aprobaron los planes de gestión revisados para la ZAEP 131;

recordando que la Medida 3 (1997) no entró en vigor y que fue desplazada por la Medida 6 (2011);

recordando que la Recomendación XVI-7 (1991) no entró en vigor y fue designada como obsoleta por la Decisión 1 (2011);

observando que el Comité para la Protección del Medio Ambiente («CPA») refrendó un plan de gestión revisado para la ZAEP n.º 131;

deseando reemplazar el actual Plan de Gestión para la ZAEP n.º 131 por el Plan de Gestión revisado;

recomiendan a sus Gobiernos la siguiente Medida para su aprobación de conformidad con el párrafo 1 del artículo 6 del anexo V del Protocolo al Tratado Antártico sobre Protección del Medio Ambiente:

que:

1. se apruebe el Plan de Gestión revisado para la Zona Antártica Especialmente Protegida n.° 131 (glaciar Canadá, lago Fryxell, valle Taylor, Tierra de Victoria), que se anexa a esta Medida; y

2. se revoque el Plan de Gestión para la Zona Antártica Especialmente Protegida n.° 131, anexo a la Medida 6 (2016).

Medida 11 (2021)

Zona Antártica Especialmente Protegida n.º 134 (punta Cierva e islas frente a la costa, costa Danco, península antártica): plan de gestión revisado

Los representantes,

recordando los artículos 3, 5 y 6 del anexo V al Protocolo al Tratado Antártico sobre Protección del Medio Ambiente, que establecen la designación de las Zonas Antárticas Especialmente Protegidas («ZAEP») y la aprobación de los planes de gestión para dichas Zonas;

recordando

- la Recomendación XIII-8 (1985), que designó a punta Cierva e islas frente a la costa, costa Danco, península antártica como Sitio de Especial Interés Científico («SEIC») n.° 15 y anexó un plan de gestión para el sitio;
- la Resolución 7 (1995), que extendió la fecha de expiración del SEIC n.º 15;
- la Medida 3 (1997), que anexó un plan de gestión revisado para el SEIC n.º 15;
- la Decisión 1 (2002), que cambia el nombre y número del SEIC n.° 15 a ZAEP n.º 134;
- las Medidas 1 (2006) y 5 (2013), que aprobaron los planes de gestión revisados para la ZAEP n.° 134;

recordando que la Resolución 7 (1995) fue designada como obsoleta por la Decisión 1 (2011);

recordando que la Medida 3 (1997) no entró en vigor y que fue desplazada por la Medida 6 (2011);

observando que el Comité para la Protección del Medio Ambiente («CPA») refrendó un plan de gestión revisado para la ZAEP n.º 134;

deseando reemplazar el actual Plan de Gestión para la ZAEP n.º 134 por el Plan de Gestión revisado;

recomiendan a sus Gobiernos la siguiente Medida para su aprobación de conformidad con el párrafo 1 del artículo 6 del anexo V del Protocolo al Tratado Antártico sobre Protección del Medio Ambiente:

que:

1. se apruebe el Plan de Gestión revisado para la Zona Antártica Especialmente Protegida n.° 134 (punta Cierva e islas frente a la costa, costa Danco, península antártica), que se anexa a esta Medida, y

2. se revoque el Plan de Gestión para la Zona Antártica Especialmente Protegida n.° 134, anexo a la Medida 5 (2013).

Medida 12 (2021)

Zona Antártica Especialmente Protegida n.° 148 (monte Flora, bahía Esperanza, península antártica): plan de gestión revisado

Los representantes,

recordando los artículos 3, 5 y 6 del anexo V al Protocolo al Tratado Antártico sobre Protección del Medio Ambiente, que establecen la designación de las Zonas Antárticas Especialmente Protegidas («ZAEP») y la aprobación de los planes de gestión para dichas Zonas;

recordando

- la Recomendación XV-6 (1989), que designó a monte Flora, bahía Esperanza, península antártica como Sitio de Especial Interés Científico («SEIC») n.° 31 y anexó un plan de gestión para el sitio;
- la Decisión 1 (2002), que cambia el nombre y número del SEIC 31 a ZAEP 148;
- las Medidas 1 (2002) y 8 (2015), que aprobaron los planes de gestión revisados para la ZAEP n.° 148;

recordando que la Recomendación XV-6 (1989) fue designada como obsoleta por la Decisión 1 (2011);

observando que el Comité para la Protección del Medio Ambiente («CPA») refrendó un plan de gestión revisado para la ZAEP n.º 148;

deseando reemplazar el actual Plan de Gestión para la ZAEP n.º 148 por el Plan de Gestión revisado;

recomiendan a sus Gobiernos la siguiente Medida para su aprobación de conformidad con el párrafo 1 del artículo 6 del anexo V del Protocolo al Tratado Antártico sobre Protección del Medio Ambiente:

que:

1. se apruebe el Plan de Gestión revisado para la Zona Antártica Especialmente Protegida n.° 148 (monte Flora, bahía Esperanza, península antártica), que se anexa a la presente Medida, y

2. se revoque el Plan de Gestión para la Zona Antártica Especialmente Protegida n.° 148, anexo a la Medida 8 (2015).

Medida 13 (2021)

Zona Antártica Especialmente Protegida n.° 155 (cabo Evans, isla Ross): plan de gestión revisado

Los representantes,

recordando los artículos 3, 5 y 6 del anexo V al Protocolo al Tratado Antártico sobre Protección del Medio Ambiente, que establecen la designación de las Zonas Antárticas Especialmente Protegidas («ZAEP») y la aprobación de los planes de gestión para dichas Zonas;

recordando

- la Medida 2 (1997), que designó al Sitio Histórico de Cabo Evans y su zona circundante como Zona Especialmente Protegida («ZEP») n.º 25 y anexó un plan de gestión para la Zona;
- la Decisión 1 (2002), que cambia el nombre y número de la ZEP n.º 25 al de ZAEP n.º 155;
- las Medidas 2 (2005), 12 (2008), 8 (2010) y 11 (2015), que aprobaron los planes de gestión revisados para la ZAEP 155;

recordando que la Medida 2 (1997) no entró en vigor y que fue desplazada por la Medida 8 (2010);

observando que el Comité para la Protección del Medio Ambiente («CPA») refrendó un plan de gestión revisado para la ZAEP n.º 155;

deseando reemplazar el actual Plan de Gestión para la ZAEP n.º 155 por el Plan de Gestión revisado;

recomiendan a sus Gobiernos la siguiente Medida para su aprobación de conformidad con el párrafo 1 del artículo 6 del anexo V del Protocolo al Tratado Antártico sobre Protección del Medio Ambiente:

que:

1. se apruebe el Plan de Gestión revisado para la Zona Antártica Especialmente Protegida n.º 155 (cabo Evans, isla Ross), que se anexa a la presente Medida; y

2. se revoque el Plan de Gestión para la Zona Antártica Especialmente Protegida n.° 155, anexo a la Medida 11 (2015).

Medida 14 (2021)

Zona Antártica Especialmente Protegida n.° 157 (bahía Backdoor, cabo Royds, isla Ross): plan de gestión revisado

Los representantes,

recordando los artículos 3, 5 y 6 del anexo V al Protocolo al Tratado Antártico sobre Protección del Medio Ambiente, que establecen la designación de las Zonas Antárticas Especialmente Protegidas («ZAEP») y la aprobación de los planes de gestión para dichas Zonas;

recordando

- la Medida 1 (1998), que designó al Sitio Histórico de cabo Royds y su zona circundante como Zona Especialmente Protegida («ZEP») n.° 27 y anexó un plan de gestión para la Zona;
- la Decisión 1 (2002), que cambia el nombre y número de la ZEP n.º 27 al de ZAEP n.º 157;
- la Medida 1 (2002), que aprobó un plan de gestión revisado para la ZAEP n.º 157;
- las Medidas 2 (2005), 9 (2010) y 12 (2015) que aprobaron los planes de gestión revisados para la ZAEP 157;

recordando que la Medida 1 (1998) no entró en vigor y que fue desplazada por la Medida 9 (2010);

observando que el Comité para la Protección del Medio Ambiente («CPA») refrendó un plan de gestión revisado para la ZAEP n.º 157;

deseando reemplazar el actual Plan de Gestión para la ZAEP n.º 157 por el Plan de Gestión revisado;

recomiendan a sus Gobiernos la siguiente Medida para su aprobación de conformidad con el párrafo 1 del artículo 6 del anexo V del Protocolo al Tratado Antártico sobre Protección del Medio Ambiente:

que:

1. se apruebe el Plan de Gestión revisado para la Zona Antártica Especialmente Protegida n.º 157 (bahía Backdoor, cabo Royds, isla Ross), que se anexa a esta Medida; y

2. se revoque el Plan de Gestión para la Zona Antártica Especialmente Protegida n.° 157, anexo a la Medida 12 (2015).

Medida 15 (2021)

Zona Antártica Especialmente Protegida n.° 158 (punta Hut, isla Ross): plan de gestión revisado

Los representantes,

recordando los artículos 3, 5 y 6 del anexo V al Protocolo al Tratado Antártico sobre Protección del Medio Ambiente, que establecen la designación de las Zonas Antárticas Especialmente Protegidas («ZAEP») y la aprobación de los planes de gestión para dichas Zonas;

recordando

- la Medida 1 (1998), que designó a punta Hut, isla Ross como Zona Especialmente Protegida (ZEP) n.° 28 y anexó un plan de gestión para la Zona;
- la Decisión 1 (2002), que cambia el nombre y número de la ZEP n.° 28 al de ZAEP n.° 158;
- las Medidas 2 (2005), 10 (2010) y 13 (2015) que aprobaron los planes de gestión revisados para la ZAEP 158;

recordando que la Medida 1 (1998) no entró en vigor y que fue desplazada por la Medida 9 (2010);

observando que el Comité para la Protección del Medio Ambiente («CPA») refrendó un plan de gestión revisado para la ZAEP n.° 158;

deseando reemplazar el actual Plan de Gestión para la ZAEP n.° 158 por el Plan de Gestión revisado;

recomiendan a sus Gobiernos la siguiente Medida para su aprobación de conformidad con el párrafo 1 del artículo 6 del anexo V del Protocolo al Tratado Antártico sobre Protección del Medio Ambiente:

que:

1. se apruebe el Plan de Gestión revisado para la Zona Antártica Especialmente Protegida n.° 158 (punta Hut, isla Ross), que se anexa a la presente Medida, y

2. se revoque el Plan de Gestión para la Zona Antártica Especialmente Protegida n.° 158, anexo a la Medida 13 (2015).

Medida 16 (2021)

Zona Antártica Especialmente Protegida n.° 159 (cabo Adare, costa Borchgrevink): plan de gestión revisado

Los representantes,

recordando los artículos 3, 5 y 6 del anexo V al Protocolo al Tratado Antártico sobre Protección del Medio Ambiente, que establecen la designación de las Zonas Antárticas Especialmente Protegidas («ZAEP») y la aprobación de los planes de gestión para dichas Zonas;

recordando

- la Medida 1 (1998), que designó al Sitio Histórico de cabo Adare y su zona circundante como Zona Especialmente Protegida («ZEP») n.° 29 y anexó un plan de gestión para la Zona;

- la Decisión 1 (2002), que cambia el nombre y número de la ZEP n.° 29 al de ZAEP n.° 159;

- las Medidas 2 (2005), 11 (2010) y 14 (2015) que aprobaron los planes de gestión revisados para la ZAEP 159;

recordando que la Medida 1 (1998) no entró en vigor y que fue desplazada por la Medida 9 (2010);

observando que el Comité para la Protección del Medio Ambiente («CPA») refrendó un plan de gestión revisado para la ZAEP n.° 159;

deseando reemplazar el actual Plan de Gestión para la ZAEP n.° 159 por el Plan de Gestión revisado;

recomiendan a sus Gobiernos la siguiente Medida para su aprobación de conformidad con el párrafo 1 del artículo 6 del anexo V del Protocolo al Tratado Antártico sobre Protección del Medio Ambiente:

que:

1. se apruebe el Plan de Gestión revisado para la Zona Antártica Especialmente Protegida n.° 159 (cabo Adare, costa Borchgrevink), que se anexa a la presente Medida; y

2. se revoque el Plan de Gestión para la Zona Antártica Especialmente Protegida n.° 159, anexo a la Medida 14 (2015).

Medida 17 (2021)

Zona Antártica Especialmente Protegida n.° 163 (glaciar Dakshin Gangotri, Tierra de la Reina Maud): plan de gestión revisado

Los representantes,

recordando los artículos 3, 5 y 6 del anexo V al Protocolo al Tratado Antártico sobre Protección del Medio Ambiente, que establecen la designación de las Zonas Antárticas Especialmente Protegidas («ZAEP») y la aprobación de los planes de gestión para dichas Zonas;

recordando

- la Medida 2 (2005), que designó al glaciar Dakshin Gangotri, Tierra de la Reina Maud como ZAEP 163 y anexó un plan de gestión para la Zona;
- las Medidas 12 (2010) y 15 (2015), que aprobaron los planes de gestión revisados para la ZAEP n.° 163;

observando que el Comité para la Protección del Medio Ambiente («CPA») refrendó un plan de gestión revisado para la ZAEP n.º 163;

deseando reemplazar el actual Plan de Gestión para la ZAEP n.º 163 por el Plan de Gestión revisado;

recomiendan a sus Gobiernos la siguiente Medida para su aprobación de conformidad con el párrafo 1 del artículo 6 del anexo V del Protocolo al Tratado Antártico sobre Protección del Medio Ambiente:

que:

1. se apruebe el Plan de Gestión revisado para la Zona Antártica Especialmente Protegida n.º 163 (Glaciar Dakshin Gangotri, Tierra de la Reina Maud), que se anexa a la presente Medida; y
2. se revoque el Plan de Gestión para la Zona Antártica Especialmente Protegida n.° 163, anexo a la Medida 15 (2015).

Medida 18 (2021)

Zona Antártica Especialmente Protegida n.º 167, (isla Hawker, Tierra de la Princesa Isabel): plan de gestión revisado

Los representantes,

recordando los artículos 3, 5 y 6 del anexo V al Protocolo al Tratado Antártico sobre Protección del Medio Ambiente, que establecen la designación de las Zonas Antárticas Especialmente Protegidas («ZAEP») y la aprobación de los planes de gestión para dichas Zonas;

recordando

- la Medida 1 (2006), que designó a la isla Hawker, cerros Vestfold, costa Ingrid Christensen, Tierra de la Princesa Isabel, Antártida Oriental como ZAEP n.° 167 y anexó un plan de gestión para la Zona;
- las Medidas 9 (2011) y 8 (2016), que aprobaron los planes de gestión revisados para la ZAEP n.° 167;

observando que el Comité para la Protección del Medio Ambiente («CPA») refrendó un plan de gestión revisado para la ZAEP n.° 167;

deseando reemplazar el actual Plan de Gestión para la ZAEP n.° 167 por el Plan de Gestión revisado;

recomiendan a sus Gobiernos la siguiente Medida para su aprobación de conformidad con el párrafo 1 del artículo 6 del anexo V del Protocolo al Tratado Antártico sobre Protección del Medio Ambiente:

que:

1. se apruebe el Plan de Gestión revisado para la Zona Antártica Especialmente Protegida n.° 167 (isla Hawker, Tierra de la Princesa Isabel), que se anexa a esta Medida; y

2. se revoque el Plan de Gestión para la Zona Antártica Especialmente Protegida n.° 167, anexo a la Medida 8 (2016).

Medida 19 (2021)

Zona Antártica Especialmente Protegida n.º 176 (islas Rosenthal, isla Anvers, archipiélago Palmer): plan de gestión

Los representantes,

recordando los artículos 3, 5 y 6 del anexo V al Protocolo al Tratado Antártico sobre Protección del Medio Ambiente, que establecen la designación de las Zonas Antárticas Especialmente Protegidas («ZAEP») y la aprobación de los planes de gestión para dichas Zonas;

recordando

- la Medida 1 (2008), que designó la cuenca Palmer y el sudoeste de la isla Anvers como Zona Antártica Especialmente Administrada («ZAEA») n.º 7 y anexó un plan de gestión para la Zona;
- las Medidas 2 (2009) y 14 (2010), que aprobaron planes de gestión revisados para la ZAEA 7;

observando la Medida 6 (2014) relativa a la ZAEP 139, *punta Biscoe, isla Anvers*;

observando Medida 1 (2014) relativa a la ZAEP 113 *isla Litchfield, puerto Arthur, isla Anvers, archipiélago Palmer*;

observando que el Comité para la Protección del Medio Ambiente («CPA») refrendó un plan de gestión para la ZAEP 176;

reconociendo que esta zona cuenta con sobresalientes valores medioambientales, científicos, históricos, estéticos o de vida silvestre, o se realiza o realizará en ella investigación científica, y que se beneficiaría de protección especial;

deseando designar las islas Rosenthal, la isla Anvers y el archipiélago Palmer como ZAEP 176 y aprobar el plan de gestión para esta zona;

recomiendan a sus Gobiernos la siguiente Medida para su aprobación de conformidad con el párrafo 1 del artículo 6 del anexo V del Protocolo al Tratado Antártico sobre Protección del Medio Ambiente:

que:

1. se designe a islas Rosenthal, isla Anvers, archipiélago Palmer como Zona Antártica Especialmente

Protegida n.º 176, y

2. se apruebe el plan de gestión anexo a esta Medida.

Medida 20 (2021)

Zona Antártica Especialmente Protegida n.º 177 (islas Léonie y sudeste de la isla Adelaida, península antártica): plan de gestión

Los representantes,

recordando los artículos 3, 5 y 6 del anexo V al Protocolo al Tratado Antártico sobre Protección del Medio Ambiente, que establecen la designación de las Zonas Antárticas Especialmente Protegidas («ZAEP») y la aprobación de los planes de gestión para dichas zonas;

observando que el Comité para la Protección del Medio Ambiente («CPA») refrendó un plan de gestión para la ZAEP 177;

reconociendo que esta zona cuenta con sobresalientes valores medioambientales, científicos, históricos, estéticos o de vida silvestre, o se realiza o realizará en ella investigación científica, y que se beneficiaría de protección especial;

deseando designar a las islas Léonie y sudeste de la isla Adelaida, península antártica, como ZAEP 177, y aprobar el plan de gestión para esta zona;

recomiendan a sus Gobiernos la siguiente Medida para su aprobación de conformidad con el párrafo 1 del artículo 6 del anexo V del Protocolo al Tratado Antártico sobre Protección del Medio Ambiente:

que:

1. se designe a las islas Léonie y al sudeste de la isla Adelaida, península antártica, como Zona Antártica Especialmente Protegida n.º 177; y

2. se apruebe el plan de gestión anexo a esta Medida.

Medida 21 (2021)

Zona Antártica Especialmente Protegida n.º 178 (isla Inexpressible y bahía Seaview, mar de Ross): plan de gestión

Los representantes,

recordando los artículos 3, 5 y 6 del anexo V al Protocolo al Tratado Antártico sobre Protección del Medio Ambiente, que establecen la designación de las Zonas Antárticas Especialmente Protegidas («ZAEP») y la aprobación de los planes de gestión para dichas Zonas;

señalando que el Comité para la Protección del Medio Ambiente (CPA) refrendó un plan de gestión para la ZAEP 178;

reconociendo que esta zona cuenta con sobresalientes valores medioambientales, científicos, históricos, estéticos o de vida silvestre, o se realiza o realizará en ella investigación científica, y que se beneficiaría de protección especial;

deseando designar la isla Inexpressible y la bahía Seaview, mar de Ross, como ZAEP 178, y aprobar el plan de gestión para esta zona;

recomiendan a sus Gobiernos la siguiente Medida para su aprobación de conformidad con el párrafo 1 del artículo 6 del anexo V del Protocolo al Tratado Antártico sobre Protección del Medio Ambiente:

que:

1. se designe a isla Inexpressible y bahía Seaview, mar de Ross, península antártica, como Zona Antártica Especialmente Protegida n.º 178, y

2. se apruebe el plan de gestión anexo a esta Medida.

Medida 22 (2021)

Lista revisada de Sitios y Monumentos Históricos antárticos: Pecio del San Telmo

Los representantes,

recordando los requisitos del artículo 8 del anexo V del Protocolo al Tratado Antártico sobre Protección del Medio Ambiente de mantener una lista de los actuales Sitios y Monumentos Históricos (SMH), y que estos sitios no se deben dañar, retirar ni destruir;

recordando

- la Medida 12 (2019), en la que se revisó y actualizó la lista de Sitios y Monumentos Históricos y las Medidas posteriores mediante las cuales se agregaron SMH a la lista de SMH;

- la Resolución 2 (2018), en la que se recomendaron directrices no obligatorias para la evaluación y la gestión del patrimonio antártico;

recomiendan a sus Gobiernos la siguiente Medida para su aprobación de conformidad con el párrafo 2 del artículo 8 del anexo V del Protocolo al Tratado Antártico sobre Protección del Medio Ambiente:

que se agregue lo siguiente a la lista de Sitios y Monumentos Históricos:

«Pecio del *San Telmo*.

Los primeros registros del pecio se encuentran en documentación británica contemporánea en el momento de la pérdida. Según los registros, el capitán Smith hizo dos desembarques en la caleta Shirreff y encontró los restos de un naufragio que aún conserva inscripciones del barco hundido, el *San Telmo*.

El 4 de septiembre de 1819, la embarcación española *San Telmo* se encontró sola y a la deriva en medio de una terrible tormenta. El barco desapareció con una tripulación de 644 hombres: marineros, soldados e infantes de marina. Se trata de un barco estatal y una tumba militar colectiva.

La historia de la presencia humana en la Antártida es muy corta y los restos del *San Telmo*, si se encuentran, podrían considerarse los primeros restos humanos en la Antártida. El buque y sus artefactos resultan arqueológicamente significativos en sí mismos, al haber estado sumergidos durante más de 100 años, lo que constituye un umbral internacional ampliamente aceptado para considerarse un patrimonio subacuático. El pecio incluye todas las piezas y accesorios relacionados con la embarcación, armamento, equipo, suministros, así como la nave misma y la tripulación y el personal militar transportado en su interior. La designación también incluye todos los objetos personales que la tripulación habría dejado en el barco cuando se hundió».

Ubicación: La ubicación del último avistamiento del *San Telmo* corresponde a 62ºS 70ºO, punto donde los vientos y corrientes conducen inevitablemente al norte de la isla Livingston, en las islas Shetland del Sur (Archivo General de la Marina Española Álvaro de Bazán).

Parte proponente original: España

Parte a cargo de la gestión: España.

Medida 23 (2021)

Sistema de Zonas Antárticas Protegidas: Lista de Sitios y Monumentos Históricos con formato rediseñado

Los representantes,

tomando nota de los requisitos del artículo 8 del anexo V del Protocolo al Tratado Antártico sobre Protección del Medio Ambiente de mantener una lista de los actuales Sitios y Monumentos Históricos (SMH), y que estos sitios «no deberán dañarse, trasladarse ni destruirse»;

recordando las Recomendaciones I-IX, V-4, VI-14, VII-9, XII-7, XIII-16, XIV-8, XV-12, XVI-11, XVII-3 y las Medidas 4 (1995), 2 (1996), 4 (1997), 2 (1998), 1 (2001), 2 (2001), 3 (2003), 11 y 12 (2011), 11 (2012), 18, 19, 20 y 21 (2013), 19 (2015), 9 (2016) y 12 (2019);

tomando nota de las *Directrices para la designación y protección de Sitios y Monumentos Históricos* adoptadas mediante la Resolución 3 (2009) y las *Directrices para la evaluación y gestión del patrimonio antártico* adoptadas mediante la Resolución 2 (2018);

recordando además la Decisión 1 (2019) en la que las Partes acordaron incorporar los nuevos campos de información, que se sumaron a los campos existentes, en la lista de SMH;

deseando actualizar las descripciones de SMH según el formato prescrito por la Decisión 1 (2019);

recomiendan a sus Gobiernos, de conformidad con el párrafo 2 del artículo 8 del anexo V del Protocolo al Tratado Antártico sobre Protección del Medio Ambiente, que la lista de monumentos históricos identificados y descritos por el Gobierno o los Gobiernos proponentes, anexa a la Recomendación VII-9 y modificada por las Recomendaciones y Medidas recordadas anteriormente, sea reemplazada por la lista actualizada y revisada de Sitios y Monumentos Históricos anexa a esta Medida.

N.º	Nombre	Descripción	Ubicación	Designación/enmienda	Parte proponente original	Parte encargada de la gestión	Tipo	Estado de conservación	Descripción del contexto histórico	Criterios aplicables de conformidad con la Resolución 3 (2009)	Herramientas de gestión	Fotografías	Características físicas del entorno y contexto cultural y local
1	Asta de bandera Operación 90	Asta de bandera erigida en el Polo Sur geográfico por la primera expedición polar argentina por vía terrestre, llevada a cabo en diciembre de 1965.	90º S	Rec. VII-9	Argentina	Argentina	Otros restos: otros	Enterrado bajo el hielo	Asta de bandera metálica erigida en el Polo Sur geográfico por la primera expedición argentina por tierra al Polo Sur, denominada Operación 90, llevada a cabo en diciembre de 1965. Fue dirigida por el coronel Jorge Edgard Leal, quien instaló la estación Esperanza en 1952. En el camino, la expedición también instaló la estación Sobral, a 780 km del Polo Sur.	En el lugar ocurrió un acontecimiento de particular importancia en la historia de la ciencia y la exploración de la Antártida; mantiene un vínculo particular con una hazaña notable de resistencia o logro; es representativo o forma parte de una actividad de gran alcance que ha sido importante en el desarrollo y el conocimiento de la Antártida.		SMH 1: A. Crédito: Colección Bassani Grande /IAA SMH 1: B. Crédito: Fotograma del documental 90.	Polo Sur geográfico en la meseta polar, en las cercanías de la estación Amundsen-Scott.
2	Mojón de rocas de Fukushima	Mojón de rocas y placas en la estación Syowa para recordar a Shin Fukushima, miembro de la 4.ª expedición japonesa de investigación antártica, que murió en octubre de 1960 en el ejercicio de sus funciones oficiales. El mojón fue erigido por sus colegas el 11 de enero de 1961. Parte de sus cenizas descansan en el mojón.	69°00' S, 39°35' E	Rec. VII-9	Japón	Japón	Objeto conmemorativo: placa	Los restos se encuentran en buen estado.	Mojón de rocas y placas en la estación Syowa para recordar a Shin Fukushima, miembro de la 4.ª expedición japonesa de investigación antártica, que murió en octubre de 1960 en el ejercicio de sus funciones oficiales. El mojón fue erigido por sus colegas el 11 de enero de 1961. Parte de sus cenizas descansan en el mojón.	Un suceso de especial importancia en la historia de la ciencia o la exploración de la Antártida. mantiene un vínculo particular con una persona que desempeñó un papel importante en la historia de la ciencia o la exploración en la Antártida.	Deben ser preservados para no ser destruidos.	SMH 2: mojón de piedras y placa en memoria de Shin Fukushima	Mojón de roca endurecido con hormigón, situado de pie en una esquina de la estación Syowa
3	Mojón de piedras de Mawson - Isla Proclamación	Mojón de rocas y placa en la isla Proclamación, Tierra Enderby, erigidos en enero de 1930 por *sir* Douglas Mawson. El mojón y la placa recuerdan el	65° 51' S, 53° 41' E	Rec. VII-9	Australia	Australia	Otros restos: mojón de expedición	El mojón y la placa permanecen intactos.	El 13 de enero de 1930, *sir* Douglas Mawson y otros miembros de la expedición científica antártica de Gran Bretaña, Australia y Nueva Zelandia (BANZARE) de 1929-	Un suceso de especial importancia en la historia de la ciencia o la exploración de la Antártida;	Los nuevos jefes de estaciones australianas reciben información sobre asuntos de	SMH 3: isla Proclamación - 1930 (crédito de la foto: JF Hurley)	La isla Proclamación es una pequeña isla rocosa a 5 km al oeste del cabo Batterbee y cerca del este de las islas Aagard de la Antártida.

N.°	Nombre	Descripción	Ubicación	Designación/enmienda	Parte proponente original	Parte encargada de la gestión	Tipo	Estado de conservación	Descripción del contexto histórico	Criterios aplicables de conformidad con la Resolución 3 (2009)	Herramientas de gestión	Fotografías	Características físicas del entorno y contexto cultural y local
		desembarque de *sir* Douglas Mawson en la isla Proclamación con un grupo formado a partir de las expediciones de investigación antártica de Gran Bretaña, Australia y Nueva Zelandia de 1929-31.							31 desembarcaron en la isla Proclamación en Tierra de Enderby, donde erigieron un montículo de rocas y una placa.	mantiene un vínculo particular con una persona que desempeñó un papel importante en la historia de la ciencia o la exploración.	patrimonio, incluidos los SMH, todos los años.		
4.	Edificio de la estación del Polo de la Inaccesibilidad	Edificio de la estación sobre el cual se encuentra un busto de V. I. Lenin, junto con una placa en conmemoración de la conquista del Polo de la Inaccesibilidad por parte de los exploradores antárticos soviéticos en 1958. El busto de Lenin se erige sobre un pedestal de madera montado en el techo del edificio a aproximadamente, 1,5 m. por encima de la superficie de nieve.	82° 06' 42" S, 55° 01' 57" E	Rec. VII-9 Medida 11 (2012)	Rusia	Rusia	Construcción: estación	El edificio de la estación está cubierto de nieve. El busto está erosionado.	Se inauguró una estación en la zona del Polo de la Inaccesibilidad en el punto final de la travesía científica tierra adentro durante la cual se investigó el espesor de la capa de hielo y las características del relieve bajo el hielo. Se llevaron a cabo numerosas mediciones geofísicas, glaciológicas y meteorológicas en las regiones centrales de la Antártida Oriental no exploradas hasta ese momento. Se remonta al Año Geofísico Internacional (AGI) de 1957-58.	Un suceso de especial importancia en la historia de la ciencia o la exploración de la Antártida ocurrió en el lugar. Es representativo o forma parte de una actividad de gran alcance que ha sido importante en el desarrollo y el conocimiento de la Antártida	No se establecieron medidas especiales	SMH 4: Edificio de la estación del Polo de la Inaccesibilidad (crédito de la foto: Olav Orheim, Instituto Polar Noruego)	El edificio de la estación está situado en la superficie de nieve-neviza de la meseta antártica en la zona más distante de la costa.
5	Mojón de rocas de Mawson - Cabo Bruce	Mojón de rocas y placa en cabo Bruce, Tierra de Mac. Robertson, erigidos en febrero de 1931 por *sir* Douglas Mawson. El mojón y la placa recuerdan el desembarque de *sir* Douglas Mawson en cabo Bruce en 1929-1931 con un grupo formado a partir de	67° 25' S, 60° 47' E	Rec. VII-9	Australia	Australia	Otros restos: mojón de expedición	El mojón y la placa permanecen intactos.	El 18 de febrero de 1931, *sir* Douglas Mawson y otros miembros de la expedición científica antártica de Gran Bretaña, Australia y Nueva Zelandia (BANZARE) de 1929-31 desembarcaron en el cabo Bruce, donde construyeron un montículo de piedras	Un suceso de especial importancia en la historia de la ciencia o la exploración de la Antártida; mantiene un vínculo particular con una persona que desempeñó un papel importante en	El sitio y su estado patrimonial se enumeran en todos los mapas de la estación Mawson y en las pautas del operador del Programa Antártico	SMH 5: cabo Bruce - 1931 (crédito de la foto: Frank Hurley)	El cabo Bruce está en el extremo norte de una pequeña isla al oeste del glaciar Taylor en Mac Robertson Land, aproximadamente a 100 km al oeste de la estación Mawson.

N.º	Nombre	Descripción	Ubicación	Designación/enmienda	Parte proponente original	Parte encargada de la gestión	Tipo	Estado de conservación	Descripción del contexto histórico	Criterios aplicables de conformidad con la Resolución 3 (2009)	Herramientas de gestión	Fotografías	Características físicas del entorno y contexto cultural y local
		las expediciones de investigación antártica de Gran Bretaña, Australia y Nueva Zelandia.							con una placa e izaron la bandera del Reino Unido. El mojón con su placa de cobre y la isla Proclamación fueron redescubiertos el 3 de julio de 1957.	la historia de la ciencia o la exploración.	Australiano. Los nuevos jefes de estaciones australianas reciben información sobre asuntos de patrimonio, incluidos los SMH, todos los años.		
6	Mojón de Wilkins	Montículo de piedras en Walkabout Rocks, cerro Vestfold, Tierra de la Princesa Isabel, erigido en 1939 por *sir* Hubert Wilkins. El mojón aloja un recipiente que contiene un registro de su visita.	68° 22' S, 78° 33' E	Rec. VII-9	Australia	Australia	Otros restos: mojón de expedición	El mojón y el recipiente permanecen intactos. El sitio está marcado por una caña de bambú. El documento de registro de visitas y la revista *Walkabout* en la que se enrolló originalmente se colocaron en 1989 en acrílico dentro de una caja de acero inoxidable. Estos, así como las tazas metálicas originales con la bandera roja	El 11 de enero de 1939, el pionero explorador y aviador polar australiano *sir* Hubert Wilkins visitó el sitio y dejó un registro de su visita, una copia de la revista australiana *Walkabout* y la bandera roja australiana. En 1957, una expedición de la estación Davis encontró el sitio y construyó un mojón para marcarlo.	Un suceso de especial importancia en la historia de la ciencia o la exploración de la Antártida; mantiene un vínculo particular con una persona que desempeñó un papel importante en la historia de la ciencia o la exploración.	El sitio y su estado patrimonial se enumeran en todos los mapas de la estación Davis y en las pautas del operador del Programa Antártico Australiano. Los nuevos jefes de estaciones australianas reciben información sobre asuntos de patrimonio, incluidos los SMH, todos los años	1) SMH 6: mojón de Wilkins - Paisaje (crédito de la foto: John Warham) 2) SMH 6: mojón de Wilkins - Artefactos 3) SMH 6: mojón de Wilkins - Mojón de 1957 y caja de 1989	El mojón de Wilkins está ubicado en el extremo nordeste de los cerros Vestfold, en un lugar elevado con espectaculares vistas a la costa.

N.°	Nombre	Descripción	Ubicación	Designación/enmienda	Parte proponente original	Parte encargada de la gestión	Tipo	Estado de conservación	Descripción del contexto histórico	Criterios aplicables de conformidad con la Resolución 3 (2009)	Herramientas de gestión	Fotografías	Características físicas del entorno y contexto cultural y local
								australiana, se encuentran dentro de un contenedor de madera contrachapada, 900 mm al oeste de la roca grande bajo la cual se descubrieron la revista y la bandera.					
7.	Piedra de Ivan Khmara	Piedra con placa inscrita erigida en la isla Buromsky en conmemoración del conductor-mecánico Ivan Khmara, miembro de la primera expedición antártica compleja de la URSS (primera expedición antártica soviética), que falleció en el hielo firme en el desempeño de sus funciones el 21 de enero de 1956. Inicialmente, la piedra se erigió en punta Mabus, observatorio Mirny. En 1974, durante la XIX expedición antártica soviética (EAS), la piedra fue trasladada a la isla Buromsky debido a las actividades de construcción.	66° 32' 04" S, 92° 59' 57" E	Rec. VII-9 Medida 11 (2012)	Rusia	Rusia	Objeto conmemorativo: otro	La piedra está en buen estado.	La piedra se erigió en memoria del conductor-mecánico Ivan Khmara, miembro de la primera expedición antártica compleja de la URSS (primera expedición antártica soviética), que falleció en el hielo firme en el desempeño de sus funciones durante la construcción de la estación Mirny.	Un suceso de especial importancia en la historia de la ciencia o la exploración de la Antártida ocurrió en el lugar.	La ubicación del SMH se indica en el mapa de la zona de la estación Mirny. Todas las personas que llegan a la estación Mirny reciben información de la existencia y ubicación del SMH 7.	SMH 7 - Piedra de Ivan Khmara (crédito de la foto: Sergey Tarasenko)	La piedra se encuentra en la superficie rocosa de la isla Buromsky, aproximadamente a 2 km de la estación Mirny.
8.	Monumento a Anatoly Shcheglov	Monumento a Anatoly Shcheglov. Estela de metal con	66° 34' 43" S,	Rec. VII-9 Medida	Rusia	Rusia	Objeto conme	La estela con placa está en buen estado.	La estela se erigió en memoria del miembro de la novena expedición	Un suceso de especial importancia en la	La ubicación del SMH se indica en el	SMH 8: monumento a	La estela se encuentra en la superficie de nieve-neviza a una distancia de

N.°	Nombre	Descripción	Ubicación	Designación/enmienda	Parte proponente original	Parte encargada de la gestión	Tipo	Estado de conservación	Descripción del contexto histórico	Criterios aplicables de conformidad con la Resolución 3 (2009)	Herramientas de gestión	Fotografías	Características físicas del entorno y contexto cultural y local
		una placa en conmemoración de Anatoly Shcheglov, conductor-mecánico que falleció en el desempeño de sus funciones, erigida sobre un trineo en la ruta Mirny–Vostok, a 2 km de la estación Mirny.	92° 58' 23" E	11 (2012)			morativo: otro		antártica soviética que perdió la vida cerca de la estación Mirny el 25 de febrero de 1964 y cuyo cuerpo no pudo ser recuperado de la grieta.	historia de la ciencia o la exploración de la Antártida ocurrió en el lugar.	mapa de la zona de la estación Mirny. Todas las personas que llegan a la estación Mirny reciben información de la existencia y ubicación del SMH 8.	Anatoly Shcheglov (crédito de la foto: Stanislav Kogan)	2 km de la estación Mirny.
9.	Cementerio de la isla Buromsky	Cementerio en la isla Buromsky, próxima al observatorio Mirny, en el que se dio sepultura a varios ciudadanos de la URSS (Federación de Rusia), Checoslovaquia, la RDA y Suiza (miembros de las expediciones antárticas soviéticas y rusas), que fallecieron en el desempeño de sus funciones.	66° 32' 04" S, 93° 00' E	Rec. VII-9 Medida 11 (2012)	Rusia	Rusia	Sitio	Los trabajos de restauración se llevaron a cabo en 2017	La isla alberga un cementerio para varias docenas de ciudadanos de la Unión Soviética, Checoslovaquia, la República Democrática Alemana y Suiza que murieron en el desempeño de sus funciones como miembros de las expediciones antárticas soviéticas y rusas.	Valor simbólico o conmemorativo para personas de muchas naciones.	La ubicación del SMH se indica en el mapa de la zona de la estación Mirny. Todas las personas que llegan a la estación Mirny reciben información de la existencia y ubicación del SMH 9.	SMH 9: cementerio de la isla Buromsky	El cementerio está ubicado en la superficie rocosa de la isla Buromsky, a unos 2 km de la estación Mirny.
10.	Observatorio en estación soviética Oasis	Edificio del observatorio magnético en la estación Dobrowolsky (una parte de la antigua estación soviética Oasis fue transferida a Polonia), en el cerro Bunger, con una placa en conmemoración de la inauguración de la	66° 16' 30" S, 100° 45'03" E	Rec. VII-9 Medida 11 (2012)	Rusia	Rusia	Construcción: estación	El edificio está en mal estado, la placa se ha perdido.	La estación Oasis se inauguró en octubre de 1956 y fue la primera estación en la historia de la exploración de la Antártida Oriental que se ubicó en una gran zona sin hielo. En la estación se realizaron observaciones meteorológicas, glaciológicas, sismológicas y	Un suceso de especial importancia en la historia de la ciencia o la exploración de la Antártida ocurrió en el lugar. Es representativo o forma parte de una actividad de gran alcance que ha sido importante en el	No se establecieron medidas especiales		El SMH 10 está ubicado en el lado suroeste de la colina cubierta de morrenas que desciende al lago Algae (Figurnoye).

N.°	Nombre	Descripción	Ubicación	Designación/enmienda	Parte proponente original	Parte encargada de la gestión	Tipo	Estado de conservación	Descripción del contexto histórico	Criterios aplicables de conformidad con la Resolución 3 (2009)	Herramientas de gestión	Fotografías	Características físicas del entorno y contexto cultural y local
		estación Oasis en 1956.							geomagnéticas, y se investigaron auroras y corrientes terrestres. En la zona de los cerros Bunger se llevaron a cabo estudios de campo sobre geología, hidrología, glaciología, biología, geomorfología y gravimetría. Se remonta al Año Geofísico Internacional (AGI) de 1957-58. La estación Oasis fue cedida posteriormente por la Unión Soviética a Polonia en enero de 1959.	desarrollo y el conocimiento de la Antártida			
11.	Tractor de la estación Vostok	Tractor de trabajo pesado ATT 11 en la estación Vostok que participó en la primera travesía al polo geomagnético de la Tierra, con una placa que conmemora la inauguración de la estación en 1957.	78° 27' 48" S, 106° 50' 06" E	Rec. VII-9 Medida 11 (2012)	Rusia	Rusia	Objeto conmemorativo: otro	El tractor está en buen estado.	De acuerdo con los compromisos adoptados por la URSS para el cumplimiento del Programa del Año Geofísico Internacional (AGI), la Unión Soviética inauguró una estación científica en la zona del polo geomagnético sur (16 de diciembre de 1957, estación Vostok). La apertura de la estación tuvo lugar mediante tractores oruga y remolques de artillería pesada. Entre las máquinas del primer tractor de trineo que atravesó el polo geomagnético de la Tierra se encontraba el ATT n.° 11.	Un suceso de especial importancia en la historia de la ciencia o la exploración de la Antártida ocurrió en el lugar. Sus materiales, diseño o método de construcción tienen un valor técnico, histórico, cultural o arquitectónico particular.	La ubicación del SMH se indica en el mapa de la zona de la estación Vostok. Todas las personas que llegan a la estación Vostok reciben información de la existencia y ubicación del SMH 11.	SMH 11: tractor de la estación Vostok (crédito de la foto: Andrey Voevodin)	El tractor se encuentra en las inmediaciones de las instalaciones de la estación Vostok. Todas las instalaciones y estructuras de la estación Vostok están situadas en la superficie de nieve-neviza de la meseta antártica a una altitud de 3488 m sobre el nivel del mar.
14	Sitio de la caverna de hielo del Grupo Norte	Sitio de la caverna de hielo en la isla Inexpresable, bahía Terra Nova, construida en marzo	74° 54' S, 163° 43' E	Rec. VII-9 Medida 5 (1995)	Nueva Zelandia	Nueva Zelandia Italia Reino Unido	Sitio	Caverna de hielo destruida por ablación. Todavía	Sitio de un refugio de invierno forzoso establecido por el Grupo Norte de Scott (expedición antártica	Mantiene un vínculo particular con una hazaña notable de resistencia o logro	Póster de Sitios y Monumentos Históricos de la región del	SMH 14: sitio de la caverna de hielo del Grupo	El SMH 14 está ubicado en una isla rocosa rodeada de glaciares y abierta a la bahía de Terra Nova al este. Hay líquenes en el

N.º	Nombre	Descripción	Ubicación	Designación/enmienda	Parte proponente original	Parte encargada de la gestión	Tipo	Estado de conservación	Descripción del contexto histórico	Criterios aplicables de conformidad con la Resolución 3 (2009)	Herramientas de gestión	Fotografías	Características físicas del entorno y contexto cultural y local
	- isla Inexpresable	de 1912 por el Grupo Norte de Victor Campbell, expedición antártica británica, 1910-13. El grupo pasó el invierno de 1912 en esta caverna de hielo. Todavía quedan en el sitio un cartel de madera, una placa y huesos de foca.						quedan en el sitio restos de huesos de focas y pingüinos del período de la ocupación La placa permanece intacta, el cartel de madera ya no está.	británica) en 1912, que fue abandonado allí después de que el *Aurora* no pudiera recogerlos de un viaje con fines científicos y de recuento, a lo largo de la costa norte de la Tierra de Victoria. Seis hombres sobrevivieron seis meses durante el invierno con medias raciones para las expediciones en trineo, en una caverna de hielo de 3,6 x 2,7 x 1,7, antes de emprender la marcha de 40 días y 370 km de regreso al cabo Evans en primavera.	Sus materiales, diseño o método de construcción tienen un valor técnico, histórico, cultural o arquitectónico particular	mar de Ross colocado a la vista en las estaciones de la región	Norte - isla Inexpresable. Placa (A). SMH 14: restos de foca (B) (crédito de la foto: colección pictórica de Antarctica New Zealand)	sitio y una colonia de pingüinos de Adelia cerca. Hay turistas que visitan el sitio. Se propone una estación de investigación china para la isla Inexpresable.
15	Cabaña Nimrod de Shackleton, cabo Royds, isla Ross	Cabaña ubicada en cabo Royds, isla Ross, construida en febrero de 1908 por la expedición antártica británica de 1907-09, dirigida por *sir* Ernest Shackleton. Restaurada en enero de 1961 por la División Antártica del Departamento neozelandés de Investigaciones Científicas e Industriales. Sitio incorporado a la ZAEP n.º 157	77° 33' S, 166° 10' E	Rec. VII-9	Nueva Zelandia Reino Unido	Nueva Zelandia Reino Unido	Construcción: cabaña	Tras un importante trabajo de conservación llevado a cabo por la rama neozelandesa de la fundación Antarctic Heritage Trust en 2005-2011, el edificio es estructuralmente sólido y resistente a la intemperie, y se ha conservado la colección de artefactos. La vigilancia	La cabaña del cabo Royds y sus artefactos son uno de los seis únicos sitios relacionados con la edad heroica de la exploración antártica que aún permanecen en el mismo lugar. La expedición antártica británica de Shackleton de 1907-1909 estableció y ocupó el sitio mientras llevaba a cabo una serie de actividades importantes, incluido el primer ascenso al monte Erebus, la primera ubicación del polo magnético sur y la llegada al extremo sur en latitud en ese momento. Además, se llevaron a cabo estudios científicos y otras	Un suceso de especial importancia en la historia de la ciencia o la exploración de la Antártida ocurrió en el lugar Sus materiales, diseño o método de construcción tienen un valor técnico, histórico, cultural o arquitectónico particular Mantiene un vínculo particular con una persona que desempeñó un papel importante en la historia de la ciencia o la exploración en la Antártida	Plan de Gestión de la ZAEP n.º 157 La cabaña está cerrada; se proporciona la llave; es obligatorio contar con guías de cabaña cualificados; hay un código de conducta para acceder. Directrices para sitios que reciben visitantes del Tratado Antártico Póster de Sitios y	SMH 15: cabaña Nimrod de Shackleton, cabo Royds, lado norte de la isla Ross (A). SMH 15: extremo este (B) SMH 15: extremo oeste y placa (C) (crédito de la foto: colección pictórica de Antarctica New Zealand)	El cabo Royds (166° 09' 56" E, 77° 33' 20" S) está situado en el extremo occidental de la isla Ross, ensenada McMurdo, en una franja costera de tierra libre de hielo de aproximadamente 8 km de ancho, en la parte inferior de las pendientes occidentales del monte Erebus. La ZAEP n.º 157 es adyacente inmediatamente a la ZAEP n.º 121. Es visitada con frecuencia por el personal de las bases McMurdo y Scott cuando el hielo marino permite el acceso de vehículos, así como por turistas.

N.°	Nombre	Descripción	Ubicación	Designación/enmienda	Parte proponente original	Parte encargada de la gestión	Tipo	Estado de conservación	Descripción del contexto histórico	Criterios aplicables de conformidad con la Resolución 3 (2009)	Herramientas de gestión	Fotografías	Características físicas del entorno y contexto cultural y local
								y el mantenimiento anuales aseguran la estabilidad continua de este sitio.	investigaciones. El sitio fue visitado por expediciones posteriores en épocas heroicas, incluidas las visitas y la ocupación del Grupo del Mar de Ross de Shackleton (expedición imperial transantártica) en 1915-16.		Monumentos Históricos de la región del mar de Ross colocado a la vista en las estaciones de la región		
16	Cabaña Terra Nova de Scott, cabo Evans, isla Ross	Cabaña en Cabo Evans, isla Ross, construida en enero de 1911 por la expedición antártica británica de 1910-1913, dirigida por el capitán Robert F. Scott. Restaurada en enero de 1961 por la División Antártica del Departamento neozelandés de Investigaciones Científicas e Industriales. Sitio incorporado a la ZAEP n.° 155	77° 38' S, 166° 24' E	Rec. VII-9	Nueva Zelandia Reino Unido	Nueva Zelandia Reino Unido	Construcción: cabaña	Tras un importante trabajo de conservación llevado a cabo por la rama neozelandesa de la fundación Antarctic Heritage Trust en 2008-2013, el edificio es estructuralmente sólido y resistente a la intemperie, y se ha conservado la colección de artefactos. La vigilancia y el mantenimiento anuales aseguran la estabilidad continua de este sitio. La cabaña magnética original del	La cabaña y las dependencias del cabo Evans, así como sus artefactos asociados y la cruz conmemorativa en el cerro Wind Vane, constituyen uno de los seis sitios relacionados con la «edad heroica» de la exploración antártica que aún permanecen en su sitio. La expedición antártica británica de Scott de 1910-1913 estableció y ocupó el sitio mientras llevaba a cabo un importante programa científico y de exploración en la región del mar de Ross y hasta el Polo Sur. El sitio está asociado con estudios científicos detallados y completos en una variedad de disciplinas, muchas de las cuales se utilizan hoy como datos de referencia. Varias historias legendarias de la Antártida se relacionan con este sitio, incluida la carrera por el polo, el viaje invernal al cabo Crozier y la misión de	Un suceso de especial importancia en la historia de la ciencia o la exploración de la Antártida ocurrió en el lugar Sus materiales, diseño o método de construcción tienen un valor técnico, histórico, cultural o arquitectónico particular Mantiene un vínculo particular con una persona que desempeñó un papel importante en la historia de la ciencia o la exploración en la Antártida	Plan de Gestión de la ZAEP n.° 155 La cabaña está cerrada; se proporciona la llave; es obligatorio contar con guías de cabaña cualificados; hay un código de conducta para acceder. Póster de Sitios y Monumentos Históricos de la región del mar de Ross colocado a la vista en las estaciones de la región	SMH 16: cabaña Terra Nova de Scott - Cabo Evans, lado de la playa Home de la isla Ross (A) SMH 16: interior (B) (crédito de la foto: colección pictórica de Antarctica New Zealand)	El cabo Evans es una zona pequeña, de forma triangular, de material basáltico expuesto al suroeste de la isla Ross, a 10 kilómetros al sur del cabo Royds y a 22 km al norte de la península de punta Hut en la isla Ross. Es el sitio más visitado de la región del mar de Ross, con visitas del personal de la base Scott y de la estación McMurdo, así como de turistas.

N.°	Nombre	Descripción	Ubicación	Designación/enmienda	Parte proponente original	Parte encargada de la gestión	Tipo	Estado de conservación	Descripción del contexto histórico	Criterios aplicables de conformidad con la Resolución 3 (2009)	Herramientas de gestión	Fotografías	Características físicas del entorno y contexto cultural y local
								cerro Wind Vane está protegida por una carcasa temporal.	colocación de depósitos del Grupo del Mar de Ross de Shackleton (expedición imperial transantártica) que residió en el sitio entre 1915 y 1917.				
17	Cruz del cerro Wind Vane, cabo Evans, isla Ross	Cruz en el cerro Wind Vane, cabo Evans, isla Ross, erigida por el Grupo del Mar de Ross, dirigido por el capitán Aeneas Mackintosh, de la expedición imperial transantártica de *sir* Ernest Shackleton de 1914-1916, en memoria de tres miembros del grupo que perecieron en las inmediaciones en 1916. Sitio incorporado a la ZAEP n.° 155	77° 38' S, 166° 24' E	Rec. VII-9	Nueva Zelandia Reino Unido	Nueva Zelandia Reino Unido	Objeto conmemorativo: cruz	La cruz está erosionada por el viento y afectada por los rayos UV, pero es estructuralmente estable. No se talló nunca una inscripción; sin embargo, la inscripción prevista está en una placa adyacente.	Erigida el 16 de enero de 1917, esta cruz marca la muerte de tres miembros del Grupo del Mar de Ross (expedición imperial transantártica de Shackleton) que, con suministros limitados, viajaron más de 1000 km en trineo para llevar depósitos en previsión del segmento de la travesía de Shackleton (que nunca llegó a llevarse a cabo) entre el glaciar Beardmore y el mar de Ross. El reverendo Spencer Smith murió de escorbuto en el viaje de regreso. Mackintosh y Hayward desaparecieron mientras atravesaban una fina capa de hielo marino durante una tormenta de nieve, y nunca más se les volvió a ver.	Mantiene un vínculo particular con una hazaña notable de resistencia o logro Un suceso de especial importancia en la historia de la ciencia o la exploración de la Antártida ocurrió en el lugar	Plan de Gestión de la ZAEP 155 Póster de Sitios y Monumentos Históricos de la región del mar de Ross colocado a la vista en las estaciones de la región	SMH 17: cruz del cerro Wind Vane - Cabo Evans, isla Ross (crédito de la foto: colección pictórica de Antarctica New Zealand)	El cabo Evans es una zona pequeña, de forma triangular, de material basáltico expuesto al suroeste de la isla Ross, a 10 kilómetros al sur del cabo Royds y a 22 km al norte de la península de punta Hut en la isla Ross. Es el sitio más visitado de la región del mar de Ross, con visitas del personal de la base Scott y de la estación McMurdo, así como de turistas. La cruz está ubicada en el cerro Wind Vane, al sur de la cabaña Terra Nova de Scott.
18	Cabaña «Discovery» de Scott, punta Hut, isla Ross	Cabaña en punta Hut, isla Ross, construida en febrero de 1902 por la expedición antártica británica de 1901-04, dirigida por el capitán Robert F. Scott. Parcialmente restaurada en enero	77° 50' S, 166° 37' E	Rec. VII-9	Nueva Zelandia Reino Unido	Nueva Zelandia Reino Unido	Construcción: cabaña	Tras un importante trabajo de conservación llevado a cabo por la rama neozelandesa de la	La cabaña Discovery y sus artefactos son uno de los seis únicos sitios relacionados con la «edad heroica» de la exploración antártica que aún permanecen en el mismo lugar. La expedición antártica	Un suceso de especial importancia en la historia de la ciencia o la exploración de la Antártida ocurrió en el lugar	Plan de Gestión de la ZAEP n.° 158 La cabaña está cerrada; se proporciona la llave; es	SMH 18: cabaña «Discovery» de Scott - punta Hut, esquina oeste y placa de la	La punta Hut es una zona pequeña libre de hielo que sobresale hacia el sudoeste de la península de punta Hut, al oeste de la estación McMurdo de Estados Unidos. La cabaña es visitada con frecuencia por el personal

N.°	Nombre	Descripción	Ubicación	Designación/enmienda	Parte proponente original	Parte encargada de la gestión	Tipo	Estado de conservación	Descripción del contexto histórico	Criterios aplicables de conformidad con la Resolución 3 (2009)	Herramientas de gestión	Fotografías	Características físicas del entorno y contexto cultural y local
		de 1964 por la Sociedad Antártica de Nueva Zelandia, con el apoyo del Gobierno de Estados Unidos. Sitio incorporado a la ZAEP n.° 158						fundación Antarctic Heritage Trust en 2014-15, el edificio es estructuralmente sólido y resistente a la intemperie, y se ha conservado la colección de artefactos. La vigilancia y el mantenimiento anuales aseguran la estabilidad continua de este sitio.	nacional de Scott de 1901-1904 estableció y ocupó el sitio, aunque vivió predominantemente en su barco, el *Discovery* (amarrado junto a la cabaña), y utilizó el edificio para almacenamiento, ciencia, entretenimiento y otros fines genéricos. Al ser la primera expedición que vivió en la isla Ross, llevaron a cabo innovadores proyectos de ciencia y exploración en la región, incluido el establecimiento de la Antártida como continente. Pasaron dos años completos, incluidos los inviernos, en el sitio, y la cabaña fue posteriormente utilizada como depósito y vivienda por tres expediciones de la edad heroica, entre 1908-1916.		obligatorio contar con guías de cabaña cualificados; hay un código de conducta para acceder. Póster de Sitios y Monumentos Históricos de la región del mar de Ross colocado a la vista en las estaciones de la región	isla Ross (A) SMH 18: interior (B) (crédito de la foto: colección pictórica de Antarctica New Zealand)	de la estación McMurdo, de la base Scott y, con menos frecuencia, por turistas.
19	Cruz de Vince, punta Hut, isla Ross	Cruz en punta Hut, isla Ross, erigida en febrero de 1904 por la expedición antártica británica de 1901-1904 en memoria de George Vince, miembro de la expedición, que murió en las inmediaciones.	77° 50' S, 166° 37' E	Rec. VII-9	Nueva Zelandia Reino Unido	Nueva Zelandia Reino Unido	Objeto conmemorativo: cruz	La cruz está erosionada por el viento y afectada por los rayos UV, pero es estructuralmente estable. Hay una inscripción, con algo de pintura remanente, parcialmente erosionada, aunque sigue	El talentoso marinero George Vince fue la primera persona que murió en la zona de ensenada McMurdo. Esta cruz de madera, erigida junto a la cabaña Discovery en punta Hut, homenajea a Vince, aunque se desconoce la ubicación exacta de su muerte, ya que perdió el equilibrio y cayó por un acantilado de hielo en	Un suceso de especial importancia en la historia de la ciencia o la exploración de la Antártida ocurrió en el lugar Mantiene un vínculo particular con una persona que desempeñó un papel importante en la historia de la ciencia o la	Póster de Sitios y Monumentos Históricos de la región del mar de Ross colocado a la vista en las estaciones de la región	SMH 19: cruz de Vince y colina Observación (crédito de la foto: colección pictórica de Antarctica New Zealand)	La cruz está unos a 75 metros al oeste de la histórica cabaña. Es visitada por personal de la estación McMurdo y de la base Scott, así como por turistas.

N.º	Nombre	Descripción	Ubicación	Designación/enmienda	Parte proponente original	Parte encargada de la gestión	Tipo	Estado de conservación	Descripción del contexto histórico	Criterios aplicables de conformidad con la Resolución 3 (2009)	Herramientas de gestión	Fotografías	Características físicas del entorno y contexto cultural y local
								siendo fácilmente legible. La erosión costera está volviendo inestable la zona inmediatamente adyacente a la cruz.	las cercanas Danger Slopes.	exploración en la Antártida.			
20	Cruz de la colina Observación, colina Observación, isla Ross	Cruz en la colina Observación, isla Ross, erigida en enero de 1913 por la expedición antártica británica de 1910-1913, en memoria del grupo del capitán Robert F. Scott, que perdió la vida en el viaje de regreso del Polo Sur en marzo de 1912.	77° 51' S, 166° 41' E	Rec. VII-9	Nueva Zelandia Reino Unido	Nueva Zelandia Reino Unido	Objeto conmemorativo: cruz	La cruz está erosionada por el viento y afectada por los rayos UV, pero es estructuralmente estable. La inscripción y lo que queda de pintura original están severamente erosionados. Se instala una cubierta temporal durante el invierno para reducir los efectos de la erosión anual.	La colina Observación se llama así por ser el mirador más alto y con mejor visibilidad para observar a los barcos y grupos de trineos que regresan. La cruz conmemorativa la erigieron en enero de 1919 miembros de la expedición antártica británica de Scott para marcar la pérdida de Scott, Wilson, Oates, Bowers y Evans en el viaje de regreso desde el Polo Sur en 1912. Se inscribió en ella la cita del poema *Ulises* de Tennyson, ahora inexorablemente vinculado a la expedición final de Scott, que dice: «Esforzarse, buscar, encontrar y no rendirse».	Mantiene un vínculo particular con una hazaña notable de resistencia o logro Un suceso de especial importancia en la historia de la ciencia o la exploración de la Antártida ocurrió en el lugar	Póster de Sitios y Monumentos Históricos de la región del mar de Ross colocado a la vista en las estaciones de la región Cubierta protectora instalada sobre la cruz durante el invierno y retirada en primavera.	SMH 20: cruz de la colina Observación - colina Observación, isla Ross. Cruz y placa (crédito de la foto: colección pictórica de Antarctica New Zealand)	Se puede acceder a la cruz por un sendero utilizado principalmente para la recreación del personal de la base Scott y la estación McMurdo. Valorado por sus amplias vistas de la actividad humana local, de las bases locales, la plataforma de hielo, el hielo marino y las cadenas montañosas.
21	Cabaña Rock, cabo Crozier, isla Ross	Restos de una cabaña de piedra en cabo Crozier, isla Ross, construida en julio de 1911 por el grupo de Edward Wilson de la expedición antártica	77° 31' S, 169° 22' E	Rec. VII-9	Nueva Zelandia	Nueva Zelandia Reino Unido	Construcción: restos de otro	Las paredes de roca de la cabaña de piedra todavía están presentes, en gran parte	La cabaña de roca formó un refugio fundamental para Wilson, Cherry-Garrard y Bowers durante su viaje invernal de Evans al cabo Crozier. Se	Mantiene un vínculo particular con una hazaña notable de resistencia o logro Un suceso de especial	Plan de Gestión de la ZAEP 124 Póster de Sitios y Monumentos Históricos de	SMH 21: cabaña Rock - Cabo Crozier, isla Ross, cabaña de	El cabo Crozier es una zona libre de hielo en las laderas orientales inferiores del monte Terror, en el extremo oriental de la isla Ross. Los líquenes y las capas

N.º	Nombre	Descripción	Ubicación	Designación/enmienda	Parte proponente original	Parte encargada de la gestión	Tipo	Estado de conservación	Descripción del contexto histórico	Criterios aplicables de conformidad con la Resolución 3 (2009)	Herramientas de gestión	Fotografías	Características físicas del entorno y contexto cultural y local
		británica (1910-13) durante el viaje invernal para recolectar huevos de pingüino emperador.					edificio	intactas aunque algo diseminadas. La mayoría de los artefactos fueron eliminados durante la era de la expedición transantártica de 1957. Los restos aún *in situ* y cubiertos de nieve y hielo incluyen pieles de pingüino emperador y fragmentos de cañas de bambú.	pensaba que la colección de huevos de emperador que contenían embriones era de gran importancia para la comprensión de la evolución. Otro objetivo era probar una variedad de dietas para expediciones en trineo. El equipo, que tuvo que soportar temperaturas de hasta -60° C, estuvo cerca de la muerte, pero finalmente regresó al cabo Evans sin perder la vida.	importancia en la historia de la ciencia o la exploración de la Antártida ocurrió en el lugar Mantiene un vínculo particular con una persona que desempeñó un papel importante en la historia de la ciencia o la exploración en la Antártida Sus materiales, diseño o método de construcción tienen un valor técnico, histórico, cultural o arquitectónico particular	la región del mar de Ross colocado a la vista en las estaciones de la región	piedra y placa mirando al espolón Igloo (A) SMH 21: cabaña de piedra y placa mirando al pico Bomb (B) (crédito de la foto: colección pictórica de Antarctica New Zealand)	de algas se encuentran adyacentes al sitio de la cabaña de piedra. Es un sitio remoto y aislado con pocos visitantes. Las colonias de pingüinos de Adelia y emperador se encuentran cerca.
22	Cabaña «Southern Cross» de Borchgrevink - Cabo de Adare Cabaña del Grupo Norte de Scott (restos)	Tres cabañas y algunas reliquias históricas asociadas en el cabo Adare. Las dos fueron construidas en febrero de 1899 durante la expedición antártica británica (*Southern Cross*) de 1898-1900, dirigida por el explorador noruego Carsten E. Borchgrevink. La tercera fue construida en febrero de 1911 por el Grupo Norte de Robert F. Scott, dirigido por Victor L.A. Campbell. La cabaña construida por los miembros del Grupo Norte de Scott	71° 18' 26,2'' S, 170° 11' 28,3'' E	Rec. VII-9	Nueva Zelandia Reino Unido	Nueva Zelandia Reino Unido	Construcción: cabaña histórica	Los edificios están en riesgo. Actualmente se está llevando a cabo un proyecto de conservación dirigido por la rama neozelandesa de la fundación Antarctic Heritage Trust para proteger y conservar las cabañas y sus restos. La colección de artefactos	Carsten Borchgrevink lideró al primer equipo que estableció una base y pasó todo el invierno en el continente antártico. Se trata del único lugar del mundo donde aún sobreviven los primeros edificios de un continente. Posteriormente reutilizado como sitio por el Grupo Norte de la expedición antártica británica de Scott, que construyó su propia cabaña (de la que solo queda el porche) mientras usaba las cabañas de Borchgrevink como lugar de	Un suceso de especial importancia en la historia de la ciencia o la exploración de la Antártida ocurrió en el lugar Sus materiales, diseño o método de construcción tienen un valor técnico, histórico, cultural o arquitectónico particular Mantiene un vínculo particular con una persona que desempeñó un papel importante en la historia de la ciencia o la exploración en la	Plan de Gestión de la ZAEP n.º 159 La cabaña está cerrada; se proporciona la llave; es obligatorio contar con guías de cabaña cualificados; hay un código de conducta para acceder. Póster de Sitios y Monumentos Históricos de la región del	SMH 22: cabaña Southern Cross de Borchgrevink - Cabo Adare. Vivienda en el lado oeste y cabañas de piedra y placa (A) SMH 22: cabaña destinada a vivienda del extremo norte (B) SMH 22: restos de la cabaña	El cabo Adare es un promontorio volcánico prominente, en su mayor parte libre de hielo, situado en el extremo septentrional de la península del cabo Adare, Tierra de Victoria, en la costa de Borchgrevink, mar de Ross. El promontorio se eleva a una altura de más de 350 m (unos 1150 pies). Las cabañas están ubicadas en una zona que se extiende al oeste del extremo norte de la península de Adare, dentro de la colonia más grande de pingüinos de Adelia (*Pygoscelis adeliae*) en la Antártida. Aunque el desembarque de embarcaciones

N.°	Nombre	Descripción	Ubicación	Designación/enmienda	Parte proponente original	Parte encargada de la gestión	Tipo	Estado de conservación	Descripción del contexto histórico	Criterios aplicables de conformidad con la Resolución 3 (2009)	Herramientas de gestión	Fotografías	Características físicas del entorno y contexto cultural y local
		se ha desmoronado en su casi totalidad: en 2002 quedaba en pie solamente la galería. Sitio incorporado a la ZAEP n.° 159.						se ha conservado y se encuentra temporalmente en Nueva Zelandia a la espera de ser devuelta al sitio.	almacenamiento adicional.	Antártida Mantiene un vínculo particular con una hazaña notable de resistencia o logro	mar de Ross colocado a la vista en las estaciones de la región	del Grupo Norte (C) (crédito de la foto: colección pictórica de Antarctica New Zealand)	pequeñas es difícil en este lugar tan ventoso, recibe visitas de turistas.
23	Tumba de Nicolai Hanson - Cabo Adare	Tumba en el cabo Adare del biólogo noruego Nicolai Hanson, miembro de la expedición antártica británica (*Southern Cross*) de 1898-1900, dirigida por Carsten E. Borchgrevink. Una roca grande marca la cabeza de la tumba. La tumba en sí está delineada en piedras de cuarzo blanco. Hay una cruz y una placa en la roca.	71° 18' 04" S, 170° 13' 51" E	Rec. VII-9	Nueva Zelandia Reino Unido	Nueva Zelandia Noruega	Objeto conmemorativo: otro	La tumba y el señalizador permanecen en gran parte libres de nieve y en buenas condiciones, a pesar de la corrosión de los elementos metálicos. El sitio fue restaurado (la placa se volvió a unir y los guijarros se volvieron a formar en el diseño planeado) en 1982.	Como parte de la innovadora expedición antártica británica de Borchgrevink de 1898-1899, Hanson realizó las primeras observaciones biológicas continentales. También fue la primera persona de la expedición que murió en la Antártida y fue enterrada allí (creemos que el texto original pudo decir fue la primera persona que murió en la Antártida, aunque no estamos seguros de si esto es correcto o la inscripción se grabó así a propósito). La tumba y la placa datan de la expedición de Borchgrevink y las decoraciones de guijarros del Grupo Norte de Scott (expedición antártica británica 1910-1913).	Un suceso de especial importancia en la historia de la ciencia o la exploración de la Antártida ocurrió en el lugar Mantiene un vínculo particular con una persona que desempeñó un papel importante en la historia de la ciencia o la exploración en la Antártida.	Póster de Sitios y Monumentos Históricos de la región del mar de Ross colocado a la vista en las estaciones de la región	SMH 23: tumba de Nicolai Hanson - Cabo Adare (crédito de la foto: colección pictórica de Antarctica New Zealand)	El cabo Adare es un promontorio volcánico prominente, en su mayor parte libre de hielo, situado en el extremo septentrional de la península del cabo Adare, Tierra de Victoria, en la costa de Borchgrevink, mar de Ross. El promontorio se eleva a una altura de más de 350 m (unos 1150 pies). La tumba se encuentra en las laderas superiores del promontorio
24	Mojón de Amundsen	Montículo de piedras, conocido como mojón de Amundsen, en el monte Betty, cordillera de la Reina Maud, erigido por	85° 11' S, 163° 45' W	Rec. VII-9	Noruega	Noruega	Otros restos: mojón de expedición	El mojón permanece intacto. Hay un depósito de parafina dentro del	El montículo de piedras fue erigido por Roald Amundsen el 6 de enero de 1912 en su camino de regreso a Framheim desde el Polo Sur.	Un suceso de especial importancia en la historia de la ciencia o la exploración de la			El mojón Amundsen se encuentra en el monte Betty, Tierra de la Reina Maud. El monte Betty es una pequeña cresta con vistas a la plataforma de

N.°	Nombre	Descripción	Ubicación	Designación/enmienda	Parte proponente original	Parte encargada de la gestión	Tipo	Estado de conservación	Descripción del contexto histórico	Criterios aplicables de conformidad con la Resolución 3 (2009)	Herramientas de gestión	Fotografías	Características físicas del entorno y contexto cultural y local
		Roald Amundsen el 6 de enero de 1912, en su camino de regreso a *Framheim* desde el Polo Sur.						mojón. Hay una placa en el mojón que lo conmemora.		Antártida ocurrió en el lugar Sus materiales, diseño o método de construcción tienen un valor técnico, histórico, cultural o arquitectónico particular Mantiene un vínculo particular con una persona que desempeñó un papel importante en la historia de la ciencia o la exploración en la Antártida			hielo Ross ubicada en el lado norte de Bigend Saddle en el extremo nordeste de la cordillera Herbert.
26	Instalaciones ceremoniales de la base San Martín.	Instalaciones abandonadas de la estación argentina General San Martín en la isla Barry, islas Debenham, bahía Margarita, con una cruz, un asta de bandera, y un monolito construido en 1951.	68° 08' S, 67° 08' W	Rec. VII-9	Argentina	Argentina	Otros restos: otros	Buen estado de conservación.	Restos ceremoniales originales de la instalación de la primera estación del Ejército Argentino, que en aquel momento era la estación más austral del mundo en funcionamiento. Fueron instaladas por el coronel Hernán Pujato, explorador polar y primer director del Instituto Antártico Argentino.	Valor simbólico o conmemorativo para personas de muchas naciones.	-	SMH 26: A. Crédito: Rodrigo Azpilcueta - IAA SMH 26: B. Crédito: Rodrigo Azpilcueta - IAA SMH 26: C. Crédito: Rodrigo Azpilcueta - IAA SMH 26: D. Crédito: Rodrigo Azpilcueta - IAA	Estación San Martín, 68° 07′ 48″ S 67° 06′ 08″ O, islote San Martín (isla Barry), bahía Margarita.
27	Mojón Charcot	Mojón con una réplica de una placa de plomo erigida en el cerro Megalestris, isla Petermann	65° 10' S, 64° 09' O	Rec. VII-9	Argentina Francia Reino Unido	Francia Reino Unido	Objeto conmemorati	*In situ* (mojón)/*ex situ* (placa original)	Montículo de piedras con una réplica de una placa de plomo erigida en el cerro Megalestris, isla Petermann, en 1909	Un suceso de especial importancia en la historia de la ciencia o la			

N.º	Nombre	Descripción	Ubicación	Designación/enmienda	Parte proponente original	Parte encargada de la gestión	Tipo	Estado de conservación	Descripción del contexto histórico	Criterios aplicables de conformidad con la Resolución 3 (2009)	Herramientas de gestión	Fotografías	Características físicas del entorno y contexto cultural y local
							vo: placa		por la segunda expedición francesa dirigida por Jean-Baptiste E. A. Charcot. La placa original se encuentra en el depósito del Museo Nacional de Historia Natural de París.	exploración de la Antártida ocurrió en el lugar			
28	Mojón Charcot de 1904	Montículo de piedras en puerto Charcot, isla Booth, con un pilar y una placa de madera donde están grabados los nombres de los miembros de la primera expedición francesa dirigida por Jean-Baptiste E. A. Charcot, quien pasó el invierno aquí en 1904 a bordo del *Le Français*.	65° 03' S, 64° 01' O	Rec. VII-9	Argentina	Argentina Francia	Objeto conmemorativo: placa Otros restos: mojón de expedición	El mojón permanece en buenas condiciones, pero faltan el poste y la placa.	El mojón, el poste y la placa fueron instalados en 1904 en el lugar donde pasó el invierno la embarcación Le Français de la tercera expedición antártica francesa. Esta expedición fue la primera dirigida por Jean-Baptiste Charcot. Tuvo lugar en el contexto de la exploración del continente durante la edad heroica.	Un suceso de especial importancia en la historia de la ciencia o la exploración de la Antártida ocurrió en el lugar.	No corresponde	SMH 28: Mojón de Charcot de 1904 (A) SMH 28: Mojón de Charcot de 1904 (B)	Está situado en la cima de una pequeña elevación a algunos metros de la costa de roca sólida en el puerto de Charcot, isla Booth, al oeste de la península antártica.
29	Faro Primero de Mayo	Faro denominado Primero de Mayo erigido en la isla Lambda, islas Melchior, por la Argentina, en 1942. Fue el primer faro argentino de la Antártida.	64° 18' S, 62° 59' O	Rec. VII-9	Argentina	Argentina	Otros restos: faro	Buen estado de conservación.	Es el primer faro argentino de la Antártida. Instalado durante el viaje antártico del barco *ARA 1.º de Mayo* de la Armada Argentina en 1942. Esta expedición exploró los sitios en los que la Argentina construyó posteriormente sus estaciones y donde efectuó su primer vuelo en la Antártida.	Es representativo o forma parte de una actividad de gran alcance que ha sido importante en el desarrollo y el conocimiento de la Antártida; sus materiales, diseño o método de construcción tienen un valor técnico, histórico, cultural o arquitectónico particular.		SMH 29: A. Crédito: Servicio de Hidrografía Naval de Argentina SMH 29: B. Crédito: Servicio de Hidrografía Naval de Argentina SMH 29: C. Crédito: Servicio de	Situado junto a la costa rocosa del extremo este de la isla 1.º de Mayo, archipiélago Melchior.

N.°	Nombre	Descripción	Ubicación	Designación/enmienda	Parte proponente original	Parte encargada de la gestión	Tipo	Estado de conservación	Descripción del contexto histórico	Criterios aplicables de conformidad con la Resolución 3 (2009)	Herramientas de gestión	Fotografías	Características físicas del entorno y contexto cultural y local
												Hidrografía Naval de Argentina	
30	Refugio de la bahía Puerto Paraíso	Refugio de la bahía Puerto Paraíso, construido en 1950 cerca de la base chilena «Gabriel González Videla» en honor a Gabriel González Videla, el primer jefe de Estado que visitó la Antártida. El refugio es un ejemplo representativo de la actividad anterior al AGI y constituye una conmemoración nacional importante.	64° 49' S, 62° 51' O	Rec. VII-9	Chile	Chile	Construcción: Estación	El sitio o monumento aún existe en su totalidad y está en malas condiciones.	Refugio de la bahía Puerto Paraíso, correspondiente a un ejemplo representativo de Chile de la actividad anterior al Año Geofísico Internacional 1957-1958. Fue erigido en la temporada antártica 1950-1951, en la zona de la península Munita, más cerca de punta Waterboat, canal Aguirre Cerda, costa Danco, en las cercanías de la cabaña de la punta Waterboat (SMH n.° 56). El refugio se considera parte de la base antártica Presidente Gabriel González Videla, que lleva el nombre del primer jefe de Estado que visitó la Antártida. El sitio es un lugar importante de conmemoración nacional. Las tripulaciones que utilizaron el refugio llevaron a cabo algunas tareas científicas desde 1950, tales como estudios de meteorología, geomagnetismo y glaciología.	Es representativo o forma parte de una actividad de gran alcance que ha sido importante en el desarrollo y el conocimiento de la Antártida. Ofrece la posibilidad de revelar información por medio del estudio o de educar a la gente sobre actividades humanas importantes en la Antártida.	La Fuerza Aérea de Chile, como institución operativa de la base antártica Gabriel González Videla, ha desarrollado un plan de gestión territorial de la estación como una herramienta para la gestión ambiental sistemática e integrada de las riquezas naturales y el patrimonio histórico de la zona. Incluye directrices para que los visitantes gestionen su relación con la fauna presente en la zona y con los sitios históricos.	SMH 30: Refugio en la bahía Puerto Paraíso (A) SMH 30: Refugio en la bahía Puerto Paraíso (B) SMH 30: Refugio en la bahía Puerto Paraíso (C)	En las cercanías de la base antártica Gabriel González Videla existen valores marinos y geológicos. Es relevante la presencia de colonias de pingüinos en la zona, con una población aproximada de 3000 ejemplares. Los pingüinos papúa anidan junto a la estación y otras colonias están presentes frente a la costa de la isla Bryde, como los cormoranes antárticos. Pequeñas colonias de pingüinos de barbijo y papúa se encuentran también al norte del punto Waterboat, en la costa de la isla Lautaro.
32	Monolito hidrográfico	Monolito de hormigón construido en 1947, cerca de la base Capitán Arturo	62° 28,9' S, 59° 39,89' O	Rec. VII-9	Chile	Chile	Objeto conmemorati	El sitio o monumento aún existe en su totalidad	Monolito de cemento situado frente a la bahía de Chile (bahía Discovery) en la isla	Es representativo o forma parte de una actividad de gran alcance que ha sido	No se aplica ninguna herramienta de gestión	SMH 32: Monolito hidrográfico (A)	La base antártica Arturo Prat está situada en la península de Guesalaga, en el lado este de la bahía

N.º	Nombre	Descripción	Ubicación	Designación/enmienda	Parte proponente original	Parte encargada de la gestión	Tipo	Estado de conservación	Descripción del contexto histórico	Criterios aplicables de conformidad con la Resolución 3 (2009)	Herramientas de gestión	Fotografías	Características físicas del entorno y contexto cultural y local
		Prat en isla Greenwich, islas Shetland del Sur. Punto de referencia de los levantamientos hidrográficos antárticos chilenos. El monolito es representativo de la actividad importante previa al AGI y, en la actualidad, su preservación y mantenimiento están a cargo del personal de la base Prat.					vo: otro	y está en condiciones correctas.	Greenwich. El monolito se instaló en 1947, a unos 350 metros al SO de la estación, como punto de referencia para los trabajos hidrográficos llevados a cabo en la zona, incluidas las mediciones oceanográficas y de mareas. El monolito también apoyó las actividades desarrolladas para la construcción de la base antártica Arturo Prat, así como también el trabajo geodésico en la zona. El monumento está ubicado en las cercanías del SMH n.º 35.	importante en el desarrollo y el conocimiento de la Antártida. Ofrece la posibilidad de revelar información por medio del estudio o de educar a la gente sobre actividades humanas importantes en la Antártida.	específica. Mantenimiento anual, junto con las tareas programadas para el mantenimiento de la base antártica Arturo Prat.	SMH 32: Monolito hidrográfico (B)	de Chile (bahía Discovery), isla Greenwich (islas Shetland del Sur). Su costa está compuesta principalmente por glaciares, de donde emergen algunas cimas de roca desnuda. Las playas están formadas principalmente por rocas grandes. Las aves voladoras antárticas anidan en números reducidos en las proximidades de la base Arturo Prat, principalmente gaviotas y cormoranes. Los pingüinos papúa y barbijo son visitantes habituales de las playas, mientras que las focas de Weddell visitan la zona en primavera. Las ballenas minke y jorobadas visitan la bahía de Chile (bahía Discovery) durante la temporada de verano.
33	Refugio González-Pacheco	Refugio y cruz con placa próximos a la base Capitán Arturo Prat (Chile), isla Greenwich, islas Shetland del Sur. Construido para recordar al teniente coronel González Pacheco, quien murió en 1960 cuando comandaba la estación. El monumento recuerda los acontecimientos relacionados con una persona cuyo papel, así como las	62°28,8' S, 59°39,85' W	Rec. VII-9	Chile	Chile	Construcción: cabaña	El sitio o monumento aún existe en su totalidad y está en buenas condiciones.	En el marco de las expediciones antárticas nacionales, con el apoyo de la Armada de Chile, varios científicos y académicos, junto con oficiales del Servicio Hidrográfico de la Armada de Chile (SHOA), brindaron información sobre cartografía y glaciología, e información sobre la biodiversidad marina existente en la isla Greenwich. Es así como, en virtud de estas	Ofrece la posibilidad de revelar información por medio del estudio o de educar a la gente sobre actividades humanas importantes en la Antártida.	No se aplica ninguna herramienta de gestión específica. Mantenimiento anual, junto con las tareas programadas para el mantenimiento de la base antártica Arturo Prat.	SMH 33: Refugio González-Pacheco (A) SMH 33: Refugio González-Pacheco (B) SMH 33: Refugio González-Pacheco (C)	La base antártica Arturo Prat está situada en la península de Guesalaga, en el lado este de la bahía de Chile (bahía Discovery), isla Greenwich (islas Shetland del Sur). Su costa está compuesta principalmente por glaciares, de donde emergen algunas cimas de roca desnuda. Las playas están formadas principalmente por rocas grandes. Las aves voladoras antárticas anidan en números reducidos en las

N.°	Nombre	Descripción	Ubicación	Designación/enmienda	Parte proponente original	Parte encargada de la gestión	Tipo	Estado de conservación	Descripción del contexto histórico	Criterios aplicables de conformidad con la Resolución 3 (2009)	Herramientas de gestión	Fotografías	Características físicas del entorno y contexto cultural y local
		circunstancias de su muerte, tienen un valor simbólico y pueden enseñar a la gente cuáles son las actividades humanas significativas que se pueden llevar a cabo en la Antártida.							constantes investigaciones científicas, en la temporada antártica 1960-1961 falleció el jefe de la base antártica Arturo Prat, el capitán Pedro González Pacheco, tras sufrir una caída de 150 metros, mientras comprobaba las condiciones glaciológicas en bahía Chile (bahía Discovery), a quien se recuerda con el refugio que está a 70 metros al SO de los principales edificios de la estación.				proximidades de la base Arturo Prat, principalmente gaviotas y cormoranes. Los pingüinos papúa y barbijo son visitantes habituales de las playas, mientras que las focas de Weddell visitan la zona en primavera. Las ballenas minke y jorobadas visitan la bahía de Chile (bahía Discovery) durante la temporada de verano.
34	Busto de Arturo Prat	Busto en la base Capitán Arturo Prat (Chile), Isla Greenwich, Islas Shetland del Sur, del héroe naval chileno Arturo Prat, erigido en 1947. El monumento es representativo de la actividad importante previa al AGI y tiene un valor simbólico en el contexto de la presencia chilena en la Antártida.	62°50' S, 59°41' W	Rec. VII-9	Chile	Chile	Objeto conmemorativo: busto	El sitio aún existe y se encuentra en buenas condiciones, aunque el busto original fue trasladado a punta Arenas. En 2008 se instaló un busto más grande en el mismo lugar.	En 1947, Chile construyó su primera base antártica en la península de Guesalaga, frente a la bahía de Chile (bahía Discovery), isla Greenwich. La Armada de Chile estuvo a cargo de esa construcción y del funcionamiento de la base. Al igual que en los edificios de la Armada de Chile, el busto del capitán Arturo Prat, héroe naval chileno, custodia las actividades que desempeña el personal. El busto del héroe fue instalado en la base antártica. El busto original fue retirado en 2003, cuando la base fue temporalmente cerrada, y fue reubicado en las oficinas de la Armada de Chile en	Ofrece la posibilidad de revelar información por medio del estudio o de educar a la gente sobre actividades humanas importantes en la Antártida.	No se aplica ninguna herramienta de gestión específica. Mantenimiento anual, junto con las tareas programadas para el mantenimiento de la base antártica Arturo Prat.	SMH 34: Busto de Arturo Prat (A) SMH 34: Busto de Arturo Prat (B)	La base antártica Arturo Prat está situada en la península de Guesalaga, en el lado este de la bahía de Chile (bahía Discovery), isla Greenwich (islas Shetland del Sur). Su costa está compuesta principalmente por glaciares, de donde emergen algunas cimas de roca desnuda. Las playas están formadas principalmente por rocas grandes. Las aves voladoras antárticas anidan en números reducidos en las proximidades de la base Arturo Prat, principalmente gaviotas y cormoranes. Los pingüinos papúa y barbijo son visitantes habituales de las playas, mientras que las focas de Weddell visitan la zona en primavera. Las ballenas

N.°	Nombre	Descripción	Ubicación	Designación/enmienda	Parte proponente original	Parte encargada de la gestión	Tipo	Estado de conservación	Descripción del contexto histórico	Criterios aplicables de conformidad con la Resolución 3 (2009)	Herramientas de gestión	Fotografías	Características físicas del entorno y contexto cultural y local
									punta Arenas para protegerlo, debido a su valor histórico. En 2008 se instaló en el mismo lugar un busto de mayor tamaño del capitán Arturo Prat, anteriormente ubicado en las inmediaciones de la base, una vez que se reiniciaran las actividades anuales.				minke y jorobadas visitan la bahía de Chile (bahía Discovery) durante la temporada de verano.
35	Estatua de la Virgen del Carmen y cruz de madera	Cruz y estatua de madera de la Virgen del Carmen erigidas en 1947 cerca de la base Capitán Arturo Prat (Chile), isla Greenwich, islas Shetland del Sur. El monumento es representativo de las actividades previas al AGI y tiene un especial valor simbólico y arquitectónico.	62° 28,91' S, 59° 39,9' O	Rec. VII-9	Chile	Chile	Objeto conmemorativo: cruz	El sitio o monumento aún existe en su totalidad y está en condiciones correctas.	Pequeña estatua de la Virgen del Carmen —santa patrona de los marineros chilenos— y una cruz de madera, ambos símbolos católicos erigidos en 1947 en las inmediaciones de la primera estación antártica chilena (a 350 metros SO de la base antártica Arturo Prat), mientras estaba en construcción, para proteger al personal alojado en la estación. Posteriormente se construyó un pequeño refugio, a modo de oratorio. El monumento está ubicado en las cercanías del SMH n.° 32.	Ofrece la posibilidad de revelar información por medio del estudio o de educar a la gente sobre actividades humanas importantes en la Antártida.	No se aplica ninguna herramienta de gestión específica. Mantenimiento anual, junto con las tareas programadas para el mantenimiento de la base antártica Arturo Prat.	SMH 35: Estatua de la Virgen del Carmen (Nuestra Señora del Carmen) y cruz de madera (A) SMH 35: Estatua de la Virgen del Carmen y cruz de madera (B) SMH 35: Estatua de la Virgen del Carmen y cruz de madera (C) SMH 35: Estatua de la Virgen del Carmen y cruz de	La base antártica Arturo Prat está situada en la península de Guesalaga, en el lado este de la bahía de Chile (bahía Discovery), isla Greenwich (islas Shetland del Sur). Su costa está compuesta principalmente por glaciares, de donde emergen algunas cimas de roca desnuda. Las playas están formadas principalmente por rocas grandes. Las aves voladoras antárticas anidan en números reducidos en las proximidades de la base Arturo Prat, principalmente gaviotas y cormoranes. Los pingüinos papúa y barbijo son visitantes habituales de las playas, mientras que las focas de Weddell visitan la zona en primavera. Las ballenas minke y jorobadas visitan la bahía de Chile (bahía Discovery) durante la temporada de verano.

N.º	Nombre	Descripción	Ubicación	Designación/enmienda	Parte proponente original	Parte encargada de la gestión	Tipo	Estado de conservación	Descripción del contexto histórico	Criterios aplicables de conformidad con la Resolución 3 (2009)	Herramientas de gestión	Fotografías	Características físicas del entorno y contexto cultural y local
												madera (D)	
36	Placa de expedición de Dallmann	Réplica de una placa de metal colocada por Eduard Dallmann en caleta Potter, isla Rey Jorge (isla 25 de mayo), para recordar la visita de su expedición alemana el 1 de marzo de 1874 a bordo del Grönland.	62° 14' S, 58° 39' O	Rec. VII-9	Argentina Reino Unido	Argentina Alemania	Objeto conmemorativo: placa		La placa de metal fue colocada por Eduard Dallmann en la caleta Potter para recordar la visita de su expedición alemana el 1 de marzo de 1874 a bordo del Grönland.	Un suceso de especial importancia en la historia de la ciencia o la exploración de la Antártida ocurrió en el lugar		SMH 36: placa expedición Dallmann	La placa está ubicada cerca de punta Elefante, en el distrito del faro amarillo a la entrada de la caleta Potter. En 1994, Alemania (AWI) y la Argentina (DNA/IAA) abrieron el laboratorio compartido Dallmann en la base argentina Jubany, hoy Carlini.
37	Sitio Histórico O'Higgins	Sitio Histórico O'Higgins ubicado en el cabo Legoupil, península antártica, que comprende las siguientes estructuras de valor histórico: - Busto del capitán general Bernardo O'Higgins Riquelme: erigido en 1948, frente a la base conocida con el mismo nombre. El general O'Higgins fue el primero de los mandatarios chilenos en señalar la importancia de la Antártida. Tiene un significado simbólico en la historia de las exploraciones antárticas, ya que fue precisamente durante el gobierno de O'Higgins cuando el buque Dragón llegó a las costas de la península antártica, en 1820. Este monumento, además, es representativo de las actividades	63° 19' S, 57° 54' O	Rec. VII-9 Medida 11 (2012)	Chile	Chile	Sitio	El sitio o monumento aún existe en su totalidad y está en buenas condiciones.	La base antártica General Bernardo O'Higgins Riquelme fue la segunda estación chilena en la Antártida, construida en 1948 en la bahía de Covadonga, cabo Leugopil, península Trinity (Tierra de Luis Felipe), península antártica, para apoyar estudios meteorológicos, de posicionamiento marítimo y de seguridad en la zona del continente antártico. La base O'Higgins comprende dos estructuras: Una casa metálica (con una estructura semicircular de hierro galvanizado y revestimiento exterior de pintura al petróleo) y una casa de madera (estructura de madera protegida con una lona aislante y un revestimiento exterior de pintura alquitranada). Ambas tienen una cubierta de zinc.	Es representativo o forma parte de una actividad de gran alcance que ha sido importante en el desarrollo y el conocimiento de la Antártida. Ofrece la posibilidad de revelar información por medio del estudio o de educar a la gente sobre actividades humanas importantes en la Antártida.	En 2012, la base Bernando O'Higgins fue declarada Monumento Nacional por el Ministerio de Bienes Nacionales. El Monumento Nacional comprende la base original, construida en 1948, los cimientos de la sala de máquinas, la placa a los caídos, la cueva de la Virgen del Carmen, el busto del capitán Bernardo O'Higgins y la antigua estación sismográfica	SMH 37: Sitio Histórico O'Higgins (A) SMH 37: Sitio Histórico O'Higgins (B) SMH 37: Sitio Histórico O'Higgins (C) SMH 37: Sitio Histórico O'Higgins (D) SMH 37: Sitio Histórico O'Higgins (E) SMH 37: Sitio Histórico O'Higgins (F)	La base General Bernardo O'Higgins está ubicada en cabo Legoupil, península Trinity (Tierra de Luis Felipe), a unos 30 km al suroeste del extremo norte de la península antártica, en un pequeño islote también conocido como península Schmidt. La isla tiene 150 m de ancho y 200 m de largo, presenta áreas rocosas y de guijarros y está a solo unos metros del continente antártico. Un centenar de parejas de pingüinos papúa habitan en las inmediaciones de la base. Sin embargo, hay colonias importantes de pingüinos papúa, de Adelia y barbijo en los alrededores del cabo Legoupil, en las islas Duroch, principalmente en las islas Kopaitic, Largo, Ortiz y Gandara.

N.°	Nombre	Descripción	Ubicación	Designación/enmienda	Parte proponente original	Parte encargada de la gestión	Tipo	Estado de conservación	Descripción del contexto histórico	Criterios aplicables de conformidad con la Resolución 3 (2009)	Herramientas de gestión	Fotografías	Características físicas del entorno y contexto cultural y local
		previas al AGI llevadas a cabo en la Antártida (63° 19' 14,3" S/57° 53' 53,9" O). - Antigua base antártica Capitán General Bernardo O'Higgins Riquelme, inaugurada el 18 de febrero de 1948 por el presidente de la República de Chile, Gabriel González Videla, primer presidente del mundo en visitar la Antártida. Se considera una base modelo pionera en el período moderno de exploración antártica (63° 19' S, 57° 54' O). - Placa en memoria de los tenientes Óscar Inostroza Contreras y Sergio Ponce Torrealba, fallecidos en el continente antártico por la paz y la ciencia, el 12 de agosto de 1957 (63° 19' 15,4" S/57° 53' 52,9" O). - Cueva Virgen del Carmen, ubicada en los alrededores de la base, construida hace aproximadamente cuarenta años. Ha servido como lugar de retiro espiritual para el personal de las diferentes estaciones y									, la primera establecida en la Antártida. Mantenimiento anual, junto con las tareas programadas para el mantenimiento de la base antártica Bernardo O'Higgins.		

N.º	Nombre	Descripción	Ubicación	Designación/enmienda	Parte proponente original	Parte encargada de la gestión	Tipo	Estado de conservación	Descripción del contexto histórico	Criterios aplicables de conformidad con la Resolución 3 (2009)	Herramientas de gestión	Fotografías	Características físicas del entorno y contexto cultural y local
		expediciones antárticas (63° 19' 15,9" S/57° 54' 03,2" O).											
38	Cabaña sueca en Cerro Nevado	Cabaña de madera en la isla Cerro Nevado construida en febrero de 1902 por el cuerpo principal de la expedición sueca al Polo Sur dirigida por Otto Nordenskjöld.	64° 22' S, 56° 59' O	Rec. VII-9	Argentina Reino Unido	Argentina Suecia	Construcción: cabaña	Conservada en buen estado gracias a los trabajos de conservación que se han llevado a cabo desde 1980. Cuenta con un repositorio de objetos históricos.	Edad heroica de la exploración antártica. Cabaña de madera en la isla Cerro Nevado, construida en febrero de 1902 por el grupo principal de la expedición sueca al Polo Sur dirigida por Otto Nordenskjöld. La cabina tiene una altura de 4,25 metros, una longitud de 6,30 metros por 4 metros. Es un modelo sueco prefabricado con techo a dos aguas y está cubierto de ruberoid. Allí pasó el invierno el geólogo y jefe de expedición, el Dr. Otto Nordenskjöld, con otros cuatro miembros suecos del equipo y el oficial de la Armada Argentina José María Sobral. Los descubrimientos científicos que hicieron significaron un gran avance en la geología y paleontología de la Antártida.	Un acontecimiento de particular importancia en la historia de la ciencia o de la exploración de la Antártida ocurrió en el lugar; mantiene un vínculo particular con una persona que desempeñó un papel importante en la historia de la ciencia o de la exploración en la Antártida; mantiene un vínculo particular con una hazaña notable de resistencia o logro; es representativo o forma parte de una actividad de gran alcance que ha sido importante en el desarrollo y el conocimiento de la Antártida; sus materiales, diseño o método de construcción tienen un valor técnico, histórico, cultural o arquitectónico particular; ofrece la posibilidad de revelar información o de educar a la gente sobre actividades humanas importantes en la	Directrices para sitios que reciben visitantes, cabaña de Cerro Nevado	SMH 38: Crédito: Pablo Fontana - IAA	Isla Cerro Nevado. Zona costera libre de hielo sedimentario. Presencia de fósiles.

N.°	Nombre	Descripción	Ubicación	Designación/enmienda	Parte proponente original	Parte encargada de la gestión	Tipo	Estado de conservación	Descripción del contexto histórico	Criterios aplicables de conformidad con la Resolución 3 (2009)	Herramientas de gestión	Fotografías	Características físicas del entorno y contexto cultural y local
										Antártida; valor simbólico o conmemorativo para personas de muchas naciones.			
39	Cabaña de piedra de bahía Esperanza	Cabaña de piedra en bahía Esperanza, península Trinity (Tierra de Luis Felipe), construida en enero de 1903 por uno de los cuerpos de la expedición sueca al Polo Sur.	63° 24' S, 56° 59' O	Rec. VII-9	Argentina Reino Unido	Argentina Suecia	Construcción: restos de otro edificio	Conservado y parcialmente reconstruido a principios de la década de 1990.	Construido por tres miembros de la expedición antártica sueca de 1901-1903 que tuvieron que invernar por fuerza en el lugar: el geólogo y paleontólogo Johan Gunnar Andersson, el cartógrafo Samuel A. Duse y el marinero Toralf Grunden. Andersson hizo importantes descubrimientos paleobotánicos durante su estancia en la cabaña. Después de ocho meses, lograron encontrar al grupo que estaba pasando el invierno en Cerro Nevado, y finalmente fueron rescatados por la expedición argentina del *ARA Uruguay*.	Un acontecimiento de particular importancia en la historia de la ciencia o de la exploración de la Antártida ocurrió en el lugar; mantiene un vínculo particular con una persona que desempeñó un papel importante en la historia de la ciencia o de la exploración en la Antártida; mantiene un vínculo particular con una hazaña notable de resistencia o logro; es representativo o forma parte de una actividad de gran alcance que ha sido importante en el desarrollo y el conocimiento de la Antártida; sus materiales, diseño o método de construcción tienen un valor técnico, histórico, cultural o arquitectónico particular; ofrece la posibilidad, a través del estudio, de revelar información o de educar a la gente		SMH 39: Crédito: Pablo Fontana - IAA	

N.°	Nombre	Descripción	Ubicación	Designación/enmienda	Parte proponente original	Parte encargada de la gestión	Tipo	Estado de conservación	Descripción del contexto histórico	Criterios aplicables de conformidad con la Resolución 3 (2009)	Herramientas de gestión	Fotografías	Características físicas del entorno y contexto cultural y local
										sobre actividades humanas importantes en la Antártida; valor simbólico o conmemorativo para personas de muchas naciones.			
40	Instalaciones ceremoniales de la base Esperanza.	Busto del general San Martín, cueva con estatua de la Virgen de Luján y asta de bandera en la base Esperanza, bahía Esperanza, erigida por la Argentina en 1955; junto a un cementerio con estela en memoria de los miembros de las expediciones argentinas fallecidos en la zona.	63° 24' S, 56° 59' O	Rec. VII-9	**Argentina**	Argentina	Sitio:	Bien conservado. El busto de San Martín, originalmente situado junto al asta y la Virgen, fue reubicado junto al muelle de la estación.	Instalaciones ceremoniales, religiosas y conmemorativas que se construyeron en los primeros años de la base Esperanza, instalada en 1952, durante el período de despliegue intensivo de las estaciones argentinas (1947-1955).	Valor simbólico o conmemorativo para personas de muchas naciones.		SMH 40: A. Crédito: Pablo Fontana - IAA SMH 40: B. Crédito: Pablo Fontana - IAA SMH 40: C. Crédito: Pablo Fontana - IAA	
												SMH 40: D. Crédito: Nahueltripay - COCOANTAR	
												SMH 40: E. Crédito: Comandante de la estación Esperanza - COCOANTAR	
41	Restos históricos de la tripulación del *Antarctic*	Cabaña de piedra en la isla Paulet construida en febrero de 1903 por los	63° 34' S, 55° 45' W	Rec. VII-9 Medida 5 (1997)	Argentina Reino Unido	Argentina Suecia Noruega	Sitio	El refugio está parcialmente derrumbado,	El refugio y el mojón fueron construidos en 1903 por los náufragos del buque *Antarctic*,	Un acontecimiento de particular importancia en la historia de la	Directrices de sitio que recibe	SMH 41: A. Crédito: Paula	Isla Paulet. La cabaña y la tumba están cerca de la costa noroeste de la isla en una gran colonia de

N.º	Nombre	Descripción	Ubicación	Designación/enmienda	Parte proponente original	Parte encargada de la gestión	Tipo	Estado de conservación	Descripción del contexto histórico	Criterios aplicables de conformidad con la Resolución 3 (2009)	Herramientas de gestión	Fotografías	Características físicas del entorno y contexto cultural y local
	en la isla Paulet	supervivientes del barco *Antarctic* que naufragó, bajo el mando del capitán Carl A. Larsen, y que eran miembros de la expedición sueca al Polo Sur dirigida por Otto Nordenskjöld, junto con una tumba de un miembro de la expedición y el montículo de piedras construido por los supervivientes del naufragio en el punto más alto de la isla para atraer la atención de las expediciones de rescate.						aunque parte de las paredes están en pie. El mojón está en buenas condiciones y la tumba ha perdido la cruz.	comandado por Carl Anton Larsen, como parte de la expedición antártica sueca de 1901-1903. El barco iba a recoger al grupo que pasó el invierno en Cerro Nevado. La tumba pertenece a uno de los marineros, llamado Ole Wennersgaard, que murió en junio de 1903. En noviembre, los supervivientes fueron rescatados por la expedición argentina del barco *ARA Uruguay*.	ciencia o de la exploración de la Antártida ocurrió en el lugar; mantiene un vínculo particular con una persona que desempeñó un papel importante en la historia de la ciencia o de la exploración en la Antártida; mantiene un vínculo particular con una hazaña notable de resistencia o logro; es representativo o forma parte de una actividad de gran alcance que ha sido importante en el desarrollo y el conocimiento de la Antártida; sus materiales, diseño o método de construcción tienen un valor técnico, histórico, cultural o arquitectónico particular; ofrece la posibilidad, a través del estudio, de revelar información o de educar a la gente sobre actividades humanas importantes en la Antártida; valor simbólico o conmemorativo para personas de muchas naciones.	visitantes: isla Paulet	Casela - ADN SMH 41: B. Crédito: Paula Casela - ADN	pingüinos de Adelia. El mojón se encuentra en la parte superior de la isla a 350 metros sobre el nivel del mar.

N.°	Nombre	Descripción	Ubicación	Designación/enmienda	Parte proponente original	Parte encargada de la gestión	Tipo	Estado de conservación	Descripción del contexto histórico	Criterios aplicables de conformidad con la Resolución 3 (2009)	Herramientas de gestión	Fotografías	Características físicas del entorno y contexto cultural y local
42	Observatorios de la isla Laurie	Zona de la bahía Scotia, isla Laurie, islas Orcadas del Sur, en la que se encuentran: la cabaña de piedra construida en 1903 por la expedición antártica escocesa dirigida por William S. Bruce, la cabaña meteorológica y observatorio magnético argentino, construida en 1905 y conocida como casa Moneta, y un cementerio con doce tumbas, la primera de las cuales es de 1903.	60° 46' S, 44° 40' O	Rec. VII-9	Argentina	Argentina Reino Unido	Sitio	Las paredes de piedra de la casa Omond se han desmoronado en parte. La estación de madera establecida por la Argentina en 1905 se encuentra en buen estado y funciona como museo. El cementerio está en buen estado.	La casa Omond fue construida por la Expedición Antártica Nacional Escocesa (SNAE) 1902-1904 de William Speirs Bruce, y fue utilizada en 1904 por el primer grupo argentino, lo que constituyó el inicio de la presencia científica permanente de la Argentina en la Antártida en 1904. La casa Moneta, instalada en 1905 por la Argentina, funciona como edificio principal del observatorio y es el primer edificio antártico argentino.	Un acontecimiento de particular importancia en la historia de la ciencia o de la exploración de la Antártida ocurrió en el lugar; mantiene un vínculo particular con una persona que desempeñó un papel importante en la historia de la ciencia o de la exploración en la Antártida; mantiene un vínculo particular con una hazaña notable de resistencia o logro; es representativo o forma parte de una actividad de gran alcance que ha sido importante en el desarrollo y el conocimiento de la Antártida; sus materiales, diseño o método de construcción tienen un valor técnico, histórico, cultural o arquitectónico particular; ofrece la posibilidad, a través del estudio, de revelar información o de educar a la gente sobre actividades humanas importantes en la Antártida; valor simbólico o conmemorativo		SMH 42: A. Crédito: Pablo Fontana - IAA SMH 42: B. Crédito: Crédito: Pablo Fontana - IAA SMH 42: C. Crédito: Crédito: Pablo Fontana - IAA SMH 42: D. Crédito: Crédito: Agustín Biasotti - IAA	Todos los elementos que componen el SMH se encuentran dentro de los límites de la estación Orcadas. Se encuentra en un istmo de la isla Laurie, en cuyas costas se observa la presencia de focas.

N.º	Nombre	Descripción	Ubicación	Designación/enmienda	Parte proponente original	Parte encargada de la gestión	Tipo	Estado de conservación	Descripción del contexto histórico	Criterios aplicables de conformidad con la Resolución 3 (2009)	Herramientas de gestión	Fotografías	Características físicas del entorno y contexto cultural y local
										para personas de muchas naciones.			
43	Cruz de la estación Belgrano	Cruz erigida en 1955, a unos 1300 metros al nordeste de la estación argentina General Belgrano I (Argentina) y posteriormente trasladada a la estación Belgrano II (Argentina), nunatak Bertrab, costa Confín, Tierra de Coats en 1979.	77° 52' S, 34° 37' O	Rec. VII-9	**Argentina**	Argentina	Objetos conmemorativos: cruz	La cruz está en buen estado.	Instalación de la estación argentina Belgrano I en 1955. En ese momento fue la estación más austral. Se efectuaron varios vuelos de exploración desde la base que dieron como resultado el descubrimiento de numerosas cadenas montañosas al sur del mar de Weddell.	Valor simbólico o conmemorativo para personas de muchas naciones.		SMH 43: Crédito: Pablo Fontana - IAA	En las cercanías de la estación Belgrano II, nunatak Moltke, al sureste del mar de Weddell, sin vida silvestre.
44	Dakshin Gangotri	Placa colocada en la primera estación india permanente Dakshin Gangotri, costa de la Princesa Astrid, Tierra de la Reina Maud, que enumera los nombres de la primera expedición antártica india que desembarcó cerca el 9 de enero de 1982.	70° 0537' S, 12° 00' 00" E	Rec. XII-7	India	India	Objeto conmemorativo: placa	Enterrado bajo el hielo	Esta estación empezó a funcionar en 1883-1884 y proporcionó excelentes instalaciones contemporáneas y vanguardistas, y laboratorios bien equipados para llevar a cabo investigaciones científicas. El sitio está ubicado a unos 10 km del borde de la plataforma hacia las colinas de Schirmacher. La estación Dakshin Gangotri fue clausurada en 1989-1890 debido a una capa de nieve excesiva. La zona contigua se utiliza en la actualidad como base de suministros.	Un suceso de especial importancia en la historia de la ciencia o la exploración de la Antártida ocurrió en el lugar. Mantiene un vínculo particular con una proeza de resistencia o un logro. Es representativo o forma parte de una actividad de gran alcance que ha sido importante en el desarrollo y el conocimiento de la Antártida.	Miembros de la expedición india a la Antártida visitan la zona adyacente (base de suministros) con regularidad. Cuidan el sitio para su conservación y mantenimiento.	SMH 44: estación Dakshin Gangotri, tal y como apareció en el año 1985 SMH 44: la estación enterrada de Dakshin Gangotri con la placa que dice: «Estación antártica india Dakshin Gangotri»	Situada en la plataforma de hielo de la costa de la Princesa Astrid. La plataforma muestra una topografía suavemente ondulada con una elevación media de 20 m sobre el nivel del mar. El grosor de la plataforma es menor cerca del mar y aumenta tierra adentro.
45	Placa de la expedición de Gerlache	Placa en la isla Brabant, en punta Metchnikoff, montada a una altura de 70 m en la cresta de la morrena que	64° 02,395 S 62° 34,078 O	Rec. XIII-16	Bélgica	Bélgica	Objeto conmemorativo: placa	Estado general excelente. La última inspección tuvo lugar el	El monumento histórico fue erigido por François de Gerlache y otros miembros de la expedición de servicio conjunto de 1983-1985	Un acontecimiento de particular importancia en la historia de la ciencia o de la exploración de la		SMH 45: placa conmemorativa de la expedición de Adrien	El monumento está ubicado en una roca de 70 m de altura en la cresta de la morrena que separa punta Metchnikoff del glaciar. En 2019, se avistó

N.°	Nombre	Descripción	Ubicación	Designación/enmienda	Parte proponente original	Parte encargada de la gestión	Tipo	Estado de conservación	Descripción del contexto histórico	Criterios aplicables de conformidad con la Resolución 3 (2009)	Herramientas de gestión	Fotografías	Características físicas del entorno y contexto cultural y local
		separa este punto del glaciar y con la siguiente inscripción en mayúsculas: *Este monumento fue construido por François de Gerlache y otros miembros de la expedición de los servicios conjuntos de 1983-1985 para conmemorar el primer desembarque en la isla Brabante por la expedición antártica belga de 1897-1899. Adrien de Gerlache (Bélgica), jefe, Roald Amundsen (Noruega), Henryk Arctowski (Polonia), Frederick Cook (Estados Unidos) y Emile Danco (Bélgica) acamparon en los alrededores del 30 de enero al 6 de febrero de 1898.*						3 de marzo de 2019 durante un total de 4 horas y 30 minutos. El equipo echó anclas en una bahía al sur de punta Metchnikoff alrededor de las 8:30 a. m. (GMT). Se desplegó un primer equipo de tres personas mediante un buque auxiliar en el lado sur de la punta. Se utilizó un dron para identificar un sitio adecuado para que desembarcar a el resto del equipo (8 personas). El equipo se desplegó mediante dos buques auxiliares en la costa norte de la punta, que es más accesible y está a una buena distancia de	para conmemorar el primer desembarque en la isla Brabant de la expedición antártica belga de 1897-1899. La expedición belga ha pasado a la historia como la expedición de investigación científica pionera en la Antártida y fue la primera en invernar allí. Salió de Amberes el 16 de agosto de 1897 y se dirigió a la costa oeste de la península. Un equipo de científicos internacionales que incluía a un biólogo, un glaciólogo, un geógrafo, un naturalista y un médico fueron a recopilar la mayor cantidad de información posible sobre estas tierras vírgenes. El barco, que quedó atrapado en el hielo cerca de la isla Peter I, estuvo a la deriva en el mar de Bellingshausen durante los siguientes 13 meses. Como resultado, acumuló una gran cantidad de datos científicos y observaciones sobre el ciclo anual en la Antártida. Después de meses a la deriva, el barco logró liberarse del hielo y zarpó hacia Bélgica, donde los exploradores fueron recibidos como héroes. También cabe destacar que el conquistador del	Antártida ocurrió en el lugar; mantiene un vínculo particular con una persona que desempeñó un papel importante en la historia de la ciencia o de la exploración en la Antártida; es representativo o forma parte de una actividad de gran alcance que ha sido importante en el desarrollo y el conocimiento de la Antártida; valor simbólico o conmemorativo para la gente de muchas naciones.		de Gerlache (1897-1899) (A) SMH 45: placa conmemorativa de la expedición de Adrien de Gerlache (1897-1899) (B)	una colonia de lobos marinos antárticos cerca del sitio. Como está situado en la ZAEA n.° 153 «bahía oriental de Dallmann», el monumento generalmente no es accesible para los turistas.

N.º	Nombre	Descripción	Ubicación	Designación/enmienda	Parte proponente original	Parte encargada de la gestión	Tipo	Estado de conservación	Descripción del contexto histórico	Criterios aplicables de conformidad con la Resolución 3 (2009)	Herramientas de gestión	Fotografías	Características físicas del entorno y contexto cultural y local
								una colonia de lobos marinos antárticos. La placa conmemorativa está en buen estado y no requiere ningún mantenimiento especial. Se encontró una figurita de imitación de bronce de Adrien de Gerlache suelta detrás de la placa, con la gorra ligeramente astillada en la visera. Una vez que se fotografió la figura, se volvió a colocar en su lugar, donde permaneció suelta. Es posible que esta figura no estuviera presente originalmente en 1983-1985. Una vez que se completó la inspección, la tripulación levó anclas alrededor de la 1:00 de la	Polo Norte (Cook) y el conquistador del Polo Sur (Amundsen) estuvieron a bordo de esta expedición.				

N.°	Nombre	Descripción	Ubicación	Designación/enmienda	Parte proponente original	Parte encargada de la gestión	Tipo	Estado de conservación	Descripción del contexto histórico	Criterios aplicables de conformidad con la Resolución 3 (2009)	Herramientas de gestión	Fotografías	Características físicas del entorno y contexto cultural y local
								madrugada (GMT) y zarpó hacia el puerto Neko.					
46	Puerto Martin, Tierra de Adelia	Todos los edificios e instalaciones de la base de Puerto Martin, Tierra de Adelia, construidos en 1950 por la 3.ª expedición francesa en Tierra de Adelia y parcialmente destruidos por un incendio durante la noche del 23 al 24 de enero de 1952. El sitio fue designado originalmente como SMH 46 en la Rec. XIII-16 (1985) y posteriormente renombrado como ZAEP n.º 166 junto con el plan de gestión actual en la Medida 1 (2006).	66° 49' S, 141° 24' E	Rec. XIII-16	Francia	Francia	Sitio	*In situ*	La zona está centrada en un punto que corresponde al señalizador conocido como el «pilar Astrolabio», ubicado en el lado izquierdo del «refugio» de Puerto Martin, Tierra de Adelia. El sitio contiene los restos del edificio principal (destruido por un incendio en 1952) y varios anexos construidos por miembros de las sucesivas expediciones antárticas francesas entre 1948 y 1952. Desde entonces, solo se han realizado visitas limitadas de unas pocas horas y, dada la corta duración de su funcionamiento, los restos de la base de Puerto Martin son el perfecto ejemplo de una base en la Antártida en el período inmediato de posguerra. Para la arqueología futura, el sitio representa un lugar perfecto para diseñar métodos y técnicas adaptados a condiciones extremas de investigación arqueológica. Se considera no solo como un sitio histórico de puentes, sino también	La razón principal para la designación fue: «H - sitios o monumentos de reconocido valor histórico»;	Plan de Gestión de la Zona Antártica Especialmente Protegida n.º 166 Medida 1 (2006). El Plan de Gestión fue presentado ante el Comité para la Protección del Medio Ambiente en 2011 y adoptado sin modificaciones. Este Plan de Gestión fue presentado al CPA en 2016, y se acordó que el plan actual debe permanecer vigente.	SMH 46: base Martin - 1950	La zona está centrada en un punto (coordenadas geográficas: 66° 49' S / 141° 23' E) que corresponde al señalizador conocido como el «pilar Astrolabio» ubicado en el lado izquierdo del «refugio».

N.°	Nombre	Descripción	Ubicación	Designación/enmienda	Parte proponente original	Parte encargada de la gestión	Tipo	Estado de conservación	Descripción del contexto histórico	Criterios aplicables de conformidad con la Resolución 3 (2009)	Herramientas de gestión	Fotografías	Características físicas del entorno y contexto cultural y local
									como un yacimiento arqueológico original.				
47	Base Marret	Edificio de madera llamado base Marret en la isla de los Petreles, Tierra de Adelia	66° 40' S, 140° 01' E	Rec. XIII-16	Francia	Francia	Construcción: cabaña	*In situ*	Edificio de madera donde siete hombres bajo el mando de Mario Marret pasaron el invierno en 1952 tras el incendio de la base de puerto Martin (ZAEP n.° 166).	Sus materiales, diseño o método de construcción tienen un valor técnico, histórico, cultural o arquitectónico particular.		SMH 47: base Marret, 2014	
48	Cruz de Prudhomme	Cruz de hierro en el promontorio nororiental de isla de los Petreles, Tierra de Adelia	66° 40' S, 140° 01' E	Rec. XIII-16	Francia	Francia	Objeto conmemorativo: cruz	*In situ*	Cruz dedicada a la memoria de André Prudhomme, jefe de los meteorólogos durante la expedición del tercer Año Geofísico Internacional, que desapareció el 7 de enero de 1959 durante una ventisca.	Mantiene un vínculo particular con una persona que desempeñó un papel importante en la historia de la ciencia o la exploración en la Antártida		SMH 48: cruz de Prudhomme	
49.	Pilar del cerro Bunger	Pilar de hormigón erigido por la primera expedición polaca en la Antártida en la estación Dobrowolski, en el cerro Bunger, para medir la aceleración de la fuerza de gravedad g = 982 439,4 mgal +/- 0,4 mgal con respecto a Varsovia, según el sistema de Potsdam, en enero de 1959.	66 ° 16' S, 100 ° 45' E	Rec. XIII-16	Polonia	Polonia	Objeto conmemorativo: otro	Estado actual desconocido. No ha habido ninguna expedición polaca desde 1979, cuando el pilar estaba en buen estado.	Pilar de hormigón erigido por la primera expedición polaca en enero de 1959 para medir la aceleración gravitacional. Fue designado Sitio o Monumento Histórico (SMH 49) a raíz de una propuesta de Polonia a la RCTA (XIII RCTA, Bruselas, 1985).	Un suceso de especial importancia en la historia de la ciencia o la exploración de la Antártida ocurrió en el lugar; mantiene un vínculo particular con un hecho notable de resistencia o logro; sus materiales, diseño o método de construcción tienen un valor técnico, histórico, cultural o arquitectónico particular.	La estación A. Dobrowolski ha sido visitada periódicamente por equipos de investigación polacos y de otro tipo. Actualmente su estado es «inactivo». La revitalización, acuñada por el profesor Marek Lewandowski, jefe del Departamento de Investigación Polar y		Oasis Bunger es una colección de colinas de tamaño moderado, con estanques de deshielo de agua dulce. El primer contacto humano con el oasis registrado en la historia tuvo lugar a través de un avión en 1947. El avión estaba pilotado por el coronel David Bunger, que aterrizó en uno de los lagos de agua de deshielo congelados. La zona contigua se llamó posteriormente cerros Bunger. La estación Oasis Bunger se estableció en 1956 por iniciativa de la expedición antártica soviética, y fue entregada a Polonia en 1959 y rebautizada como estación polar polaca Antoni B. Dobrowolski. Antoni

N.°	Nombre	Descripción	Ubicación	Designación/enmienda	Parte proponente original	Parte encargada de la gestión	Tipo	Estado de conservación	Descripción del contexto histórico	Criterios aplicables de conformidad con la Resolución 3 (2009)	Herramientas de gestión	Fotografías	Características físicas del entorno y contexto cultural y local
											Marina del Instituto de Geofísica de la Academia de Ciencias de Polonia, comenzará en 2021-2022. Además de esta revitalización, se evaluará y renovará el estado del pilar si es necesario.		Bolesław Dobrowolski (1872-1954) fue un geofísico, explorador polar y maestro. En 2001, la Academia de Ciencias de Polonia traspasó la gestión de Dobrowolski al Instituto de Geofísica de la Academia de Ciencias de Polonia. Junto a la estación Dobrowolski, a unos 200 m, se encuentra la base de verano Oasis 2, gestionada por el Instituto de Investigaciones Árticas y Antárticas de San Petersburgo. A 7 km al este de la estación Dobrowolski se encuentra el campamento de verano Edgeworth David, administrado por la División Antártica Australiana.
50.	Placa con águila polaca	Una placa de bronce que muestra el águila de Polonia, emblema nacional de Polonia, las fechas 1975 y 1976, y el texto siguiente en polaco, inglés y ruso: «En recuerdo del desembarque de los miembros de la primera expedición polaca de investigación marina en la Antártida a bordo de los buques Profesor Siedlecki y Tazar en febrero de 1976». Esta placa, situada al sudoeste de las estaciones chilena y soviética, está colocada en un	62° 12' S, 59° 01' W	Rec. XIII-16	Polonia	Polonia	Objeto conmemorativo: placa	La placa necesita una renovación.	A mediados de la década de 1970, el gobierno polaco, ante el agotamiento de los caladeros de aguas profundas existentes, decidió emprender investigaciones en las aguas que rodean la Antártida. En la temporada 1975-1976 se organizó una expedición científica junto con el Instituto de Pesca Marítima, en los barcos «Profesor Siedlecki» y «Tazar». La expedición estuvo dirigida por el Dr. Daniel Dudkiewicz y el director científico fue el Dr. Hab. S. Rakusa-Suszczewski. La placa	Es representativo o forma parte de una actividad de gran alcance que ha sido importante en el desarrollo y el conocimiento de la Antártida; ofrece la posibilidad de revelar información por medio del estudio o de educar a la gente sobre actividades humanas importantes en la Antártida; mantiene un vínculo particular con un hecho notable de resistencia o logro; sus materiales, diseño o método de	La placa está vigilada por miembros de la expedición polaca mientras se encuentra en tránsito desde la base Presidente Eduardo Frei Montalva a la estación Arctowski, y se renueva si es necesario.	SMH 50: placa de águila polaca (febrero de 2020)	La placa conmemora la expedición cuyo éxito condujo a la fundación de la estación antártica polaca Henryk Arctowski. La estación se estableció en 1977 y ha estado en funcionamiento continuo desde entonces como una unidad durante todo el año. La estación lleva el nombre de Henryk Arctowski (1871-1959), quien, como meteorólogo, acompañó al explorador belga Baron Adrien de Gerlache en la expedición antártica belga «Belgica», 1897-1899. La estación está gestionada por el Instituto de Bioquímica y Biofísica de la Academia de Ciencias de Polonia;

N.º	Nombre	Descripción	Ubicación	Designación/enmienda	Parte proponente original	Parte encargada de la gestión	Tipo	Estado de conservación	Descripción del contexto histórico	Criterios aplicables de conformidad con la Resolución 3 (2009)	Herramientas de gestión	Fotografías	Características físicas del entorno y contexto cultural y local
		acantilado que da a bahía Maxwell, península Fildes, isla Rey Jorge (isla 25 de Mayo).							conmemora esta primera expedición científica. La expedición confirmó la existencia de ricas poblaciones de pesca y kril en estas zonas. En reconocimiento de la necesidad de continuar la investigación natural, se decidió enviar otra expedición y crear una estación de investigación permanente en esta zona.	construcción tienen un valor técnico, histórico, cultural o arquitectónico particular.			sus principales áreas de investigación incluyen la biología marina, la oceanografía, la geología, la geomorfología, la glaciología, la meteorología y la climatología.
51.	Tumba Puchalski	Tumba de Wlodzimierz Puchalski, coronada por una cruz de aleación, en una colina al sur de la estación Arctowski, en la isla Rey Jorge (isla 25 de mayo). W. Puchalski fue un artista y productor de documentales sobre la naturaleza que murió el 19 de enero de 1979 cuando trabajaba en la estación.	62°13' S, 58° 28' O	Rec. XIII-16	Polonia	Polonia	Otros restos: otros	El monumento se encuentra en buen estado.	Włodzimierz Puchalski fue un fotógrafo y cineasta de la vida silvestre. Puchalski participó en la tercera expedición polar encabezada por Stanislaw Rakusa-Suszczewski, y llegó a la estación antártica polaca Henryk Arctowski en 1978. El objetivo era inmortalizar con grabaciones de vídeo la increíble naturaleza de la Antártida. Murió el 19 de enero de 1979 cuando trabajaba en la estación y, según su última voluntad, fue enterrado en la zona de la estación.	Mantiene un vínculo particular con una hazaña notable de resistencia o logro; sus materiales, diseño o método de construcción tienen un valor técnico, histórico, cultural o arquitectónico particular.	El monumento se visita varias veces al año y se renueva si es necesario.	SMH 51: tumba de Puchalski (noviembre de 2020)	La tumba de Puchalski se encuentra en la cima de una colina, cerca de la estación Arctowski. El día de la muerte de W. Puchalski (19 de enero), así como el Día de Todos los Santos (1 de noviembre) y en otras ocasiones, la tumba es visitada por empleados de la estación, así como por turistas, para conmemorar los logros durante la vida de los fallecidos. En la roca sobre la que se encuentra el faro, entre numerosas placas conmemorativas, hay una con la inscripción: «Febrero de 1979, dedicado a Wlodzimierz Puchalski, permanecerás para siempre en nuestra memoria. La tripulación del Antoni Garnuszewski» (el barco, que en los años 1977-1988 navegó hasta la estación Arctowski).

N.°	Nombre	Descripción	Ubicación	Designación/enmienda	Parte proponente original	Parte encargada de la gestión	Tipo	Estado de conservación	Descripción del contexto histórico	Criterios aplicables de conformidad con la Resolución 3 (2009)	Herramientas de gestión	Fotografías	Características físicas del entorno y contexto cultural y local
52	Monolito - Estación Gran Muralla	Monolito erigido para conmemorar el establecimiento el 20 de febrero de 1985 por la República Popular China de la estación Gran Muralla en la península de Fildes, isla Rey Jorge (isla 25 de mayo), en las islas Shetland del Sur. En el monolito está grabada la siguiente inscripción en chino: «Estación de la Gran Muralla, primera expedición china de investigación en la Antártida, 20 de febrero de 1985».	62° 13' S, 58° 58' O	Rec. XIII-16	China	China	Objeto conmemorativo: otro	Conservada en buen estado	El monolito se erigió para conmemorar el establecimiento de la estación Gran Muralla, la primera estación antártica china, el 20 de febrero de 1985.	Un suceso de especial importancia en la historia de la ciencia o la exploración de la Antártida ocurrió en el lugar; tiene valor simbólico o conmemorativo para la gente de muchas naciones	Los miembros de la estación, especialmente los jefes de estación, reciben información sobre asuntos de patrimonio, incluidos los SMH, todos los años. Los expedicionarios de la estación revisan periódicamente el monolito para garantizar su estado de conservación.		El monolito se encuentra en la zona de la estación Gran Muralla, a unos 200 metros de la costa.
53	Busto de Luis Pardo y placa	Busto del capitán Luis Alberto Pardo, monolito y placas en punta Wild, isla Elefante, islas Shetland del Sur, que celebran el rescate de los supervivientes del buque británico Endurance por el rompehielos de la Armada de Chile Yelcho, y muestran las siguientes palabras: «Aquí, el 30 de agosto de 1916, el rompehielos Yelcho de la Armada chilena, bajo las órdenes del	61° 03' S, 54° 50' O	Rec. XIV-8 Rec. XV-13	Chile	Chile	Objeto conmemorativo: busto	El sitio o monumento aún existe en su totalidad y está en condiciones correctas.	Después del imprevisto de la expedición transantártica británica dirigida por *sir* Ernest Shackleton, la tripulación del Endurance llegó a la isla Elefante en abril de 1916. A finales de ese mes, Shackleton y cinco de sus hombres viajaron a bordo de uno de los buques balleneros que cruzan el pasaje de Drake y llegaron a Georgia del Sur en busca de ayuda para rescatar al resto de su tripulación. Después de tres intentos fallidos	Es representativo o forma parte de una actividad de gran alcance que ha sido importante en el desarrollo y el conocimiento de la Antártida. Ofrece la posibilidad de revelar información por medio del estudio o de educar a la gente sobre actividades humanas importantes en la Antártida.	No se aplica ninguna herramienta de gestión específica. Sin embargo, las directrices para visitantes de la punta Wild ayudan al conocimiento del sitio. Mantenimiento periódico, según el plan de visita de	SMH 53: Busto de Luis Pardo y placa (A) SMH 53: Busto de Luis Pardo y placa (B) SMH 53: Busto de Luis Pardo y placa (C)	La isla Elefante se encuentra a unos 100 km de distancia en el extremo oriental del archipiélago de las Shetland del Sur, en un pequeño grupo también conocido como islas Piloto Pardo (64° 10' S; 54° 30' O), al norte del mar de Weddell. La isla es un lugar montañoso y cubierto de hielo, con un relieve abrupto y costas escarpadas. La punta Wild (61° 05' 53,0" S; 54° 51' 39,3" O) se encuentra a 11 km al oeste del cabo Valentín, en la costa norte de la isla Elefante. Es un punto pequeño, bajo,

N.°	Nombre	Descripción	Ubicación	Designación/enmienda	Parte proponente original	Parte encargada de la gestión	Tipo	Estado de conservación	Descripción del contexto histórico	Criterios aplicables de conformidad con la Resolución 3 (2009)	Herramientas de gestión	Fotografías	Características físicas del entorno y contexto cultural y local
		piloto Luis Pardo Villalón, rescató a los 22 hombres de la expedición Shackleton que sobrevivieron al naufragio del Endurance y vivieron durante cuatro meses y medio en esta isla». El monolito y las placas fueron instalados en la isla Elefante y sus réplicas, en las bases chilenas Capitán Arturo Prat (62° 30' S, 59° 49' O) y Presidente Eduardo Frei (62° 12' S, 62° 12'O). Los bustos de bronce del piloto Luis Pardo Villalón fueron colocados en los tres monolitos mencionados anteriormente durante la XXIV expedición científica chilena a la Antártida en 1987-1988.							para salvar a los 22 hombres que esperaban en isla Elefante, en agosto de 1916 el buque chileno Yelcho, al mando del capitán Luis Pardo Villalón, zarpó de punta Arenas con *sir* Ernest Shackleton a bordo. Cuando llegaron a cabo Wild (punta Wild), encontraron y rescataron al resto de la tripulación del Endurance, después de que pasaran 138 días viviendo allí.		la Armada de Chile en la zona.		angosto, de arena y roca, que se eleva hasta un pequeño afloramiento rocoso en el extremo norte. Hay glaciares de marea y acantilados pronunciados que bordean la punta. La flora del sitio está representada por pequeños parches de especies de líquenes barbudos y crustosos, tales como *Xanthoria spp.*, *Buellia spp.*, *Caloplaca spp.* y *Usnea spp.* Hay aves y mamíferos marinos presentes en la zona. Los pingüinos de barbijo se reproducen en la punta Wild. Las gaviotas cocineras y los gaviotines antárticos también se reproducen en el sitio. El lobo marino antártico es un visitante habitual en la zona, principalmente los machos jóvenes, pero también se avistan focas leopardo y focas de Weddell en el lugar. Las ballenas jorobadas y algunos ejemplares de ballenas de aleta visitan habitualmente la zona cerca de la punta Wild.
54	Monumento histórico Richard E. Byrd, estación McMurdo, Antártida	Busto de bronce de Richard E. Byrd sobre un pedestal de mármol noruego negro pulido, ubicado al aire libre en la estación McMurdo. El busto fue colocado en la estación	77° 51' S, 166° 40' E	Rec. XV-12	Estados Unidos	Estados Unidos	Objeto conmemorativo: busto	El busto está en excelentes condiciones.	Byrd (1888-1957) dirigió cinco expediciones antárticas estadounidenses, la primera en 1928-1930. La última fue en 1957-1958, cuando Estados Unidos preparaba su	Un acontecimiento de particular importancia en la historia de la ciencia o de la exploración de la Antártida ocurrió en el lugar; mantiene un	Póster de Sitios y Monumentos Históricos de la región del mar de Ross exhibido en la estación McMurdo	SMH 54: busto de Byrd (crédito de la foto: Peter Rejcek)	El busto está situado en la terraza al aire libre de The Chalet, el antiguo edificio de la sede del Programa Antártico de EE. UU. en la estación McMurdo. El busto se encuentra junto a las banderas de los doce

N.º	Nombre	Descripción	Ubicación	Designación/enmienda	Parte proponente original	Parte encargada de la gestión	Tipo	Estado de conservación	Descripción del contexto histórico	Criterios aplicables de conformidad con la Resolución 3 (2009)	Herramientas de gestión	Fotografías	Características físicas del entorno y contexto cultural y local
		McMurdo en 1965, donación de la National Geographic Society de EE. UU. La obra pertenece al escultor Felix de Weldon. Byrd estaba comprometido con la colaboración internacional. En la base del memorial de McMurdo están inscritas sus palabras: «Tengo la esperanza de que la Antártida, con su túnica simbólica de color blanco, brille como un continente de paz con naciones que trabajen juntas a favor de la ciencia convirtiéndose en un ejemplo de cooperación internacional».							participación antártica en el Año Geofísico Internacional. La primera expedición introdujo un amplio uso de aviones, radios, cámaras aéreas y otros equipos mecanizados, y está considerada la primera consecución completa de la era mecánica de exploración en la Antártida. Los primeros descubrimientos incluyeron las montañas Rockefeller, la Tierra de Marie Byrd y las cordilleras Ford. El 29 de noviembre de 1929, fue el primero en sobrevolar el Polo Sur en avión.	vínculo particular con una persona que desempeñó un papel importante en la historia de la ciencia o de la exploración en la Antártida; mantiene un vínculo particular con una hazaña notable de resistencia o logro; es representativo o forma parte de una actividad de gran alcance que ha sido importante en el desarrollo y el conocimiento de la Antártida; ofrece la posibilidad de revelar información por medio del estudio o de educar a la gente sobre actividades humanas importantes en la Antártida			signatarios originales del Tratado Antártico.
55	Base Este, Antártida, isla Stonington	Construcciones y elementos de la base Este, isla Stonington y aledaños. Estas estructuras fueron construidas durante dos expediciones invernales estadounidenses: la Antarctic Service Expedition (1939-1941) y la Ronne Antarctic Research Expedition (1947-1948). La dimensión de la zona histórica es de unos 1000 m en el sentido norte-sur	68° 11' S, 67° 00' O	Rec. XIV-8	Estados Unidos	Estados Unidos	Construcción: estación	Los edificios restantes están en mal estado. Continúan las conversaciones con British Antarctic Survey/Reino Unido Fundación Histórica Antártica para ayudar a los Estados Unidos a	La base Este fue encargada por el presidente Franklin D. Roosevelt como la primera estación de investigación científica de los Estados Unidos en la Antártida. Fue construida en la isla Stonington en 1940 como parte de la expedición del Servicio Antártico de Estados Unidos patrocinada por el Gobierno (1939-1941), dirigida por Richard E. Byrd. La estación estuvo ocupada	Un acontecimiento de particular importancia en la historia de la ciencia o de la exploración de la Antártida ocurrió en el lugar; mantiene un vínculo particular con una persona que desempeñó un papel importante en la historia de la ciencia o de la exploración en la Antártida; mantiene un vínculo	Directrices del sitio para visitantes: isla Stonington	SMH 55: Base Este, Antártida, isla Stonington	El sitio está ubicado en la isla Stonington, en el extremo sur de la bahía Margarita. La isla mide aproximadamente 750 m x 250 m. Esta isla ya no está conectada al continente antártico por el glaciar nordeste. El sitio se compone de tres edificios principales: un barracón, un edificio científico y la cabaña Ronne. SMH 64: la base E del Reino Unido se encuentra aproximadamente a 250 m de la base Este.

N.°	Nombre	Descripción	Ubicación	Designación/enmienda	Parte proponente original	Parte encargada de la gestión	Tipo	Estado de conservación	Descripción del contexto histórico	Criterios aplicables de conformidad con la Resolución 3 (2009)	Herramientas de gestión	Fotografías	Características físicas del entorno y contexto cultural y local
		(desde la playa hasta el glaciar Nordeste adyacente a la bahía Back) por unos 500 m en el sentido este-oeste. Quedan tres edificios principales.						desarrollar un plan de conservación para la base Este.	hasta marzo de 1941. La base Este fue nuevamente ocupada en 1947-1948 por la Expedición de Investigación Antártica Ronne, una expedición privada dirigida por Finn Ronne. Esta expedición incluyó a las primeras mujeres que pasaron el invierno en la Antártida, Edith Ronne y Jennie Darlington. El objetivo principal de esta expedición fue cartografiar zonas previamente inexploradas de la península antártica al sur de la isla Stonington. La base Este tiene una historia compartida con la cercana base E del Reino Unido.	particular con una hazaña notable de resistencia o logro; es representativo o forma parte de una actividad de gran alcance que ha sido importante en el desarrollo y el conocimiento de la Antártida; ofrece la posibilidad de revelar información por medio del estudio o de educar a la gente sobre actividades humanas importantes en la Antártida			
56	Punta Waterboat	Punta Waterboat, costa Danco, península antártica. Se trata de los restos y los aledaños inmediatos de la cabaña de punta Waterboat. Fue ocupada por la expedición del Reino Unido compuesta por dos hombres, Thomas W. Bagshawe y Maxime C. Lester en 1921-1922. En la actualidad subsisten únicamente la base del buque, las fundaciones de las	64° 49' S, 62° 51' O	Rec. XVI-11	Chile Reino Unido	Chile Reino Unido	Edificio: cabaña	Los restos están erosionados.	La punta Waterboat es el lugar donde los restos de un barco ballenero se convirtieron en una cabaña improvisada donde dos exploradores antárticos Maxime C. y Thomas W. Bagshawe pasaron el invierno en 1921-1922 con muy poca preparación, equipo o provisiones. Después de un duro invierno, pasaron la primavera estudiando seriamente la colonia de pingüinos, recopilando más datos que cualquier expedición anterior.	Un suceso de especial importancia en la historia de la ciencia o la exploración de la Antártida ocurrió en el lugar; mantiene un vínculo particular con una persona que desempeñó un papel importante en la historia de la ciencia o la exploración en la Antártida; mantiene un vínculo particular		SMH 56: Crédito: Punta Waterboat, Antártida (crédito de la foto: Liam Quinn - Flickr)	El punto más bajo y occidental de la península entre las bahías Puerto Paraíso y Andvord. Todavía existen restos del barco y la cabaña en el lugar. Allí también hay una gran colonia de pingüinos papúa.

N.°	Nombre	Descripción	Ubicación	Designación/enmienda	Parte proponente original	Parte encargada de la gestión	Tipo	Estado de conservación	Descripción del contexto histórico	Criterios aplicables de conformidad con la Resolución 3 (2009)	Herramientas de gestión	Fotografías	Características físicas del entorno y contexto cultural y local
		jambas de las puertas y un trazado de la cabaña y su terreno. Está situada cerca de la estación chilena Presidente Gabriel González Videla.								con una hazaña notable de resistencia o logro;			
57	Placa conmemorativa en bahía Yankee	Placa conmemorativa en bahía Yankee (puerto Yankee), estrecho McFarlane, isla Greenwich, islas Shetland del Sur. Cerca del refugio chileno. Erigido en memoria del capitán Andrew McFarlane, quien exploró en 1820 la zona de la península antártica en el bergantín *Dragon*.	62° 32' S, 59° 45' O	Rec. XVI-11	Chile Reino Unido	Chile Reino Unido	Objeto conmemorativo: placa	La placa está en buen estado.	El puerto Yankee era un puerto de focas popular y hoy conmemora los logros del capitán escocés Andrew McFarlane, que fue el capitán del Dragon, un bergantín chileno que exploró la península antártica en 1820 y desembarcó por primera vez en la isla Decepción en noviembre de ese año.	Mantiene un vínculo particular con una persona que desempeñó un papel importante en la historia de la ciencia o la exploración en la Antártida.	Directrices del sitio para visitantes del puerto Yankee		Puerto pequeño y playa poco profunda con una gran colonia de pingüinos papúa de unas 4000 parejas reproductoras. Se puede ver una placa que conmemora los restos de Mcfarlane y a los cazadores de focas.
59	Mojón de San Telmo	Placa en cerro Gaviota, frente a los islotes de San Telmo, cabo Shirreff, isla Livingston, islas Shetland del Sur, que recuerda a los oficiales, soldados y marineros a bordo del buque español *San Telmo*, que se hundió en septiembre de 1819; estas fueron posiblemente las primeras personas que vivieron y murieron en la Antártida. Sitio incorporado a la ZAEP n.° 149.	62° 28' 00,9" S 60° 48' 10,7" O	Rec. XVI-11	Chile España Perú	Chile España Perú	Objeto conmemorativo: placa	La placa se conserva aunque está agrietada	Recuerda a los oficiales, soldados y marineros a bordo del buque español San Telmo, que se hundió en septiembre de 1819; estas fueron posiblemente las primeras personas que vivieron y murieron en la Antártida.	Un suceso de especial importancia en la historia de la ciencia o la exploración de la Antártida ocurrió en el lugar.	Visitar el SMH, al menos cada 5 años, para comprobar el estado de conservación.	SMH 59: mojón de San Telmo	Diversidad de vida vegetal y animal, valores científicos y de vigilancia excepcionales asociados con las grandes y diversas poblaciones de aves marinas y pinnípedos. La zona contiene una serie de artefactos humanos anteriores a 1958
60	Monolito de bahía Pingüino, placas y restos de	Poste y mojón de madera, y placa y mojón de madera, ambos ubicados en la bahía Pingüino, costa	64° 17' 47,2" S, 56° 41' 30,7" O	Rec. XVII-3 Medida 9 (2016)	Argentina Suecia	Argentina Suecia	Sitio	Solo queda un metro del poste del señalizador original	Expedición antártica sueca 1901-1903 y expedición argentina de rescate del buque *ARA Uruguay* al mando del	Un acontecimiento de particular importancia en la historia de la ciencia o de la			A pocos metros de la costa sureste de la isla Marambio (Seymour), en una colonia de pingüinos de Adelia. La placa de

N°	Nombre	Descripción	Ubicación	Designación/enmienda	Parte proponente original	Parte encargada de la gestión	Tipo	Estado de conservación	Descripción del contexto histórico	Criterios aplicables de conformidad con la Resolución 3 (2009)	Herramientas de gestión	Fotografías	Características físicas del entorno y contexto cultural y local
	depósitos y mojón.	sur de la isla Seymour (Marambio), archipiélago James Ross. Durante la expedición antártica sueca liderada por el Dr. Otto Nordenskjöld en 1902, se instaló el poste de madera y el mojón. Este mojón estaba unido a un poste de madera de 4 m de alto (que actualmente solo tiene 44 cm), cables de tensión y una bandera, y se instaló para señalar la ubicación de un depósito bien abastecido, compuesto de unas pocas cajas de madera, las cuales contenían alimentos, notas y cartas guardadas en botellas. El depósito estaba destinado a utilizarse en caso de que la expedición antártica sueca se viera obligada a retroceder en su viaje al sur. La placa de madera fue instalada el 10 de noviembre de 1903 por la tripulación de una misión de rescate de la corbeta argentina Uruguay en el sitio donde se encontraron con los miembros de la						construido en 1901. La placa de madera instalada en 1903 se encuentra en buen estado, al igual que el monolito con placas colocada en 1990. De los depósitos solo quedan algunos restos de las cajas de madera semienterradas.	teniente Julián Irizar. La expedición sueca fue pionera en los descubrimientos científicos, particularmente en el campo de la geología y la paleontología antártica. Su rescate de la expedición ARA Uruguay marcó el inicio del despliegue naval argentino en la Antártida, con la instalación de numerosas estaciones científicas.	exploración de la Antártida ocurrió en el lugar; mantiene un vínculo particular con una persona que desempeñó un papel importante en la historia de la ciencia o de la exploración en la Antártida; mantiene un vínculo particular con una hazaña notable de resistencia o logro; es representativo o forma parte de una actividad de gran alcance que ha sido importante en el desarrollo y el conocimiento de la Antártida; sus materiales, diseño o método de construcción tienen un valor técnico, histórico, cultural o arquitectónico particular; valor simbólico o conmemorativo para personas de muchas naciones.			madera y el mojón están ubicados algo separados del poste y el mojón, a 64° 16 'S, 56° 39' O,

N.º	Nombre	Descripción	Ubicación	Designación/enmienda	Parte proponente original	Parte encargada de la gestión	Tipo	Estado de conservación	Descripción del contexto histórico	Criterios aplicables de conformidad con la Resolución 3 (2009)	Herramientas de gestión	Fotografías	Características físicas del entorno y contexto cultural y local
		expedición sueca liderada por el Dr. Otto Nordenskjöld. La placa de madera tiene la siguiente inscripción: «10.XI.1903 Uruguay (Armada Argentina) en su viaje para brindar asistencia a la expedición antártica sueca». En enero de 1990, la Argentina erigió un mojón de piedras en el lugar en el que se encuentra la placa para recordar este acontecimiento.											
61	Base A, puerto Lockroy	Base A en el puerto Lockroy, isla Goudier, frente a la isla Wiencke, península antártica. De importancia histórica como base de la Operación Tabarín desde 1944 y para la investigación científica, incluidas las primeras mediciones de la ionosfera y el primer registro de un silbido atmosférico de la Antártida. El puerto Lockroy tuvo un papel clave como sitio de vigilancia durante el Año Geofísico Internacional 1957/1958.	64° 49' S, 63° 29' O	Medida 4 (1995)	Reino Unido	Reino Unido	Construcción: estación	La cabaña y el cobertizo restaurados están en excelentes condiciones y se presentan y mantienen en el estado que tenían en los años cincuenta. Un museo y una oficina de correos ocupan el edificio principal de la casa Bransfield. La cabaña Nissen contigua es una construcción moderna de estilo histórico que	La base A es la primera base permanente del Reino Unido en la Antártida. La estableció la Operación Tabarín en 1944, una operación secreta en tiempos de guerra para establecer estaciones de invierno en la península antártica. Considerado como el lugar de nacimiento del British Antarctic Survey, albergó a científicos hasta 1962, año en el que se cerró la base. Aquí se llevaron a cabo importantes estudios científicos, incluidas las primeras mediciones de la ionosfera y el primer registro de un silbido atmosférico desde la Antártida.	Un suceso de especial importancia en la historia de la ciencia o la exploración de la Antártida ocurrió en el lugar. Es representativo o forma parte de una actividad de gran alcance que ha sido importante en el desarrollo y el conocimiento de la Antártida. Ofrece la posibilidad de revelar información por medio del estudio o de educar a la gente sobre actividades humanas importantes en la Antártida.	Directrices de sitio que recibe visitantes: isla Goudier	SMH 61: base A, puerto Lockroy (crédito de la foto: Antarctic Heritage Trust, Reino Unido)	El sitio se compone de la cabaña principal, la casa Bransfield, un cobertizo para botes, una torre de anemómetro, un mástil de radio y una pantalla Stevenson, junto con una cabaña Nissen moderna inspirada en una cabaña Nissen original en la misma zona. La isla es una colonia activa de pingüinos papúa con unas 500 parejas reproductoras. Antigua estación científica histórica ahora administrada por la rama británica de la fundación Antarctic Heritage Trust como museo y sitio patrimonial. www.ukaht.org. El sitio tiene un plan de gestión de conservación integral y está activamente conservado por un equipo de conservación profesional. La base

N.°	Nombre	Descripción	Ubicación	Designación/enmienda	Parte proponente original	Parte encargada de la gestión	Tipo	Estado de conservación	Descripción del contexto histórico	Criterios aplicables de conformidad con la Resolución 3 (2009)	Herramientas de gestión	Fotografías	Características físicas del entorno y contexto cultural y local
								ofrece alojamiento para el personal.					cuenta con un pequeño equipo cada verano austral y recibe visitas de barcos durante la temporada.
62	Base F (casa Wordie), isla Winter	«Base F (casa Wordie)» en isla Winter (isla Invierno), islas Argentina. De importancia histórica como ejemplo de una de las primeras bases científicas británicas.	65° 15' S, 64° 16' O	Medida 4 (1995)	Reino Unido	Reino Unido Ucrania	Construcción: estación	La cabaña está en buen estado y se conserva y mantiene en el estado en el que se encontró cuando fue designada como SMH 62.	La casa Wordie se estableció en 1947 y lleva el nombre de James Wordie, geólogo de la expedición Endurance de Shackleton. Fue construida sobre los cimientos de una cabaña anterior levantada durante la expedición británica a Tierra de Graham de 1935 a 1936. El estudio científico principal que se llevó a cabo aquí fue la meteorología, ya que aquí comenzó uno de los programas de registro meteorológico más largos e importantes de la Antártida. Cuando las operaciones terminaron aquí en 1954, este trabajo se transfirió a la cercana base de Faraday.	Un suceso de especial importancia en la historia de la ciencia o la exploración de la Antártida ocurrió en el lugar; ofrece la posibilidad de revelar información por medio del estudio o de educar a la gente sobre actividades humanas importantes en la Antártida;	Directrices del sitio para visitantes de la casa Wordie, isla Winter (isla Invierno)	SMH 62: base F, casa Wordie (crédito de la foto: Antarctic Heritage Trust, Reino Unido)	El sitio comprende la cabaña principal, los restos del equipo de observación del clima y un cartel de madera. Están ubicados en una pequeña isla rocosa, la isla Winter (isla Invierno), en las islas Argentina, eclipsada por un gran glaciar. Antigua estación científica histórica ahora administrada por la rama británica de la fundación Antarctic Heritage Trust como sitio patrimonial. www.ukaht.org. El sitio tiene un plan de gestión de conservación integral y está activamente conservado por un equipo de conservación profesional. Todas las visitas se gestionan de acuerdo con las directrices del sitio para visitantes.
63	Base Y, isla Horseshoe	«Base Y» en isla Horseshoe, bahía Margarita, oeste de Graham Land. Es digna su mención como base científica británica de finales de la década de 1950, y está relativamente inalterada y totalmente equipada. Se considera que «Blaiklock», la	67° 48' S, 67°18' O	Medida 4 (1995)	Reino Unido	Reino Unido	Construcción: estación	La cabaña, las casetas para perros, la tienda de emergencia y el cobertizo para globos están en buen estado, y se conservan y mantienen	La base Y se estableció como base científica en marzo de 1955 y se cerró en agosto de 1960. Las investigaciones que se llevaron a cabo aquí fueron de geología, meteorología y trabajos topográficos. A menudo, se efectuaban desde la estación extensos viajes de	Un suceso de especial importancia en la historia de la ciencia o la exploración de la Antártida ocurrió en el lugar; ofrece la posibilidad de revelar información por medio del estudio o de educar	Directrices de sitio que recibe visitantes: isla Horseshoe	SMH 63: base Y, isla Horseshoe (crédito de la foto: Antarctic Heritage Trust, Reino Unido)	El sitio, ubicado en un pequeño istmo en la caleta Sally, consta del edificio principal original, un cobertizo para globos meteorológicos, casetas para perros y una tienda de emergencia. Hay dos mástiles en puntos altos cerca del edificio principal y dos pequeños botes de madera en una pequeña caleta al norte.

N.º	Nombre	Descripción	Ubicación	Designación/enmienda	Parte proponente original	Parte encargada de la gestión	Tipo	Estado de conservación	Descripción del contexto histórico	Criterios aplicables de conformidad con la Resolución 3 (2009)	Herramientas de gestión	Fotografías	Características físicas del entorno y contexto cultural y local
		cabaña refugio cercana, pertenece a la base.						activamente en las condiciones en que se encontraron cuando fueron designados como SMH 63.	reconocimiento que cubrían cientos de millas y duraban varios meses, con equipos de perros y trineos.	a la gente sobre actividades humanas importantes en la Antártida;			En el interior, la estación alberga casi todo su contenido original, accesorios y equipamientos, incluidos utensilios de cocina, reservas de alimentos y combustible, herramientas de taller, equipos de radio y un generador diésel. El excelente estado y la integridad tanto de ambos edificios como de los artefactos tienen una importancia histórica considerable; juntos proporcionan una cápsula del tiempo muy especial de la vida y la ciencia británicas en la Antártida a finales de la década de 1950. Antigua estación histórica de ciencia y trineos ahora gestionada por la rama británica de la fundación Antarctic Heritage Trust como un sitio de patrimonio. www.ukaht.org. El sitio tiene un plan de gestión de conservación integral y está activamente conservado por un equipo de conservación profesional.
64	Base E, isla Stonington	Base E en la isla Stonington, bahía Margarita, Tierra de Graham occidental. De significado histórico del primer período de exploraciones y, después, de la historia del British Antarctic	68° 11' S, 67° 00' O	Medida 4 (1995)	Reino Unido	Reino Unido	Construcción: estación	La cabaña y los edificios auxiliares están en un estado regular y se someterán a un programa de trabajo de conservación	La base E se estableció por primera vez en febrero de 1946 y funcionó entre 1946 y 1950; luego, nuevamente entre 1960 y 1975, cuando la base se cerró permanentemente. Este edificio es la segunda	Un suceso de especial importancia en la historia de la ciencia o la exploración de la Antártida ocurrió en el lugar; sus materiales, diseño o método de	Directrices del sitio para visitantes: isla Stonington	SMH 64: base E, isla Stonington (crédito de la foto: Antarctic Heritage Trust.	El sitio está compuesto por la cabaña principal, el cobertizo del generador, las casetas para perros, el depósito de agua y varios mástiles. A 250 metros también se encuentra la base Este, una base histórica de EE. UU. La isla es una zona baja y ya

N.º	Nombre	Descripción	Ubicación	Designación/enmienda	Parte proponente original	Parte encargada de la gestión	Tipo	Estado de conservación	Descripción del contexto histórico	Criterios aplicables de conformidad con la Resolución 3 (2009)	Herramientas de gestión	Fotografías	Características físicas del entorno y contexto cultural y local
		Survey (BAS) de los años 1960 y 1970.						para estabilizarlos y preservarlos.	cabaña británica construida en la isla y originalmente se usó como base para operaciones de trineo en la zona. Fue dirigida por *sir* Vivian Fuchs, pero también tiene una historia compartida con la cercana base Este, una base histórica de EE. UU. Algunos de las primeros reconocimientos aéreos se efectuaron desde aquí. También es un ejemplo temprano de una estructura de acero de dos pisos en la Antártida.	construcción tienen un valor técnico, histórico, cultural o arquitectónico particular; ofrece la posibilidad de revelar información por medio del estudio o de educar a la gente sobre actividades humanas importantes en la Antártida;		Reino Unido)	no está unida al continente por el hielo. Antigua estación histórica de ciencia y trineos ahora gestionada por la rama británica de la fundación Antarctic Heritage Trust como un sitio de patrimonio. www.ukaht.org. El sitio tiene un plan de gestión de conservación integral y está activamente conservado por un equipo de conservación profesional.
65	Poste de mensajes, isla Svend Foyn	Poste de mensajes, isla Svend Foyn, islas Posesión. El 16 de enero de 1895 se colocó un poste en la isla con una caja amarrada a este durante la expedición ballenera de Henryk Bull y el capitán Leonard Kristensen del buque Antarctic. La expedición antártica británica de 1898-1900 lo examinó y lo encontró intacto. Luego fue avistado desde la playa por el buque USS Edisto en 1956 y el USCGS Glacier en 1965.	71° 56' S, 171° 05' O	Medida 4 (1995)	Nueva Zelandia Noruega Reino Unido	Nueva Zelandia Noruega	Otros restos: otros	Último avistamiento confirmado en 1965 (USS Glacier). Se desconoce su estado actual y su ubicación.	Poste señalizador y buzón de mensajes, colocados por uno de los primeros barcos que exploraron la región, el *Antarctic*, en 1895. Contenía firmas de la tripulación del barco, así como la tarjeta de Svend Foyn, un ballenero noruego y financiero de la expedición del *Antarctic*, que da nombre a la isla. Reubicado y revisado por Borchgrevink en 1900.	Un suceso de especial importancia en la historia de la ciencia o la exploración de la Antártida ocurrió en el lugar	Póster de Sitios y Monumentos Históricos de la región del mar de Ross colocado a la vista en las estaciones de la región		Rara vez se aterriza en las islas Posesión. En la isla Foyn existe una colonia de pingüinos de Adelia.
66	Mojón de Prestrud - Nunataks de Scott	Mojón de Prestrud, nunataks de Scott, montañas Alexandra, península Eduardo	77° 11' S, 154° 32' O	Medida 4 (1995)	Nueva Zelandia Noruega	Nueva Zelandia Noruega	Otros restos: mojón de	Último avistamiento confirmado en 1987	Destacado hito local en la cordillera Reina Alexandra. Nombrado por Kristian Prestrud	Un suceso de especial importancia en la historia de la	Póster de Sitios y Monumentos Históricos de		Los nunataks de Scott se encuentra en el extremo norte de las montañas Alexandra en la Tierra del

N.°	Nombre	Descripción	Ubicación	Designación/enmienda	Parte proponente original	Parte encargada de la gestión	Tipo	Estado de conservación	Descripción del contexto histórico	Criterios aplicables de conformidad con la Resolución 3 (2009)	Herramientas de gestión	Fotografías	Características físicas del entorno y contexto cultural y local
		VII. El pequeño montículo de piedras fue erigido por el teniente K. Prestrud al pie del farallón principal del lado septentrional de los nunataks, el 3 de diciembre de 1911 durante la expedición antártica noruega de 1910-1912.			Reino Unido		expedición	(grupo científico de NZ, Chris Adams). Estado actual desconocido.	(grupo oriental de la expedición en trineo de Amundsen), el mojón marca su ascenso en 1911.	ciencia o la exploración de la Antártida ocurrió en el lugar Mantiene un vínculo particular con una persona que desempeñó un papel importante en la historia de la ciencia o la exploración en la Antártida.	la región del mar de Ross colocado a la vista en las estaciones de la región		Rey Eduardo VII, en la Antártida. Rara vez son visitados.
67	Casa de Granito - Cabaña de roca	Refugio de rocas, Casa de Granito, cabo Geología, puerto Granite. Este refugio fue construido en 1911 para ser utilizado como cocina de campaña de la segunda excursión geológica de Griffith Taylor durante la expedición antártica británica de 1910-1913. Estaba contenido en tres de sus lados por paredes de rocas graníticas, y usaba un trineo como soporte de un techo fabricado a partir de piel de foca. Los muros de piedra del refugio se han derrumbado parcialmente. El refugio contiene algunos restos corroídos de latas, una piel de foca y un segmento de soga. El trineo se encuentra en la actualidad a 50 m del refugio en dirección al mar y de	77° 00' S, 162° 32' E	Medida 4 (1995)	Nueva Zelandia Noruega Reino Unido	Nueva Zelandia Reino Unido	Construcción: restos de otro edificio	Paredes de piedra aún *in situ*, pero parcialmente derrumbadas. El techo de piel de foca se ha desintegrado. La mayoría de los artefactos, incluidos los restos de trineos, se han eliminado con el tiempo. Aún se pueden encontrar restos de pieles de focas y fragmentos de metal en la zona contigua.	Asociada con el segundo «grupo occidental» de la expedición antártica británica de Scott (Taylor, Gran, Debenham y Forde), la cabaña de rocas con techo de piel de foca se utilizó de diciembre de 1911 a enero de 1912 como refugio de cocina. Desde esta base, el grupo llevó a cabo estudios exhaustivos de la zona local, incluidos los glaciares costeros y los Valles Secos.	Un suceso de especial importancia en la historia de la ciencia o la exploración de la Antártida ocurrió en el lugar. Sus materiales, diseño o método de construcción tienen un valor técnico, histórico, cultural o arquitectónico particular	Plan de Gestión de la ZAEP n.º 154 Zona gestionada para el acceso de visitantes Sitios y Monumentos Históricos en la región del mar de Ross Póster colocado a la vista en las estaciones de la región	SMH 67: Casa de Granito - Refugio de rocas (crédito de la foto: colección pictórica de Antarctica New Zealand)	El refugio está cerca de la orilla, en una zona de densa vegetación. El sitio es visitado ocasionalmente por entidades de gestión científica o ambiental.

N.°	Nombre	Descripción	Ubicación	Designación/enmienda	Parte proponente original	Parte encargada de la gestión	Tipo	Estado de conservación	Descripción del contexto histórico	Criterios aplicables de conformidad con la Resolución 3 (2009)	Herramientas de gestión	Fotografías	Características físicas del entorno y contexto cultural y local
		él quedan algunos fragmentos desperdigados de madera, correas y hebillas. Sitio incorporado a la ZAEP n.° 154.											
68	Depósito de suministros - Morrena de Hells Gate	Sitio del depósito en la morrena de Hells Gate, isla Inexpresable, bahía de Terra Nova. Este depósito de emergencia consistía en un trineo cargado con suministros y equipos colocados allí el 25 de enero de 1913 por la expedición antártica británica de 1910-1913. En 1994 se retiraron el trineo y los suministros para frenar su deterioro.	74° 52' S, 163° 50' E	Medida 4 (1995)	Nueva Zelandia Noruega Reino Unido	Nueva Zelandia Reino Unido	Sitio	Trineo y suministros retirados del sitio en 1994. Actualmente en almacenamiento temporal en la base Scott de Nueva Zelandia. Los artefactos han sido documentados y conservados (2017) por la rama neozelandesa de la fundación Antarctic Heritage Trust. Aunque estables, los artefactos son extremadamente frágiles, y se corroen y se ven afectados por los rayos UV.	Vinculado a la historia de supervivencia extrema del Grupo Norte de Scott (expedición antártica británica de 1910-1913), este depósito se colocó en el viaje de salida del *Terra Nova* como un escondite de emergencia en caso de que los futuros exploradores se encontraran en una situación igualmente desesperada.	Un suceso de especial importancia en la historia de la ciencia o la exploración de la Antártida ocurrió en el lugar	Artefactos retirados para su conservación Póster de Sitios y Monumentos Históricos de la región del mar de Ross colocado a la vista en las estaciones de la región	Depósito de suministros SMH 68 - Morrena de Hells Gate Artefactos *in situ* (crédito de la foto: colección pictórica de Antarctica New Zealand)	La isla Inexpresable es una isla rocosa rodeada de glaciares y abierta a la bahía de Terra Nova al este. Se propone una estación de investigación china para la isla Inexpresable.

N.°	Nombre	Descripción	Ubicación	Designación/enmienda	Parte proponente original	Parte encargada de la gestión	Tipo	Estado de conservación	Descripción del contexto histórico	Criterios aplicables de conformidad con la Resolución 3 (2009)	Herramientas de gestión	Fotografías	Características físicas del entorno y contexto cultural y local
69	Poste de mensajes - cabo Crozier, isla Ross	Poste de mensajes en el cabo Crozier, isla Ross, erigido el 22 de enero de 1902 por la expedición Discovery del capitán Robert F. Scott de 1901-1904. Servía para dar información a los buques de suministro de la expedición, y contaba con un cilindro metálico para los mensajes, el cual desde entonces ha sido retirado. Sitio incorporado a la ZAEP n.° 124	77° 27' S, 169° 16' E	Medida 4 (1995)	Nueva Zelandia Noruega Reino Unido	Nueva Zelandia Reino Unido	Otros restos: otros	Condición actual desconocida	Se refiere a la expedición nacional antártica británica de 1901-04. La colocación del poste de mensajes en sitios lógicos y fáciles de encontrar/desembarcar era una forma común de transmitir información a los barcos de socorro, o de una expedición a otra. Originalmente tenía un mensaje que indicaba que el grupo se asentaría en «la barrera»; sin embargo, más tarde, al decidir sobre la punta Hut, se organizó una misión para cambiar el mensaje dejado en Crozier. George Vince murió en el viaje de regreso de esta misión.	Un suceso de especial importancia en la historia de la ciencia o la exploración de la Antártida ocurrió en el lugar	Plan de Gestión de la ZAEP 124 Póster de Sitios y Monumentos Históricos de la región del mar de Ross colocado a la vista en las estaciones de la región	Poste de mensajes SMH 69: cabo Crozier, isla Ross (crédito de la foto: colección pictórica de Antarctica New Zealand)	El cabo Crozier es una zona libre de hielo en las laderas orientales inferiores del monte Terror, en el extremo oriental de la isla Ross. El poste se encuentra en la colonia occidental de pingüinos de Adelia y cerca de una colonia de pingüinos emperador.
70	Poste de mensajes: cabo Wadworth, isla Coulman	Poste de mensajes en cabo Wadworth, isla Coulman. Se trata de un cilindro metálico clavado sobre un poste rojo a una altura de 8 m por encima del nivel del mar y colocado allí por el capitán Robert F. Scott el 15 de enero de 1902. También pintó de rojo y blanco las rocas ubicadas detrás del poste para que fuera más visible.	73° 19' S, 169° 47' E	Medida 4 (1995)	Nueva Zelandia Noruega Reino Unido	Nueva Zelandia Reino Unido	Otros restos: otros	Último avistamiento confirmado en 1990. Condición actual desconocida	Se refiere a la expedición nacional antártica británica de 1901-04. La colocación del poste de mensajes en sitios lógicos y fáciles de encontrar/desembarcar era una forma común de transmitir información a los barcos de socorro, o de una expedición a otra.	Un suceso de especial importancia en la historia de la ciencia o la exploración de la Antártida ocurrió en el lugar Mantiene un vínculo particular con una persona que desempeñó un papel importante en la historia de la ciencia o la exploración en la Antártida.	Póster de Sitios y Monumentos Históricos de la región del mar de Ross colocado a la vista en las estaciones de la región		La isla Coulman tiene la colonia de pingüinos emperador más grande del mundo y ocasionalmente es visitada por turistas.
71	Caleta Balleneros, isla Decepción, islas	Caleta Balleneros, isla Decepción, islas Shetland del Sur. El sitio comprende todos los restos anteriores a	62° 59' S, 60° 34' O	Medida 4 (1995)	Chile Noruega	Chile Noruega Reino Unido	Sitio	El sitio contiene los siguientes restos históricos:	Durante el verano austral de 1906-1907, el capitán noruego Adolfus Andresen, fundador de la Sociedad	Un suceso de especial importancia en la historia de la ciencia o la	Directrices del sitio para visitantes: caleta Balleneros	SMH 71: caleta Balleneros , isla	La caleta Balleneros se encuentra en la isla Decepción, islas Shetland del Sur, Antártida. La caleta Balleneros (62° 57'

N.°	Nombre	Descripción	Ubicación	Designación/enmienda	Parte proponente original	Parte encargada de la gestión	Tipo	Estado de conservación	Descripción del contexto histórico	Criterios aplicables de conformidad con la Resolución 3 (2009)	Herramientas de gestión	Fotografías	Características físicas del entorno y contexto cultural y local
	Shetland del Sur	1970 en la costa de la caleta Balleneros, entre ellos, los que datan de principios del período ballenero (1906-1912) iniciado por el capitán Adolfus Andresen de la Sociedad Ballenera de Magallanes, Chile; los restos de la estación ballenera noruega Hektor establecida en 1912 y todos los artefactos en conexión con su operación hasta 1931; el sitio de un cementerio con 35 tumbas y un monumento en memoria de diez hombres que perecieron en el mar, así como los restos del período de actividad científica y cartográfica británica (1944-1969). Este sitio, además, reconoce y homenajea también el valor histórico de otros acontecimientos que allí ocurrieron, de los cuales no quedan vestigios.						Período de la caza de ballenas Varios restos del período de la caza de ballenas en la isla Decepción (1906-1931), cementerio (1 cruz y 1 ataúd vacío actualmente visibles), residencia del juez de paz, edificio de hospital/almacenamiento, calderas, cocinas y equipo asociado, fundación de un edificio de cocina/comedor y pocilga, depósitos de almacenamiento de combustible, medio muelle flotante, cuartel de balleneros. Período científico: Pabellón de caza, hangar	Ballenera de Magallanes, Chile, comenzó la caza de ballenas en la isla Decepción. La caleta Balleneros se utilizó como una rada protegida para los buques factoría que procesaban la grasa de ballena. En 1908 se estableció un cementerio en este lugar. El cementerio fue parcialmente sepultado y arrasado durante una erupción volcánica en 1969. En esa época, tenía 35 tumbas y un monumento en memoria de diez hombres que perecieron en el mar (solo se recuperó un cuerpo). En 1912, una compañía noruega, Aktieselskabet Hektor, estableció la estación ballenera en la costa de caleta Balleneros. La estación ballenera Hektor estuvo en funcionamiento hasta 1931. Durante el verano austral de 1943-1944, la Marina Real Británica estableció una base permanente (base B) como parte de la Operación Tabarín en parte de la estación ballenera abandonada. La base B funcionaba como una estación de investigación centrada	exploración de la Antártida ocurrió en el lugar. Es representativo o forma parte de una actividad de gran alcance que ha sido importante en el desarrollo y el conocimiento de la Antártida. Ofrece la posibilidad de revelar información por medio del estudio o de educar a la gente sobre actividades humanas importantes en la Antártida.	Specially Managed Area No. 4 Management Plan, which includes a conservation strategy for Whalers Bay	Decepción (A) SMH 71: caleta Balleneros, isla Decepción (B)	S) es un puerto protegido en la isla Decepción ubicado inmediatamente al nordeste después de pasar por la estrecha abertura conocida como Fuelles de Neptuno). La isla tiene una forma de herradura distintiva, que fue creada por la caldera hundida de un volcán activo. La isla Decepción es uno de los volcanes más activos de la Antártida con actividades eruptivas en tiempos históricos. La erupción volcánica de 1967 en la isla Decepción produjo el depósito de una capa de 1-5 cm de cenizas en la caleta Balleneros, mientras que la erupción de 1969 produjo un lahar (corriente de fango) que sepultó parcialmente el sitio. Al norte de la estación ballenera se encuentran terrazas fluviales importantes y frágiles desde el punto de vista geológico, aunque ahora están naturalmente erosionadas por las corrientes de agua de deshielo. En el sitio histórico hay otras zonas importantes desde el punto de vista botánico. En la caleta Balleneros se reproducen gaviotas cocineras, petreles de Wilson y gaviotines antárticos, y en

N.°	Nombre	Descripción	Ubicación	Designación/enmienda	Parte proponente original	Parte encargada de la gestión	Tipo	Estado de conservación	Descripción del contexto histórico	Criterios aplicables de conformidad con la Resolución 3 (2009)	Herramientas de gestión	Fotografías	Características físicas del entorno y contexto cultural y local
								de aviones, tractor Massey Ferguson. Se puede encontrar una descripción completa en el apéndice 3 del paquete de gestión ZAEA n.º 4 El plan de conservación se puede encontrar en el apéndice 3 del Plan de Gestión de la ZAEA. La finalidad general de la estrategia de conservación establecida en el documento es proteger los valores del sitio histórico de la caleta Balleneros. Chile, Noruega y el Reino Unido mantienen consultas dentro del grupo de gestión ampliado de la isla Decepción a	principalmente en el estudio de la meteorología y la geología. También actuó como centro de una importante expedición británica de reconocimiento aéreo. Fue abandonada después de que fuera destruida por los flujos de ceniza durante la erupción volcánica en la isla Decepción en 1967.				los peñascos Cathedral, que se eleven sobre el sitio, anidan petreles dameros. La caleta Balleneros refleja restos en la orilla que incluyen los del período temprano de caza de ballenas (1906-1912) iniciado por el capitán Adolfus Andresen de la Sociedad Ballenera de Magallanes, Chile. Los restos de la estación ballenera noruega Hektor, establecida en 1912, y todos los artefactos relacionados con su funcionamiento hasta 1931; el emplazamiento de un cementerio con 35 sepulturas y un monumento en memoria de diez hombres perdidos en el mar, y los restos del período de actividad científica y cartográfica británica (1944-1969). Este sitio, además, reconoce y homenajea también el valor histórico de otros acontecimientos que allí ocurrieron, de los cuales no quedan vestigios.

N.º	Nombre	Descripción	Ubicación	Designación/enmienda	Parte proponente original	Parte encargada de la gestión	Tipo	Estado de conservación	Descripción del contexto histórico	Criterios aplicables de conformidad con la Resolución 3 (2009)	Herramientas de gestión	Fotografías	Características físicas del entorno y contexto cultural y local
								fin de garantizar que se implementan las disposiciones de la estrategia de conservación establecidas en el Plan de Gestión de la ZAEA n.º 4, y se cumple su objetivo.					
72	Mojón Mikkelsen	Se trata de un mojón de rocas y un mástil de madera erigidos por el grupo que desembarcó, a cargo del capitán Klarius Mikkelsen, del buque ballenero noruego *Thorshavn* y al que pertenecía Caroline Mikkelsen, esposa del capitán Mikkelsen, la primera mujer que puso un pie en la Antártida Oriental. El mojón fue descubierto por los contingentes de la expedición científica antártica de Australia de 1957 y de nuevo en 1995.	68° 22' S 78° 24' E	Medida 2 (1996)	Australia Noruega	Australia Noruega	Otros restos: mojón de expedición	El mojón y el mástil de madera permanecen intactos. En el sitio hay un bote que no dejó el grupo de desembarque de 1935, pero que contiene un trozo de cuerda y un trozo de corteza del asta de la bandera que se supone que procede del grupo de 1935.	El mojón Mikkelsen marca el desembarque en la Antártida del capitán Klarius Mikkelsen y su grupo a bordo del barco ballenero noruego *Thorshavn* el 20 de febrero de 1935. Este desembarque tiene una importancia histórica, ya que marcó el descubrimiento de los cerros Vestfold y fue el primer desembarque conocido de una mujer en la Antártida Oriental. El grupo instaló el montículo de piedras con un mástil de madera para marcar el lugar del desembarque. Mikkelsen y su grupo aterrizaron en las islas Tryne, que son una extensión de un grupo de colinas costeras libres de hielo. Mikkelsen nombró a las colinas cerros Vestfold,	Un suceso de especial importancia en la historia de la ciencia o la exploración de la Antártida; valor simbólico o conmemorativo para la gente de muchas naciones.	El sitio y su estado patrimonial se enumeran en todos los mapas de la estación Davis y en las pautas del operador del Programa Antártico Australiano. Los nuevos jefes de estaciones australianas reciben información sobre asuntos de patrimonio, incluidos los SMH, todos los años.	1) SMH 72: mojón Mikkelsen - Grupo de desembarque de 1935 (crédito de la foto: Instituto Polar Noruego) 2) SMH 72: mojón Mikkelsen - Agosto de 2011 (crédito de la foto: Kerry Steinberner) 3) SMH 72: mojón Mikkelsen - Pingüinos que rodean el sitio en verano (crédito de la foto:	El mojón Mikkelsen se encuentra en una pequeña bahía en la isla principal de las islas Tryne, al nordeste de la estación Davis. Las islas Tryne son un grupo de numerosas islas y rocas antárticas pequeñas, de unos 7 km de extensión, que forman el límite occidental de la bahía Tryne y el talud rocoso Tryne en el extremo nordeste de los cerros Vestfold. Los cerros Vestfold son la zona libre de hielo más grande de la Antártida Oriental: cubren aproximadamente 512 kilómetros cuadrados. El sitio del mojón Mikkelsen tiene una espectacular apariencia, con el mástil de bandera de 4 a 5 metros de alto que todavía se encuentra cerca de la cima de una colina sobre una colonia de pingüinos de Adelia.

N.°	Nombre	Descripción	Ubicación	Designación/enmienda	Parte proponente original	Parte encargada de la gestión	Tipo	Estado de conservación	Descripción del contexto histórico	Criterios aplicables de conformidad con la Resolución 3 (2009)	Herramientas de gestión	Fotografías	Características físicas del entorno y contexto cultural y local
									en honor al condado noruego en el que estaba asentada su compañía ballenera. La esposa del capitán, Caroline Mikkelsen, lo acompañó en el desembarque para convertirse en la primera mujer que pisó la Antártida Oriental. En 1957, expedicionarios australianos encontraron el mojón de la recién establecida estación Davis, pero después de dos visitas más a principios de la década de 1960, la ubicación del sitio se perdió durante más de 30 años. El 12 de noviembre de 1995, después de una investigación de campo y de archivo, un grupo australiano de tres personas volvió a descubrir el mojón.			Barry Becker).	Durante la temporada de verano, la colonia de pingüinos rodea el sitio. El mojón Mikkelsen marca el descubrimiento de los cerros Vestfold y el primer desembarque conocido de una mujer, Caroline Mikkelsen, en la Antártida Oriental en 1935.
73	Cruz que recuerda a las víctimas del accidente aéreo en el monte Erebus, isla Ross.	Cruz que recuerda a las víctimas del accidente aéreo de 1979 en monte Erebus, bahía Lewis, isla Ross. Se trata de una cruz de acero inoxidable erigida en enero de 1987 en un promontorio rocoso a tres kilómetros del lugar del accidente aéreo propiamente dicho en el monte Erebus para recordar	77° 25' S, 167° 27' E	Medida 4 (1997)	Nueva Zelandia	Nueva Zelandia	Objeto conmemorativo: cruz	Condición actual desconocida	La tragedia que más vidas se ha cobrado en la Antártida fue la del accidente de Erebus. Esta cruz conmemora el impacto de esa pérdida en la familia, los amigos, la Antártida, Nueva Zelandia y la comunidad internacional.	Tiene valor simbólico o conmemorativo para la gente de muchas naciones	Plan de Gestión de la ZAEP 156 Póster de Sitios y Monumentos Históricos de la región del mar de Ross colocado a la vista en las estaciones de la región	SMH 73: cruz en memoria de las víctimas del accidente aéreo en el monte Erebus, isla Ross (crédito de la foto: colección pictórica	Se puede acceder al sitio para sobrevuelo o aterrizaje solo con permiso. La capa de nieve cambia de un año a otro y expone en algún momento los restos.

N.º	Nombre	Descripción	Ubicación	Designación/enmienda	Parte proponente original	Parte encargada de la gestión	Tipo	Estado de conservación	Descripción del contexto histórico	Criterios aplicables de conformidad con la Resolución 3 (2009)	Herramientas de gestión	Fotografías	Características físicas del entorno y contexto cultural y local
		a las 257 personas de distintas nacionalidades que perdieron la vida cuando la aeronave en la que viajaban se estrelló contra las laderas inferiores del monte Erebus, isla Ross. La cruz se erigió como marca de respeto y recuerdo de aquellos que murieron en la tragedia.										de Antarctica New Zealand)	
74	Costa suroeste de la isla Elefante	La costa suroeste de la isla Elefante entre el lado sur de la bahía de Mensa (61° 10' S, 55° 24' O) y cabo Lookout (61° 17' S, 55° 13' O), incluidas todas las zonas costeras e intermareales, en el que se han encontrado los restos de un gran velero de madera.	61° 14' S, 55° 22' O	Medida 2 (1998)	Reino Unido	Reino Unido	Sitio		Aunque la identidad de la embarcación naufragada en la isla Elefante permanece sin confirmar, la evidencia circunstancial obtenida de los datos históricos y dendrocronológicos sugiere que puede tratarse de la de Charles Shearer. No se ha determinado la fecha ni el lugar de construcción de esta embarcación, pero se cree que se construyó a principios de la década de 1860 y probablemente en el puerto de Stonington, EE. UU., o sus alrededores. El 3 de julio de 1877, Charles Shearer zarpó de Stonington bajo el mando de James Appleton (o Appleman) nuevamente con destino a la Antártida. Dejó a un grupo de cazadores de focas en las islas	Un suceso de especial importancia en la historia de la ciencia o la exploración de la Antártida ocurrió en el lugar. Es representativo o forma parte de una actividad de gran alcance que ha sido importante en el desarrollo y el conocimiento de la Antártida. Ofrece la posibilidad de revelar información por medio del estudio o de educar a la gente sobre actividades humanas importantes en la Antártida.			Los restos del pecio se distribuyen por la playa y la zona intermareal de una caleta al suroeste de la isla.

N.°	Nombre	Descripción	Ubicación	Designación/enmienda	Parte proponente original	Parte encargada de la gestión	Tipo	Estado de conservación	Descripción del contexto histórico	Criterios aplicables de conformidad con la Resolución 3 (2009)	Herramientas de gestión	Fotografías	Características físicas del entorno y contexto cultural y local
									Diego Ramírez en octubre de 1877 y luego continuó hacia el sur hasta las islas Shetland del Sur, donde desapareció sin dejar rastro. Durante el verano austral de 1879-1880, dos viajes de cazadores de focas desde Stonington buscaron, sin éxito, a Charles Shearer y a los supervivientes.				
75	Cabaña de Hillary TAE/AGI «A», base Scott, isla Ross	Cabaña A de la base Scott, el único edificio existente de la expedición transantártica de 1956/1957 en la Antártida, ubicado en punta Pram, isla Ross, Región del Mar de Ross, Antártida.	77° 51' S, 166° 46' E	Medida 1 (2001)	Nueva Zelandia	Nueva Zelandia	Construcción: estación	Tras un importante trabajo de conservación llevado a cabo por la rama neozelandesa de la fundación Antarctic Heritage Trust en 2016-17, el edificio es estructuralmente sólido y resistente a la intemperie, y se ha conservado la colección de artefactos. La vigilancia y el mantenimiento anuales aseguran la estabilidad	Este edificio representa los inicios del programa antártico de Nueva Zelandia en 1957. Fue la base desde la que *sir* Edmund Hillary montó su travesía hacia el Polo Sur en un tractor, en apoyo de la expedición transantártica. Fue el centro de la contribución de los científicos de Nueva Zelandia al Año Geofísico Internacional (1957-1958).	Un suceso de especial importancia en la historia de la ciencia o la exploración de la Antártida ocurrió en el lugar. Es representativo o forma parte de una actividad de gran alcance que ha sido importante en el desarrollo y el conocimiento de la Antártida. Sus materiales, diseño o método de construcción tienen un valor técnico, histórico, cultural o arquitectónico particular.	Reunión informativa para todas las llegadas a la Base Scott Código de conducta Sistema de guía de cabañas Póster de Sitios y Monumentos Históricos en la región del mar de Ross colocado a la vista en las estaciones de la región	SMH 75: cabaña de Hillary TAE/AGI «A», base Scott, isla Ross Cabaña A (crédito de la foto: colección pictórica de Antarctica New Zealand) SMH 75B: cabaña de Hillary TAE/AGI «A», base Scott, isla Ross Equipo de comunicaciones (crédito de la foto: colección	La cabaña está en las inmediaciones de la base Scott. La cabaña recibe visitas frecuentes de personal de base local de la base Scott y McMurdo, y visitas turísticas de temporada. La cabaña se mantiene calefactada y bien cuidada.

N.°	Nombre	Descripción	Ubicación	Designación/enmienda	Parte proponente original	Parte encargada de la gestión	Tipo	Estado de conservación	Descripción del contexto histórico	Criterios aplicables de conformidad con la Resolución 3 (2009)	Herramientas de gestión	Fotografías	Características físicas del entorno y contexto cultural y local
								continua de este sitio.				pictórica de Antarctica New Zealand)	
76	Ruinas de la estación Pedro Aguirre Cerda	Ruinas de la estación Pedro Aguirre Cerda, centro meteorológico y vulcanológico chileno situado en la caleta Péndulo, isla Decepción, Antártida, que fue destruida por erupciones volcánicas en 1967 y 1969.	62° 59' S, 60° 40' O	Medida 2 (2001)	Chile	Chile	Construcción: restos de otro edificio	El sitio o monumento todavía existe en su totalidad	La base Presidente Pedro Aguirre Cerda, operada por la Fuerza Aérea de Chile, se estableció el 12 de febrero de 1955 en la caleta Péndulo, isla Decepción (62° 52' S; 60° 36' O). Funcionó principalmente como un centro meteorológico y de comunicaciones hasta el 4 de diciembre de 1967, cuando fue destruido por una erupción volcánica a gran escala, seguida de nuevas erupciones en 1969 y 1970. Recibió su nombre para recordar al estadista que completó la delimitación del sector antártico chileno en 1940. La instalación, el funcionamiento y el desarrollo de la base Pedro Aguirre Cerda reflejan las características del período anterior al AGI. La base estaba equipada con una radiobaliza que permitía el aterrizaje de aviones con mayor seguridad. Se construyó una pista de aterrizaje; la Marina instaló un depósito de agua y construyó un faro.	Es representativo o forma parte de una actividad de gran alcance que ha sido importante en el desarrollo y el conocimiento de la Antártida. Ofrece la posibilidad de revelar información por medio del estudio o de educar a la gente sobre actividades humanas importantes en la Antártida.	No se aplica ninguna herramienta de gestión específica. Sin embargo, las directrices para visitantes de la caleta Péndulo ayudan al conocimiento del sitio.	SMH 76: Ruinas de la estación Pedro Aguirre Cerda (A) SMH 76: Ruinas de la estación Pedro Aguirre Cerda (B) SMH 76: Ruinas de la estación Pedro Aguirre Cerda (C)	La caleta Péndulo es una pequeña cala en el lado nordeste del puerto Foster, isla Decepción. El suelo está compuesto por arenas negras como resultado de las erupciones volcánicas. La niebla siempre presente en la orilla del agua es una evidencia del calor de la arena y la actividad volcánica de la isla. No hay especies de flora presentes en el sitio. Además, normalmente no hay fauna reproductora, aunque ha habido referencias ocasionales a cormoranes de ojos azules que anidan en el lugar. Los gaviotines antárticos son visitantes habituales de la zona, así como los lobos marinos antárticos machos jóvenes, principalmente al final de la temporada de verano.

N.º	Nombre	Descripción	Ubicación	Designación/enmienda	Parte proponente original	Parte encargada de la gestión	Tipo	Estado de conservación	Descripción del contexto histórico	Criterios aplicables de conformidad con la Resolución 3 (2009)	Herramientas de gestión	Fotografías	Características físicas del entorno y contexto cultural y local
77	Cabo Denison	Cabo Denison, bahía Commonwealth, Tierra de Jorge V, incluido el puerto Boat y los artefactos históricos contenidos en sus aguas. Ubicado dentro de la ZAEP n.º 162.	67° 00' 30" S, 142° 39' 40"	Medida 3 (2004)	Australia	Australia	Sitio	Dos cabañas (cabañas principal y magnetógrafa) son estructuralmente sólidas y dos cabañas (cabañas de tránsito y magnética absoluta) están en ruinas.	El cabo Denison es uno de los principales sitios de actividad humana temprana en la Antártida. Es la ubicación de la base de la expedición antártica australasiana de 1911-1914, organizada y dirigida por *sir* Douglas Mawson. El cabo Denison, un importante símbolo de la edad heroica de las exploraciones antárticas (1895-1917), es uno de los seis sitios de cabañas que quedan de este período. Este sitio acogió algunos de los primeros estudios completos sobre la geología, geografía, magnetismo terrestre, astronomía, meteorología, glaciología, oceanografía, biología, zoología y botánica de la Antártida. También fue la base de numerosas exploraciones tierra adentro y cuenta con artefactos asociados a estas exploraciones en trineo.	Un suceso de especial importancia en la historia de la ciencia o la exploración de la Antártida; mantiene un vínculo particular con una persona que desempeñó un papel importante en la historia de la ciencia o la exploración.	El cabo Denison está designado como ZAEP n.º 162, principalmente para proteger las cabañas de Mawson y el paisaje asociado, y las actividades dentro de la zona se llevan a cabo de acuerdo con el plan de gestión de la ZAEP. Las visitas también se gestionan de acuerdo con las directrices del sitio para visitantes. Existe un plan de gestión de conservación integral para el sitio, administrado por la División Antártica Australiana e implementado en asociación con la Mawson's Huts Foundation.	1) SMH 77: cabo Denison - Cabaña principal de Mawson (crédito de la foto: Sandra Potter) 2) SMH 77: cabo Denison - Paisaje (crédito de la foto: Rod Ledingham)	El cabo Denison es una lengua robusta de hielo, nieve, roca y morrenas de 1,5 km de ancho que se proyecta en la bahía Commonwealth desde el empinado y sobresaliente muro del casquete glacial de la Antártida continental. Se caracteriza por sus cuatro valles alineados de noroeste a sureste. La mayoría de los artefactos de la expedición antártica australasiana, incluidos los edificios (cabañas de Mawson) y otras estructuras, se concentra en el valle occidental y en las crestas a ambos lados del valle. Las cabañas históricas y sus alrededores inmediatos constituyen la ZAEP n.º 162. Su aislamiento y el clima extremo proporcionan al visitante una visión única de las condiciones que debieron soportar los investigadores y los exploradores de la edad heroica, y la oportunidad de desarrollar una apreciación más profunda de sus logros.

N.°	Nombre	Descripción	Ubicación	Designación/enmienda	Parte proponente original	Parte encargada de la gestión	Tipo	Estado de conservación	Descripción del contexto histórico	Criterios aplicables de conformidad con la Resolución 3 (2009)	Herramientas de gestión	Fotografías	Características físicas del entorno y contexto cultural y local
78	Placa conmemorativa, montañas de Humboldt, Tierra de la Reina Maud	Placa conmemorativa colocada en punta India, montañas de Humboldt, macizo Wohlthat, región central de la Tierra de la Reina Maud, en memoria de tres científicos del Centro de Levantamientos Estratigráficos de la India y un técnico en comunicaciones de la Marina de la India, integrantes de la novena expedición de la India a la Antártida, que fallecieron en este campamento de montaña en un accidente ocurrido el 8 de enero de 1990.	71° 45' 08" S, 11° 12' 30" E	Medida 3 (2004)	India	India	Objeto conmemorativo: placa	Conservada en buen estado	Fue en las partes remotas de las montañas de la región central de la Tierra de la Reina Maud donde los reclusos del campo perdieron la vida el 8 enero de 1990 en un trágico accidente de intoxicación por gas. Sus cuerpos fueron recuperados al día siguiente, durante una visita rutinaria del jefe de expedición, y se enviaron a sus casas un mes después para los rituales necesarios. Una placa negra de basalto basto grabada con los nombres de los difuntos fue colocada en el campamento en memoria de los difuntos en febrero de 1991.	Mantiene un vínculo particular con una persona que desempeñó un papel importante en la historia de la ciencia o la exploración en la Antártida. Ofrece la posibilidad de revelar información por medio del estudio o de educar a la gente sobre actividades humanas importantes en la Antártida.	Un mapa detallado que muestra la ubicación exacta del campamento de montaña y el sitio de la placa conmemorativa se exhibe de manera destacada en la estación india Maitri. Se informa jefe y a los miembros de la expedición sobre el SMH y las reglas de visita.	SMH 78: Placa conmemorativa montañas de Humboldt - región central de la Tierra de la Reina Maud (A) SMH 78: Placa conmemorativa montañas de Humboldt - región central de la Tierra de la Reina Maud (B)	Montañas de Humboldt, macizo de Wohlthat, región central de la Tierra de la Reina Maud, ubicada en el suroeste de la estación Maitri
79	Cabaña Lillie Marleen	Cabaña Lillie Marleen, monte Dockery, cordillera Everett, Tierra de Victoria septentrional. Erigida en apoyo del trabajo realizado por la expedición antártica alemana a la Tierra de Victoria septentrional (GANOVEX I) en 1979-1980. La cabaña es un contenedor para vivac hecho de unidades prefabricadas de fibra de vidrio aisladas con espuma de	71° 12' S, 164° 31' E	Medida 5 (2005)	Alemania	Alemania	Construcción: cabaña	Última visita en la temporada 2015-2016 del Instituto Federal de Geociencias y Recursos Naturales (BGR; KOPRI); la cabaña se encontró en buen estado. No fue posible efectuar un control planificado en la	Erigida en apoyo del trabajo realizado por la expedición antártica alemana a la Tierra de Victoria septentrional (GANOVEX I) en 1979-1980. La cabaña está estrechamente relacionada con el dramático hundimiento del barco de expedición Gotland II durante GANOVEX II, en diciembre de 1981, que conmemoró un grabado realizado por un miembro de la expedición GANOVEX II en una roca grande de	Un suceso de especial importancia en la historia de la ciencia o la exploración de la Antártida ocurrió en el lugar	Generalmente, el BGR efectúa visitas de manera irregular durante sus propias expediciones y/o programas de cooperación antárticos (Corea del Sur, Italia) que informan al BGR. Durante las	SMH 79: cabaña Lillie Marleen	zona rocosa libre de hielo

N.°	Nombre	Descripción	Ubicación	Designación/enmienda	Parte proponente original	Parte encargada de la gestión	Tipo	Estado de conservación	Descripción del contexto histórico	Criterios aplicables de conformidad con la Resolución 3 (2009)	Herramientas de gestión	Fotografías	Características físicas del entorno y contexto cultural y local
		poliuretano, cuyo nombre deriva del glaciar Lillie y la canción «Lili Marleen». La cabaña está estrechamente relacionada con el dramático hundimiento del barco de expedición Gotland II durante GANOVEX II, en diciembre de 1981, que conmemoró un grabado realizado por un miembro de la expedición GANOVEX II en una roca grande de granito cerca de la cabaña.						temporada 2018-2019 debido a las duras condiciones climáticas.	granito cerca de la cabaña 1.		visitas, se inspecciona y documenta el estado general de la cabaña.		
80	Tienda de campaña de Amundsen	Tienda de campaña de Amundsen. La tienda la erigió a 90° el grupo de exploradores noruegos liderados por Roald Amundsen a su llegada al Polo Sur el 14 de diciembre de 1911. La tienda de campaña está actualmente sepultada en la nieve y el hielo en las inmediaciones del Polo Sur.	90° S	Medida 5 (2005)	Noruega	Noruega	Otros restos: tienda de campaña	La tienda de campaña está actualmente sepultada en la nieve y el hielo en las inmediaciones del Polo Sur. Se desconoce la ubicación exacta y el estado de la tienda de campaña.	La tienda de campaña fue instalada a 90° S por el grupo noruego de exploradores liderado por Roald Amundsen a su llegada al Polo Sur el 14 de diciembre de 1911. La tienda de campaña está actualmente sepultada en la nieve y el hielo en las inmediaciones del Polo Sur.	Un suceso de especial importancia en la historia de la ciencia o la exploración de la Antártida ocurrió en el lugar; mantiene un vínculo particular con una persona que desempeñó un papel importante en la historia de la ciencia o la exploración en la Antártida.		SMH 80: tienda de campaña de Amundsen (crédito de la foto: Archivo fotográfico del Instituto Polar Noruego)	La tienda de campaña está ubicada debajo de la nieve y el hielo en las cercanías del Polo Sur.
81	Roca del Desembarco	Rocher du Débarquement (Roca del Desembarco)	66° 36,30' S, 140° 03,85' E	Medida 3 (2006)	Francia	Francia	Sitio	*In situ*	Pequeña isla donde desembarcó el almirante Dumont D'Urville con su tripulación el 21 de enero de 1840, cuando descubrió la Tierra de Adelia.	Un suceso de especial importancia en la historia de la ciencia o la exploración de la Antártida ocurrió en el lugar		SMH 81: Rocher du Débarquement	

N.º	Nombre	Descripción	Ubicación	Designación/enmienda	Parte proponente original	Parte encargada de la gestión	Tipo	Estado de conservación	Descripción del contexto histórico	Criterios aplicables de conformidad con la Resolución 3 (2009)	Herramientas de gestión	Fotografías	Características físicas del entorno y contexto cultural y local
82	Monumento al Tratado Antártico y placa	Monumento al Tratado Antártico y placa. Este monumento se encuentra cerca de las bases Frei, Bellingshausen y Escudero, península Fildes, isla Rey Jorge (isla 25 de Mayo). La placa al pie del monumento conmemora a los signatarios del Tratado Antártico. Este monumento tiene cuatro placas en los idiomas oficiales del Tratado Antártico. Las placas fueron instaladas en febrero de 2011 y llevan la siguiente leyenda: «Este monumento histórico, dedicado a la memoria de los signatarios del Tratado Antártico, Washington D. C., 1959, también sirve de recordatorio del legado del primer y segundo Año Polar Internacional (1882-1883 y 1932-1933) y del Año Geofísico Internacional (1957-1958) que precedieron al Tratado Antártico, y recuerda el patrimonio de cooperación internacional que llevó al Año Polar Internacional 2007-	62° 12' 01" S, 58° 57' 41" O	Medida 3 (2007) Medida 11 (2011)	Chile	Chile	Objeto conmemorativo: placa	El sitio o monumento aún existe en su totalidad y está en buenas condiciones.	En 1999, para conmemorar el cuadragésimo aniversario de la firma del Tratado Antártico en 1959, Chile instaló e inauguró el monumento al Tratado Antártico en las inmediaciones de sus bases Presidente Eduardo Frei y Profesor Julio Escudero, en la península Fildes, isla Rey Jorge (isla 25 de Mayo). La estructura está construida en cobre con doce paneles, cada uno en honor a uno de los Estados signatarios, nombrados en letras de cobre, que sostienen todos un globo de cobre. El monumento también incluye cuatro etiquetas en cada uno de los cuatro idiomas del Tratado Antártico (español, inglés, francés y ruso): «En honor al Tratado Antártico y a quienes lo apoyan, que han cooperado con tanto éxito en el estudio y la preservación de la Antártida como tesoro mundial 1959-1999». En 2007, Chile añadió al monumento cuatro placas de bronce en los cuatro idiomas del Tratado Antártico en conmemoración de los sucesivos años polares internacionales, recordando la cooperación	Ofrece la posibilidad de revelar información por medio del estudio o de educar a la gente sobre actividades humanas importantes en la Antártida.	No se aplica ninguna herramienta de gestión específica. Mantenimiento anual, junto con las tareas programadas para el mantenimiento de la base antártica Presidente Eduardo Frei.	SMH 82: Monumento al Tratado Antártico y placa (A) SMH 82: Monumento al Tratado Antártico y placa (B)	La península Fildes es la zona costera libre de hielo más grande de la isla Rey Jorge (isla 25 de Mayo) durante el verano austral, isla que en su mayor parte está cubierta de hielo. La península está separada de la isla Nelson por el estrecho de Fildes, que tiene solo 370 m en su ancho menor. Limita en la costa sureste con la bahía Maxwell (Guardia Nacional o bahía Fildes), y en su sector noroeste limita con las aguas abiertas del pasaje de Drake. Geológicamente, la península es una meseta formada por antiguos accidentes geográficos costeros, con numerosos afloramientos rocosos y una altura media de 30 metros sobre el nivel del mar. Desde su base hasta su punta, orientada al suroeste, la península tiene 11,5 km de largo y un ancho que varía de 2 a 4 km, con un total de aproximadamente 33 km^2. La península de Fildes se caracteriza por presentar la mayor concentración de instalaciones o bases científicas de diferentes países de la Antártida: estación marítima Frei, Escudero y Fildes, de Chile; la Gran Muralla, de China; Bellingshausen, de la Federación de Rusia, y Artigas, del Uruguay. En la península es posible

N.º	Nombre	Descripción	Ubicación	Designación/enmienda	Parte proponente original	Parte encargada de la gestión	Tipo	Estado de conservación	Descripción del contexto histórico	Criterios aplicables de conformidad con la Resolución 3 (2009)	Herramientas de gestión	Fotografías	Características físicas del entorno y contexto cultural y local
		2008». Este monumento fue diseñado y construido por el estadounidense Joseph W. Pearson, quien lo ofreció a Chile. Fue inaugurado en 1999, con ocasión del 40.º aniversario de la firma del Tratado Antártico.							internacional que llevó al Año Polar Internacional 2007-2008.				registrar la presencia de diferentes especies de líquenes y musgos, así como la presencia del pasto antártico *Deschampsia antarctica*. Hay gaviotas, págalos y petreles que anidan en el sitio, y es un lugar de descanso habitual para los pingüinos papúa y de barbijo. En la costa norte de la península hay un criadero de elefantes marinos, mientras que en primavera las focas de Weddell se reproducen en la costa sur. El lugar también es visitado por machos de lobos marinos antárticos, principalmente al final de la temporada de verano. En la bahía Maxwell, se han avistado ballenas jorobadas y ballenas francas australes. En la región de la península de Fildes se encuentran dos zonas antárticas especialmente protegidas: ZAEP n.º 125, península de Fildes, y ZAEP n.º 150, península de Ardley (isla Ardley).
83	Base W, isla Detaille	Base W, isla Detaille, fiordo de Lallemande, costa de Loubet. La base W está situada en un istmo estrecho en el extremo norte de la isla Detaille, fiordo de Lallemande, costa de Loubet. El sitio consiste en una cabaña, diversas estructuras afines y anexos, entre ellos un	66° 52' S; 66° 48' O	Medida 14 (2009)	Reino Unido	Reino Unido	Construcción: estación	La cabaña, la tienda de emergencia y las casetas para perros están en buen estado y se conservan y mantienen activamente en las condiciones	La base W se estableció como base científica en marzo de 1956 y se cerró rápidamente en 1959. Las investigaciones que se llevaron a cabo aquí fueron de geología, meteorología y trabajos topográficos. A menudo, se efectuaban desde la estación extensos viajes de	Un suceso de especial importancia en la historia de la ciencia o la exploración de la Antártida ocurrió en el lugar.	Directrices del sitio para visitantes: isla Detaille	SMH 83: base W, isla Detaille (crédito de la foto: Antarctic Heritage Trust, Reino Unido)	El sitio está compuesto por la cabaña principal, una pequeña tienda de emergencia y casetas para perros junto con una torre de anemómetro y mástiles de radio. Antigua estación histórica de ciencia y trineos ahora gestionada por la rama británica de la fundación Antarctic Heritage Trust

N.°	Nombre	Descripción	Ubicación	Designación/enmienda	Parte proponente original	Parte encargada de la gestión	Tipo	Estado de conservación	Descripción del contexto histórico	Criterios aplicables de conformidad con la Resolución 3 (2009)	Herramientas de gestión	Fotografías	Características físicas del entorno y contexto cultural y local
		pequeño depósito de suministros para situaciones de emergencia, casetas para perros, una torre de anemómetro y dos mástiles tubulares de acero estándar (uno al sudoeste y otro al este de la cabaña principal). La base W se estableció en 1956 como base científica británica, principalmente para levantamientos y estudios de geología y meteorología, y para contribuir al Año Geofísico Internacional de 1957. La base W, que permanece relativamente inalterada desde fines de los años cincuenta, es un recordatorio importante de las condiciones de vida y las actividades científicas de la época en que se firmó el Tratado Antártico, hace 50 años.						en que se encontraron cuando fueron designados como SMH 83.	reconocimiento que cubrían cientos de millas y duraban varios meses, con equipos de perros y trineos.				como un sitio de patrimonio. www.ukaht.org. El sitio tiene un plan de gestión de conservación integral y está activamente conservado por un equipo de conservación profesional.
84	Cabaña en punta Damoy, bahía Dorian	Cabaña en punta Damoy, bahía Dorian, isla Wiencke, archipiélago Palmer. El sitio consiste en una cabaña bien conservada, con equipo científico y otros artefactos en su interior. Se ubica en la punta Damoy, bahía Dorian, isla	64° 49' S; 63° 31' O	Medida 14 (2009)	Reino Unido	Reino Unido	Construcción: cabaña	La cabaña está en buen estado y se conserva y mantiene en el estado en el que se encontró cuando fue designada como SMH 84.	La cabaña Damoy se estableció en la bahía Dorian en 1973 como una estación de tránsito y una instalación aérea de verano. La aeronave aterrizó y despegó de una pista de hielo en la parte superior del glaciar sobre la cabaña. Se detuvo aquí para repostar y para recoger	Un suceso de especial importancia en la historia de la ciencia o la exploración de la Antártida ocurrió en el lugar; ofrece la posibilidad de revelar información por medio del	Directrices del sitio para visitantes: punta Damoy	SMH 84: cabaña Damoy, bahía de punta Damoy (crédito de la foto: Antarctic Heritage Trust.	La cabaña está ubicada en la bahía Dorian en la isla Wiencke, al pie de un gran glaciar y cerca de una pequeña cabaña argentina. Antigua estación histórica de ciencia y trineos ahora gestionada por la rama británica de la fundación Antarctic Heritage Trust

N.º	Nombre	Descripción	Ubicación	Designación/enmienda	Parte proponente original	Parte encargada de la gestión	Tipo	Estado de conservación	Descripción del contexto histórico	Criterios aplicables de conformidad con la Resolución 3 (2009)	Herramientas de gestión	Fotografías	Características físicas del entorno y contexto cultural y local
		Wiencke, archipiélago Palmer. La cabaña fue construida en 1973 y se usó durante varios años como instalación aérea de verano y como estación de tránsito para el personal científico. Estuvo ocupada por última vez en 1993.							carga y personal de los barcos programados. Este es un excelente ejemplo de la logística antártica y las primeras operaciones aéreas en la Antártida. La cabaña dejó de funcionar en 1993.	estudio o de educar a la gente sobre actividades humanas importantes en la Antártida;		Reino Unido)	como un sitio de patrimonio. www.ukaht.org. El sitio tiene un plan de gestión de conservación integral y está activamente conservado por un equipo de conservación profesional.
85	Placa conmemorativa de la planta de energía nuclear PM-3A en la estación McMurdo	Placa de bronce que conmemora la planta de energía nuclear PM-3A en la estación McMurdo. La placa mide aproximadamente 45 x 60 cm y está fijada a una gran roca vertical colocada en el antiguo emplazamiento del reactor nuclear PM-3A. La placa se encuentra aproximadamente a medio camino en el lado oeste de la colina Observación. En el texto de la placa, se detallan los logros de la central nuclear PM-3A, la primera de la Antártida.	77° 51' S, 166° 41' E	Medida 15 (2010)	Estados Unidos	Estados Unidos	Objeto conmemorativo: placa	La placa está en excelentes condiciones.	El reactor nuclear PM-3A fue el primer y único experimento para alimentar una estación antártica con un reactor nuclear. La motivación fue reducir la dependencia del fueloil en la estación McMurdo. El PM-3A llegó a la estación McMurdo el 12 de diciembre de 1961 y comenzó a producir electricidad para la estación el 10 de julio de 1962. El reactor de 1,8 megavatios se desmanteló cuando el funcionamiento continuo ya no era rentable. El desmontaje y la retirada de la estación, así como de la mayoría de los edificios asociados continuó hasta 1979, cuando un estudio radiológico y una revisión posterior por encargo de la Marina de EE. UU. determinaron que los niveles de radiación en el sitio eran similares a	Un suceso de especial importancia en la historia de la ciencia o la exploración de la Antártida ocurrió en el lugar; mantiene un vínculo particular con un hecho notable de resistencia o logro; sus materiales, diseño o método de construcción tienen un valor técnico, histórico, cultural o arquitectónico particular	Póster de Sitios y Monumentos Históricos de la región del mar de Ross exhibido en la estación McMurdo	SMH 85: placa que conmemora la planta de energía nuclear PM-3A en la estación McMurdo (crédito de la foto: Peter Rejcek)	La placa, fijada en una gran roca, se encuentra aproximadamente a medio camino al lado oeste de la colina Observación, una colina de 230 m contigua a la estación McMurdo.

N.º	Nombre	Descripción	Ubicación	Designación/enmienda	Parte proponente original	Parte encargada de la gestión	Tipo	Estado de conservación	Descripción del contexto histórico	Criterios aplicables de conformidad con la Resolución 3 (2009)	Herramientas de gestión	Fotografías	Características físicas del entorno y contexto cultural y local
									los niveles de radiación de fondo y que había un riesgo mínimo de exposición a la radiación. Después, el Departamento de Energía de EE. UU. liberó el sitio para su uso sin restricciones. Los últimos edificios restantes fueron retirados durante el verano austral de 2009-2010.				
86	Edificio n.º 1, estación Gran Muralla	Edificio n.º 1 en la estación Gran Muralla. El edificio n.º 1, construido en 1985, con una superficie útil de 175 metros cuadrados, se ubica en el centro la estación antártica china de la Gran Muralla, ubicada en la península Fildes, isla Rey Jorge (isla 25 de mayo), islas Shetland del Sur, Antártida Occidental. El edificio marcó el comienzo de la consagración de China a la investigación antártica en la década de 1980, por lo cual es de gran importancia para la conmemoración de la expedición china a la Antártida.	62° 13′ 4″ S, 58° 57′ 44″ O	Medida 12 (2011)	China	China	Construcción: estación	El edificio fue renovado en 2013-2014 por motivos de seguridad y protección, y se conserva en buen estado desde entonces.	El edificio n.º 1 fue el primer edificio permanente construido en la estación Gran Muralla. La construcción del edificio se inició el 20 de enero de 1985 y finalizó el 20 de febrero de 1985. El edificio sentó las bases para la primera expedición de hibernación de China, en condiciones de falta de experiencia y de equipos de construcción pesados. También encarnaba el espíritu de la expedición antártica de ser valiente en la exploración y la innovación, y sin asumir dificultades.	Un suceso de especial importancia en la historia de la ciencia o la exploración de la Antártida ocurrió en el lugar. Ofrece la posibilidad de revelar información por medio del estudio o de educar a la gente sobre actividades humanas importantes en la Antártida. Tiene valor simbólico o conmemorativo para la gente de muchas naciones	La información del SMH en la zona se muestra en todos los mapas de estación Gran Muralla. El edificio se utiliza como museo para mostrar la historia de la expedición antártica china, los principales avances de la investigación científica antártica china, etc. El edificio se ha introducido en los libros de texto escolares en China como		El edificio se encuentra en la zona de la estación Gran Muralla, a unos 300 metros de la costa.

N.°	Nombre	Descripción	Ubicación	Designación/enmienda	Parte proponente original	Parte encargada de la gestión	Tipo	Estado de conservación	Descripción del contexto histórico	Criterios aplicables de conformidad con la Resolución 3 (2009)	Herramientas de gestión	Fotografías	Características físicas del entorno y contexto cultural y local
											símbolo histórico importante para la expedición antártica china. Recientemente, algunos turistas visitan el edificio todos los años.		
87	Placa conmemorativa en la ubicación de la primera estación de investigación alemana ocupada permanentemente en la Antártida.	Ubicación de la primera estación de investigación antártica alemana permanentemente ocupada, Georg Forster, en el oasis Schirmacher, Tierra de la Reina Maud. El sitio original está situado junto al oasis Schirmacher y está marcado por una placa de bronce conmemorativa con la etiqueta en idioma alemán: Antarktisstation Georg Forster 70° 46' 39'' S 11° 51' 03'' E von 1976 bis 1996 La placa está bien conservada y fijada a una pared de roca en el borde sur del lugar. Esta estación de investigación antártica se inauguró el 21 de abril de 1976 y se cerró en 1993. Todo el lugar ha sido limpiado por	70° 46' 39'' S, 11° 51' 03'' E	Medida 18 (2013)	Alemania	Alemania	Objeto conmemorativo: placa		Después de la firma del Tratado Antártico en 1974 por Alemania Oriental, la estación Georg Forster empezó a funcionar el 21 de abril de 1976 y pasó a ser una estación de investigación en octubre de 1987 cuando Alemania Oriental se convirtió en Parte Consultiva del Tratado. Todas las operaciones logísticas hasta su desmantelamiento en 1992-1993 se han coordinado con la expedición antártica rusa.	Un suceso de especial importancia en la historia de la ciencia o la exploración de la Antártida ocurrió en el lugar	No se han establecido medidas especiales. Se efectúan visitas de inspección en el sitio de vez en cuando	SMH 87: placa conmemorativa en la ubicación de la primera estación de investigación alemana ocupada permanentemente en la Antártida	Zona libre de hielo ubicada en el oasis Schirmacher; placa fijada en la pared de roca en el borde sur del sitio de la antigua estación. La placa merece la designación por las siguientes razones: La placa está asociada con el comienzo del compromiso científico permanente de las organizaciones de investigación alemanas en el marco del Tratado Antártico y con el seguimiento a largo plazo de la capa de ozono estratosférico sobre la Antártida. La placa conmemora un primer compromiso de Alemania para eliminar por completo las instalaciones científicas después del desmantelamiento en virtud del Protocolo. El punto geodésico de las coordenadas geográficas está marcado por un pequeño trípode en el lecho rocoso del sitio, a

N.º	Nombre	Descripción	Ubicación	Designación/enmienda	Parte proponente original	Parte encargada de la gestión	Tipo	Estado de conservación	Descripción del contexto histórico	Criterios aplicables de conformidad con la Resolución 3 (2009)	Herramientas de gestión	Fotografías	Características físicas del entorno y contexto cultural y local
		completo una vez desmantelada correctamente la estación el 12 de febrero de 1996. El sitio está ubicado a unos 1,5 km al este de la actual estación de investigación antártica rusa Novolazarevskaya.											141 m sobre el nivel del mar.
88.	Edificio del complejo de perforación del profesor Kudryashov	El edificio del complejo se construyó en la temporada estival de 1983-1984. Bajo la dirección del Profesor Boris Kudryashov, se obtuvieron muestras de hielo de la antigua tierra firme.	78º 28' S, 106º 48' E	Medida 19 (2013)	Rusia	Rusia	Construcción: restos de otro edificio	El edificio está en buen estado.	El pozo de sondeo de hielo más profundo del mundo fue perforado en este complejo de perforación mediante tecnologías rusas e instalaciones de perforación de 3769,3 m de largo por el núcleo de hielo. El motivo para conmemorar el nombre del profesor Kudryashov es que este, que fue jefe de la Cátedra de Perforación de Pozos de Sondeo del Instituto de Minería de San Petersburgo, estuvo a cargo del desarrollo de la tecnología y las herramientas de perforación profunda de pozos en glaciares desde 1967. Participó en la vigésima (1974-1975) y vigésimo cuarta (1978-1979) expedición antártica soviética. Con el equipo y las tecnologías desarrolladas por Boris Kudryashov en la Antártida Oriental y en la Tierra del Norte en el Ártico, se perforaron	Mantiene un vínculo particular con una persona que desempeñó un papel importante en la historia de la ciencia o la exploración en la Antártida. Es representativo o forma parte de una actividad de gran alcance que ha sido importante en el desarrollo y el conocimiento de la Antártida. Sus materiales, diseño o método de construcción tienen un valor técnico, histórico, cultural o arquitectónico particular.	La ubicación del SMH se indica en el mapa de la zona de la estación Vostok. Todas las personas que llegan a la estación Vostok reciben información de la existencia y ubicación del SMH 88.	SMH 88: edificio del complejo de perforación del profesor Kudryashov	El complejo de perforación está ubicado a 100 m al sur del edificio comedor de la estación Vostok. Todas las instalaciones y estructuras de la estación Vostok están situadas en la superficie de nieve-neviza de la meseta antártica a una altitud de 3488 m sobre el nivel del mar.

N.º	Nombre	Descripción	Ubicación	Designación/enmienda	Parte proponente original	Parte encargada de la gestión	Tipo	Estado de conservación	Descripción del contexto histórico	Criterios aplicables de conformidad con la Resolución 3 (2009)	Herramientas de gestión	Fotografías	Características físicas del entorno y contexto cultural y local
									una gran cantidad de pozos de sondeo de hielo con una extracción completa de núcleos de hielo de más de 18 000 m de largo, y el pozo de sondeo 5G de la estación Vostok supone un récord en comparación con otras instalaciones similares creadas por el hombre en nuestro planeta.				
89	Campamento de la cumbre de la expedición Terra Nova, monte Erebus, isla Ross	Expedición a Terra Nova 1910-1912, parte superior del campamento en cumbre utilizado durante el estudio del monte Erebus, en diciembre de 1912. La ubicación del campamento incluye parte de un círculo de rocas, que probablemente se utilizaron para pesar las valencias de las tiendas. El campamento fue utilizado por una partida científica en la expedición a Terra Nova del capitán Scott, que realizó un trazado y una recogida de especímenes geológicos en el monte Erebus en diciembre de 1912.	77º 30,348' S, 167º 10,223' E	Medida 20 (2013)	Reino Unido Nueva Zelandia Estados Unidos	Reino Unido Nueva Zelandia Estados Unidos	Sitio	El sitio consta de rocas alineadas, está estable	Marca el camino y el avance de uno de los primeros ascensos del monte Erebus y la temprana exploración científica de la geología de la montaña por parte de la expedición Terra Nova de Scott.	Un suceso de especial importancia en la historia de la ciencia o la exploración de la Antártida ocurrió en el lugar	Póster de Sitios y Monumentos Históricos de la región del mar de Ross colocado a la vista en las estaciones de la región	SMH 89: campamento superior de la expedición Terra Nova - Monte Erebus, isla Ross. 1912 y 2012 (crédito de la foto: Instituto Scott de Investigación Polar, Universidad de Cambridge (imagen de 1912) y Clive Oppenheimer (imagen de 2012).	El campamento superior de la cumbre está a menos de un kilómetro de la cabaña Erebus inferior del actual Programa Antártico de Estados Unidos, ubicado dentro del borde norte de la caldera, acantilados Helo. No se cree que haya sido visitado hasta su redescubrimiento en 2012. A unos 3410 m sobre el nivel del mar
90	Campamento inferior de la expedición Terra Nova, monte	Expedición Terra Nova 1910-1912, parte inferior del «campamento E» utilizado durante el estudio del monte	77º 30,348' S 167º 9,246' E	Medida 21 (2013)	Reino Unido Nueva Zelandia Estados Unidos	Reino Unido Nueva Zelandia Estados Unidos	Sitio	El sitio consta de rocas alineadas, está estable	Marca el camino y el avance de uno de los primeros ascensos del monte Erebus y la temprana exploración científica de la geología	Un suceso de especial importancia en la historia de la ciencia o la exploración de la	Póster de Sitios y Monumentos Históricos de la región del mar de Ross	SMH 90: campamento inferior de la Expedición Terra	El campamento inferior de la cumbre se encuentra en el borde de una antigua caldera cerca del campamento Fang del actual Programa Antártico

N.°	Nombre	Descripción	Ubicación	Designación/enmienda	Parte proponente original	Parte encargada de la gestión	Tipo	Estado de conservación	Descripción del contexto histórico	Criterios aplicables de conformidad con la Resolución 3 (2009)	Herramientas de gestión	Fotografías	Características físicas del entorno y contexto cultural y local
	Erebus, isla Ross	Erebus, en diciembre de 1912. La ubicación del campamento está formada por una zona de grava ligeramente elevada e incluye algunas rocas alineadas que quizá puedan haberse utilizado para pesar las valencias de las tiendas. El campamento fue utilizado por una partida científica en la expedición a Terra Nova del capitán Scott, que realizó un trazado y una recogida de especímenes geológicos en el monte Erebus en diciembre de 1912.							de la montaña por parte de la expedición Terra Nova de Scott.	Antártida ocurrió en el lugar	colocado a la vista en las estaciones de la región	Nova - Monte Erebus, isla Ross, 1912 y 2012 (crédito de la foto: Instituto Scott de Investigación Polar, Universidad de Cambridge (imagen de 1912) y Clive Oppenheimer (imagen de 2012).	de Estados Unidos, que se utiliza para la aclimatación antes de ir a la cabaña inferior del Erebus. Alrededor de 3410 m sobre el nivel del mar.
91	Cabaña Lame Dog en la base búlgara St. Kliment Ohridski, isla Livingston	La cabaña Lame Dog se erigió en abril de 1988 y fue el edificio principal de la estación St. Kliment Ohridski hasta 1998. Actualmente es el edificio más antiguo que se conserva en la isla Livingston, se utiliza como cabina de radio y oficina postal, y alberga un museo de artefactos asociados a las primeras operaciones científicas y logísticas de Bulgaria en la Antártida.	62° 38' 29" S, 60° 21' 53" O	Medida 19 (2015)	Bulgaria	Bulgaria	Construcción: estación	La estructura sufrió algunos daños por la presión de la nieve, mientras que la zona de base de verano, generalmente libre de nieve, permaneció cubierta de nieve en el período 2012-2017. Se sometió a reparaciones sustanciales,	Durante la primera expedición antártica búlgara, la cabaña fue enviada a la Antártida a bordo del barco de investigación soviético Mikhail Somov, y un grupo búlgaro de cuatro hombres la montó en la isla Livingston entre el 26 y el 28 de abril de 1988. Fue remodelada y, junto con un edificio de almacenamiento de madera más pequeño, se puso en servicio como base antártica St. Kliment Ohridski el 11 de diciembre de 1993. La cabaña resultó ser la más adecuada para las	Un suceso de especial importancia en la historia de la ciencia o la exploración de la Antártida ocurrió en el lugar. Sus materiales, diseño o método de construcción tienen un valor técnico, histórico, cultural o arquitectónico particular. Valor simbólico o conmemorativo para personas de muchas naciones.	El Instituto Antártico Búlgaro está en proceso de elaboración de un borrador de plan de gestión de conformidad con la Resolución 2 (2018) de la RCTA.	SMH 91: Construcción de la cabaña en 1988 (crédito de la foto: colección del Instituto Antártico Búlgaro/Z. Vergilov) SMH 91: La cabaña en 2003 (crédito de la foto: colección del Instituto	La cabaña Lame Dog, en la playa Búlgara, isla Livingston, está situada entre el cerro Pesyakov y el cerro Sinemorets, 70 m al sur por el este del edificio principal de la base de St. Kliment Ohridski y a 200 m de la costa de Emona Anchorage en bahía del Sur, con vistas a Grand Lagoon. Se levanta sobre patas de metal excavadas en una terraza de morrena a una altura de 15,5 m sobre el nivel del mar y está rodeada por ramales del arroyo Rezovski, que desemboca en el extremo suroeste de la playa

N.º	Nombre	Descripción	Ubicación	Designación/enmienda	Parte proponente original	Parte encargada de la gestión	Tipo	Estado de conservación	Descripción del contexto histórico	Criterios aplicables de conformidad con la Resolución 3 (2009)	Herramientas de gestión	Fotografías	Características físicas del entorno y contexto cultural y local
								incluido un nuevo techo completo durante la temporada 2019/20, y ha estado en excelente estado desde entonces.	condiciones locales y siguió siendo la única vivienda permanente de la base hasta que se completó un nuevo edificio principal en 1998. También se utiliza como centro de radio y oficina postal desde 1994 y, desde 2012, alberga un museo de artefactos de las primeras operaciones científicas y logísticas de Bulgaria en la Antártida. El popular nombre de «Cabaña Lame Dog» data de alrededor de 1999, cuando se encontró la cabaña agitándose en el viento debido a los daños en las patas de soporte ocurridos durante el invierno.			Antártico Búlgaro/L. Ivanov) SMH 91: Parte del interior, 2013 (crédito de la foto: colección del Instituto Antártico Búlgaro/N. Ivanova) SMH 91: La cabaña en febrero de 2020 (crédito de la foto: colección del Instituto Antártico Búlgaro/D. Mateev) SMH 91: Parte del interior restaurada, 2020 (crédito de la foto: colección del Instituto Antártico Búlgaro/D. Mateev)	Búlgara, que se utiliza como lugar de embarque para la base búlgara. Se encuentran cerca la capilla de San Ivan Rilski y un monumento búlgaro-mongol a la escritura cirílica. Hay una serie de prácticas rutas terrestres que conducen desde la cabaña a una variedad de zonas internas y costeras de la isla Livingston. La cabaña es una estructura de paneles sándwich de 6 por 3,5 m, de fabricación búlgara, con una zona de comedor y capacidad de alojamiento para 6 personas. Originalmente, era un contenedor de vivienda estándar diseñado para su uso en la industria maderera búlgara en el norte de Rusia, y se convirtió en una instalación antártica acogedora y hospitalaria muy apreciada por personas de varias naciones que visitan o trabajan en la base búlgara.
92.	Tractor pesado para nieve «Kharkovchanka», utilizado en la Antártida	El tractor para nieve «Kharkovchanka» fue diseñado y fabricado en la planta de construcción de maquinaria para el transporte Malyshev	69° 22′ 41,0″ S, 76° 22′ 59,1″ E	Medida 19 (2015)	Rusia	Rusia	Objeto conmemorativo: otro	El tractor está en excelente estado.	Los participantes de la EAS que usaban esta máquina realizaron un número importante de travesías tierra adentro en tractor-trineo a las estaciones Vostok y	Sus materiales, diseño o método de construcción tienen un valor técnico, histórico, cultural o arquitectónico particular.	La ubicación del SMH se indica en el mapa de la zona de la estación Progress.	SMH 92: tractor pesado para nieve «Kharkovchanka» (crédito de	El tractor pesado Kharkovchanka n.º 22 está situado en una colina al oeste de las instalaciones de la estación Progress, a

N.°	Nombre	Descripción	Ubicación	Designación/enmienda	Parte proponente original	Parte encargada de la gestión	Tipo	Estado de conservación	Descripción del contexto histórico	Criterios aplicables de conformidad con la Resolución 3 (2009)	Herramientas de gestión	Fotografías	Características físicas del entorno y contexto cultural y local
	de 1959 a 2010	en Járkov especialmente para organizar las travesías con tractor-trineo tierra adentro en la Antártida. Este fue el primer vehículo de transporte de fabricación soviética que no se produjo en serie, exclusivamente para operaciones en la Antártida. Este tractor no se utilizó fuera de la Antártida. Por ende, el STT «Kharkovchanka» es una muestra histórica única en cuanto al desarrollo técnico y de ingeniería para la exploración de la Antártida.							Sovetskaya, a la estación estadounidense Amundsen-Scott, ubicada en el Polo Sur geográfico (1958-1959), Mirny – Komsomolskaya – Sovetskaya – Vostok – Mirny (1961), Molodezhnaya (Tierra Enderby) – Novolazarevskaya (Tierra de la Reina Maud) (1964) y Mirny – Polo de la Inaccesibilidad – Molodezhnaya (1967). «Kharkovchanka» n.° 22 corresponde completamente al original fabricado en 1958 en la planta de fabricación de maquinaria de transporte Malyshev de Járkov, y sus colores cumplen con los estándares adoptados en las EAS-EAR para los vehículos de transporte.		Los detalles del SMH se dan en el Plan de Gestión de la ZAEA n.° 6. Todas las personas que llegan a la estación Progress reciben información de la existencia y ubicación del SMH 92.	la foto: Sergey Tarasenko)	menos de 100 m de la orilla del lago Stepped.
93	Pecio del Endurance	Pecio del buque Endurance, incluidos todos los artefactos contenidos o previamente contenidos dentro del buque, que pueden estar en el lecho marino del naufragio o cerca de este, en un radio de 150 m. Esto incluye todo el equipamiento asociado al buque (como el timón, la campana, etc.). La	68° 39' 30" S, 52° 26' 30" O	Medida 12 (2019)	Reino Unido	Reino Unido	Otros restos: naufragio	Actualmente se desconoce el estado de la embarcación.	El Endurance fue el buque perteneciente a *sir* Ernest Shackleton y utilizado por él durante su expedición transantártica de 1914-1916. El Endurance se vio cercado por el hielo marino antes de ser aplastado, y finalmente se hundió en el fondo del mar en 1915. Lo que siguió fue un atrevido rescate por parte de Shackleton al llevar el bote salvavidas	Un suceso de especial importancia en la historia de la ciencia o la exploración de la Antártida ocurrió en el lugar; mantiene un vínculo particular con una persona que desempeñó un papel importante en la historia de la ciencia o la exploración en la	Se desarrollará al descubrirse los restos del pecio.		Se desconoce la ubicación exacta del naufragio, ya que el buque flotó en el banco de hielo a lo largo de cierta distancia. Sabemos que los restos del naufragio se encuentran en algún lugar, aproximadamente a 2 millas de profundidad, del fondo marino del mar de Weddell. Los registros de ubicación efectuados por Frank Worsley, capitán de Shackleton y navegador maestro, indican las

N.°	Nombre	Descripción	Ubicación	Designación/enmienda	Parte proponente original	Parte encargada de la gestión	Tipo	Estado de conservación	Descripción del contexto histórico	Criterios aplicables de conformidad con la Resolución 3 (2009)	Herramientas de gestión	Fotografías	Características físicas del entorno y contexto cultural y local
		designación también incluye todos los objetos personales que la tripulación haya dejado en el buque en el momento en que se hundió. Se desconoce la ubicación exacta del naufragio, ya que el buque flotó en el banco de hielo a lo largo de cierta distancia. Sabemos que los restos del naufragio se encuentran en algún lugar del fondo marino del mar de Weddell. Los registros de ubicación efectuados por Frank Worsley, capitán de Shackleton y navegador maestro, indican las coordenadas precisas de la ubicación del hundimiento del buque, pero no se han verificado desde 1915. Estas últimas coordenadas conocidas se han incluido como la «ubicación».							James Caird a Georgia del Sur para buscar ayuda. Todos los hombres abandonados en la isla Elefante se salvaron y regresaron a casa en 1916.	Antártida; Mantiene un vínculo particular con una hazaña notable de resistencia o logro;			coordenadas precisas de la ubicación del hundimiento del buque, pero no se han verificado desde 1915. Estas últimas coordenadas conocidas se han incluido como la «ubicación».
94	Mojón C. A. Larsen perteneciente a varias expediciones	Mojón C. A. Larsen, perteneciente a varias expediciones. El sitio consta de un mojón de piedras instalado en 1892 por el capitán noruego Carl Anton Larsen durante la primera exploración por tierra de la zona cercana a	64° 14'13,06" S, 56° 35' 7,50" W	Medida 12 (2019)	Argentina, Noruega, Suecia y el Reino Unido	Argentina Noruega Suecia Reino Unido	Otros restos: mojón de expedición	El mojón está en buen estado, pero perdió el poste que tenía en el centro.	Restos del mojón instalado por la expedición ballenera noruega Jason por Carl Anton Larsen 1892-1893. Dos miembros de la expedición antártica sueca 1901-1903 (Gunnar Andersson y el alférez argentino José María Sobral) grabaron	Un acontecimiento de particular importancia en la historia de la ciencia o de la exploración de la Antártida ocurrió en el lugar; mantiene un vínculo particular con una persona	La Argentina lleva a cabo acciones de comunicación y difusión del sitio y sus directrices de conservación,	SMH 94: Crédito: Pablo Fontana - IAA	Se ubica en las cercanías de la estación Marambio, a escasos metros de la costa nordeste de la isla, en un terreno de leves ondulaciones sedimentarias con presencia ocasional de aves voladoras.

N.°	Nombre	Descripción	Ubicación	Designación/enmienda	Parte proponente original	Parte encargada de la gestión	Tipo	Estado de conservación	Descripción del contexto histórico	Criterios aplicables de conformidad con la Resolución 3 (2009)	Herramientas de gestión	Fotografías	Características físicas del entorno y contexto cultural y local
		la ubicación actual de la estación argentina Marambio, donde se realizaron los primeros descubrimientos de fósiles en la Antártida. El mojón estaba unido a un poste de madera (de 2 m de alto y 5 cm de diámetro), del que no quedan vestigios. Ubicación: al nordeste de la estación argentina Marambio, península antártica.							sus nombres en el mismo sitio. En 1903, la expedición argentina de rescate de la corbeta ARA Uruguay depositó allí un mensaje, pero fue retirado por la Operación Tabarín en 1945.	que desempeñó un papel importante en la historia de la ciencia o de la exploración en la Antártida; mantiene un vínculo particular con una hazaña notable de resistencia o logro; Es representativo o forma parte de una actividad de gran alcance que ha sido importante en el desarrollo y el conocimiento de la Antártida; sus materiales, diseño o método de construcción tienen un valor técnico, histórico, cultural o arquitectónico particular; valor simbólico o conmemorativo para personas de muchas naciones.	especialmente para el personal de la cercana estación Marambio. Las partes encargadas de la gestión publicarán información en las proximidades del SMH. Las partes que asuman la gestión coordinarán las medidas de vigilancia, control y preservación del SMH con una perspectiva de «intervención mínima y deterioro controlado». Las partes encargadas de la gestión elaborarán y promoverán la investigación científica pertinente para los eventos históricos vinculados al SMH. Se		

N.°	Nombre	Descripción	Ubicación	Designación/enmienda	Parte proponente original	Parte encargada de la gestión	Tipo	Estado de conservación	Descripción del contexto histórico	Criterios aplicables de conformidad con la Resolución 3 (2009)	Herramientas de gestión	Fotografías	Características físicas del entorno y contexto cultural y local
											mantendrá un registro fotográfico del Sitio.		
95	Pecio del San Telmo	El pecio incluye todas las piezas y accesorios relacionados con la embarcación, armamento, equipo, suministros, así como la nave misma y la tripulación y el personal militar transportado en su interior. La designación también incluye todos los objetos personales que la tripulación habría dejado en el barco cuando se hundió. Un palangrero de tercera clase (74 cañones), tenía dos cubiertas y 74 cañones, 190 pies de largo, una manga de 52 pies y un calado de 25 pies. Su desplazamiento aproximado fue de 2750 toneladas y contaba con una tripulación de 644 hombres.	62° S, 70° O	Medida 22 (2021)	España	España	Otros restos: naufragio	Actualmente se desconoce el estado de la embarcación.	Los documentos indican que el capitán Smith realizó dos desembarques en la caleta Shirreff y encontró restos de un naufragio que incluían inscripciones del barco hundido (el *San Telmo*). En 1845, una carta piloto británica informó de la misma noticia, esta vez en un manual oficial especializado publicado por la Oficina Hidrográfica del Almirantazgo Británico que contenía el siguiente párrafo: «Los restos del naufragio fueron hallados sin supervivientes en 1820 por cazadores de focas, en la isla Livingston, en las Shetlands del Sur». James Weddell, que estuvo en esos lugares entre 1822 y 1824, relata que se encontró una gran cantidad de huesos de foca dispersos en una playa de dicha isla y lo relacionó con el incidente anterior. Según investigadores españoles que llevaron a cabo un proyecto de investigación arqueológica en la década de 1990, las pruebas encontradas en el sitio y la toponimia	a) Un evento de especial importancia en la historia de la exploración antártica; c) guarda una relación particular con una hazaña notable de resistencia o logro. El pecio también será de interés para los arqueólogos marinos y otros dedicados a la promoción del patrimonio de la Antártida y, por lo tanto: e) el valor técnico, histórico, cultural o arquitectónico particular de sus materiales, diseño o método de construcción; y f) ofrece el potencial, a través del estudio, y el valor educativo, de revelar información sobre actividades humanas significativas en la Antártida.	Se desarrollará al descubrirse los restos del pecio.		Se desconoce la ubicación exacta; el último avistamiento se produjo en las coordenadas 62° S, 70° O. La evidencia documental ubica los restos del pecio alrededor del cabo Shirreff (isla Livingston, islas Shetland del Sur). El tiempo transcurrido entre esos hechos y la aparición de los navegantes comerciales en esas aguas, especialmente cazadores de focas, hizo que los restos del pecio fueran reutilizados continuamente y con el tiempo desaparecieran, consumidos o transformados.

N.°	Nombre	Descripción	Ubicación	Designación/enmienda	Parte proponente original	Parte encargada de la gestión	Tipo	Estado de conservación	Descripción del contexto histórico	Criterios aplicables de conformidad con la Resolución 3 (2009)	Herramientas de gestión	Fotografías	Características físicas del entorno y contexto cultural y local
									que dejaron los británicos —isla Telmo, bahía Media Luna, caleta Shirreff— se corresponden plenamente con los documentos antiguos. El tiempo transcurrido entre esos hechos y la aparición de los navegantes comerciales en esas aguas, especialmente cazadores de focas, hizo que los restos del pecio fueran reutilizados continuamente y con el tiempo desaparecieran, consumidos o transformados. Algunos de los refugios, incluidos los de los supervivientes del pecio, fueron identificados de manera fiable por arqueólogos españoles entre 1992 y 1995.				

2. Decisiones

Decisión 1 (2021)

Sistema de Zonas Antárticas Protegidas: Lista de Sitios y Monumentos Históricos con formato rediseñado

Los representantes,

recordando la Decisión 1 (2019), en la que las Partes acordaron incorporar nuevos campos de información, además de los campos existentes, en la lista de Sitios y Monumentos Históricos («la Lista de SMH»);

deseando actualizar las descripciones de Sitios y Monumentos Históricos («SMH») de acuerdo con el formato prescrito por la Decisión 1 (2019), pero al mismo tiempo conscientes de que es probable que haya actualizaciones periódicas de carácter técnico y menor en ciertos nuevos campos de información;

deciden:

1. que la información contenida en los campos denominados «N.º», «Descripción», «Ubicación», «Nombre», «Tipo», «Descripción del contexto histórico», «Criterios aplicables de acuerdo con la Resolución 3 (2009)» y «Características físicas del entorno y contexto cultural y local» continúe siendo una parte formal de la Lista de SMH y que cualquier cambio en estos campos requiera su adopción a través de una Medida; y

2. considerar la información contenida en los campos «Estado de conservación», «Herramientas de gestión», «Designación/Enmienda» y «Fotografías» como información complementaria a la Lista de SMH, para la cual cualquier cambio será acordado por el Comité para la Protección del Medio Ambiente («CPA») y anotado en su informe para la Reunión Consultiva del Tratado Antártico («RCTA») y aplicado a la base de datos de SMH por parte de la Secretaría del Tratado Antártico.

Decisión 2 (2021)

Reglamento del Personal de la Secretaría del Tratado Antártico

Los representantes,

recordando la Medida 1 (2003) sobre el establecimiento de la Secretaría del Tratado Antártico («la Secretaría»);

recordando la Decisión 4 (2019) sobre el Reglamento del Personal de la Secretaría;

deciden:

1. aprobar el Reglamento del Personal de la Secretaría del Tratado Antártico, anexado a esta Decisión y

2. que el anexo de la Decisión 4 (2019) sea revocado.

Reglamento del Personal de la Secretaría del Tratado Antártico

<u>REGLAMENTO DEL PERSONAL</u>

ARTÍCULO 1
PREÁMBULO

1.1 El presente Reglamento del Personal establece los principios fundamentales de empleo, regula las relaciones laborales, y establece los derechos y deberes de los empleados de la Secretaría del Tratado Antártico (la Secretaría), y comprende a los Miembros del personal que prestan sus servicios y reciben una remuneración de la Secretaría del Tratado Antártico.

1.2 En el texto del presente Reglamento del Personal, la referencia a los miembros del personal en género masculino se aplica al personal de ambos sexos, a menos que el contexto sea manifiestamente inapropiado.

ARTÍCULO 2
DEBERES, OBLIGACIONES Y PRIVILEGIOS

2.1 Al aceptar su nombramiento, los miembros del personal deberán comprometerse a cumplir fielmente sus obligaciones y comportarse teniendo únicamente presente los intereses de la RCTA. Sus responsabilidades como miembros del personal no son nacionales, sino que se deben únicamente a la RCTA.

2.2 Los miembros del personal deberán comportarse en todo momento de una manera que sea compatible con el Tratado Antártico. Deberán tener siempre presente la lealtad, discreción y tacto que les imponen sus responsabilidades en el desempeño de sus funciones. Se abstendrán de todo acto, declaración o actividad pública que pueda resultar perjudicial para la RCTA y sus objetivos.

2.3 No se requiere que los miembros del personal renuncien a sus sentimientos nacionales o a sus convicciones políticas o religiosas, pero deberán cerciorarse de que dichas opiniones o convicciones no tengan un impacto adverso en sus obligaciones oficiales o en los intereses de la RCTA. Los miembros del personal deberán tener los máximos niveles de eficiencia, competencia e integridad. El concepto de integridad incluye, aunque no exclusivamente: probidad, imparcialidad, equidad, honestidad, y veracidad en todos los asuntos que afecten a su trabajo y condición.

2.4 En el desempeño de sus funciones, los miembros del personal no deberán pedir ni aceptar instrucciones de gobierno o autoridad alguna que no sea la RCTA.

2.5 Los miembros del personal observarán la máxima discreción con respecto a los asuntos oficiales, y se abstendrán de hacer uso privado de la información que posean en virtud de su cargo. La autorización para divulgar información con fines oficiales incumbirá a la RCTA o el secretario ejecutivo, según corresponda.

2.6 Los miembros del personal no tendrán, en general, otro empleo, aparte del de la Secretaría. En casos especiales, los miembros del personal podrán aceptar otro empleo, siempre que no interfiera con sus obligaciones en la Secretaría y después de haber obtenido la autorización del secretario ejecutivo. En lo que respecta a este último, deberá obtener la autorización previa de la RCTA.

2.7 Ningún miembro del personal podrá estar asociado a la dirección de un negocio, industria u otra empresa, o tener una participación financiera en la misma, si, como resultado del cargo oficial que ocupa en la Secretaría, pudiera beneficiarse de esta vinculación o participación El poseer acciones no mayoritarias de una empresa no será considerado como participación financiera en el sentido del presente Reglamento.

2.8 Los miembros del personal gozarán de los privilegios e inmunidades a los que tengan derecho en virtud del Acuerdo de Sede de la Secretaría del Tratado Antártico, de conformidad con el artículo 5 de la Medida 1 (2003) de la XXVI RCTA.

ARTÍCULO 3
HORARIO LABORAL

3.1 La jornada de trabajo normal será de ocho horas, de lunes a viernes, con un total de cuarenta horas semanales.

3.2 El secretario ejecutivo fijará el horario de trabajo y podrá modificarlo en beneficio de la RCTA, si las circunstancias así lo requirieren.

3.3 Los miembros del personal podrán trabajar en horarios flexibles de acuerdo con el sistema *Flextime* incluido en los procedimientos internos, con la autorización del secretario ejecutivo y en beneficio del funcionamiento de la Secretaría.

3.4 Los miembros del personal a tiempo completo deberán tomar una pausa de almuerzo no menor a 30 minutos ni mayor a 1 hora, que deberá realizarse no más tarde de cinco horas luego de haber comenzado la jornada laboral.

ARTÍCULO 4
CLASIFICACIÓN DEL PERSONAL

4.1 Los miembros del personal serán clasificados en una de las dos categorías siguientes:

(a) Categoría ejecutiva

Cargos de un alto grado de responsabilidad de carácter ejecutivo. Estos cargos serán ocupados por profesionales idóneos, preferentemente con formación universitaria o su equivalente. Los miembros del personal de esta categoría serán contratados internacionalmente, pero solamente entre ciudadanos de las Partes Consultivas.

(b) Categoría de servicios generales

Todos los demás miembros del personal, incluidos los traductores, intérpretes, los que desempeñen cargos técnicos, administrativos y auxiliares. Estos miembros del personal serán contratados en la Argentina entre ciudadanos de las Partes Consultivas.

4.2 Las personas empleadas de conformidad con el artículo 11 no serán clasificadas como miembros del personal.

ARTÍCULO 5
SUELDOS Y OTRAS REMUNERACIONES

5.1 La escala de sueldos para los miembros del personal de la categoría ejecutiva se adjunta en la tabla A. Los sueldos de los miembros del personal de la categoría ejecutiva se pagarán en dólares estadounidenses.

5.2 La escala de sueldos para los miembros del personal de la categoría de servicios generales se adjunta en la tabla B. Los sueldos de los miembros del personal de la categoría de servicios generales se pagarán en dólares estadounidenses.

5.3 A los efectos del presente reglamento, el término «persona a cargo» significa:

(a) todo menor no asalariado, nacido de, o adoptado por, un miembro del personal, su cónyuge o los hijos de estos, que sea menor de dieciocho años y que esté a cargo de un miembro del personal para su manutención principal y continua;

(b) todo menor que reúna las condiciones establecidas en el párrafo (a), pero que tenga entre dieciocho y veinticinco años de edad y esté recibiendo una educación escolar o universitaria o una formación terciaria;

(c) todo menor incapacitado que esté a cargo de un miembro del personal para su manutención principal y continua;

(d) todo menor a quien un miembro del personal proporcione un hogar y que esté a su cargo para su manutención principal y continua; y

(e) todo familiar que forme parte del hogar del miembro del personal, quien es legalmente responsable de su manutención principal y continua.

5.4 Los sueldos de los miembros del personal de la categoría ejecutiva partirán del escalón 1 del nivel en el cual hayan sido nombrados. Los miembros del personal permanecerán en ese nivel por lo menos durante el primer año de empleo.

5.5 El ascenso del secretario ejecutivo y los demás miembros del personal de un nivel a otro requiere la previa aprobación de la RCTA.

5.6 El secretario ejecutivo tomará las medidas necesarias para asegurar que a todo miembro del personal de la categoría ejecutiva que esté sujeto al pago del impuesto nacional sobre la renta en su país de origen se le reembolse el monto pagado en ese concepto. Se tomarán tales medidas solo a condición de que el costo directo del reembolso lo pague el país de origen del miembro del personal. Los miembros del personal de la categoría de servicios generales serán responsables del pago del impuesto sobre la renta en su país de origen, si así correspondiere.

5.7 Los miembros del personal recibirán aumentos anuales por escalones, sujetos al desempeño satisfactorio de sus funciones. Dichos aumentos por escalones cesarán cuando el miembro del personal haya alcanzado el escalón más alto del nivel en el cual esté prestando servicios.

5.8 Únicamente en casos muy especiales, a propuesta del secretario ejecutivo y con la aprobación de la RCTA, los miembros del personal de la categoría ejecutiva podrán ser contratados con un sueldo superior al escalón 1 del nivel correspondiente.

5.9 Los miembros del personal de la categoría ejecutiva no tendrán derecho al pago de horas extraordinarias ni a licencia compensatoria.

5.10 Los miembros del personal de la categoría de servicios generales que deban trabajar más de 40 horas en una semana serán compensados, a criterio del secretario ejecutivo:

(a) con una licencia compensatoria equivalente a las horas extraordinarias trabajadas; o

(b) mediante remuneración de las horas extraordinarias, calculadas a razón de una vez y media el valor horario o, si el tiempo adicional trabajado fuera un domingo o uno de los feriados enumerados en el artículo 7.8, a razón del doble del valor horario.

5.11 La RCTA pagará los gastos de representación debidamente justificados realizados por el secretario ejecutivo en el desempeño de sus funciones, dentro de los límites establecidos anualmente en el presupuesto.

5.12 Con la previa aprobación del secretario ejecutivo, un empleado de la categoría de servicios generales que deba realizar las tareas completas de un empleado de mayor clasificación por un período de al menos cuatro semanas recibirá el salario de la categoría superior correspondiente mientras deba realizar esas tareas.

ARTÍCULO 6
CONTRATACIÓN Y NOMBRAMIENTO

6.1 De conformidad con el artículo 3 de la Medida 1 (2003), la RCTA nombrará un secretario ejecutivo y establecerá su remuneración y otros derechos que considere pertinentes. El mandato del secretario ejecutivo será de cuatro años a menos que la RCTA decida lo contrario, y el secretario ejecutivo podrá ser reelegido por un mandato adicional. La totalidad del período de permanencia en el cargo no podrá superar los ocho años.

6.2 De conformidad con el artículo 3 de la Medida 1 (2003), el secretario ejecutivo contratará, dirigirá y supervisará a los demás miembros del personal. La consideración de mayor importancia en el nombramiento, transferencia o ascenso del personal será la necesidad de asegurar los máximos niveles de eficiencia, competencia e integridad. En la selección de los candidatos, si estos cualifican por igual, se tomará en cuenta la equidad en cuanto a género y procedencia. Sujeto a este criterio, se deberá dar la debida consideración a la contratación del personal de la categoría ejecutiva con la máxima distribución posible entre los ciudadanos de las Partes Consultivas.

6.3 Al ser seleccionado, cada miembro del personal recibirá una oferta de nombramiento en la que constará:

(a) que el nombramiento está sujeto a las disposiciones del presente Reglamento y los cambios que en debida forma puedan realizarse en dicho Reglamento cuando corresponda;

(b) la naturaleza del nombramiento, incluida una descripción de los deberes y las tareas inherentes al cargo;

(c) la fecha en la cual el miembro del personal deberá empezar a desempeñar sus funciones y las horas de trabajo;

(d) el período del nombramiento, el preaviso necesario para su rescisión y el período de prueba;

(e) para el personal de la categoría ejecutiva la duración del nombramiento, que no podrá superar los 4 años, y que podrá ser renovado mediante consulta con la RCTA;

(f) la categoría, el nivel, el sueldo inicial, la escala de aumentos y el sueldo máximo alcanzable;

(g) los subsidios que corresponden al nombramiento;

(h) cualesquiera otros términos o condiciones especiales que correspondan.

6.4 Junto con la oferta de nombramiento, se facilitará a los miembros del personal una copia de este Reglamento. Al aceptar la oferta, el miembro del personal deberá firmar el contrato de trabajo correspondiente y declarar por escrito que conoce y acepta las condiciones establecidas en este Reglamento.

6.5 El secretario ejecutivo llevará a cabo una evaluación anual del desempeño de los deberes de los miembros del personal mediante un método reconocido, a los fines de garantizar la mejora continua de la administración, así como para facilitar la consideración del ascenso de los miembros del personal o justificar su desvinculación.

ARTÍCULO 7
LICENCIA

7.1 Los miembros del personal tendrán derecho a 25 días hábiles pagos de licencia durante cada año laboral de servicio, o, en caso de períodos inferiores al año civil completo, a dos días hábiles pagos por cada mes terminado de servicio. Tal licencia se dividirá en 15 días hábiles pagos de vacaciones, que podrán ser tomados en forma consecutiva, y 10 días hábiles pagos adicionales que se tomarán en períodos de no más de 3 días. La licencia anual de vacaciones es acumulativa, pero al final de cada año civil podrá transferirse un máximo de 15 días al año siguiente. La licencia adicional no es acumulativa.

7.2 La licencia anual no deberá causar perturbaciones indebidas en el funcionamiento normal de la Secretaría. Según este principio, las fechas y duración de la licencia estarán supeditadas a las necesidades de la RCTA y deberán ser aprobadas por el secretario ejecutivo, quien, en la medida de lo posible, tendrá en cuenta las circunstancias personales, necesidades y preferencias de los miembros del personal.

7.3 La licencia anual podrá tomarse en uno o más períodos. Los miembros del personal deberán informar con cuatro semanas de anticipación al secretario ejecutivo de su intención de tomar la licencia de vacaciones luego de verificar con otros miembros del personal que no se produzcan superposiciones que afecten el funcionamiento normal de la Secretaría.

7.4 Toda ausencia que no esté aprobada en el marco del presente Reglamento será descontada de la licencia anual.

7.5 Los miembros del personal que, al cesar en sus funciones, tengan días de licencia anual acumulados que no se hayan tomado, recibirán la cantidad equivalente en efectivo, estimada sobre la base del último sueldo recibido, hasta un tope de 30 días.

7.6 Después de 18 meses de servicio, la Secretaría, de conformidad con los artículos 9.3 y 9.4, pagará los pasajes al país de origen de los miembros del personal durante su licencia anual para los contratados internacionalmente y las personas a su cargo. Posteriormente, los pasajes al país de origen se concederán cada dos años, siempre que:

(a) las personas a cargo que se beneficien de esta concesión hayan residido en Buenos Aires por lo menos durante seis meses antes del viaje; y

(b) se prevea que el miembro del personal se reincorporará a la Secretaría para continuar prestando sus servicios por un período mínimo adicional de 6 meses.

7.7 También podrá contemplarse la posibilidad de combinar viajes de licencia en el país de origen con viajes oficiales al servicio de la Secretaría, siempre que las funciones de la Secretaría no se vean perjudicadas.

7.8 El personal tendrá derecho a los feriados y días no laborables establecidos por ley y/o decreto para la República Argentina y/o la ciudad de Buenos Aires, es decir:

Feriados fijos

1 de enero	Año Nuevo
24 de marzo	feriado nacional
2 de abril	feriado nacional
1 de mayo	feriado nacional
25 de mayo	feriado nacional
9 de julio	feriado nacional
8 de diciembre	Inmaculada Concepción
25 de diciembre	Navidad

Feriados que se pueden adelantar o retrasar y días no laborables

Lunes y martes de Carnaval	
Jueves Santo	
Viernes Santo	
17 de junio	feriado nacional
20 de junio	feriado nacional
17 de agosto	feriado nacional
12 de octubre	feriado nacional
20 de noviembre	feriado nacional

7.9 Si, por circunstancias especiales, es necesario que los miembros del personal trabajen durante uno de los feriados antedichos, o si uno de los feriados antedichos cae en sábado o domingo, el feriado será observado otro día que será establecido por el secretario ejecutivo, quien tendrá en cuenta el funcionamiento eficiente de la Secretaría.

7.10 Los miembros del personal tendrán derecho a las siguientes licencias especiales[1]:

a) Por matrimonio: 10 días consecutivos;
b) Por la muerte de un cónyuge, pareja de hecho, hijos o padres: 3 días consecutivos;
c) Por la muerte de hermanos, suegros o abuelos: 1 día;
d) Por mudanza: 2 días;
e) Para rendir examen en la enseñanza media o universitaria: 2 días consecutivos por examen, con un máximo de 10 días por año calendario.
f) Para el cuidado, por razones de enfermedad, del cónyuge, padres o hijos del dependiente: 2 días, salvo que a criterio del secretario ejecutivo y por razones justificadas se otorgue un plazo mayor.

7.11 Luego de doce meses de empleo continuo en la Secretaría los miembros del personal podrán solicitar licencia sin goce de sueldo por razones personales hasta un máximo de tres meses, la que no deberá causar perturbaciones indebidas en el funcionamiento normal de la Secretaría. Según este principio, las fechas y duración de la licencia estarán supeditadas a la aprobación del secretario ejecutivo.

7.12 Los miembros del personal no podrán recibir licencia por enfermedad durante más de tres días consecutivos ni por un total de más de siete días hábiles en un año calendario sin presentar un certificado médico.

7.13 a) Los miembros del personal recibirán licencia por enfermedad debidamente justificada por accidente o enfermedad no profesional de acuerdo con lo establecido en el régimen legal vigente en la República Argentina.

(b) En caso de que el accidente o enfermedad impida que un miembro del personal cumpla con sus deberes en la Secretaría, el miembro del personal y las personas a su cargo tendrán derecho al viaje de regreso y gastos de mudanza a su país de origen o al de su residencia anterior por cuenta de la Secretaría.

7.14 Los miembros del personal tendrán derecho a licencia por maternidad según lo dispuesto por el régimen legal vigente en la República Argentina. Por otro lado, el padre recibirá 10 días de licencia remunerada, que se podrán utilizar en el mismo período descrito previamente.

7.15 Después de doce meses de empleo continuo en la Secretaría, los miembros del personal tendrán derecho a la licencia parental de hasta tres meses de licencia sin goce de sueldo por el nacimiento o la adopción de un/a hijo/a.

ARTÍCULO 8
SEGURIDAD SOCIAL

8.1 Los miembros del personal serán responsables del pago total de sus contribuciones personales a la Seguridad Social. La Secretaría hará todos los aportes patronales a la

[1] Los artículos 7.10, 7.11 y 7.14 se establecen de conformidad con la legislación argentina vigente; la RCTA debería revisar todo cambio significativo en la legislación argentina, pero podría revisar estas disposiciones en cualquier momento.

Seguridad Social y pagará los seguros obligatorios que correspondan al empleador, según lo disponga la normativa de la República Argentina.

8.2 En caso de fallecimiento de un miembro del personal, sus personas a cargo tendrán derecho a una asignación por fallecimiento y al pago del viaje de regreso y los gastos de mudanza a su país de origen o residencia anterior por parte de la Secretaría, independientemente de las compensaciones a las que puedan tener derecho en virtud de la normativa de la República Argentina y las mencionadas en el artículo 10.

8.3 El derecho de las personas a cargo de un miembro del personal fallecido al pago del viaje de regreso y los gastos de mudanza caducará si el viaje no se realiza dentro de los seis meses siguientes a la fecha de fallecimiento del miembro del personal.

8.4 El antedicho subsidio por fallecimiento se calculará de acuerdo con la siguiente tabla:

Años de servicio	**Meses de sueldo bruto después del fallecimiento**
Menos de 3 años	3 meses
3 años y más pero menos de 7 años	4 meses
7 años y más pero menos de 9 años	5 meses
9 años y más	6 meses

8.5 La Secretaría pagará los gastos de traslado habituales y razonables de los restos del difunto desde el lugar de fallecimiento hasta el lugar que indique el familiar más próximo.

ARTÍCULO 9
VIAJES

9.1 Se podrá exigir de los miembros del personal que realicen viajes, incluidos internacionales, por cuenta de la Secretaría. Todo viaje oficial deberá estar autorizado previamente por el secretario ejecutivo, dentro de los límites del presupuesto, y el itinerario y las condiciones del viaje deberán ser los más apropiados para que se consiga la máxima eficacia en el desempeño de las funciones asignadas.

9.2 Con respecto a los viajes oficiales, se pagará por adelantado un viático razonable para el alojamiento y los gastos diarios de sustento.

9.3 Para los viajes en avión se utilizará la clase económica, siempre que sea factible. Para los viajes de más de nueve horas de vuelo se podrá utilizar la clase negocios.

9.4 Para los viajes por tierra se podrá utilizar la primera clase, no así para los viajes por mar o aire.

9.5 Al término de un viaje de servicio, los miembros del personal deberán reembolsar los viáticos a los cuales resultare que no tenían derecho. Cuando los miembros del personal hayan realizado gastos superiores al viático percibido, estos les serán reembolsados contra presentación de recibos y comprobantes, siempre que tales gastos hayan sido necesarios para el desempeño de las funciones oficiales.

9.6 Al tomar posesión de un cargo de la categoría ejecutiva, los miembros del personal tendrán derecho a:

(a) el pago de pasajes aéreos (o equivalente) y viáticos para ellos, sus cónyuges y personas a cargo hasta Buenos Aires;

(b) el pago de los gastos de mudanza, incluido el traslado de los efectos personales y enseres familiares desde el lugar de residencia hasta Buenos Aires, sujeto a un volumen máximo de 30 metros cúbicos o un contenedor internacional estándar;

(c) pago o reembolso de los demás gastos razonables vinculados a la reubicación, incluido el seguro de los bienes en tránsito y los gastos por exceso de equipaje. Dichos pagos estarán sujetos a la aprobación previa del secretario ejecutivo.

9.7 Los miembros del personal que en el desempeño de sus funciones deban utilizar un vehículo motorizado particular para viajes oficiales tendrán derecho, previa autorización del secretario ejecutivo, al reembolso de los gastos razonables. Los gastos normales de transporte diario de ida y vuelta al lugar de trabajo no serán reembolsados.

ARTÍCULO 10
SEPARACIÓN DEL SERVICIO

10.1 Los miembros del personal podrán renunciar en cualquier momento, con un preaviso de tres meses o de un período menor aprobado por el secretario ejecutivo (salvo para el propio secretario ejecutivo) o por la RCTA (en el caso del secretario ejecutivo).

10.2 En caso de que un miembro del personal renuncie sin dar el preaviso requerido, el secretario ejecutivo (salvo para el propio secretario ejecutivo) o la RCTA (en el caso del secretario ejecutivo) se reservará el derecho a decidir si se pagarán los gastos de repatriación u otros subsidios.

10.3 El secretario ejecutivo podrá despedir a un miembro del personal (y la RCTA al secretario ejecutivo), previa notificación por escrito por lo menos con tres meses de antelación, cuando lo estime necesario para el funcionamiento eficiente de la Secretaría, debido a la reestructuración de la Secretaría, o si considera que el miembro del personal no presta un servicio satisfactorio, no cumple las funciones y deberes estipulados en este Reglamento, o se encuentra incapacitado para prestar servicios.

10.4 En caso de cesar en el servicio de la Secretaría, los miembros del personal ejecutivo serán indemnizados a razón de un mes de sueldo base por cada año de servicio, a partir del segundo año, a menos que la causa del cese sea un incumplimiento grave de los deberes estipulados en el artículo 2.

10.5 En caso de separación involuntaria del servicio de un miembro del personal de servicios generales, se pagará una compensación de acuerdo con la normativa de la República Argentina. En caso de que la causa de la rescisión fuera un incumplimiento grave de los deberes mencionados el artículo 2, o el haber incurrido en infracciones tipificadas como muy graves en el artículo 12, no se otorgará tal indemnización.

10.6 Cuando un miembro del personal de la categoría ejecutiva cese en el servicio, tendrá derecho a lo siguiente:

(a) el pago de pasajes aéreos en clase económica (o equivalente) hasta el país de origen o de residencia anterior para el miembro del personal y los familiares a su cargo; y

(b) el pago de los gastos de mudanza, incluido el traslado de los efectos personales y enseres familiares desde el lugar de residencia en Buenos Aires hasta el país de origen o de residencia anterior, sujeto a un máximo de 30 metros cúbicos o un contenedor internacional.

10.7 Todo miembro del personal tendrá derecho a concluir su relación con la Secretaría para acogerse a los beneficios de la jubilación, con un aviso previo de tres (3) meses a la fecha del cese.

10.8 El secretario ejecutivo podrá intimar a un miembro del personal a acogerse al régimen jubilatorio, siempre que tal miembro del personal haya cumplido con los requisitos para obtener la prestación por jubilación establecida por ley en la República Argentina. Se dará aviso previo a tal efecto manteniéndose la relación laboral por el plazo de un año contado desde la notificación. Al término del período indicado se considerará concluida la relación laboral vinculante.

ARTÍCULO 11
PERSONAL TEMPORARIO CONTRATADO

11.1 El secretario ejecutivo podrá contratar al personal temporario necesario para desempeñar funciones especiales de corto plazo al servicio de la Secretaría. Se entenderá por «corto plazo» un contrato cuya duración sería de menos de seis meses. Dicho personal será clasificado como auxiliares adicionales y podrá ser remunerado por horas.

11.2 El personal de esta categoría puede incluir traductores, intérpretes y mecanógrafos adicionales y otras personas contratadas para reuniones, así como las personas a quienes el secretario ejecutivo contrate para una tarea determinada.

ARTÍCULO 12
RÉGIMEN DISCIPLINARIO

12.1 El secretario ejecutivo podrá aplicar sanciones disciplinarias a los miembros del personal por cualquier incumplimiento que se registre y en función de su gravedad. Dichas sanciones serán debidamente notificadas a quien haya cometido la falta disciplinaria.

El secretario ejecutivo proporcionará al miembro del personal:

a) las alegaciones de conducta indebida por escrito o por medios electrónicos, que deberían incluir las obligaciones o normas de conducta específicas que el miembro haya infringido;

b) notificación del derecho del miembro a responder a las alegaciones de conducta indebida y a presentar pruebas en un plazo de tres días hábiles.

12.2 Se establecen tres tipos de infracciones disciplinarias, que podrán sancionarse según su gravedad. Estas son:

- Infracciones menores. Pueden sancionarse con una advertencia.
- Infracciones graves. Pueden sancionarse con una advertencia o con 1 a 4 días de suspensión de empleo y sueldo.
- Infracciones muy graves. Pueden sancionarse con 5 a 10 días de suspensión de empleo y sueldo o con despido procedente.

12.3 Las infracciones sancionables se enumerarán en el Reglamento Interno de Régimen Disciplinario de la Secretaría, destacando que no se espera que dicha lista sea integral y dejará las acciones no enumeradas que merecen ser sancionadas a discreción y análisis del secretario ejecutivo.

ARTÍCULO 13
APLICACIÓN Y MODIFICACIÓN DEL REGLAMENTO

13.1 El secretario ejecutivo es responsable de la administración del presente Reglamento del Personal en nombre de la RCTA. La RCTA determinará su aplicabilidad al secretario ejecutivo.

13.2 Cualquier duda que surja en la aplicación de este Reglamento será resuelta por el secretario ejecutivo después de consultar con la RCTA.

13.3 Cualquier circunstancia no prevista en este Reglamento será puesta en conocimiento de la RCTA por el secretario ejecutivo.

13.4 Este Reglamento, incluidas sus tablas, podrá ser enmendado por una Decisión de la RCTA.

Escala de salarios correspondiente al ejercicio económico 2021/22

Tabla A

ESCALA SALARIAL PARA EL PERSONAL DE CATEGORÍA EJECUTIVA

(en dólares estadounidenses)

2021/22		RANGOS														
Nivel		I	II	III	IV	V	VI	VII	VIII	IX	X	XI	XII	XIII	XIV	XV
E1	A	135 302	137 819	140 337	142 855	145 373	147 890	150 407	152 926							
E1	B	169 127	172 274	175 421	178 569	181 716	184 863	188 009	191 158							
E2	A	113 932	116 075	118 218	120 359	122 501	124 642	126 783	128 926	131 069	133 211	135 352	135 595	137 709		
E2	B	142 415	145 093	147 772	150 449	153 126	155 802	158 479	161 158	163 837	166 513	169 190	169 494	172 136		
E3	A	95 007	97 073	99 140	101 207	103 275	105 341	107 408	109 476	111 542	113 608	115 675	116 915	118 154	120 193	122 231
E3	B	118 758	121 341	123 925	126 509	129 094	131 676	134 260	136 845	139 427	142 010	144 594	146 143	147 693	150 242	152 788
E4	A	78 779	80 693	82 609	84 518	86 435	88 347	90 257	92 174	94 089	96 000	97 915	98 448	100 336	102 223	104 110
E4	B	98 474	100 866	103 262	105 648	108 044	110 434	112 822	115 217	117 611	119 999	122 393	123 060	125 419	127 778	130 137
E5	A	65 315	67 029	68 739	70 452	72 162	73 873	75 586	77 293	79 007	80 719	82 427	82 981			
E5	B	81 644	83 786	85 924	88 065	90 203	92 342	94 482	96 617	98 759	100 899	103 034	103 726			
E6	A	51 706	53 351	54 994	56 641	58 284	59 928	61 575	63 219	64 862	65 862	66 508				
E6	B	64 632	66 689	68 742	70 801	72 855	74 910	76 969	79 024	81 078	82 328	83 135				

Nota: La fila B representa el salario base (mostrado en la fila A) con un 25 % adicional por costos de salarios (fondo de jubilación y primas de seguro, concesiones de instalación y repatriación, asignación por escolaridad, etc.) y constituye el salario total al que tiene derecho el personal ejecutivo de acuerdo con el artículo 5.1.

Tabla B

ESCALA SALARIAL PARA EL PERSONAL GENERAL

(en dólares estadounidenses)

		RANGOS														
Nivel		I	II	III	IV	V	VI	VII	VIII	IX	X	XI	XII	XIII	XIV	XV
G1		64 788	67 810	70 834	73 856	77 006	80 291									
G2		53 990	56 508	59 028	61 546	64 172	66 909									
G3		44 990	47 089	49 189	51 288	53 477	55 760									
G4		37 493	39 242	40 991	42 741	44 564	46 466									
G5		30 972	32 419	33 863	35 310	36 818	38 391									
G6		25 388	26 571	27 756	28 941	30 177	31 465									
G7		13 724	14 317	14 911	15 505	16 124	16 770									

Decisión 3 (2021)

Informe, programa y presupuesto de la Secretaría

Los representantes,

recordando la Medida 1 (2003) sobre el establecimiento de la Secretaría del Tratado Antártico («la Secretaría»);

recordando la Decisión 2 (2012), por la que se estableció el Grupo de Contacto Intersesional de duración indeterminada («GCI») sobre Asuntos Financieros que debía coordinar el país anfitrión de la próxima Reunión Consultiva del Tratado Antártico («RCTA»);

teniendo en cuenta el Reglamento Financiero de la Secretaría del Tratado Antártico anexo a la Decisión 4 (2003);

deciden:

1. aprobar el Informe Financiero auditado para el período 2019/20, anexado a esta Decisión (anexo 1);

2. tomar nota del Informe de la Secretaría 2020/21, que incluye el Informe Financiero provisional para el período 2020/21, anexo a esta Decisión (anexo 2);

3. tomar nota del perfil presupuestario quinquenal prospectivo 2022/23-2026/27 y aprobar el Programa de la Secretaría 2021/22, incluido el presupuesto para 2021/22 y el presupuesto proyectado para 2022/23, anexo a esta Decisión (anexo 3), y

4. cerrar el GCI de duración indeterminada sobre Asuntos Financieros al que se hace referencia en la Decisión 2 (2012) y solicitar que el secretario ejecutivo de la Secretaría abra en el foro de la RCTA un tema para informar a las Partes Consultivas sobre cuestiones financieras.

Informe Financiero Auditado para 2019/2020

"2021 - AÑO DE HOMENAJE AL PRMIO NOBEL DE MEDICINA DR. CESAR MILSTEIN"

Presidencia de la Nación
Sindicatura General de la Nación

ANEXO I

Dictamen de Auditor

Sr. Secretario
de la Secretaría del Tratado Antártico
Maipú 757, 4° piso
CUIT 30-70892567-1
Re: Reunión Consultiva del Tratado Antártico XLIII Paris, Francia 2021

1. Informe sobre Estados Financieros

Hemos auditado los Estados Financieros adjuntos de la Secretaría del Tratado Antártico que comprenden el Estado de Ingresos y Gastos, Estado de Situación Financiera, Estado de Evolución del Patrimonio Neto, el Estado de Flujo de Fondos y Notas aclaratorias por el ejercicio económico comenzado el 1° de abril de 2019 y finalizado el 31 de marzo de 2020.

2. Responsabilidad de la Dirección en los Estados Financieros

La Secretaría del Tratado Antártico, constituida bajo la Ley de la República Argentina N° 25.888 del 14 de mayo de 2004, es responsable de la preparación y presentación razonable de los estados financieros adjuntos de conformidad con criterios de contabilización basados en movimientos de efectivo, de acuerdo con las Normas Internacionales de Contabilidad y Normas específicas de las Reuniones Consultivas del Tratado Antártico. Dicha responsabilidad incluye el diseño, implementación y mantenimiento de control interno con respecto a la preparación y presentación de los estados financieros de modo que los mismos, estén libres de tergiversación, sea por fraude o error, selección e implementación de políticas contables apropiadas y elaboración de estimaciones contables que sean razonables a las circunstancias.

3. Responsabilidad del Auditor

Nuestra responsabilidad es expresar una opinión sobre estos Estados Financieros basados en la auditoría efectuada.

La auditoria se realizó conforme Normas Internacionales de Auditoría y el Anexo a la Decisión 3 (2012) de la XXXI Reunión Consultiva del Tratado Antártico, el cual describe las tareas a ser llevadas a cabo por la auditoría externa.

Dichas normas requieren el cumplimiento de requisitos éticos y un planeamiento y ejecución de auditoría para obtener seguridad razonable que los Estados Financieros están libres de incorrecciones significativas.

Una auditoría incluye la ejecución de procedimientos cuyo objeto es obtener evidencias relativas a los montos y la exposición reflejados en los Estados Financieros. Los procedimientos seleccionados dependen del juicio del auditor, incluida la valoración de los riesgos de incorrecciones significativas en los estados financieros.

Al efectuar dicha evaluación de riesgos, el auditor considera el control interno relevante a la preparación y razonable presentación por la organización de los Estados Financieros a fin de diseñar los procedimientos adecuados que resulten apropiados a las circunstancias.

Una auditoría incluye además una evaluación de la idoneidad, de los principios contables utilizados, una opinión en cuanto a si los cálculos contables aplicados por la gerencia son razonables, así como también una evaluación de la presentación general de los Estados Financieros.

"2021 - AÑO DE HOMENAJE AL PRMIO NOBEL DE MEDICINA DR. CESAR MILSTEIN"

Presidencia de la Nación
Sindicatura General de la Nación

Consideramos que los elementos de juicio que hemos obtenido proporcionan una base suficiente y adecuada para nuestra opinión de auditoría.

4. Opinión

En nuestra opinión, los Estados Financieros adjuntos de la Secretaría del Tratado Antártico correspondientes al ejercicio económico finalizado el 31 de marzo de 2020 han sido preparados, en todos sus aspectos significativos de conformidad con las Normas Internacionales de Contabilidad, normas específicas de las Reuniones Consultivas del Tratado Antártico y criterios de contabilización basados en movimientos de efectivo.

5. Otras Cuestiones

La información contenida en la Nota 1 a los estados financieros adjuntos, que indica que los mismos han sido preparados por la Secretaría del Tratado Antártico siguiendo los lineamientos establecidos en el Reglamento Financiero, Anexo a la decisión 4 (2003), los cuales difieren en ciertos aspectos de valuación y presentación de las normas contables profesionales vigentes en la Ciudad Autónoma de Buenos Aires, República Argentina.

Asimismo la información mencionada en el párrafo precedente refleja las diferencias de conversión monetaria generadas en un ejercicio bajo un fuerte contexto devaluatorio de la moneda de curso legal de la República Argentina.

6. Información complementaria exigida por la ley

De conformidad con el análisis descrito en el punto 3, informo que los Estados Financieros citados surgen de registros contables que no se encuentran transcriptos en libros conforme las normas argentinas vigentes.

Adicionalmente, informamos que, según surge de registraciones contables al 31 de marzo de 2020, las deudas devengadas a favor del Sistema Único de Seguridad Social de la República de Argentina en pesos Argentinos y de acuerdo con las liquidaciones practicadas por la Secretaría ascienden a $720.292,71 (U$S 10.955,02), no existiendo a dicha fecha deuda exigible en pesos argentinos.

Es importante mencionar que las relaciones laborales se rigen por el Reglamento del personal de la Secretaría del Tratado Antártico.

Ciudad Autónoma de Buenos Aires, 31 marzo de 2021

SINDICATURA GENERAL DE LA NACIÓN

Ariel Maximiliano Bozzano
Contador Público (U.B.A.)
C.P.C.E.C.A.B.A. – T°379 – F°044

BOZZANO Ariel Maximiliano

Firmado digitalmente por BOZZANO Ariel Maximiliano
Fecha: 2021.04.13 11:42:50 -04'00'

Anexo I - Informe Final periodo 2019 / 20

1. **Estado de Ingresos y Gastos de todos los fondos correspondientes al periodo 1ro de abril 2019 al 31 de marzo 2020 y comparativo con el periodo anterior.**

		Presupuesto	
INGRESOS	**31/3/2019**	**31/3/2020**	**31/3/2020**
Contribuciones (Nota 10)	1.378.097	1.378.097	1.378.097
Fondo General (Nota 1.11)	0	0	0
Otros ingresos (Nota 2)	1.269	2.700	6.492
Total de ingresos	1.379.366	1.380.797	1.384.589
GASTOS			
Salarios y remuneraciones	719.215	728.923	704.087
Servicios de traducción e interpretación	210.318	316.544	324.089
Viaje y alojamiento	35.103	97.500	99.173
Tecnología informática	46.778	53.950	50.517
Impresión, edición y copiado	14.762	18.288	15.693
Servicios generales	47.129	53.988	56.309
Comunicaciones	13.983	20.100	14.763
Gastos de oficina	10.246	18.500	11.466
Administración	10.281	14.200	6.570
Gastos de representación	1.081	4.000	2.895
Financiación (Nota 9)	121.620	29.445	45.775
RCTA organizado por STA	231.066	0	0
Total de gastos	1.461.583	1.355.438	1.331.338
ASIGNACION DE FONDOS			
Fondo para cesantías de personal	30.052	25.359	25.359
Fondo de reemplazo de personal	-	-	-
Fondo de operaciones	-	-	-
Fondo para gastos imprevistos de traducción	-	-	-
Total asignación de fondos	30.052	25.359	25.359
Total de gastos y asignaciones	1.491.635	1.380.797	1.356.696
(Déficit) / Superávit del periodo	-112.269	0	27.893

Este estado debe ser leído en forma conjunta con Notas 1 al 10 adjuntas

Sr. Albert Lluberas Bonaba
Secretario Ejecutivo
Secretaría del Tratado Antártico

Anexo I - Informe Final periodo 2019 / 20

2. Estado de Situación Financiera al 31 de marzo 2019, y comparativa con el periodo anterior

ACTIVO	31/3/2019	31/3/2020
Activo corriente		
Caja y efectivo equivalente (Nota 3)	1.305.709	1.203.852
Contribuciones adeudadas (Nota 10)	80.552	60.852
Otros deudores (Nota 4)	18.415	56.383
Otros activos corrientes (Nota 5)	124.735	73.526
Total activo corriente	1.529.410	1.394.612
Activo no corriente		
Activo fijo (Nota 1.3 y 6)	81.683	86.457
Total activo no corriente	81.683	86.457
Total del Activo	1.611.093	1.481.070
PASIVO		
Pasivo corriente		
Cuentas a pagar (Nota 7)	18.224	40.050
Contribuciones cobradas por anticipado (Notas 10)	393.399	493.543
Fondo especial voluntario para fines especificos (Nota 1.9)	90.712	3.465
Remuneración y contribuciones a pagar (Nota 8)	32.034	31.530
Total pasivo corriente	534.368	568.589
Pasivo no corriente		
Fondo para cesantías de personal (Nota 1.4)	204.117	44.316
Fondo de reemplazo de personal (Nota 1.5)	50.000	50.000
Fondo para gastos imprevistos de traduccion (Nota 1.6)	30.000	30.000
Fondo de sesacion involuntaria (Nota 1.7)	0	80.291
Fondo reemplazo de activo fijo (Nota 1.8)	15.387	20.161
Total pasivo no corriente	299.504	224.768
Total del Pasivo	833.873	793.357
ACTIVO NETO	777.221	687.713

Este estado debe ser leído en forma conjunta con Notas 1 al 10 adjuntas

Sr. Albert Lluberas Bonaba
Secretario Ejecutivo
Secretaría del Tratado Antártico

Anexo I - Informe Final periodo 2019 / 20

3. Estado de evolución de Activo Neto al 31 de marzo de 2018 y 2019

Representado por	Activo neto 31/3/2019	Ingresos	Gastos y Apropiaciones	Otros ingresos	Activo neto 31/3/2020
Fondo general	547.269	1.378.097	-1.356.696	6.492	575.162
- evaluacion del personal					-12.500
- cubrir fondo para gastos imprevistos de traducción					-24.610
- constituir fondo de cesación involuntaria					-80.291
Fondo de operaciones (Nota 1.8)	229.952				229.952
Activo neto	777.221				687.713

Este estado debe ser leído en forma conjunta con Notas 1 al 10 adjuntas

Sr. Albert Lluberas Bonaba
Secretario Ejecutivo
Secretaría del Tratado Antártico

Anexo I - Informe Final periodo 2019 / 20

4 Estado de flujo de fondos para el periodo 1ro de abril 2019 al 31 de marzo 2020 y comparativa con el periodo anterior.

Variaciones en efectivo y efectivo equivalente			**31/3/2020**		**31/3/2019**
Efectivo y efectivo equivalente al inicio		1.305.709		1.336.701	
Efectivo y efectivo equivalente al cierre		1.203.852		1.305.709	
Incremento neto del efectivo y efectivo equivalente			-101.857		-30.992
Causas de las variaciones del efectivo y efectivo equivalente					
Actividades operativas					
Contribuciones cobradas	1.004.398			1.037.837	
Pago de remuneraciones y sueldos	-703.648			-711.565	
Pago de servicios de traducción	-304.539			-192.173	
Pago de viajes, alojamiento, etc.	-158.198			-87.041	
Pago impresión, edición y copiado	-15.693			-14.762	
Pago servicios generales	-51.974			-41.919	
Otros pagos a proveedores	-45.089			-58.242	
Flujo neto del E. y E.E. generados por actividades operativas		-274.743			-67.865
Actividades de inversión					
Compra de activo fijo	-36.589			-23.207	
Flujo neto del E. y E.E. generados por actividades de inversión		-36.589			-23.207
Actividades de financiación					
Contribuciones recibidas por anticipado	493.543			393.399	
Pago gastos de cesantia y reemplazo	-185.160			0	
Preparación ATCM XLI	0			-218.883	
Cobro pt. 5.6 Reglamento de Personal	190.707			170.215	
Pago pt. 5.6 Reglamento de Personal	-214.302			-182.386	
Adelanto neto alquiler	20.866			-1.964	
AFIP movimiento neto	14.341			-29.847	
Ingresos / (egresos) varios	-65.211			51.287	
Flujo neto del E. y E.E. generados por actividades de financiac		254.785			181.822
Actividades en moneda extranjera					
Perdida neta	-45.310			-121.742	
Flujo neto del E. y E.E. generados por moneda extranjera		-45.310			-121.742
Incremento neto del efectivo y efectivo equivalente			-101.857		-30.992

Este estado debe ser leído en forma conjunta con Notas 1 al 10 adjuntas

Sr. Albert Lluberas Bonaba
Secretario Ejecutivo
Secretaría del Tratado Antártico

Notas a los Estados Contables al 31 marzo 2019 y 2020

1 BASES PARA LA ELABORACION DE LOS ESTADOS CONTABLES

Los presentes estados contables, están expresados en dólares estadounidenses, siguiendo los lineamientos establecidos en el Reglamento Financiero, Anexo a la Decisión 4 (2003). Dichos estados fueron preparados de acuerdo con las Normas Internacionales de Información Financiera (NIIF) del Consejo de Normas Internacionales de Contabilidad (del ingles IASB). El criterio de contabilización adoptado es el devengado.

1,1 Costo Histórico

Los estados contables han sido preparados de acuerdo a la convención de costo histórico, excepto lo indicado en contrario.

1,2 Oficina

La oficina de la Secretaria está provista por el Ministerio de Relaciones Exteriores, Comercio Exterior y Culto de la República Argentina. Su uso es libre de gastos de alquiler como de los gastos comunes.

1,3 Activo fijo

Los bienes están valuados a su costo histórico, menos la correspondiente depreciación acumulada. La depreciación es calculada por el método de la línea recta aplicando tasas anuales suficientes para extinguir sus valores al final de la vida útil estimada. El valor residual de los bienes de uso en su conjunto, no supera su valor de utilización económica.

1,4 Fondo para cesantías de personal

De acuerdo al Reglamento del Personal artículo 10.4, el fondo contara con los fondos necesarios para indemnizar al personal Ejecutivo a razón de un mes de sueldo base por cada año de servicio.

1,5 Fondo de reemplazo de personal

El fondo sirve para solventar los gastos de traslado del personal Ejecutivo de la Secretaria hacia y desde la sede de la Secretaria.

1,6 Fondo para gastos imprevistos para traducción

De acuerdo a la Decisión 4 (2009), se creó el Fondo para sufragar los gastos de traducción, que puedan ser ocasionados por el aumento imprevisto del volumen de documentos presentados a la RCTA para ser traducidos.

1,7 Fondo de cesación involuntario

Cumplir con el Artículo 10.5 del Reglamento del personal de la Secretaría del Tratado Antártico para los miembros del personal de servicios generales.

1,8 Fondo reemplazo de activo fijo

De acuerdo a las NIC los activos cuya vida útil excede a un ejercicio deberán ser expuestos como un activo en el Estado de Situación Financiera. Hasta marzo 2010, la contrapartida era un ajuste al Fondo General. A partir de abril 2010 la contrapartida de estos activos será reflejada en el pasivo bajo este concepto.

1,9 Fondo de operaciones

De acuerdo al Reglamento Financiero articulo 6.2 (a), este no deberá ser superior a un sexto (1/6) del presupuesto del corriente ejercicio. En el presente ejercicio este fondo no sufrió asignación alguna.

1,10 Fondo especial voluntario para fines específicos

Pt (82) del Informe Final RCTA XXXV, para recibir contribuciones voluntarias de las partes. El Fondo voluntario es dinero para hacer frente al pago de los alquileres y gastos comunes para el año fiscal.

1,11 Fondo General

Dicho Fondo se estableció con el propósito de contabilizar los ingresos y gastos de la Secretaria.

Sr. Albert Lluberas Bonaba
Secretario Ejecutivo
Secretaría del Tratado Antártico

Notas a los Estados Contables al 31 marzo 2019 y 2020

			31/3/2019	31/3/2020
2	**Otros Ingresos**			
		Intereses ganados	0	6.014
		Descuentos obtenidos	1.269	478
		Total	1.269	6.492
3	**Caja y efectivo equivalente**			
		Efectivo dólares	2.248	1.530
		Efectivo pesos Argentinos	89	60
		BNA cuenta especial en dólares	1.260.787	1.108.286
		BNA cuenta en pesos Argentinos	42.585	93.976
		Inversiones	-	-
		Total	1.305.709	1.203.852
4	**Otros deudores**			
		Reglamento de personal pt. 5.6	18.415	56.383
5	**Otros activos corrientes**			
		Pagos por adelantado	74.801	38.514
		IVA a cobrar	45.290	28.448
		Otros gastos a recuperar	4.644	6.563
		Total	124.735	73.526
6	**Activo fijo**			
		Libros y subscripciones	16.549	16.704
		Equipos de oficina	43.656	41.611
		Muebles	50.971	50.971
		Equipos y software de computación	129.644	139.284
		Total costo original	240.821	248.569
		Depreciación acumulada	-159.137	-162.112
		Total	81.683	86.457
7	**Cuentas a pagar**			
		Comerciales	7.856	2.921
		Gastos devengados	10.657	36.977
		Otros	-290	152
		Total	18.224	40.050
8	**Remuneración y aportes y contribuciones a pagar**			
		Remuneraciones	7.650	8.090
		Aportes y contribuciones	24.384	23.441
		Total	32.034	31.530
9	**Financiación**			
		Diferencia de cambio debido a pagos	62.234	22.179
		Diferencia de cambio desembolso Arger	17.108	10.296
		Diferencia de cambio devolución IVA	42.278	13.299
		Total	121.620	45.775

Sr. Albert Lluberas Bonaba
Secretario Ejecutivo
Secretaría del Tratado Antártico

Notas a los Estados Contables al 31 marzo 2019 y 2020

10 Contribuciones adeudadas, comprometidas, canceladas y recibidas por anticipada.

Contribuciones Partes	Adeudadas 31/3/2019	Compro-metidas	Canceladas $	Adeudadas 31/3/2020	Anticipadas 31/3/2020
Alemania	12	52.217	52.217	12	
Argentina		60.347	60.347		
Australia	25	60.347	60.347	25	
Bélgica	50	40.021	40.071		
Brasil	80.369	40.021	59.662	60.728	
Bulgaria		33.923	33.923		
Chile		46.119	46.119		
China	25	46.119	46.119	25	
Republica de Corea		40.021	40.021		40.021
Ecuador		33.923	33.923		33.923
España		46.119	46.119		
Estados Unidos	25	60.347	60.372		60.347
Finlandia		40.021	40.021		40.001
Francia	12	60.347	60.359		60.335
India	12	46.119	46.131		46.107
Italia		52.217	52.217		
Japón		60.347	60.347		
Noruega		60.347	60.347		
Nueva Zelandia		60.347	60.347		60.337
Países Bajos		46.119	46.119		
Perú	12	33.923	33.918	17	5.997
Polonia		40.021	40.021		
Republica Checa		40.021	40.021		40.009
Federación de Rusia		46.119	46.119		46.119
Sudáfrica		46.119	46.119		
Suecia	10	46.119	46.119	10	
Reino Unido		60.347	60.347		60.347
Ucrania		40.021	40.009	12	
Uruguay		40.021	39.996	25	
Total	80.552	1.378.097	1.397.797	60.852	493.543

Albert Lluberas Bonaba
Secretario Ejecutivo

Roberto A. Puenell
Responsable Finanzas

Informe financiero provisional correspondiente al ejercicio económico 2020/21

PARTIDAS PRESUPUESTARIAS	Estado auditado 2019/20	Presupuesto 2020/21	Estado provisional 2020/21
INGRESOS			
Contribuciones prometidas	$ 1 378 097	$ 1 378 097	$ 1 378 097
Contribuciones voluntarias	$ 52 487	$ -	$ -
Otros ingresos	$ 6 492	$ 4 000	$ 536
Ingreso total	**$ 1 437 076**	**$ 1 382 097**	**$ 1 378 633**
GASTOS			
SALARIOS			
Personal ejecutivo	$ 311 764	$ 297 737	$ 297 522
Personal general	$ 360 377	$ 381 310	$ 380 443
Personal de apoyo a la RCTA	$ 16 150	$ -	$ -
Pasantes	$ -	$ 1 200	$ -
Horas extraordinarias	$ 15 796	$ 2 000	$ 170
Total sueldos	$ 704 087	$ 682 247	$ 678 136
TRADUCCIÓN EINTERPRETACIÓN			
Traducción e interpretación	$ 324 089	$ 72 000	$ 22 840
VIAJES			
Viajes, alojamiento, viáticos, varios.	$ 99 173	$ 39 500	$ 5 230
TECNOLOGÍA INFORMÁTICA			
Hardware	$ 8 649	$ 11 500	$ 7 209
Software	$ 4 252	$ 3 000	$ 2 844
Desarrollo	$ 30 877	$ 30 400	$ 28 740
Mantenimiento de hardware y software	$ 1 674	$ 2 250	$ 2 553
Asistencia técnica	$ 5 065	$ 7 500	$ 4 666
Total de tecnologías de la información	$ 50 517	$ 54 650	$ 46 011
IMPRESIÓN, EDICIÓN Y COPIAS			
Informe Final	$ 13 263	$ 2 000	$ 1 630
Otras publicaciones	$ 2 430	$ 2 500	$ 471
Total de impresión, edición y copias	$ 15 693	$ 4 500	$ 2 101
SERVICIOS GENERALES			
Asesoramiento jurídico	$ 5 826	$ 7 500	$ 446
Servicios de nómina	$ 9 700	$ 8 400	$ 8 400
Auditorías externas	$ 16 567	$ 14 885	$ 15 075
Servicios de relatores	$ 53 029	$ -	$ -
Limpieza, mantenimiento y seguridad	$ 6 274	$ 8 000	$ 5 227
Capacitación	$ 4 213	$ 5 000	$ 1 758
Gastos bancarios	$ 10 684	$ 9 900	$ 4 644
Alquiler de equipos	$ 2 503	$ 2 503	$ 2 308
Total de servicios generales	$ 108 796	$ 56 188	$ 37 858
COMUNICACIONES			
Teléfono	$ 3 234	$ 3 200	$ 1 519
Internet	$ 3 011	$ 3 000	$ 2 900
Alojamiento web	$ 7 702	$ 10 500	$ 9 086
Correo postal	$ 816	$ 1 200	$ 273
Total de comunicación	$ 14 763	$ 17 900	$ 13 778

	Estado auditado 2019/20	Presupuesto 2020/21	Estado provisional 2020/21
OFICINA			
Papelería y consumibles	$ 2 496	$ 2 000	$ 304
Libros y suscripciones	$ 850	$ 1 000	$ 15
Seguros	$ 3 515	$ 4 000	$ 2 936
Mobiliario	$ -	$ 1 500	$ 1 464
Equipamiento de oficina	$ 1 277	$ 4 000	$ 2 096
Mejoras de oficina	$ 3 328	$ 5 000	$ 6 149
Total de oficina	$ 11 466	$ 17 500	$ 12 964
ADMINISTRACIÓN			
Artículos de oficina	$ 810	$ 2 000	$ 1 353
Transporte local	$ 332	$ 700	$ 1 698
Varios	$ 1 752	$ 2 000	$ 194
Servicios	$ 3 676	$ 2 500	$ 2 205
Total administrativo	$ 6 570	$ 7 200	$ 5 450
REPRESENTACIÓN			
Representación	$ 2 895	$ 4 000	$ 169
FINANCIAMIENTO			
(Ganancia)/pérdida de cambio por gastos	$ 22 179	$ 40 500	$ 19 800
(Ganancia)/pérdida de cambio pagos país anfitrić	$ 10 297	$ 8 000	$ 15 129
Ganancia)/pérdida neta devolución de IVA	$ 13 299	$ 22 500	$ 16 580
Total de financiación (ganancia)/pérdida	$ 45 775	$ 71 000	$ 51 509
SUBTOTAL DE GASTOS	**$ 1 383 824**	**$ 1 026 685**	**$ 876 045**
ASIGNACIONES A FONDOS			
Fondo de operaciones	$ -	$ -	$ -
Fondo de reemplazo de personal	$ -	$ -	$ -
Fondo para cesantía de personal	$ 25 359	$ 25 813	$ 25 813
Fondo de cesación involuntaria	$ -	$ -	$ -
Fondo de contingencia para traducciones	$ -	$ -	$ -
Total de asignaciones a fondos	$ 25 359	$ 25 813	$ 25 813
TOTAL DE GASTOS Y ASIGNACIONES	**$ 1 409 183**	**$ 1 052 498**	**$ 901 858**
Superávit/(déficit) para el período	**$ 27 893**	**$ 329 599**	**$ 476 775**

		Estado auditado 2019/20		Movimientos netos 2020/21		Estado provisional 2020/21

ACTIVIDAD DEL FONDO

FONDO GENERAL

Saldo inicial auditado	$	457 761				
Superávit/(déficit) para el período actual			$	476 775		
Saldo final provisional					**$**	**934 536**

FONDO DE OPERACIONES

Saldo inicial auditado	$	229 952				
Saldo final provisional			$	-	**$**	**229 952**

*) **FONDO DE REEMPLAZO DE PERSONAL**

Saldo inicial auditado	$	50 000				
Saldo final provisional			$	-	**$**	**50 000**

*) **FONDO PARA CESANTÍA DE PERSONAL**

Saldo inicial auditado	$	44 316				
Asignación en el período actual			$	25 813		
Saldo final provisional					**$**	**70 129**

) **FONDO DE CESACIÓN INVOLUNTARIA

Saldo inicial auditado	$	80 291				
Saldo final provisional					**$**	**80 291**

***) **FONDO DE CONTINGENCIA PARA TRADUCCIONES**

Saldo inicial auditado	$	30 000				
Saldo final provisional					**$**	**30 000**

REGLAMENTO FINANCIERO 6.3

	Fondo general	$	457 761	$	476 775	$	934 536
****)	Contribuciones pendientes	$	(60 852)			$	(128 675)
	Superávit de efectivo	**$**	**396 909**			**$**	**805 861**

*) Decisión 1 (2006)

**) Decisión 3 (2019)

***) Decisión 4 (2009)

****) Contribuciones impagas al 31 de marzo de 2020 y el 31 de marzo de 2021

Programa de la Secretaría 2021/2022

Introducción

Este programa de trabajo describe las actividades propuestas para la Secretaría en el ejercicio económico 2021/22 (desde el 1 de abril de 2021 hasta el 31 de marzo de 2022). Debido a las vigentes circunstancias excepcionales causadas por la pandemia del coronavirus (COVID-19) y a la reciente decisión de llevar a cabo la XLIII RCTA y la XXIII Reunión del CPA en París en formato virtual, varias acciones de la Secretaría, como las relacionadas con el apoyo a las reuniones y la preparación de informes, no se pueden detallar completamente en el momento de escribir este programa.

El programa se centra en las actividades regulares de la Secretaría, como la preparación de la XLIII RCTA, la publicación de informes, las tareas asignadas a la Secretaría en virtud de la Medida 1 (2003) y las diversas tareas específicas solicitadas por las últimas RCTA.

El programa y las cifras presupuestarias que lo acompañan correspondientes al ejercicio económico 2021/22 se basan en el presupuesto proyectado aprobado para el ejercicio económico 2021/2022 (proceso de consulta establecido por la regla 46 de las Reglas de Procedimiento de la RCTA).

Apoyo para actividades entre sesiones

Durante los últimos años, tanto la RCTA como el CPA han sacado adelante una cantidad sustancial de trabajo entre sesiones, principalmente a través de grupos de contacto intersesionales (GCI) y foros de debate informales. La Secretaría continuará brindando apoyo a estos debates, emitirá recordatorios periódicos de los debates en curso y proporcionará periódicamente actualizaciones detalladas sobre el estado de estos debates en el foro.

Con respecto al CPA, la Secretaría continuará trabajando con el presidente del CPA y los coordinadores del Grupo Subsidiario sobre Respuesta al Cambio Climático (GSCCR) y el Grupo Subsidiario sobre Planes de Gestión (GSPG). La Secretaría, además, seguirá participando en videollamadas mensuales coordinadas por la presidenta del CPA para facilitar el trabajo entre sesiones del CPA y prepararse para la próxima reunión.

Respaldo planificado para la XLIV RCTA (2022) y XLV RCTA (2023)

El Gobierno de Alemania y la Secretaría del Tratado Antártico organizarán conjuntamente la XLIV RCTA y la XXIV Reunión del CPA, que tendrá lugar en 2022. Las responsabilidades de la Secretaría del país anfitrión y la Secretaría del Tratado Antártico están claramente definidas y descritas en el Manual de Organización, que la Secretaría del Tratado Antártico actualiza anualmente. Las principales tareas de la Secretaría del Tratado Antártico en la reunión son la gestión de documentos, la supervisión de los servicios técnicos, la organización de servicios de traducción e interpretación y el apoyo para la compilación y publicación del Informe Final. El país anfitrión es responsable de la organización del recinto, la prestación de servicios técnicos, los servicios de relatores y el programa que acompaña.

La Secretaría organizará los servicios de traducción e interpretación (T&I), que proporcionará SeproTec Multilingual Solutions. Estos comprenden la traducción de documentos antes, durante y después de la reunión, y la interpretación durante las sesiones. La Secretaría también organizará los servicios de toma de notas durante la reunión y es responsable de la compilación y edición de los informes de la RCTA y de la reunión del CPA.

La Secretaría también establecerá una sección en su sitio web para poner documentos y otros materiales pertinentes a disposición de los delegados y para ofrecer el registro en línea para la reunión.

La Secretaría ha tenido contacto previo con el Gobierno de Finlandia en relación con la organización de la XLIV RCTA (2023), incluyendo cuestiones como la distribución y capacidad de oficinas y salas de reuniones, planificación de eventos, transporte y zonas públicas.

Coordinación y contacto

Además de mantener un contacto constante con las Partes y con instituciones internacionales del Sistema del Tratado Antártico por correo electrónico, teléfono y otros medios, la asistencia a las reuniones constituye una herramienta importante para mantener la coordinación y la comunicación. Sin embargo, en el momento de preparar este programa, tanto las reuniones del COMNAP como de la CCRVMA de 2021 están previstas para su celebración virtual. El secretario ejecutivo tiene previsto participar de forma virtual o física en las celebraciones del 60.º aniversario del Tratado Antártico y del 30.º aniversario del Protocolo de Madrid.

Tecnología informática

Desarrollo del sitio web de la Secretaría

La Secretaría continuará mejorando su nuevo sitio web e incluirá nuevas características.

Bajo la guía de la presidenta del CPA, la Secretaría trabajará en mejoras de la sección de Sitios y Monumentos Históricos (SMH) del sitio web de la Secretaría.

La Secretaría también trabajará en el diseño de una nueva plataforma para cargar documentos de reuniones, para reemplazar la práctica actual basada en entregas por correo electrónico.

Herramientas de elaboración de mapas

La Secretaría continuará explorando la posibilidad de utilizar la plataforma web de información geográfica existente presentada en la XLI RCTA para representar una variedad de contenido georreferenciado que ya existe en sus bases de datos.

Como complemento a las mejoras que se realizarán en la lista de sitios y monumentos históricos, la Secretaría desarrollará un nuevo mapa que brindará información sobre la ubicación, descripción y material fotográfico de cada uno de los SMH en la Antártida.

Intercambio de información y Sistema Electrónico de Intercambio de Información (SEII)

La Secretaría finalizará el nuevo diseño del SEII (se puede encontrar más información en el SP 9) e implementará la nueva versión después de la XLIII RCTA. La Secretaría seguirá dispuesta a trabajar en las mejoras de la nueva plataforma del SEII que las Partes consideren apropiadas para mejorar su funcionalidad.

La Secretaría seguirá, además, asistiendo a las Partes en la publicación de sus materiales de intercambio de información, así como en el procesamiento de la información que se cargue mediante la función de carga de archivos. En este sentido, se están evaluando alternativas para el diseño de nuevos tutoriales y/o programas de formación para operadores del SEII.

Se agregarán informes resumidos adicionales del SEII para complementar y ampliar la información que se muestra mediante las herramientas de elaboración de mapas.

Publicaciones

Informe Final de la RCTA e Informe del CPA

La Secretaría traducirá, publicará y distribuirá el Informe Final de la XLIII RCTA y sus anexos en los cuatro idiomas del Tratado, de conformidad con las *Directrices revisadas para la presentación, traducción y distribución de documentos para la RCTA y el CPA*, y otros requisitos establecidos por la RCTA (Informe final de la XXXII RCTA, párrafo 72).

El Informe Final estará disponible en el sitio web de la Secretaría y se distribuirán copias impresas por mensajería y canales diplomáticos. Las copias impresas también estarán disponibles para su compra a través de tiendas en línea.

La Secretaría también difundirá otras publicaciones que surjan de las decisiones tomadas por la XLIII RCTA, incluidas las Reglas de Procedimiento de la RCTA y el CPA, según corresponda.

Documentación e información pública

Documentos de la RCTA

La Secretaría continuará sus esfuerzos por completar su archivo de los informes finales y otros registros de la RCTA y otras reuniones del Sistema del Tratado Antártico en los cuatro idiomas del Tratado. La ayuda de las Partes en la recopilación y entrega de sus archivos será esencial para que la Secretaría pueda completar el archivo. Para todas las delegaciones interesadas en colaborar, se encuentra disponible una lista detallada de los documentos que faltan.

Glosarios y directrices

La Secretaría continuará manteniendo su glosario de términos y expresiones de la RCTA con objeto de generar una nomenclatura en los cuatro idiomas del Tratado. La Secretaría actualizará sus directrices editoriales, destinadas a estandarizar el trabajo de los relatores, traductores, revisores y personal de la Secretaría. La Secretaría continuará trabajando en un glosario técnico web para uso interno, con el objetivo de mejorar la coherencia en la traducción de los documentos de la RCTA.

Banco de imágenes

La Secretaría continuará incorporando el material fotográfico de su archivo actual al banco de imágenes. Deseamos reiterar nuestra invitación a las Partes a presentar material fotográfico original ante la Secretaría para su publicación en el banco de imágenes con una licencia de Creative Commons. Agradeceríamos especialmente recibir fotografías correspondientes a las reuniones del Tratado Antártico antes del establecimiento de la Secretaría, así como aquellas relacionadas con el trabajo de campo realizado por las Partes en la Antártida, en pos del cumplimiento de las regulaciones establecidas por la RCTA y el CPA, tales como actividades de inspección.

Asimismo, la Secretaría ha habilitado una sección del banco de imágenes destinada a la recopilación y difusión pública de vídeos en formato digital. Con un criterio similar al aplicado para el banco de imágenes fijas, agradeceríamos recibir vídeos relacionados con las reuniones consultivas, tales como los vídeos de presentación que muestra todos los años el país anfitrión de la siguiente reunión durante la sesión plenaria de clausura.

Personal

A 1 de abril de 2021, la Secretaría contaba con el siguiente personal:

Cargo	Desde	Rango	Etapa	Período
Personal ejecutivo				
Secretario ejecutivo	1-09-2017	E1	4	31-08-2021
Subsecretario ejecutivo	15-07-2019	E3	2	31-07-2023
Personal general				
Oficial de Información	1-11-2004	G1	6	
Oficial de apoyo (tiempo parcial)	1-02-2020	G2	2	
Oficial administrativo (tiempo parcial)	1-12-2008	G2	6	
Editor	1-02-2006	G2	6	
Especialista en TI	1-02-2019	G3	3	
Especialista en Comunicación (tiempo parcial)	1-10-2010	G4	6	
Oficial de oficina	15-11-2012	G4	6	
Asistente de limpieza (tiempo parcial)	1-07-2015	G7	6	

No se prevén cambios en los puestos de personal de la Secretaría.

La Secretaría continuará un proceso de análisis de las descripciones de las funciones y responsabilidades de su personal con el objetivo de que la Secretaría se mantenga como una organización pequeña pero dinámica, eficaz, sólida y moderna. Este proceso, que inicialmente contó con el apoyo de PwC Argentina, no pudo continuar como se esperaba durante 2020 debido a las excepcionales circunstancias del ambiente laboral creadas por la crisis de la COVID-19. Se espera que en este período el proceso de análisis se retome con la puesta en práctica de varias recomendaciones, y se informará a las Partes de sus conclusiones en la XLIV RCTA.

Tal como se debatió en el anterior período entre sesiones y tal como se reflejó en el informe de la Secretaría, la XL RCTA nombró al secretario ejecutivo por un período de cuatro años a partir del 1 de septiembre de 2017, renovable por un segundo período idéntico (véase la Decisión 6 [2017]).

Teniendo en cuenta que el final del primer período es el 31 de agosto de 2021, la RCTA decidirá la reelección por un período adicional de cuatro años mediante una Decisión de la RCTA acompañada de una notificación al Gobierno argentino y la firma de un nuevo contrato.

Asuntos financieros

El presupuesto para el ejercicio económico 2021/22 y el presupuesto proyectado para el ejercicio económico 2022/23 se incluyen en el apéndice 1.

Presupuesto preliminar para el ejercicio económico 2021/22

Debido a la decisión de celebrar la XLIII RCTA en París en formato virtual, el presupuesto para el ejercicio económico 2021/22 sufrirá variaciones significativas con respecto al pronóstico elaborado durante el último período entre sesiones.

Las partidas presupuestarias para viajes y traducción e interpretación han experimentado reducciones sustanciales. Para la primera, solo se han considerado los costos de un posible viaje durante la RCTA para un pequeño equipo de la Secretaría. En el momento de redactar este informe, debido a las restricciones de viaje vigentes, esta posibilidad aún es incierta. La última línea refleja la reducción del costo de interpretación en un formato de reunión virtual.

Otras partidas presupuestarias afectadas a la baja por las cancelaciones son las de personal de apoyo de la RCTA y las horas extraordinarias en cuanto a salarios.

Se espera que, como resultado de estos cambios, en lugar de un presupuesto equilibrado, el período muestre un superávit de aproximadamente 170 000 USD.

Los informes trimestrales de la ejecución del presupuesto se proporcionarán a las Partes de conformidad con la Decisión 2 (2012).

Salarios

El costo de vida continuó aumentando notablemente en la Argentina durante 2020. La tasa de inflación («índice de precios al consumidor») para 2020 publicada por el INDEC (Instituto Nacional de Estadística y Censos de la República Argentina) fue del 36,10 %, pero se compensó con un aumento del dólar estadounidense frente al peso argentino del 41,67 %. Por lo tanto, el secretario ejecutivo propone mantener un aumento del cero por ciento en los salarios del personal general y ejecutivo.

La escala de salarios se presenta en el Apéndice 3.

Fondos

Fondo de operaciones

De conformidad con el artículo 6.2 (a) del Reglamento Financiero, el fondo de operaciones debe mantenerse en el orden de 1/6 del presupuesto de la Secretaría (actualmente 229 952 USD).

Fondo para cesantía de personal

Se ingresarán 26 768 USD en el fondo para cesantía de personal de conformidad con el artículo 10.4 del Reglamento de Personal (ver apéndice 1).

Programa proyectado para el ejercicio económico 2022/23

Se espera que la mayoría de las actividades regulares de la Secretaría se reanuden en el ejercicio económico 2022/23, incluidas las reuniones en persona en junio de 2022 en Berlín y, por lo tanto, a menos que el programa experimente cambios significativos, no se prevé ningún cambio importante en las partidas presupuestarias.

Las contribuciones para el ejercicio económico 2022/23 no aumentarán. El apéndice 2 muestra la escala de contribuciones para el ejercicio económico 2022/23.

Perfil presupuestario quinquenal prospectivo 2022/23 - 2026/27

De acuerdo con supuestos razonables, el perfil presupuestario permite un aumento nominal nulo en las contribuciones hasta 2026/27, como se explica en el documento del perfil presupuestario quinquenal prospectivo presentado por separado por la Secretaría.

Presupuesto del ejercicio económico 2021/22 y proyección para el ejercicio económico 2022/23

PARTIDAS PRESUPUESTARIAS	Estado provisional 2020/21	Proyección 2021/22	Presupuesto 2021/22	Proyección 2022/23
INGRESOS				
Contribuciones prometidas	1 378 097	1 378 097	1 378 097	1 378 097
Contribuciones voluntarias	0	0	0	0
Otros ingresos	536	4 000	1 000	3 500
Ingreso total	**1 378 633**	**1 382 097**	**1 379 097**	**1 381 597**
GASTOS				
SALARIOS				
Personal ejecutivo	297 522	303 468	303 468	309 199
Personal general	380 443	390 542	390 542	394 800
Personal de apoyo a la RCTA	0	15 500	9 900	15 467
Pasantes	0	3 600	600	1 200
Horas extraordinarias	170	14 000	2 000	13 000
Total sueldos	**678 136**	**727 110**	**706 510**	**733 666**
TRADUCCIÓN EINTERPRETACIÓN				
Traducción e interpretación	**22 840**	**310 231**	**220 000**	**310 200**
VIAJES				
Viajes, alojamiento, viáticos, varios.	**5 230**	**119 800**	**30 000**	**109 000**
TECNOLOGÍA INFORMÁTICA				
Hardware	7 209	11 500	10 750	11 000
Software	2 844	3 000	3 000	3 000
Desarrollo	28 740	29 800	29 800	27 500
Mantenimiento de hardware y software	2 553	2 100	2 800	2 500
Asistencia técnica	4 666	7 500	7 500	7 500
Total de tecnologías de la información	**46 011**	**53 900**	**53 850**	**51 500**
IMPRESIÓN, EDICIÓN Y COPIAS				
Informe Final	1 630	15 000	14 000	15 000
Otras publicaciones	471	2 500	2 500	2 500
Total de impresión, edición y copias	**2 101**	**17 500**	**16 500**	**17 500**
SERVICIOS GENERALES				
Asesoramiento jurídico	446	8 000	7 000	7 000
Servicios de nómina	8 400	8 400	8 400	8 400
Auditorías externas	15 075	14 885	11 908	11 908
Servicios de relatores	0	0	0	0
Limpieza, mantenimiento y seguridad	5 227	8 000	8 000	8 000
Capacitación	1 758	6 500	5 000	7 000
Gastos bancarios	4 644	8 200	7 000	6 500
Alquiler de equipos	2 308	2 503	1 500	1 000
Total de servicios generales	**37 858**	**56 488**	**48 808**	**49 808**
COMUNICACIONES				
Teléfono	1 519	3 200	3 200	2 500
Internet	2 900	3 000	4 000	4 000
Alojamiento web	9 086	10 500	11 500	10 500
Correo postal	273	1 800	1 200	1 000
Total de comunicación	**13 778**	**18 500**	**19 900**	**18 000**

	Estado provisional 2020/21	Proyección 2021/22	Presupuesto 2021/22	Proyección 2022/23
OFICINA				
Papelería y consumibles	304	2 500	3 000	2 500
Libros y suscripciones	15	1 000	1 000	1 000
Seguros	2 936	4 000	4 000	4 000
Mobiliario	1 464	1 500	1 500	1 500
Equipamiento de oficina	2 096	3 500	3 500	3 000
Mejoras de oficina	6 149	3 500	5 500	3 500
Total de oficina	**12 964**	**16 000**	**18 500**	**15 500**
ADMINISTRACIÓN				
Artículos de oficina	1 353	3 000	2 500	2 500
Transporte local	1 698	700	1 500	700
Varios	194	3 500	2 000	2 500
Servicios	2 205	4 000	3 000	3 500
Total administrativo	**5 450**	**11 200**	**9 000**	**9 200**
REPRESENTACIÓN				
Representación	**169**	**4 000**	**4 000**	**4 000**
FINANCIAMIENTO				
(Ganancia)/pérdida de cambio por gastos	19 800	10 000	22 000	16 500
(Ganancia)/pérdida de cambio pagos país	15 129	4 000	15 000	11 000
Ganancia)/pérdida neta devolución de IVA	16 580	6 600	18 000	8 000
Total de financiación (ganancia)/pérdida	**51 509**	**20 600**	**55 000**	**35 500**
SUBTOTAL DE GASTOS	**876 045**	**1 355 329**	**1 182 068**	**1 353 874**
ASIGNACIONES A FONDOS				
Fondo de operaciones	0	0	0	0
Fondo de reemplazo de personal	0	0	0	0
Fondo para cesantía de personal	25 813	26 768	26 768	27 723
Fondo de cesación involuntaria	0	0	0	0
Fondo de contingencia para traducciones	0	0	0	0
Total de asignaciones a fondos	**25 813**	**26 768**	**26 768**	**27 723**
TOTAL DE GASTOS Y ASIGNACIONES	**901 858**	**1 382 097**	**1 208 836**	**1 381 597**
Superávit/(déficit) para el período	**476 775**	**0**	**170 261**	**0**

SALDO DEL FONDO

Fondo de operaciones	229 952	229 952	229 952	229 952
Fondo de reemplazo de personal	50 000	50 000	50 000	50 000
Fondo para cesantía de personal	70 129	96 897	96 897	124 620
Fondo de cesación involuntaria	80 291	80 291	80 291	80 291
Fondo de contingencia para traducciones	30 000	30 000	30 000	30 000

Escala de contribuciones correspondiente al ejercicio económico 2022/23

Parte	Cat.	Mult.	Variable	Fijo	Total
Argentina	A	3,6	$ 36 587	$ 23 760	$ 60 347
Australia	A	3,6	$ 36 587	$ 23 760	$ 60 347
Bélgica	D	1,6	$ 16 261	$ 23 760	$ 40 021
Brasil	D	1,6	$ 16 261	$ 23 760	$ 40 021
Bulgaria	E	1	$ 10 163	$ 23 760	$ 33 923
Chile	C	2,2	$ 22 359	$ 23 760	$ 46 119
China	C	2,2	$ 22 359	$ 23 760	$ 46 119
República Checa	D	1,6	$ 16 261	$ 23 760	$ 40 021
Ecuador	E	1	$ 10 163	$ 23 760	$ 33 923
Finlandia	D	1,6	$ 16 261	$ 23 760	$ 40 021
Francia	A	3,6	$ 36 587	$ 23 760	$ 60 347
Alemania	B	2,8	$ 28 456	$ 23 760	$ 52 217
India	C	2,2	$ 22 359	$ 23 760	$ 46 119
Italia	B	2,8	$ 28 456	$ 23 760	$ 52 217
Japón	A	3,6	$ 36 587	$ 23 760	$ 60 347
República de Corea	D	1,6	$ 16 261	$ 23 760	$ 40 021
Países Bajos	C	2,2	$ 22 359	$ 23 760	$ 46 119
Nueva Zelandia	A	3,6	$ 36 587	$ 23 760	$ 60 347
Noruega	A	3,6	$ 36 587	$ 23 760	$ 60 347
Perú	E	1	$ 10 163	$ 23 760	$ 33 923
Polonia	D	1,6	$ 16 261	$ 23 760	$ 40 021
Federación de Rusia	C	2,2	$ 22 359	$ 23 760	$ 46 119
Sudáfrica	C	2,2	$ 22 359	$ 23 760	$ 46 119
España	C	2,2	$ 22 359	$ 23 760	$ 46 119
Suecia	C	2,2	$ 22 359	$ 23 760	$ 46 119
Ucrania	D	1,6	$ 16 261	$ 23 760	$ 40 021
Reino Unido	A	3,6	$ 36 587	$ 23 760	$ 60 347
Estados Unidos	A	3,6	$ 36 587	$ 23 760	$ 60 347
Uruguay	D	1,6	$ 16 261	$ 23 760	$ 40 021
Total comprometido					**$ 1 378 097**

Escala de salarios correspondiente al ejercicio económico 2021/22

Tabla A

ESCALA SALARIAL PARA EL PERSONAL DE CATEGORÍA EJECUTIVA

(en dólares estadounidenses)

2021/22		RANGOS														
Nivel		I	II	III	IV	V	VI	VII	VIII	IX	X	XI	XII	XIII	XIV	XV
E1	A	135 302	137 819	140 337	142 855	145 373	147 890	150 407	152 926							
E1	B	169 127	172 274	175 421	178 569	181 716	184 863	188 009	191 158							
E2	A	113 932	116 075	118 218	120 359	122 501	124 642	126 783	128 926	131 069	133 211	135 352	135 595	137 709		
E2	B	142 415	145 093	147 772	150 449	153 126	155 802	158 479	161 158	163 837	166 513	169 190	169 494	172 136		
E3	A	95 007	97 073	99 140	101 207	103 275	105 341	107 408	109 476	111 542	113 608	115 675	116 915	118 154	120 193	122 231
E3	B	118 758	121 341	123 925	126 509	129 094	131 676	134 260	136 845	139 427	142 010	144 594	146 143	147 693	150 242	152 788
E4	A	78 779	80 693	82 609	84 518	86 435	88 347	90 257	92 174	94 089	96 000	97 915	98 448	100 336	102 223	104 110
E4	B	98 474	100 866	103 262	105 648	108 044	110 434	112 822	115 217	117 611	119 999	122 393	123 060	125 419	127 778	130 137
E5	A	65 315	67 029	68 739	70 452	72 162	73 873	75 586	77 293	79 007	80 719	82 427	82 981			
E5	B	81 644	83 786	85 924	88 065	90 203	92 342	94 482	96 617	98 759	100 899	103 034	103 726			
E6	A	51 706	53 351	54 994	56 641	58 284	59 928	61 575	63 219	64 862	65 862	66 508				
E6	B	64 632	66 689	68 742	70 801	72 855	74 910	76 969	79 024	81 078	82 328	83 135				

Nota: La fila B representa el salario base (mostrado en la fila A) con un 25 % adicional por costos de salarios (fondo de jubilación y primas de seguro, concesiones de instalación y repatriación, asignación por escolaridad, etc.) y constituye el salario total al que tiene derecho el personal ejecutivo de acuerdo con el artículo 5.1.

Tabla B

ESCALA SALARIAL PARA EL PERSONAL GENERAL

(en dólares estadounidenses)

		RANGOS														
Nivel		I	II	III	IV	V	VI	VII	VIII	IX	X	XI	XII	XIII	XIV	XV
G1		64 788	67 810	70 834	73 856	77 006	80 291									
G2		53 990	56 508	59 028	61 546	64 172	66 909									
G3		44 990	47 089	49 189	51 288	53 477	55 760									
G4		37 493	39 242	40 991	42 741	44 564	46 466									
G5		30 972	32 419	33 863	35 310	36 818	38 391									
G6		25 388	26 571	27 756	28 941	30 177	31 465									
G7		13 724	14 317	14 911	15 505	16 124	16 770									

Decisión 4 (2021)

Nuevo nombramiento del secretario ejecutivo

Los representantes,

recordando el artículo 3 de la Medida 1 (2003) con respecto al nombramiento de un secretario ejecutivo para encabezar la Secretaría del Tratado Antártico (la «Secretaría»);

recordando la Decisión 6 (2017), que nombró al Sr. Albert Lluberas Bonaba como secretario ejecutivo de la Secretaría por un período de cuatro años a partir del 1 de septiembre de 2017;

recordando el artículo 6.1 del Reglamento del Personal de la Secretaría del Tratado Antártico anexo a la Decisión 2 (2021);

deciden:

1. reelegir al Sr. Albert Lluberas Bonaba como secretario ejecutivo de la Secretaría por un período adicional de cuatro años, de conformidad con los términos y condiciones establecidos en la carta de la presidencia de la XLIII Reunión Consultiva del Tratado Antártico («RCTA») anexa a la presente Decisión y

2. que esta nueva designación comience el 1 de septiembre de 2021.

Sr. Albert Lluberas Bonaba
Secretario ejecutivo
Secretaría del Tratado Antártico

Estimado señor Lluberas:

Nuevo nombramiento para el cargo de secretario ejecutivo

Como presidente de la XLIII Reunión Consultiva del Tratado Antártico («RCTA») y de conformidad con la Decisión 4 (2021) de la XLIII RCTA, me complace ofrecerle la reelección para el cargo de secretario ejecutivo de la Secretaría del Tratado Antártico (la «Secretaría»).

Los términos y condiciones de su nuevo nombramiento se establecen a continuación. Si acepta esta oferta, por favor, firme su aceptación en la copia adjunta de esta carta y devuélvamela.

Términos y condiciones de nombramiento

1. Al aceptar su nuevo nombramiento, deberá comprometerse a cumplir fielmente con sus deberes y a actuar teniendo en cuenta únicamente los intereses de la RCTA. Su aceptación del puesto de secretario ejecutivo incluye una declaración escrita de su familiaridad y aceptación de las condiciones establecidas en el Reglamento del Personal anexo a la Decisión 2 (2021), así como de cualquier cambio que pueda hacerse al Reglamento del Personal periódicamente. En particular, su aceptación del puesto incluye el compromiso de:

- adherirse fielmente a los puntos 2.6 y 2.7 del Reglamento del Personal en lo que respecta al empleo externo y los intereses comerciales/financieros, respectivamente;
- desempeñar las responsabilidades relacionadas con el nombramiento, la dirección y la supervisión del personal de conformidad con el artículo 3, apartado 2, de la Medida 1 (2003), de conformidad con el artículo 6.2 del Reglamento del Personal, así como con los estándares de eficiencia, competencia e integridad establecidos en el artículo 2.3 del Reglamento de Personal y, en particular, de manera que evite incluso la apariencia de falta de honestidad o nepotismo;
- demostrar los más altos estándares de conducta ética observando todos los reglamentos y políticas de la organización y asegurando que todas las decisiones y acciones de la Secretaría se basen en los estándares de eficiencia, competencia e integridad establecidos en el artículo 2.3 del Reglamento del Personal;
- evitar incluso la apariencia de un conflicto de intereses y
- supervisar responsablemente los recursos confiados a la Secretaría, incluso mediante el uso eficiente, transparente y eficaz de los recursos financieros de conformidad con el Reglamento Financiero de la Secretaría del Tratado Antártico, anexo a la Decisión 6 (2005) («Reglamento Financiero»).

2. Las funciones del secretario ejecutivo son nombrar, dirigir y supervisar a otros miembros del personal y asegurar que la Secretaría cumpla con las funciones identificadas en el artículo 2 de la Medida 1 (2003).

3. De acuerdo con la Decisión 4 (2021), su nuevo nombramiento comenzará el 1 de septiembre de 2021.

4. Su mandato será de cuatro años.

5. La reelección es para la categoría de personal ejecutivo. Su salario será del nivel 1B, escalón 5, como se detalla en la tabla A del Reglamento del Personal anexo a la Decisión 2 (2021), en su forma enmendada.

6. El salario antedicho incluye el salario base (nivel 1A, escalón 5, tabla A) con un 25 % adicional para los sobrecostos salariales (fondo de pensión y primas de seguro, primas por instalación y repatriación, subsidios de educación, etc.), constituyendo el salario total al que se tiene derecho, de conformidad con la cláusula 5.1 del Reglamento del Personal. Además, tendrá derecho a dietas de viajes y gastos de reubicación, de conformidad con el artículo 9 del Reglamento del Personal.

7. La RCTA podrá rescindir este nuevo nombramiento mediante notificación previa por escrito con al menos tres meses de antelación, de conformidad con la cláusula 10.3 del Reglamento del Personal. Puede renunciar en cualquier momento con un aviso por escrito con tres meses de antelación (o un período menor si así lo aprueba la RCTA).

Atentamente,

{firmado}

MINISTÈRE
DE L'EUROPE
ET DES AFFAIRES
ÉTRANGÈRES

Olivier Poivre d'Arvor
Ambassadeur pour les pôles et les Enjeux maritimes
Embajador para asuntos polares y marítimos
Presidente de la XLIII Reunión Consultiva del Tratado Antártico
37 Quai d'Orsay
75700 París 07 SP

Por la presente acepto el nombramiento descrito en esta carta sujeto a las condiciones especificadas y declaro que conozco y acepto las condiciones establecidas en el Reglamento del Personal y cualquier cambio que se pueda hacer al Reglamento del Personal ocasionalmente.

Sr. Albert Lluberas Bonaba

Firma:

24 de junio de 2021

Anexo: Cartas al Sr. Albert Lluberas y al Sr. Felipe Solá

Sr. Felipe Carlos Solá
Ministro de Relaciones Exteriores y Culto
República Argentina
Buenos Aires

Estimado Sr. ministro Solá:

Me dirijo a usted en mi calidad de presidente de la XLIII Reunión Consultiva del Tratado Antártico (RCTA) con referencia al artículo 21 del Acuerdo de Sede para la Secretaría del Tratado Antártico, adjunto a la Medida 1 (2003), la carta de la República Argentina a la presidencia de la XXVI RCTA de 16 de junio de 2003, y la notificación de la República Argentina al Gobierno depositario de 19 de mayo de 2004.

De conformidad con los requisitos del artículo 21, por la presente notifico al Gobierno de la República Argentina la reelección por parte de la XLIII RCTA del Sr. Albert Lluberas Bonaba en el cargo de secretario ejecutivo por un período adicional de cuatro años, a partir del 1 de septiembre de 2021.

Aprovecho esta oportunidad para hacerle llegar mi más alta consideración.

Atentamente,

{firmado}

MINISTÈRE
DE L'EUROPE
ET DES AFFAIRES
ÉTRANGÈRES

Olivier Poivre d'Arvor
Ambassadeur pour les pôles et les Enjeux maritimes
Embajador para asuntos polares y marítimos
Presidente de la XLIII Reunión Consultiva del Tratado Antártico
37 Quai d'Orsay
75700 París 07 SP

Decisión 5 (2021)

Plan de Trabajo Estratégico Plurianual para la Reunión Consultiva del Tratado Antártico

Los representantes,

reafirmando los valores, objetivos y principios contenidos en el Tratado Antártico y su Protocolo sobre Protección del Medio Ambiente;

recordando la Decisión 3 (2012) sobre el Plan de Trabajo Estratégico Plurianual («el Plan») y sus principios;

teniendo en cuenta que el Plan es complementario al programa de la Reunión Consultiva del Tratado Antártico («RCTA») y que se alienta a las Partes y demás participantes de la RCTA a contribuir, como de costumbre, en los demás asuntos del programa de la RCTA;

deciden:

1. aprobar el Plan que se anexa a esta Decisión, y

2. declarar obsoleto el Plan anexo a la Decisión 5 (2019).

Plan de Trabajo Estratégico Plurianual de la RCTA

	Prioridad	XLIII RCTA (2021)	Entre sesiones	XLIV RCTA (2022)	Entre sesiones	XLV RCTA (2023)	Entre sesiones	XLVI RCTA (2024)
1.	Considerar una difusión coordinada hacia los Estados que no son Parte cuyos ciudadanos o recursos están activos en la Antártida y hacia los Estados que son Parte al Tratado Antártico, si bien aún no lo son del Protocolo.		Se considerará la coordinación dentro del foro en línea de la Autoridades competentes.	La RCTA debe identificar a los Estados que no son Parte cuyos ciudadanos están activos en la Antártida y comunicarse con ellos.				
2.	Contribuir a las actividades de educación y difusión coordinadas a nivel nacional e internacional desde la perspectiva del Tratado Antártico.		GCI sobre Educación y Difusión	El GT 1 debe considerar el informe del GCI sobre Educación y Difusión.				
3.	Compartir y analizar las prioridades científicas estratégicas para identificar y buscar oportunidades de colaboración y creación de capacidades en ciencia, particularmente en relación con el cambio climático.			El SCAR informará sobre los resultados de la actualización del informe ACCE, que representa una actualización integral de una década. La RCTA considerará si sus resultados indican la necesidad de algunas prioridades y oportunidades adicionales de cooperación. La RCTA invitará al SCAR a dar una presentación sobre el resultado del informe.				
4.	Lograr la entrada en vigor del anexo VI y continuar recabando información sobre reparación y			La RCTA debe continuar evaluando los progresos para lograr la entrada en vigor del anexo VI de conformidad con el				

	Prioridad	XLIII RCTA (2021)	Entre sesiones	XLIV RCTA (2022)	Entre sesiones	XLV RCTA (2023)	Entre sesiones	XLVI RCTA (2024)
	remediación del daño al medio ambiente y otros asuntos pertinentes para servir de base informativa para las futuras negociaciones sobre responsabilidad.			artículo IX del Tratado Antártico y las acciones que puedan ser necesarias y adecuadas para alentar a las Partes a aprobar oportunamente el anexo VI. La RCTA considerará las implicaciones de los límites de la responsabilidad en otros instrumentos internacionales pertinentes para la posible modificación futura de los límites en el artículo 9 del anexo VI. La RCTA tomará una decisión en 2022 sobre el establecimiento de un plazo para la reanudación de las negociaciones en materia de responsabilidad de conformidad con el artículo 16 del Protocolo al Tratado Antártico sobre Protección del Medio Ambiente, o antes, si las Partes así lo deciden a la luz de los progresos realizados en la aprobación de la Medida 1 (2005) - véase la Decisión 5 (2015).				
5.	Evaluar el progreso del CPA en su continuo trabajo en pos de revisar las prácticas recomendables y de mejorar las herramientas existentes, y desarrollar nuevas herramientas para			El GT 1 debe considerar el asesoramiento del CPA y debatir las consideraciones sobre políticas para la revisión de la Evaluación del Impacto Ambiental (EIA).				

	Prioridad	XLIII RCTA (2021)	Entre sesiones	XLIV RCTA (2022)	Entre sesiones	XLV RCTA (2023)	Entre sesiones	XLVI RCTA (2024)
	la protección del medio ambiente, incluidos los procedimientos de la Evaluación del Impacto Ambiental.							
6.	Recolección y uso de material biológico en la Antártida.		Intercambio de información a través del foro de la RCTA. Alentar a las Partes a responder a la encuesta del SCAR.	El GT 1 debatirá la recopilación y el uso de material biológico en la Antártida, incluido, cuando sea pertinente, profundizar en el informe y las recomendaciones contenidas en *Bioprospección antártica: Encuesta SCAR de países miembros* presentada en la XLIII RCTA (2021).				
7.	Abordar las recomendaciones de la Reunión de Expertos del Tratado Antártico sobre las implicancias del cambio climático para la gestión y gobernanza de la Antártida (CPA-GCI).			Las Partes deben presentar actualizaciones sobre los enfoques de evaluación de riesgos adoptados para identificar las posibles implicaciones del cambio climático para la logística y los valores ambientales actuales y futuros de la Antártida. Agencias espaciales: debate sobre tecnologías espaciales para observar la región antártica en el contexto del cambio climático. Acordar la forma de proceder sobre cualquier recomendación de la RETA sobre las implicancias del cambio climático (2010) que esté pendiente.		Actualización del COMNAP sobre su trabajo con programas nacionales para usar métodos congruentes para cuantificar y publicar los ahorros logrados por las eficiencias energéticas y que contribuyen a (a) reducir la huella de carbono y (b) a reducir el consumo de combustible.		

	Prioridad	XLIII RCTA (2021)	Entre sesiones	XLIV RCTA (2022)	Entre sesiones	XLV RCTA (2023)	Entre sesiones	XLVI RCTA (2024)
8.	Analizar la implementación del Programa de trabajo de respuesta para el cambio climático (CCRWP)	El GT 2 debe considerar la actualización anual del CPA sobre la implementación del CCRWP		El GT 2 debe considerar la actualización anual del CPA sobre la implementación del CCRWP		El GT 2 debe considerar la actualización anual del CPA sobre la implementación del CCRWP		
9.	Modernización de las estaciones antárticas en el contexto del cambio climático			Debate adicional sobre la modernización de las estaciones antárticas.				
10.	Revisar y analizar los asuntos relativos al aumento de la actividad de aeronaves en la Antártida y evaluar la necesidad de tomar medidas complementarias.			Debatir la información del Taller de Aviación Antártica presentada por el COMNAP. Las Partes deben informar sobre sus actividades/planes relacionados con la aviación.		Discutir más a fondo los resultados del Taller de Aviación Antártica. Las Partes deben informar sobre sus actividades/planes relacionados con la aviación.		
11.	Tomar nota del Código Internacional para Buques que Operan en Aguas Polares; continuar el trabajo de fortalecimiento de la cooperación entre los operadores marítimos antárticos y tomar en cuenta los progresos obtenidos por la OMI.			Un mayor intercambio de opiniones sobre experiencias nacionales en la implementación del Código Polar en la Antártida.				

	Prioridad	XLIII RCTA (2021)	Entre sesiones	XLIV RCTA (2022)	Entre sesiones	XLV RCTA (2023)	Entre sesiones	XLVI RCTA (2024)
12.	Relevamientos hidrográficos en la Antártida			Las Partes deben reaccionar a la propuesta de la OHI. Las Partes, la OHI y la IAATO informarán sobre los avances en cuanto a la hidrografía.				
13.	Revisar y evaluar la necesidad de aprobar medidas adicionales con respecto a la gestión de zonas e infraestructura permanente relacionadas con el turismo, así como las cuestiones relacionadas con el turismo terrestre y de aventura, y atender las recomendaciones del Estudio sobre turismo del CPA.		GCI sobre las Instalaciones Permanentes para el Turismo y otras Actividades No Gubernamentales en la Antártida.	Considerar resultados del GCI sobre Instalaciones Permanentes para el Turismo y Otras Actividades No Gubernamentales en la Antártida. Deben seguir considerándose los asuntos medioambientales relativos al turismo con base en el nuevo asesoramiento proporcionado por el CPA Consideración del posible aumento de la carga de trabajo para los programas antárticos nacionales producida por las actividades de búsqueda y salvamento debido al incremento de la actividad del turismo en la Antártida				
14.	Elaboración de un enfoque estratégico en torno al turismo y las actividades no gubernamentales gestionados de manera responsable en lo medioambiental en la Antártida		Debates informales entre sesiones sobre la posible aplicabilidad y uso de tarifas turísticas. Debates informales entre sesiones sobre el formulario de informe	Nuevos debates relativos a los temas derivados del aumento del turismo, lo que incluye las implicancias del posible aumento de operadores no registrados en la IAATO				

	Prioridad	XLIII RCTA (2021)	Entre sesiones	XLIV RCTA (2022)	Entre sesiones	XLV RCTA (2023)	Entre sesiones	XLVI RCTA (2024)
			posterior a la visita y la información asociada sobre turismo y actividades no gubernamentales					
15.	Seguimiento de sitios para visitantes			Examinar los progresos del CPA en relación con las recomendaciones 3 y 7 del Estudio sobre turismo del CPA.				
16.	Continuar la cooperación entre las Partes para identificar y abordar de manera proactiva las tendencias actuales y futuras relacionadas con la ATS.		Consultas informales a fin de lograr una comprensión más profunda de los principales problemas y tendencias, teniendo en cuenta los intercambios que tuvieron lugar en el período entre sesiones 2019-2021	Considerar los resultados de las consultas informales e identificar los problemas prioritarios para una evaluación más detallada.				
17.	Mejorar el cumplimiento de las normas de la RCTA relacionadas con actividades no gubernamentales, incluidas las actividades de turismo.			El Grupo de Trabajo 1 brindará asesoramiento sobre el modo más eficaz en que las personas que operan en la Antártida pueden recopilar y compartir las pruebas de presuntos incumplimientos.				
18.	Abordar las cuestiones de igualdad, diversidad e inclusión, promoviendo la participación plena de grupos subrepresentados en las actividades científicas y operativas de la Antártida.			Las Partes compartirán información sobre sus planes con relación a estos temas.		Las Partes compartirán información sobre sus planes con relación a estos temas.		

	Prioridad	XLIII RCTA (2021)	Entre sesiones	XLIV RCTA (2022)	Entre sesiones	XLV RCTA (2023)	Entre sesiones	XLVI RCTA (2024)
19.	Gestión de sucesos volcánicos/sísmicos en instalaciones antárticas.			Considerar cualquier información del SCAR y el COMNAP sobre diferentes aspectos asociados a los sucesos volcánicos/sísmicos y las instalaciones antárticas. Revisar y discutir cómo las Partes pueden lidiar adecuadamente con estos eventos en las instalaciones antárticas.		Revisar y discutir cómo las Partes pueden lidiar adecuadamente con estos eventos en las instalaciones antárticas.		

Nota: Los antedichos grupos de trabajo de la RCTA no son permanentes, sino que se establen por consenso al término de cada Reunión Consultiva del Tratado Antártico.

Decisión 6 (2021)

Manual de reglamentos y directrices relevantes para las actividades turísticas y no gubernamentales en el Área del Tratado Antártico

Los representantes,

considerando las cuestiones relativas a las actividades turísticas y el cumplimiento de la normativa vigente;

con el deseo de garantizar que las actividades no gubernamentales en la Antártida se lleven a cabo de conformidad con el Tratado Antártico y su Protocolo sobre Protección del Medio Ambiente;

con la intención de mejorar la eficiencia del Sistema del Tratado Antártico y el cumplimiento de su marco legal;

recordando la Decisión 6 (2019), mediante la cual se acordó crear el *Manual de reglamentos y directrices relevantes para las actividades turísticas y no gubernamentales en la Antártida* («el Manual»);

deciden:

1. poner a disposición las dos versiones del Manual y el Folleto Turístico anexo a esta Decisión en el sitio web de la Secretaría del Tratado Antártico («la Secretaría»), en la sección más apropiada, para su descarga, y

2. de conformidad con la Decisión 6 (2019), la Secretaría actualizará simultáneamente las dos versiones del Manual y el Folleto Turístico a solicitud de la Reunión Consultiva del Tratado Antártico («RCTA»).

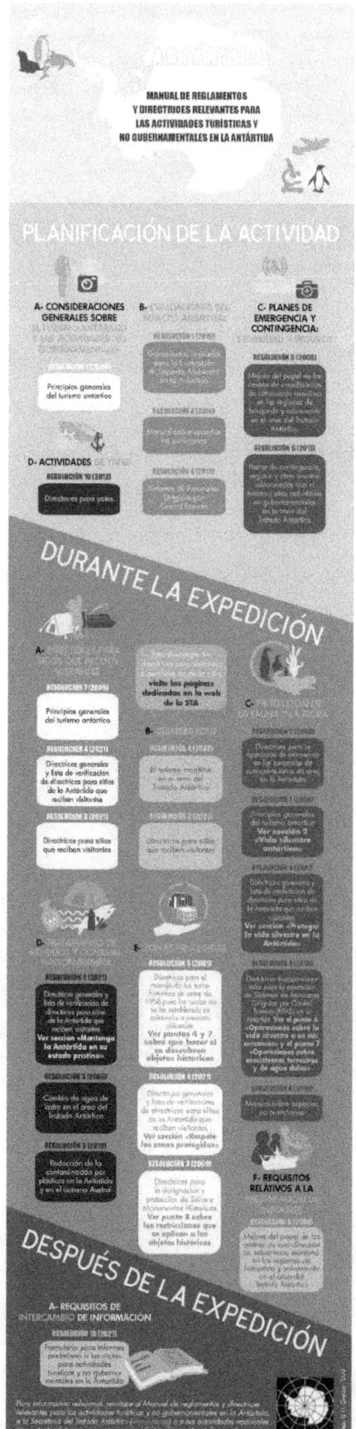
MANUAL DE REGLAMENTOS
Y DIRECTRICES RELEVANTES PARA
LAS ACTIVIDADES TURÍSTICAS Y
NO GUBERNAMENTALES EN LA ANTÁRTIDA
PLANIFICACIÓN DE LA ACTIVIDAD
A- CONSIDERACIONES GENERALES SOBRE
Principios generales del turismo antártico
D- ACTIVIDADES
RESOLUCIÓN 10 (2012)
Directrices para yates
C- PLANES DE EMERGENCIA Y CONTINGENCIA:
RESOLUCIÓN 6 (2008)
RESOLUCIÓN 6 (2013)
DURANTE LA EXPEDICIÓN
A-
RESOLUCIÓN 7 (2009)
Principios generales del turismo antártico
RESOLUCIÓN 4 (2021)
Directrices generales y lista de verificación de directrices para sitios de la Antártida que reciben visitantes
RESOLUCIÓN 3 (2021)
Directrices para sitios que reciben visitantes
visite las páginas dedicadas en la web de la STA
B-
C-
Ver sección 2 «Vida silvestre antártica»
Ver sección «Proteger la vida silvestre en la Antártida»
D-
RESOLUCIÓN 4 (2021)
Directrices generales y lista de verificación de directrices para sitios de la Antártida que reciben visitantes
Ver sección «Mantenga la Antártida en su estado prístino»
RESOLUCIÓN 3 (2006)
Cambio de agua de lastre en el área del Tratado Antártico
RESOLUCIÓN 5 (2019)
Reducción de la contaminación por plásticos en la Antártida y en el océano Austral
E-
RESOLUCIÓN 5 (2001)
Ver puntos 4 y 7 sobre que hacer si se descubren objetos históricos
RESOLUCIÓN 4 (2021)
Ver sección «Respete las zonas protegidas»
RESOLUCIÓN 3 (2009)
Ver punto 8 sobre las restricciones que se aplican a los objetos históricos
Ver el punto 6 «Operaciones sobre la vida silvestre o en sus cercanías» y el punto 7 «Operaciones sobre ecosistemas terrestres y de agua dulce»
F- REQUISITOS RELATIVOS A LA
DESPUÉS DE LA EXPEDICIÓN
A- REQUISITOS DE INTERCAMBIO DE INFORMACIÓN
RESOLUCIÓN 10 (2021)
Formulario para informes posteriores a las visitas para actividades turísticas y no gubernamentales en la Antártida

Decisión 7 (2021)

Actualización de requisitos para el intercambio de información sobre expediciones nacionales

Los representantes,

conscientes de los artículos III(1)(a) y VII(5) del Tratado Antártico;

conscientes de las obligaciones dentro del Protocolo al Tratado Antártico sobre Protección del Medio Ambiente («el Protocolo») y sus anexos para intercambiar información;

conscientes también de las Decisiones aprobadas por la Reunión Consultiva del Tratado Antártico («RCTA») relativas a la información que deben intercambiar las Partes;

deseando que el intercambio de información entre las Partes se realice de la manera más eficiente y oportuna;

deseando además que la información que intercambien las Partes pueda identificarse con facilidad para maximizar su utilidad;

recordando la Decisión 4 (2012), que decidió que las Partes utilizarán el Sistema Electrónico de Intercambio de Información (SEII) para intercambiar información de conformidad con el Tratado Antártico y el Protocolo y sus anexos y que especificó que las Partes continuarán trabajando con la Secretaría del Tratado Antártico («la Secretaría») para perfeccionar y mejorar el SEII;

señalando que la Decisión 4 (2012) exige que las Partes actualicen las secciones pertinentes del SEII regularmente durante el año con el fin de que dicha información esté disponible y accesible para las Partes tan pronto como sea factible;

deciden:

1. que el anexo a la presente Decisión constituye una lista consolidada de la información que las Partes acuerdan intercambiar;

2. que la Secretaría modificará el SEII para reflejar la información contenida en el anexo de la presente Decisión y

3. que el anexo a la Decisión 7 (2019) deja de estar vigente.

Requisitos de intercambio de información

1. Información de pretemporada
La siguiente información debería presentarse tan pronto como sea posible, de preferencia antes del 1 de octubre, y en todo caso no más allá del comienzo de las actividades de las que se informe.

1.1 Información operacional
1.1.1 Expediciones nacionales

A. Estaciones
Nombres de las estaciones (indique la región, latitud y longitud), estacionalidad, período de funcionamiento (por temporada), estado, población máxima, y asistencia médica disponible. Nombres de los refugios (indique región, latitud y longitud), instalaciones médicas y capacidad de alojamiento. Otras actividades de campo principales, por ejemplo, travesías científicas (indique la ubicación).

B. Buques no militares
Nombre de buques no militares, resistencia al hielo, país de registro, número de viajes, fechas de salida planificadas, áreas de operación, puertos de salida y llegada hacia y desde la Antártida y propósito del viaje. Cantidad máxima de tripulantes y de pasajeros.

C. Aeronaves no militares
Tipo de aeronave no militar, cantidad planeada de vuelos, período de vuelos o fechas de salida planeadas para vuelos intercontinentales y su propósito. Cantidad máxima de tripulantes y de pasajeros.

D. Cohetes de investigación
Coordenadas del lugar de lanzamiento, hora y fecha/período, dirección de lanzamiento, altitud máxima prevista, área de impacto, tipo y especificaciones de los cohetes, objetivo y título del proyecto de investigación.

E. Militar
- Cantidad de personal militar (oficiales y soldados) en expediciones.
- Cantidad y tipos de armamento.
- Información sobre equipo militar, si lo hubiera, que no se haya incluido en la sección 3.2.D a continuación, incluido el nombre del sitio, coordenadas (latitud y longitud), tipo de equipo y propósito de este.
- Buque: Nombre del buque militar, resistencia al hielo, número de viajes, fechas de salida planificadas, áreas de operación, puertos de salida y llegada hacia y desde la Antártida y propósito del viaje. Cantidad máxima de tripulantes y de pasajeros
- Aeronave: Tipo de aeronave militar, número planeado de vuelos, período de vuelos o fechas de salida planeadas para vuelos intercontinentales y propósito de los vuelos. Cantidad máxima de tripulantes y de pasajeros.

1.1.2 Expediciones no gubernamentales[i]
A. Operaciones basadas en buques
Nombre del operador, nombre del buque, cantidad máxima de tripulantes, cantidad máxima de pasajeros, país de registro del buque, cantidad de viajes, jefe de expedición, fechas de salida previstas, puertos de salida y de llegada hacia la Antártida y desde ella, áreas de operación — incluidos los nombres de los sitios propuestos para visita y las fechas previstas para la realización de

visitas—, tipo de actividad, si las visitas incluyen desembarcos y su duración (opcional), y la cantidad de visitantes que participarán en cada una de las actividades específicas.

B. Operaciones terrestres
Nombre de la expedición, nombre del operador, método de transporte hacia, desde y al interior de la Antártida, tipo de actividad turística o de aventura, ubicación(es) de las actividades y/o rutas, fechas de la expedición, cantidad de personal participante, dirección del contacto, dirección del sitio web.

C. Actividad de aeronaves
Nombre del operador, tipo de aeronave, número de vuelos, período de los vuelos, fecha de salida por vuelo, ubicación de la salida y de la llegada por vuelo, ruta por vuelo, propósito por vuelo y cantidad de pasajeros.

D. Denegación de autorizaciones
Nombre del buque y/o de la expedición, nombre del operador, fecha, motivo de la negativa.

1.2 Visitas a las zonas protegidas
Nombre y número de la zona protegida, cantidad de visitantes permitidos, fecha/período y propósito.

2. Informe anual
La siguiente información debería presentarse tan pronto como sea posible una vez terminada la temporada estival austral, y en todo caso antes del 1 de octubre, con un período de información entre el 1 de abril y el 30 de marzo.

2.1. Información científica

2.1.1. Planes a futuro[ii]
Información pormenorizada sobre los planes científicos estratégicos o plurianuales o la información del contacto para obtener la versión impresa. Lista de participantes previstos en proyectos o programas científicos internacionales importantes basados en la colaboración.

2.1.2. Actividades científicas del año anterior
Lista de proyectos de investigación realizados en el año anterior según disciplina científica (con la ubicación, investigador principal, nombre o número del proyecto, disciplina y actividad u observaciones principales).

2.2. Información operacional

2.2.1. Expediciones nacionales
Actualización de la información proporcionada en virtud de 1.1.1.

2.2.2. Expediciones no gubernamentales
Actualización de la información proporcionada en 1.1.2 más, para las secciones 1.1.2.A y B: cantidad total de pasajeros transportados en cada viaje, número total de miembros de la tripulación a bordo en cada viaje y actividad combinada para las secciones A, B y C.

2.3. Información del permiso

2.3.1. Visitas a zonas protegidas
Actualización de la información proporcionada en virtud de 1.2.

2.3.2. Recolección de e intromisión perjudicial con la flora y la fauna
Número del permiso, período del permiso, especies, ubicación, cantidad, sexo, edad y propósito[iii].

2.3.3. Introducción de especies no autóctonas
Número de permiso, período del permiso, especies, ubicación, cantidad, propósito[iv], extracción o eliminación.

2.4. Información medioambiental

2.4.1. Cumplimiento del Protocolo[v]
Descripción de la medida, fecha de entrada en vigor.

2.4.2. Planes de contingencia
Título del plan o planes de contingencia para derrames de petróleo y otras emergencias ambientales, copias (PDF) o la información del contacto para obtener las versiones impresas.

2.4.3. Lista de EMI y EMG[vi]
Lista de EMI/EMG realizadas durante el año, indicando la actividad propuesta, (opcionalmente) el período/duración, ubicación, nivel de evaluación y decisión tomada.

2.4.4. Informe de actividades de seguimiento[vii]
Nombre de la actividad, ubicación, procedimientos aplicados, información importante obtenida, medidas tomadas en consecuencia.

2.4.5. Planes de tratamiento de residuos
Título, nombre del sitio/buque, copia (PDF) o contacto para la versión impresa. Informe sobre la implementación de planes de tratamiento de residuos durante el año.

2.4.6. Medidas tomadas para implementar las disposiciones del anexo V[viii]
Descripción de las medidas

2.4.7. Procedimientos relacionados con las EIA
Descripción de los procedimientos nacionales apropiados

2.4.8. Prevención de la contaminación marina
Descripción de las medidas

3. Información permanente
La siguiente información puede actualizarse en cualquier momento.

3.1. Instalaciones científicas

3.1.1 Estaciones de registro automático/observatorios
Nombre del sitio, coordenadas (latitud y longitud), elevación (m), parámetros registrados, frecuencia de observaciones, número de referencia (por ejemplo, n.° de la OMM).

3.2 Información operacional
A. Estaciones
Nombre de las estaciones (indicando región, latitud y longitud), estado, estacionalidad, fecha de establecimiento, alojamiento e instalaciones médicas.

Nombres de los refugios (indicando región, latitud y longitud), instalaciones médicas y capacidad de alojamiento.

B. Buques no militares
Nombre de buques no militares, país de registro, resistencia al hielo, tripulación máxima, número máximo de pasajeros.

C. Aeronaves no militares
Tipo de aeronave no militar, tripulación máxima, máximo de pasajeros.

D. Militar
- Cantidad de personal militar (oficiales y soldados)
- Cantidad y tipos de armamento.
- Información sobre equipo militar, si lo hubiera, que no se haya registrado ya en el SEII, incluido el nombre del sitio donde se encuentra, coordenadas (latitud y longitud), tipo de equipo y propósito
- Buque: Nombre del navío militar, resistencia al hielo, tripulación máxima, número máximo de pasajeros
- Aeronave: Tipo de aeronave militar, tripulación máxima, máximo de pasajeros.

3.3 Información medioambiental

3.3.1 Planes de tratamiento de residuos
Título del plan, sitio/buque, copia (PDF) o contacto para la versión impresa.

3.3.2 Planes de continencia
Título del plan o planes de contingencia para derrames de petróleo y otras emergencias ambientales, copias (PDF) o la información del contacto para obtener las versiones impresas.

3.3.3 Inventario de las actividades pasadas
Nombre de la estación, base, campamento, travesía, aeronave accidentada, etc., sus coordenadas (latitud y longitud), período durante el cual se realizó la actividad; descripción y objetivo de las actividades realizadas, descripción de los equipos o las instalaciones que se dejaron en el lugar.

3.3.4 Cumplimiento del Protocolo[x]
Descripción de la Medida, fecha de entrada en vigor.

3.3.5 Procedimientos relacionados con las EIA
Igual que para 2.4.7

3.3.6 Prevención de la contaminación marina
Igual que para 2.4.8

3.3.7 Medidas tomadas para implementar las disposiciones del Anexo V
Igual que para 2.4.6

3.4 Otra información

3.4.1 Legislación nacional pertinente

Descripción de la ley, norma, medida administrativa u otra disposición, fecha de entrada en vigor o de promulgación, con una copia (PDF) o la información del contacto para obtener una copia impresa.

i Se permitirá que se facilite información sobre expediciones no gubernamentales tan pronto como sea posible tras completar los procesos nacionales, siendo la siguiente la descripción pertinente de la planificación temporal: «tan pronto como sea posible tras completar los procesos nacionales, de preferencia antes del 1 de octubre y en ningún caso después de la fecha de inicio de la actividad».

ii La entrega de información opcional sobre planes a futuro se permitirá en cualquier momento, por ejemplo, tras completar o actualizar los planes nacionales.

iii Propósito con referencia al artículo 3 del anexo II al Protocolo

iv Propósito con referencia al artículo 4 del Anexo II al Protocolo

v Nuevas medidas aprobadas durante el año anterior de conformidad con el artículo 13 del Protocolo al Tratado Antártico sobre Protección del Medio Ambiente, incluida la aprobación de leyes y normativas, medidas administrativas y medidas de aplicación.

vi Se alienta la entrega de información sobre EMI/EMG «tan pronto como finalicen los procesos nacionales, al tiempo que se mantiene la fecha límite para que las Partes presenten la información».

vii Actividades de seguimiento conectadas con actividades sujetas a evaluaciones iniciales y globales (mencionadas en el anexo I al Protocolo, art. 6.1 c)

viii. Información sobre las medidas tomadas para implementar las disposiciones del Anexo V, incluidas las inspecciones a los sitios y todas las medidas tomadas para abordar los casos de actividades que contravengan las disposiciones contenidas en los planes de gestión.

ix. Medidas para garantizar que todo buque de guerra, unidad naval auxiliar u otro buque de propiedad de un Estado u operado y utilizado por este, que se utilice, por el momento, exclusivamente para servicios gubernamentales no comerciales, se utilice de manera coherente, en la medida en que sea razonable y factible, con el Anexo.

x. Medidas aprobadas de conformidad con el Artículo 13 del Protocolo al Tratado Antártico sobre Protección del Medio Ambiente, incluida la aprobación de leyes y normativas, medidas administrativas y medidas de aplicación.

3. Resoluciones

Resolución 1 (2021)

Código de conducta ambiental del SCAR sobre actividades de investigación en geociencias sobre el terreno en la Antártida

Los representantes,

recordando el artículo 3 del Protocolo al Tratado Antártico sobre Protección del Medio Ambiente («el Protocolo»), según el cual «las actividades en el área del Tratado Antártico serán planificadas y realizadas de tal manera que se limite el impacto perjudicial sobre el medio ambiente antártico y los ecosistemas dependientes y asociados»;

reconociendo que la Antártida puede contener características geológicas, paleontológicas, glaciológicas y geomorfológicas de alto valor ambiental y científico;

reconociendo que el medio ambiente antártico puede estar en riesgo por los impactos asociados con las actividades de investigación, incluido el muestreo excesivo de fósiles, rocas y minerales;

acogiendo con agrado la elaboración por parte del Comité Científico de Investigación Antártica (SCAR), a través de una amplia consulta que incluyó aportaciones del Consejo de Administradores de los Programas Nacionales Antárticos (COMNAP), del *Código de conducta sobre actividades de investigación en geociencias sobre el terreno en la Antártida* del SCAR («el Código de Conducta del SCAR»), que las Partes pueden aplicar y utilizar, según resulte conveniente, para ayudar a cumplir sus responsabilidades en virtud del Protocolo;

recomiendan que sus Gobiernos:

1. respalden el Código de Conducta voluntario del SCAR, ya que representa las mejores prácticas actuales para planificar y emprender actividades de investigación de campo en geociencias en la Antártida;

2. alienten la consideración del Código de Conducta del SCAR durante el proceso de Evaluación del Impacto Ambiental para las actividades de investigación en geociencias sobre el terreno dentro de la Antártida y animen a sus investigadores a cumplir, en la medida de sus posibilidades, el contenido del Código de Conducta del SCAR al desempeñar actividades de investigación en geociencias sobre el terreno en la Antártida, y

3. mantengan información actualizada sobre aquellos repositorios nacionales que albergan especímenes geológicos y paleontológicos antárticos.

Código de conducta ambiental del SCAR sobre actividades de investigación en geociencias sobre el terreno en la Antártida

Directrices voluntarias

Antecedentes

1. Este código de conducta del Comité Científico de Investigación Antártica (SCAR) proporciona orientación a la hora de planificar o emprender actividades de investigación en geociencias sobre el terreno en el área del Tratado Antártico.

2. Este código de conducta fue elaborado por el Grupo de Acción del SCAR sobre Conservación y Patrimonio Geológico, sobre la base del *Código de conducta de muestreo geológico* del SCAR (boletín GeoReach, Grupo Científico Permanente de SCAR sobre Geociencias (GSSG), vol. 7 de mayo de 2008) y con aportaciones de la comunidad geológica del SCAR. Las directrices se han ultimado a través de una amplia consulta en las que ha participado, entre otros, el Consejo de Administradores de los Programas Nacionales Antárticos (COMNAP).

3. El *Código de conducta ambiental para el trabajo de investigación científica sobre el terreno en la Antártida* (2018) continúa ofreciendo orientaciones acerca de las medidas prácticas para reducir al mínimo el impacto ocasionado por los científicos que desempeñan trabajos de campo en entornos terrestres, y es de aplicación general en toda la Antártida. El *Código de conducta para la realización de actividades en los medioambientes geotérmicos terrestres en la Antártida* del SCAR (2016) proporciona orientación para los científicos que trabajan en zonas geotérmicas.

4. El presente *Código de Conducta sobre actividades de investigación en geociencias sobre el terreno en la Antártida* del SCAR se elaboró en reconocimiento de una necesidad específica de directrices para las actividades científicas más allá de las pautas de aplicación general, ya que los investigadores que trabajan sobre el terreno geológico pueden operar en condiciones y circunstancias únicas en las que puede ser necesario contar con orientaciones más específicas y personalizadas para salvaguardar los valores de los sitios geológicos.

5. Este código de conducta se actualizará y perfeccionará a medida que surjan nuevos resultados científicos e informes de impacto ambiental gracias a las futuras investigaciones en geociencias.

6. Puede consultarse una lista de repositorios nacionales (museos, universidades, institutos, etc.) que albergan especímenes geológicos y paleontológicos antárticos en: https://www.scar.org/scar-library/search/science-4/geosciences/5595-list-of-national-geosciences-repositories/file/

Introducción

7. La Antártida contiene numerosas características geológicas únicas (petrológicas, mineralógicas, estratigráficas, tectónicas, geocronológicas, geomorfológicas, paleontológicas y meteoríticas). Muchas de estas características pueden ser vulnerables a alteraciones y a la recolección no permitida, y pueden sufrir fácilmente daños irreversibles.

8. Los especímenes geológicos, tales como rocas, minerales, fósiles y meteoritos, son recursos científicos finitos; por lo tanto, es importante salvaguardar el valor científico de los sitios geológicos y garantizar que se disponga de material adecuado sobre el terreno y en los repositorios para permitir el desarrollo de futuras investigaciones geológicas.

9. Algunos trabajos de campo geológicos emplean métodos y técnicas destructivos que provocan impactos ambientales y afectan al valor científico de una zona. Los efectos acumulativos resultantes de actividades científicas y logísticas repetitivas también dan lugar a una pérdida del valor científico de algunos sitios geológicos.

10. El patrimonio geológico de la Antártida no ha sido objeto de una identificación sistemática, ni tampoco se ha medido todavía su valor ni el riesgo de impacto antropogénico. A través de este código de conducta se alienta a la comunidad a participar en la identificación y evaluación de sitios de especial interés geológico, incluidos los que presentan un riesgo de deterioro.

Principios rectores

11. Se requiere una planificación cuidadosa y es preciso consultar con las autoridades nacionales antes de emprender una investigación en entornos sin hielo; asimismo, se deben considerar las medidas adecuadas para ayudar a mantener la integridad de los sitios, las cuales deberán incluir:

    - selección cuidadosa del sitio que se va a visitar;
    - máxima coordinación posible de las actividades planificadas con otros investigadores interesados en la zona.

12. Las ubicaciones de los sitios visitados y la naturaleza de las actividades desempeñadas deben documentarse y mantenerse en registros de acceso público o en un centro de datos nacional, que también puede vincularse al Directorio Maestro Antártico (DMA) e incluir posiciones de ubicación precisas (por ejemplo, GPS), de modo que los futuros investigadores puedan discernir claramente los sitios visitados de los no visitados.

Antes de desempeñar trabajos sobre el terreno

13. El *Código de conducta ambiental del SCAR para el trabajo de investigación científica sobre el terreno en la Antártida* proporciona directrices para «antes de realizar trabajos sobre el terreno» que son generalmente aplicables a las actividades de las ciencias geológicas. Se proporcionan algunas pautas adicionales en los siguientes puntos:

14. Para el proceso de Evaluación del Impacto Ambiental (EIA), proporcione datos tales como el tipo y la cantidad aproximada de muestras geológicas que se tomarán, la ubicación general de los sitios de muestreo previstos, los métodos de muestreo, el tipo de transporte (por ejemplo, el uso de vehículos), si se dejará algún equipo científico o estructura (por ejemplo, poste señalizador, zócalo) y durante cuánto tiempo, y cualquier restauración planificada del sitio.

15. Para minimizar o evitar la perturbación de la vida silvestre debido a la realización de actividades de investigación, considere las concentraciones de vida silvestre y hábitats críticos próximos a los sitios de investigación, planifique mantener distancias adecuadas y busque orientación sobre los permisos o autorizaciones requeridos.

16. Si el sitio de investigación propuesto se encuentra dentro de una Zona Antártica Especialmente Protegida (ZAEP), consulte el plan de gestión de la ZAEP para asegurarse de que la actividad planificada está permitida en la zona en cuestión.

17. Si el trabajo de investigación propuesto se encuentra dentro de una Zona Antártica Especialmente Administrada (ZAEA), se debe obtener una copia del plan de gestión de la ZAEA y comprender las directrices. No se requiere un permiso para ingresar a una ZAEA; sin embargo, se recomienda que se informe a la autoridad nacional pertinente de cualquier intención de llevar a cabo una investigación geológica, incluido cualquier muestreo, dentro de cualquier zona científica o restringida, según se describan en el plan de gestión de la ZAEA correspondiente.

18. Considere si hay otros geocientíficos que también estén accediendo a la ubicación propuesta sobre el terreno, incluso aunque procedan de países distintos del suyo. En lugares donde operan geólogos de diferentes naciones, se debe considerar la posibilidad de coordinar las actividades para reducir al mínimo los impactos ambientales y el riesgo de muestreo excesivo.

Sobre el terreno

19. De acuerdo con una EIA, evaluada por una autoridad nacional competente, los investigadores pueden extraer muestras geológicas para llevar a cabo estudios científicos adicionales. Para mantener la integridad científica de una ubicación, absténgase de desplazar materiales fósiles, minerales o rocosos de su contexto estratigráfico original a otro contexto estratigráfico.

20. Si se van a tomar muestras geológicas o paleontológicas con fines de investigación, evite efectuar un muestreo excesivo en el sitio y, si es posible, reduzca al mínimo la extracción de grandes cantidades de fósiles o minerales raros. Los muestreos deben limitarse exclusivamente a la cantidad mínima de material requerida para el proyecto científico, y deben efectuarse de acuerdo con las cantidades especificadas en la EIA del proyecto. Deben dejarse suficientes materiales/especímenes para permitir que futuros trabajadores entiendan el contexto del material.

21. Se reconoce que, en circunstancias excepcionales, puede ser necesario recolectar un espécimen raro o frágil y que ello suponga la desaparición de dicho material del lugar. Una vez finalizado el estudio, este material deberá depositarse en un repositorio adecuado de muestras geológicas.

22. Si los sitios tienen un riesgo inminente de ser destruidos por los procesos del sistema terrestre (como el deshielo del gelisuelo, que podría provocar una mayor erosión, movimientos masivos tales como corrimientos de tierra, cambios en el nivel del agua de los lagos o procesos de erosión), intente recopilar tanta información como sea posible (por ejemplo, fotografías, muestras etc.) e informe a las autoridades nacionales.

23. Minimice el uso de explosivos, sierras de roca, perforadoras de roca y otros equipos mecánicos para la recolección de muestras.

24. En los trabajos efectuados en roca y perfiles de sedimentos no consolidados (por ejemplo, donde las secuencias sedimentarias se limpian para permitir una descripción o un muestreo más precisos), después del muestreo, deje la superficie tal y como haya quedado después de trabajar sobre ella, sin intentar restaurar la apariencia original del sitio. Una superficie «limpia» tiene más valor científico, educativo y visual que una restaurada. Sin embargo, si el investigador considera que es probable que aumente la erosión si se deja la superficie tal y como haya quedado después de trabajar sobre ella, se deben tomar medidas para minimizar la erosión, por ejemplo, utilizando técnicas de relleno.

25. Tome medidas para minimizar el riesgo de que se produzcan vertidos de combustible, de agua para el enfriamiento de los taladros o de lodos generados por las operaciones de perforación o serrado. Debería disponerse de materiales absorbentes apropiados para contener los vertidos de combustible y, si se utilizan, deberían adoptarse las medidas necesarias para que el material absorbente contaminado por combustible sea evacuado del lugar y tratado de conformidad con el anexo III del Protocolo.

26. Si durante la investigación sobre el terreno se descubre un sitio geológico de interés particular o con un valor científico o intrínseco excepcional, informe a las autoridades nacionales e internacionales pertinentes (por ejemplo, el representante de geociencias del comité nacional del SCAR (https://www.scar.org/members-and-officers/national-committees/) y el Grupo de Geociencias del SCAR (https://www.scar.org/science/gsg/about/)). Proporcione información, incluida la ubicación, la escala espacial del sitio, una descripción sencilla que incluya detalles sobre la importancia del sitio,

fotografías y una bibliografía de referencia. Si el valor científico de una ubicación está en peligro debido a un impacto antropogénico, informe de ello siguiendo el procedimiento detallado anteriormente.

Fósiles

27. Al tomar moldes de yeso de fósiles, no deje restos de yeso en el terreno después de quitar la cubierta de yeso.

28. Si busca fósiles diminutos, hágalo en el sitio y tenga cuidado de no mezclar depósitos, algo que a menudo resulta imposible de detectar en sedimentos que están deficientemente clasificados.

Características geomorfológicas

29. Algunos elementos, como los cinturones de roca grande y las piedras sueltas, los clastos volcados, los rayones y raspaduras, los guijarros colgados y el suelo comprimido, no resultan evidentes para las personas no expertas y pueden alterarse fácilmente. Se debe tener cuidado de minimizar la perturbación de los elementos geomorfológicos frágiles, incluidos, por ejemplo, los entornos de desglaciación reciente, los suelos con patrones (es decir, polígonos clasificados por heladas, franjas de piedra), las dunas, las terrazas glaciofluviales, los entornos proglaciares y las terrazas costeras. Si es posible, reduzca al mínimo la circulación de vehículos y peatones en estas zonas.

30. Evite alterar los ventifactos o modificar su orientación.

31. Al excavar en las terrazas marinas, lacustres o glaciofluviales, tenga cuidado de minimizar el tamaño de la sección de corte, sobre todo si la topografía restante es muy reducida.

Meteoritos

32. En la Antártida pueden encontrarse meteoritos principalmente en la superficie o subsuperficie del hielo, en especial en zonas de hielo azul ascendente. Es esencial que los meteoritos candidatos no se contaminen con la manipulación, ya que esto podría comprometer su uso en la ciencia futura (es decir, en estudios orgánicos, de astrobiología, halógenos y de isótopos ligeros).

33. Si se encuentra un posible meteorito, no debe tocarse ni retirarse hasta que se hayan tomado las precauciones adecuadas para evitar alteraciones físicas o contaminación química y biológica, así como para preservar su valor científico. Tome fotografías, anote la posición del GPS, marque la ubicación con un señalizador temporal (como una bandera) y comuníquese con los expertos en meteoritos para obtener orientaciones adicionales sobre su recolección.

34. Si se dispone de conocimientos especializados en la materia y se lleva a cabo la recolección, los meteoritos deben recolectarse y conservarse de conformidad con los estándares aceptados (por ejemplo, https://www.nsf.gov/geo/opp/antarct/meteorite_regs.jsp), y deberán ponerse a disposición de la ciencia (véase la Resolución 3 [2001] de la XXIV RCTA).

Muestreo para la datación con nucleidos cosmogénicos

35. Los bloques erráticos y las superficies pulidas pueden tener utilidad científica para fechar los avances y retrocesos de los glaciares, así como el adelgazamiento del hielo, por medio de diversos tipos de procedimientos de datación cosmogénica. Esta metodología requiere que los bloques erráticos y las superficies permanezcan intactas. Para preservar su valor científico, los investigadores y otros visitantes deben tener cuidado de no mover o volcar bloques erráticos, clastos colgados o superficies de lecho rocoso dañadas.

36. Los investigadores no deben recolectar todos los bloques erráticos en una zona determinada; de ese modo, se garantizará que sea posible efectuar investigaciones futuras con diferentes técnicas. Si se toman muestras completas de roca grande o muestras de menor tamaño, archive, si es posible, una parte de la muestra para futuras investigaciones en las que se utilicen metodologías potencialmente más sofisticadas.

37. Se debe considerar la posibilidad de registrar el movimiento humano dentro de las áreas usando GPS y publicar esta información, de modo que los investigadores futuros puedan identificar más fácilmente rocas grandes que probablemente no se hayan visto alterados por la actividad humana en la zona.

38. La recolección de muestras para la datación cosmogénica es destructiva. Absténgase de utilizar perforadoras de roca, sierras de roca u otras herramientas mecánicas de alta capacidad destructiva. Cualquier muestra recogida para la datación cosmogénica debe recolectarse utilizando un martillo y un cincel.

39. En ocasiones, no se procesan todas las muestras recolectadas. Por lo tanto, si se dispone de ellas, deposite las muestras restantes y los restos en repositorios públicamente accesibles y/o comparta los metadatos de la muestra a través de sitios web de acceso público para optimizar el intercambio de material en el marco de la cooperación científica.

Investigación geofísica sobre el terreno

40. Si utiliza cualquier instrumentación autónoma sobre roca, nieve o hielo, asegúrese de que se visite el sitio y, si es necesario, que el equipo se eleve con la frecuencia suficiente para evitar daños o enterramientos irrecuperables. La recuperación de ciertos elementos del equipo puede no resultar práctica o no ser factible (por ejemplo, el cableado enterrado a gran profundidad). Adopte medidas para garantizar que este tipo de actividad se reduzca al mínimo, especialmente durante la fase de planificación del proyecto. La ubicación de dicho equipo y cualquier perturbación relacionada con su uso deben registrarse y notificarse con un alto grado de precisión.

41. En los procedimientos geofísicos permitidos, tales como estudios sísmicos, tomografía de resistividad eléctrica o estudios por radar, considere la proximidad a la fauna y la flora silvestres locales y minimice las perturbaciones en la medida de lo posible.

42. Si va a construir una base o zócalo de hormigón en el que montar el equipo de investigación geofísica, utilice hormigón prefabricado. Cuando esto no resulte posible y sea necesario moldear el hormigón *in situ*, tome las medidas adecuadas para minimizar el impacto ambiental del polvo de cemento arrastrado por el viento.

43. Si establece estaciones de referencia geofísica, tome medidas para asegurar su demarcación y visibilidad para que no se dañen o se destruyan de forma inadvertida. Retire los señalizadores y el equipo cuando el trabajo haya concluido o cuando se considere que han dejado de tener una utilidad científica. En algunas circunstancias, puede ser importante mantener los zócalos, bases o plataformas de las estaciones de referencia construidas (como las que se utilizan en los señalizadores geodésicos o las estaciones base gravimétricas) para servir de referencia en el futuro, una vez finalizada la investigación inicial. En tales casos, las bases o estructuras de las estaciones deben estar claramente señalizadas, los detalles de su posición y propósito deben enviarse a una base de datos nacional apropiada y debe revisarse periódicamente (por ejemplo, cada cinco años) la necesidad de su presencia continua. Una vez que se considere que ya no son necesarios, deben retirarse.

Después del trabajo de campo

44. Si las muestras geológicas se transportan a través de otro país en ruta hacia la nación de origen, asegúrese de que se entiendan todos los requisitos legales de ese país para evitar problemas legales (es decir, en la aduana).

45. La información, según corresponda al estudio, debe proporcionarse a un repositorio o base de datos de acceso público, como el centro de datos nacional, que también puede vincularse al DMA una vez concluido el trabajo de campo. Dicha información debe incluir: cantidad de muestras recolectadas, ubicación del área de muestreo general, incluida la posición GPS (metadatos necesarios: latitud, longitud, nivel de referencia geodésico especificado (por ejemplo, WGS84)), método de muestreo, tipo de transporte (por ejemplo, uso de vehículos), evidencia de impactos previos en el área, si se ha dejado alguna estructura artificial y por cuánto tiempo se espera que permanezca, si se llevó a cabo la restauración del sitio, etc.

46. Si durante su trabajo de campo reconoció que existían sitios de valor geológico en peligro de sufrir una degradación por procesos naturales o antropogénicos, envíe la información (por ejemplo, elaborando un informe posterior a la visita) al programa antártico nacional y al Grupo de Geociencias del SCAR.

47. Con el fin de maximizar el beneficio científico y la cooperación, asegúrese de que las muestras estén disponibles para otros investigadores. Para ello, inclúyalas en una colección geológica apropiada y accesible al público, de acuerdo con los acuerdos internacionales, las leyes nacionales y la normativa reguladora de los repositorios.

48. Asegúrese de que se registre la información adecuada sobre las muestras que puedan tener un valor científico futuro (por ejemplo, numeración de la muestra, ubicación de la muestra, orientación, etc.) y se ponga a disposición de otros investigadores una vez que las muestras se incluyan en una colección geológica o paleontológica.

49. Los repositorios deben conservar los metadatos de las muestras y enlazarlos con el Directorio Maestro Antártico para que los futuros trabajadores puedan encontrar el material y poner las muestras a disposición de futuros trabajadores.

50. Todas las publicaciones resultantes del trabajo de campo geológico deben reconocer dónde se almacenan las muestras de campo y los datos.

Resolución 2 (2021)

Guía revisada para la presentación de documentos de trabajo que contengan propuestas relativas a Zonas Antárticas Especialmente Protegidas, Zonas Antárticas Especialmente Administradas o a Sitios y Monumentos Históricos

Los representantes,

observando que el anexo V del Protocolo al Tratado Antártico sobre Protección del Medio Ambiente permite que la Reunión Consultiva del Tratado Antártico («RCTA») apruebe propuestas para designar una Zona Antártica Especialmente Protegida («ZAEP») o una Zona Antártica Especialmente Administrada («ZAEA»), apruebe o modifique un plan de gestión para dicha Zona, o designe un Sitio o Monumento Histórico («SMH») a través de una Medida, de conformidad con el artículo IX(1) del Tratado Antártico;

conscientes de la necesidad de garantizar la claridad en relación con el actual estado de cada ZAEP y ZAEA y su plan de gestión, y de cada SMH;

recordando la Resolución 1 (2008), que recomendó que la *Guía para la presentación de documentos de trabajo que contengan propuestas relativas a Zonas Antárticas Especialmente Protegidas, a Zonas Antárticas Especialmente Administradas y a sitios y monumentos históricos* («la Guía»), anexa a esta, sea utilizada por quienes participan en la preparación de dichos documentos de trabajo;

recordando además la Resolución 3 (2018), que actualizaba la Guía para reflejar las instrucciones que aparecían en las *Directrices para la evaluación y gestión del patrimonio antártico*, adoptadas mediante la Resolución 2 (2018);

teniendo en cuenta la Decisión 1 (2019), que aporta más detalles sobre qué información debe contener cada entrada en la lista de Sitios y Monumentos Históricos, y con el deseo de actualizar la plantilla B de la Guía para reflejar este nuevo formato;

recomiendan que sus Gobiernos:

1. reemplacen la guía anexa a la Resolución 3 (2018) por la guía, en su forma revisada, anexa a la presente Resolución, que será utilizada por quienes se dediquen a la elaboración de dichos documentos de trabajo; y

2. soliciten a la Secretaría del Tratado Antártico que publique el texto de la Resolución 3 (2018) en su sitio web de manera que quede claro que ya no tiene vigencia.

Guía revisada para la presentación de Documentos de Trabajo que contengan propuestas relativas a Zonas Antárticas Especialmente Protegidas, Zonas Antárticas Especialmente Administradas o a Sitios y Monumentos Históricos

A. Documentos de Trabajo sobre ZAEP o ZAEA

Se recomienda que el Documento de Trabajo contenga dos partes:

(i) una **NOTA DE REMISIÓN** que explique los efectos previstos para la propuesta y la historia de la ZAEP o ZAEA usando la Plantilla A a modo de guía. **Esta nota de remisión no formará parte de la Medida** aprobada por la RCTA, por lo que no se publicará en el Informe Final de la RCTA ni en el sitio web de la STA. Su único propósito es facilitar la consideración de la propuesta y la redacción de las Medidas por parte de la RCTA.

y

(ii) un **PLAN DE GESTIÓN**, en una versión lista para publicar. **Este se anexará a la Medida y se publicará** en el Informe Final y en el sitio web de la Secretaría.

Sería conveniente que el plan se redacte *en su versión final*, listo para su publicación. Por cierto, se tratará de un borrador en su primera presentación al CPA, y podrá ser corregido por el CPA o por la RCTA. Sin embargo, la versión aprobada por la RCTA debería tener ya su formato listo para publicación, y no debería requerir de más ediciones por la Secretaría, aparte de la inserción de referencias cruzadas hacia otros instrumentos aprobados durante la misma reunión.

Por ejemplo, en su formato final, el plan no debería contener expresiones tales como:

- "esta zona *propuesta*";
- "este *proyecto de* plan";
- "este plan, *si fuese aprobado*, sería…";
- descripción de los debates surgidos en el CPA o en la RCTA o de información sobre trabajo intersesional (a menos que se refiera a información importante, por ejemplo, acerca de procesos de consulta o de actividades que se han realizado en la Zona desde la última revisión);
- opiniones de las delegaciones individuales sobre el borrador o sus versiones intermedias;
- referencias a otras zonas protegidas con la utilización de designaciones anteriores a la aprobación del Anexo V.

Se debe utilizar la "Guía para la Preparación de Planes de Gestión para las Zonas Antárticas Especialmente Protegidas" si la propuesta se refiere a una ZAEP (la actual versión de esta Guía se anexa a la Resolución 2 [2011] y está contenida en el Manual del CPA).

Existen varios planes de gestión de alta calidad, entre los cuales se cuenta el plan de la ZAEP n.° 109: isla Moe, que puede usarse como modelo para la preparación de planes nuevos y revisados.

B. Documentos de Trabajo sobre Sitios y Monumentos Históricos (SMH)

Los SMH no tienen planes de gestión, a menos que sean designados también como ZAEP o ZAEA. Toda la información esencial sobre los SMH se incluye en la Medida. El resto del Documento de Trabajo no se anexa a la Medida; si se desea mantener antecedentes adicionales en registro, este material puede adjuntarse al informe del CPA para su inclusión en el Informe Final de la RCTA. Para garantizar la entrega de toda la información necesaria para su inclusión en la Medida, se recomienda el uso de la Plantilla B incluida a continuación a modo de guía al redactar el Documento de Trabajo.

C. Presentación de proyectos de Medidas sobre ZAEP, ZAEA y SMH a la RCTA

Cuando se envía a la Secretaría un proyecto de Medida para hacer efectivo el asesoramiento del CPA sobre una ZAEP, ZAEA o SMH para su presentación a la RCTA, se solicita a la Secretaría que, además, proporcione a la RCTA copias de la nota de remisión del Documento de Trabajo original que reseña la propuesta, sujeto a las revisiones por el CPA.

La siguiente es la secuencia de eventos:

- El proponente prepara y presenta un Documento de Trabajo, que consiste en un proyecto de Plan de Gestión y una nota de remisión explicativa.
- La Secretaría prepara un proyecto de Medida antes de la RCTA.
- El proyecto de plan de gestión es debatido por el CPA y se le realizan modificaciones (por el proponente en conexión con la Secretaría).
- Si el CPA recomienda su aprobación, el Plan de Gestión (según lo acordado) más la nota de remisión (según lo acordado) son remitidos por el Presidente del CPA al Presidente del Grupo de Trabajo sobre Asuntos Jurídicos e Institucionales.
- El Grupo de Trabajo sobre Asuntos Jurídicos e Institucionales revisa el proyecto de Medida;
- La Secretaría presenta formalmente el proyecto de Medida más la nota de remisión acordada;
- La RCTA considera el proyecto y toma una decisión.

PLANTILLA A: NOTA DE REMISIÓN DE UN DOCUMENTO DE TRABAJO SOBRE UNA ZAEP O ZAEA

Cerciórese de proporcionar la siguiente información en la nota de remisión:

1. ¿Se propone la designación de una nueva ZAEP?	Sí/No
2. ¿Se propone la designación de una nueva ZAEA?	Sí/No
3. ¿Está la propuesta vinculada con una ZAEP o una ZAEA que existe en la actualidad? [1] En tal caso, se deben incluir todas las Recomendaciones, Medidas, Resoluciones y Decisiones relativas a la ZAEP/ZAEA, incluida toda designación anterior de la zona como SPA, SEIC u otro tipo de zona protegida: En particular, deben incluirse la fecha y la Recomendación/Medida de lo siguiente:	

[1] Nota: se puede obtener esta información en el sitio web de la STA, en la Base de datos de documentos usando el nombre de la zona como criterio de búsqueda. Si bien la STA ha realizado todos los esfuerzos para garantizar la integridad y exactitud de la información contenida en su base de datos, es posible que haya algunos errores u omisiones. Los proponentes de cualquier revisión de una zona protegida son quienes están en la mejor posición en lo que se refiere a conocimientos sobre la zona, y se les pide encarecidamente que se comuniquen con la Secretaría si notan alguna discrepancia entre la historia regulatoria, según su interpretación, y lo que se muestra en la base de datos de la STA.

Designación original:	
Primera adopción del plan de gestión:	
Revisiones del plan de gestión:	
plan de gestión actual:	
Prórrogas a la fecha de caducidad del plan de gestión:	
Cambio de nombre y número a ....en virtud de la Decisión 1 (2002).	
Otras medidas relevantes:	
4. Si la propuesta contiene una modificación de un plan de gestión existente, indique las características de las modificaciones sugeridas:	
i)¿Rectificación importante o de menor importancia?	
(ii) ¿Se introducen cambios en los límites o en las coordenadas?	
(iii) ¿Se introducen cambios en los mapas? En caso afirmativo, ¿afectan los cambios solo a las leyendas o también a los gráficos?	
(iv) ¿Hay algún cambio en la descripción de la Zona que resulte pertinente para identificar su ubicación o sus límites?	
(v)¿Algún cambio que afecte a otra ZAEP, ZAEA o a un SMH que se encuentre dentro de esta área o junto a ella? Explique, en particular, si se ha producido alguna fusión con sitios o zonas existentes o si se determinó la incorporación o eliminación de alguno de ellos.	
vi) Otros: breve resumen de otros tipos de cambios, con indicación de los párrafos del plan de gestión donde se establecen (especialmente útiles si el plan es extenso).	
5. Si se propone una nueva ZAEP o ZAEA, ¿contiene esta algún área marina?	Sí/No
6. En caso afirmativo, ¿la propuesta requiere la aprobación previa de la CCRVMA, de conformidad con la Decisión 9 (2005)? Sí/No	Sí/No
7. En caso afirmativo, ¿se ha obtenido la aprobación previa de la CCRVMA?	Sí/No
En caso afirmativo, debe proporcionarse la referencia al párrafo pertinente del Informe Final de la CCRVMA	
8. Si la propuesta está vinculada con una ZAEP, ¿cuál es la razón primordial de la designación (es decir, qué sección, según el Artículo 3.2 del Anexo V)?	

9. ¿se identificó el principal dominio ambiental representado por la ZAEP/ZAEA (véase el *Análisis de dominios ambientales para el continente antártico* adjunto a la Resolución 3 [2008])? Si la respuesta es afirmativa, se debe indicar aquí el dominio ambiental principal).	Sí/no
10. ¿se ha identificado la principal Región Biogeográfica de Conservación Antártica (RBCA) representada por la ZAEP/ZAEA? (véase el documento "Regiones biogeográficas de conservación de la Antártida" anexo a la Resolución 6 [2012]) Si la respuesta es afirmativa, se debe indicar aquí la principal Región biogeográfica de conservación de la Antártida).	Sí/no
11. Si corresponde, ¿se han identificado Zonas con importancia para las aves (ZIA) en la Antártida (Resolución 5, [2015]) representadas por la ZAEP/ZAEA? (véase el resumen anexo al Documento de Información IP 27 de la XXXVIII RCTA, Resumen de las Áreas importantes para la conservación de las aves en la Antártida 2015) y el informe completo en: http://www.era.gs/resources/iba/)? Si la respuesta es afirmativa, se debe indicar aquí el Área importante para la conservación de las aves.	Sí/No

El formato mencionado puede utilizarse a modo de plantilla o de lista de verificación para la nota de remisión a fin de garantizar la entrega de toda la información solicitada.

PLANTILLA B: NOTA DE REMISIÓN DE UN DOCUMENTO DE TRABAJO SOBRE UN SITIO O MONUMENTO HISTÓRICO

Cerciórese de proporcionar la siguiente información en la nota de remisión:

1. ¿El sitio o monumento histórico fue designado como Sitio o Monumento Histórico en una RCTA anterior? En caso afirmativo, incluya una lista de todas las Recomendaciones y Medidas pertinentes).	Sí/No
2. Si la propuesta se refiere a un nuevo Sitio o Monumento Histórico, incluya la siguiente información, redactada para su inclusión en la Medida:	
(i) Nombre del SMH propuesto:	
(ii) Descripción: Describir materiales, construcción, función, uso.	
(iii) Ubicación del sitio: Facilitar únicamente una coordenada de latitud y una de longitud.	
(iv) Designación/enmienda:	
(v) Parte proponente original: Enumerar proponente(s)	
(vi) Parte a cargo de la gestión: Nombrar el país o los países que se comprometieron a hacer un seguimiento (y especificar el enfoque de gestión adoptado para el sitio u objeto).	
(vii) Tipo: • edificio (cabaña, estación, restos de otro edificio), • sitio, • objeto conmemorativo (placa, busto, cruz u otros) u • otros restos (mojón de expedición, tienda, faro, naufragio u otros).	
(viii) Estado de conservación:	
(ix) Descripción del contexto histórico:	
(x) Criterios que aplican de conformidad con la Resolución 3 (2009):	

(xi) Herramientas de gestión: Describir actividades de gestión o seguimiento planificadas para el sitio u objeto (ver las Secciones 6 y 7, así como la parte 5, del Anexo de la Resolución 3 [2009]), así como medidas que se tomarán para limitar el impacto ambiental que podría causar la gestión del SMH. No siempre será apropiado contar con un plan de gestión formal, lo cual podrá señalarse en la propuesta.	
(xii) Fotografías: Aportar fotografías, preferiblemente con pies de foto y créditos breves, que muestren el sitio y/o monumento y su ubicación/entorno.	
(xiii) Características físicas del medioambiente y contexto cultural y local:	
3. Si la propuesta se refiere a la designación de un SMH que ya existe, incluya una lista con las Recomendaciones y Medidas anteriores:	

El formato mencionado puede utilizarse a modo de plantilla o de lista de verificación para la nota de remisión a fin de garantizar la entrega de toda la información solicitada.

Resolución 3 (2021)

Directrices para sitios que reciben visitantes

Los representantes,

recordando las Resoluciones 5 (2005), 2 (2006), 1 (2007), 2 (2008), 4 (2009), 1 (2010), 4 (2011), 4 (2012), 3 (2013), 4 (2014), 2 (2016), 1 (2018) y 2 (2019), en virtud de las cuales se adoptaron y actualizaron las listas de sitios sujetos a las directrices para sitios que reciben visitantes («Directrices para Sitios»);

convencidos de que las Directrices para sitios refuerzan las disposiciones establecidas en la Guía para aquellos que organicen y conduzcan actividades turísticas y no gubernamentales en la Antártida anexa a la Recomendación XVIII-1 (1994);

confirmando que el término «visitantes» no incluye a los científicos que realizan investigaciones en dichos sitios, ni a las personas que participan en actividades gubernamentales oficiales;

teniendo en cuenta que las Directrices para sitios se han desarrollado a partir de los niveles y tipos de visitas actuales en cada sitio específico, y conscientes de que dichas Directrices podrían requerir de una revisión si hubiese cambios significativos en los niveles o tipos de visitas a un sitio;

convencidos de que las Directrices para cada sitio deben revisarse y modificarse de manera oportuna en respuesta a los cambios en el nivel y el tipo de visitas, o en respuesta a cualquier impacto en el medioambiente que pueda demostrarse o ser probable;

deseando mantener actualizada la lista de sitios sujetos a las Directrices para Sitios, así como las Directrices propiamente dichas;

recomiendan a sus Gobiernos que:

1. se incluya a cabo Evans, punta Hut y al cabo Adare a la lista de sitios sujetos a directrices para sitios que reciben visitantes («Directrices para Sitios») que se anexa a esta Resolución, y que las directrices de tales sitios se incorporen a las Directrices para Sitios según lo aprobado por la Reunión Consultiva del Tratado Antártico («RCTA»);

2. Seabee Hook, cabo Hallett, Tierra de Victoria del Norte, mar de Ross, y cabo Royds, isla Ross, se actualicen en la lista de sitios sujetos a las Directrices para Sitios anexa a esta Resolución, y que las directrices para tales sitios, adoptadas por la RCTA, se agreguen a las Directrices para Sitios;

3. la Secretaría del Tratado Antártico («la Secretaría») actualice su sitio web en consecuencia;

4. se insta a todos los potenciales visitantes a garantizar que están plenamente familiarizados con las recomendaciones de estas Directrices para Sitios y que se regirán por ellas, y

5. la Secretaría publique el texto de la Resolución 2 (2019) en su sitio web de manera que se aclare que este ya no tiene vigencia.

Lista de sitios sujetos a las directrices para sitios

Directrices para sitios	**Aprobación original**	**Ultima versión**
1. Isla Penguin (Lat. 62° 06' S, Long. 57° 54' O)	2005	2005
2. Isla Barrientos, islas Aitcho (Lat. 62° 24' S, Long. 59° 47'O)	2005	2013
3. Isla Cuverville (Lat. 64° 41' S, Long. 62° 38' O)	2005	2013
4. Punta Jougla (Lat. 64° 50' S, Long. 63° 30' O)	2005	2013
5. Isla Goudier, puerto Lockroy (Lat. 64° 49' S, Long. 63° 29' O);	2006	2006
6. Punta Hannah (Lat. 62° 39' S, Long. 60° 37' O)	2006	2013
7. Puerto Neko (Lat. 64° 50' S, Long. 62° 33' O)	2006	2013
8. Isla Paulet (Lat. 63° 35' S, Long. 55° 47' O)	2006	2018
9. Isla Petermann (Lat. 65° 10' S, Long. 64° 10' O)	2006	2013
10. Isla Pleneau (Lat. 65° 06' S, Long. 64° 04' O)	2006	2013
11. Punta Turret (Lat. 62° 05' S, Long. 57° 55' O)	2006	2006
12. Puerto Yankee (Lat. 62° 32' S, Long. 59° 47' O)	2006	2019
13. Monte Bardas Coloradas (cerro Carbonell), península Tabarin (Lat. 63° 32' S, Long. 56° 55'O)	2007	2018
14. Cabaña de Cerro Nevado (Lat. 64° 21'50'' S, Long. 56° 59'31'' O)	2007	2019
15. Caleta Shingle, isla Coronation (Lat. 60° 39' S, Long. 45° 34" O)	2008	2008
16. Isla del Diablo, isla Vega (Lat. 63° 48' S, Long. 57° 17' O)	2008	2018
17. Caleta Balleneros, isla Decepción, islas Shetland del Sur (Lat. 62° 59' S; Long. 60° 34' O)	2008	2018
18. Isla Media Luna, islas Shetland del Sur (Lat. 62° 35' 24'' S, Long. 59° 55'13'' O)	2008	2019
19. Cabo Baily, isla Decepción, islas Shetland del Sur (Lat. 62° 58' S; Long. 60° 30' O)	2009	2013
20. Bahía Telefon, isla Decepción, islas Shetland del Sur (Lat. 62° 55' 27'' S, Long. 60° 39'47'' O)	2009	2018
21. Cabo Royds, isla Ross (Lat. 77° 33' 11" S, Long. 166° 10' 7" E)	2009	2021
22. Casa Wordie, isla Winter (isla Invierno), islas Argentina (Lat. 65° 15' S, Long. 64° 16' O)	2009	2009
23. Isla Stonington, bahía Margarita, península antártica (Lat. 68° 11' S, Long. 67° 00' O)	2009	2009
24. Isla Horseshoe, península antártica (Lat. 67° 49' S, Long. 67° 18' O)	2009	2014
25. Isla Detaille, península antártica (Lat. 66° 52' S, Long. 66° 48' O)	2009	2009

Directrices para sitios	**Aprobación original**	**Ultima versión**
26. Isla Torgersen, puerto Arthur, sudoeste de la isla Anvers (Lat. 64º 46.39' S, Long. 64º 04,55' O)	2010	2019
27. Isla Danco, canal Errera, península antártica (Lat. 64º 44' S, Long. 62º 36' O)	2010	2013
28. Seabee Hook, cabo Hallett, Tierra Victoria del Norte, mar de Ross, sitio para visitantes A y sitio para visitantes B (Lat. 72º 19 'S, Long. 170º 13' E)	2010	2021
29. Punta Damoy, isla Wiencke, península antártica (Lat. 64º 49' S, Long. 63º 31' O)	2010	2013
30. Valle Taylor, zona de visitantes, Tierra de Victoria del Sur (Lat. 77° 37,59' S, Long. 163° 03.42' E)	2011	2011
31. Playa noreste de la isla Ardley (Lat. 62º 13' S; Long. 58º 55' O)	2011	2011
32. Cabañas de Mawson y cabo Denison, Antártida Oriental (Lat. 67º 00'31'' S; Long. 142º 40'43'' E)	2011	2014
33. Isla D'Hainaut, puerto Mikkelsen, isla Trinity (Lat. 63° 54' S, Long. 60° 47' O)	2012	2012
34. Puerto Charcot, isla Booth (Lat. 65° 04' S, Long. 64° 02' O)	2012	2012
35. Caleta Péndulo, isla Decepción, islas Shetland del Sur (Lat. 62º 56' S, Long. 60º 36' O)	2012	2018
36. Puerto Orne, sector sur del puerto Orne, estrecho de Gerlache (Lat. 64º 38' S, Long. 62º 33'O)	2013	2013
37. Isla Orne, estrecho de Gerlache (Lat. 64º 40' S, Long. 62º 40'O)	2013	2013
38. Punta Wild, isla Elefante (Lat. 61° 06'S, Long. 54° 52'O)	2016	2016
39. Islas Yalour, archipiélago Wilhelm (Lat. 65° 14' S, 64° 10' O)	2016	2016
40. Isla Astrolabe (Lat. 63° 17'S, Long. 58° 40' O)	2018	2018
41. Punta Georges, isla Rongé (Lat. 64° 40'S, Long. 62° 40' O)	2018	2018
42. Punta Portal (Lat. 64° 30'S, Long. 61° 46' O)	2018	2018
43. Cabo Evans (Lat. 77° 38' 12" S, 166° 25' 15" E)	2021	2021
44. Punta Hut (Lat. 77° 50' 44.7" S 166° 38' 30.3" E)	2021	2021
45. Cabo Adare (Lat. 71° 18' 27.5" S, 170° 11' 29" E)	2021	2021

Resolución 4 (2021)

Directrices generales y lista de verificación de directrices para sitios de la Antártida que reciben visitantes

Los representantes,

recordando la Recomendación XVIII-1 (1994), que anexaba una guía para aquellos que organicen y conduzcan actividades turísticas y no gubernamentales en la Antártida y la Resolución 3 (2011), que anexaba directrices generales para visitantes a la Antártida («Directrices Generales»);

reconociendo que las Directrices Generales deben revisarse y corregirse a medida que haya más información disponible;

recordando las Resoluciones 5 (2005), 2 (2006), 1 (2007), 2 (2008), 4 (2009), 1 (2010), 4 (2011), 4 (2012), 3 (2013), 4 (2014), 2 (2016), 1 (2018) 2 (2019) y 3 (2021), en virtud de las cuales se adoptaron y actualizaron las listas de sitios sujetos a las directrices para sitios que reciben visitantes («Directrices para Sitios»);

recordando la Resolución 3 (2019), que adoptó la lista de verificación de las directrices para sitios que reciben visitantes («la Lista de Verificación»);

afirmando el valor de proporcionar asesoría medioambiental general a los visitantes con el fin de complementar la información específica de los sitios;

señalando la conveniencia de proporcionar asesoría actualizada a los visitantes a la Antártida a fin de invitarlos a reducir a un mínimo su impacto en todos los sitios;

deseando fortalecer las instrucciones existentes para los visitantes a la Antártida y que exista coherencia entre las Directrices Generales y las Directrices para Sitios;

recomiendan que sus Gobiernos:

1. respalden las Directrices Generales revisadas que se anexan a esta Resolución (Anexo 1);

2. insten a todos aquellos que tengan la intención de visitar sitios en la Antártida a que se aseguren de que están plenamente familiarizados con las Directrices Generales, y de que acatan sus consejos;

3. soliciten a la Secretaría que publique las Directrices Generales en su sitio web;

4. tengan en cuenta que la Resolución 3 (2011) ha quedado obsoleta y soliciten a la Secretaría del Tratado Antártico («la Secretaría») que publique el texto de la Resolución 3 (2011) en su sitio web de manera que quede claro que está obsoleta;

5. respalden la lista de verificación actualizada anexa a esta Resolución (Anexo 2) y alienten a quienes participan en la preparación o revisión de las Directrices para Sitios a que se ajusten a ella, y

6. soliciten a la Secretaría que publique la lista de verificación actualizada en su sitio web y que indique que la Resolución 3 (2019) ya no está vigente.

Directrices generales para visitantes a la Antártida

Las directrices generales se aplican a todos los visitantes y a todas las actividades en el área del Tratado Antártico[1]. Todas las visitas a la Antártida deben realizarse en conformidad con el Tratado Antártico, su Protocolo sobre Protección del Medio Ambiente y las Medidas, Decisiones y Resoluciones pertinentes aprobadas en la Reunión Consultiva del Tratado Antártico (RCTA). Todas las actividades deben estar sujetas a una Evaluación del Impacto Ambiental y deben tener aprobación/permiso previo o cumplir con todos los requisitos de la autoridad nacional competente pertinente.

Estas directrices proporcionan orientación general para las visitas a todos los lugares, con el objeto de garantizar que las visitan no produzcan impactos adversos en el medio ambiente antártico, incluidos vida silvestre y ecosistemas, ni en sus valores científicos, de flora y fauna silvestre y estéticos. Las directrices para sitios que reciben visitantes de la RCTA proporcionan sugerencias adicionales específicas en algunos lugares. Las directrices relacionadas con riesgos particulares, tales como el uso de aeronaves, o para evitar introducir especies no autóctonas, también puedes ser aplicables.

Consulte estas directrices antes de visitar la Antártida y planifique la forma de reducir al mínimo su impacto. Si forma parte de un grupo de visitas guiadas, cumpla con estas directrices, preste atención a sus guías y siga sus instrucciones. Si usted es el organizador de su propia visita o la visita de un grupo y actividades respectivas, será responsable de cumplir con estas directrices. También será responsable de identificar aquellas características de los sitios que visite que puedan ser vulnerables a los impactos de los visitantes, y de cumplir con los requisitos específicos relacionados con las zonas protegidas, los Sitios y Monumentos Históricos y con actividades o riesgos. Pueden incluirse requisitos específicos en las directrices para sitios de la RCTA y en los planes de gestión de Zonas Antárticas Especialmente Protegidas (ZAEP) y Zonas Antárticas Especialmente Administrada (ZAEA) o en las directrices de visita a estaciones.

PROTECCIÓN DE LA VIDA SILVESTRE ANTÁRTICA

VIDA SILVESTRE

- La recolección o alteración perjudicial de la flora y fauna silvestre antártica están prohibidas.
- Cuando esté cerca de vida silvestre, ya sea en tierra o en el mar, muévase o maniobre lenta y cuidadosamente y reduzca el ruido al mínimo.
- Mantenga una distancia adecuada con la vida silvestre para evitar molestias. Si bien en muchos casos puede ser necesaria una mayor distancia, manténgase, en general, al menos a 5 m. de la vida silvestre en tierra. Cumpla con cualquier instrucción sobre distancias en las directrices específicas sobre especies o sitios.
- Conceda siempre a los animales el derecho de paso y no bloquee sus rutas de acceso entre el mar y la tierra, lugares de anidación u otros destinos.
- Los animales pueden alterar su comportamiento si se les perturba. Observe el comportamiento de la vida silvestre. Si la vida silvestre cambia su

[1] Se reconoce que se podrán hacer excepciones a la aplicación de partes de estas directrices para actividades gubernamentales científicas y oficiales si la realización de estas actividades así lo requiere y si la autoridad nacional competente ha otorgado aprobación previa y la actividad cumple con todos los requisitos de la autoridad nacional pertinente.

	comportamiento (un animal se pone de pie cuando estaba sentado, mueve la cabeza alerta, comienza a emitir ruidos cuando estaba en silencio, etc.), deje de moverse o aléjese con lentitud. • Manténgase fuera de los márgenes de una colonia y observe desde una distancia de seguridad. Los animales son particularmente sensibles a las alteraciones cuando están en época de reproducción (incluyendo la nidificación) o en fase de muda. • Cada situación es distinta. Considere la topografía y las circunstancias concretas del sitio, ya que pueden ejercer influencia en la vulnerabilidad de la vida silvestre ante las perturbaciones. • Evite pisar huevos, polluelos o materiales de nido de skúas, pingüinos o petreles. • Los vehículos aéreos no tripulados no deben utilizarse cerca de la vida silvestre. • No alimente a la fauna silvestre ni deje alimentos o desechos en el entorno.
VEGETACIÓN	• La vegetación, incluyendo musgos y líquenes, es frágil y de crecimiento muy lento. No camine, conduzca ni aterrice sobre lechos de musgo o rocas cubiertas de líquenes para evitar daños. • Al desplazarse a pie, manténgase, en la medida de lo posible, dentro de los senderos establecidos a fin de reducir a un mínimo las alteraciones o el daño a los suelos y superficies vegetales. Donde no exista un sendero, elija con cuidado la ruta más directa, evitando la vegetación, el terreno frágil, las pendientes con pedregales y la vida silvestre.
INTRODUCCIÓN DE ESPECIES NO AUTÓCTONAS Y PATÓGENOS	• No introduzca plantas ni animales en la Antártida. • Lave sus botas y limpie cuidadosamente todo el equipo, incluyendo vestimentas, bolsos, trípodes, tiendas y bastones antes de introducirlos en la Antártida, a fin de evitar introducir especies no autóctonas y enfermedades. Preste especial atención al relieve de las suelas de las botas, a los cierres de velcro y a los bolsillos donde puedan almacenarse componentes del suelo o semillas. También deberían limpiarse los vehículos y aeronaves. • Para prevenir la transferencia de especies no nativas y enfermedades entre lugares en la Antártida, asegúrese de que toda la ropa, botas y equipo se limpian a fondo antes de moverse entre sitios y regiones.

RESPETO DE LAS ÁREAS Y ESTRUCTURAS PROTEGIDAS

ZONAS ANTÁRTICAS ESPECIALMENTE ADMINISTRADAS (ZAEA) Y ZONAS ANTÁRTICAS ESPECIALMENTE PROTEGIDAS (ZAEP)	• Las actividades en las ZAEP y ZAEA deben cumplir con las disposiciones del plan de gestión correspondiente y ajustarse a cualquier restricción para estas áreas. • Para ingresar en una ZAEP se requiere un permiso emitido por su autoridad nacional competente. Mientras esté de visita en una ZAEP debe llevar el permiso consigo y acatar en todo momento todas las condiciones que establezca. • Verifique la ubicación y los límites de las ZAEP y las ZAEA con antelación y consulte las disposiciones de sus planes de gestión (todos se pueden encontrar en la web de la Secretaría del Tratado Antártico (www.ats.aq).

SITIOS Y MONUMENTOS HISTÓRICOS (SMH) Y OTRAS ESTRUCTURAS	• Algunas cabañas históricas han sido designadas como ZAEP y es necesario un permiso para visitarlas. Las visitas deben seguir las disposiciones establecidas en el plan de gestión en cuestión. • En ciertos casos, las cabañas y estructuras históricas pueden usarse con fines turísticos, recreativos y educativos. Los visitantes no deben usarlas con otros fines, salvo en casos de emergencia. • No cause daños, sustracciones, destrucción o cambios en ningún sitio, monumento o artefacto histórico, ni en ninguna construcción ni en refugios de emergencia, independientemente de si se hallan ocupados o no. • En las directrices para sitios que reciben visitantes de la RCTA pertinentes encontrará normas específicas relativas a sitios históricos, monumentos, elementos o edificios y otras estructuras en los alrededores. • Antes de ingresar a cualquier estructura histórica, retire la nieve y arena de sus botas y quite la nieve y el agua de su vestimenta, ya que pueden provocar daños a las estructuras o artefactos. • Tenga cuidado de no dejar huellas en ningún artefacto que pueda estar oculto bajo sedimentos o bajo la nieve al transitar en torno a sitios históricos. • Si encuentra algún artefacto que pueda tener valor histórico y del cual las autoridades puedan no haberse percatado, no lo toque ni lo altere. Notifique a su jefe de expedición o ANC. • Puede encontrar una lista de los SMH designados formalmente en el sitio web de la STA.

RESPETE LA INVESTIGACIÓN CIENTÍFICA

- Algunas estaciones antárticas pueden aceptar visitantes cuando se hayan efectuado trámites previos. Obtenga un permiso antes de visitar las estaciones antárticas.
- Reconfirme las visitas programadas con mucha anticipación, o de acuerdo con las instrucciones proporcionadas por el responsable de una estación antes de llegar.
- Además de con estas pautas generales, cumpla con las normas específicas del sitio o con las directrices para visitantes vigentes cuando visite las estaciones antárticas.
- No interfiera con el equipamiento científico o los señalizadores ni los retire, y no altere los sitios de estudios experimentales, campamentos o provisiones almacenadas.

MANTENGA UNA MÁXIMA LIMPIEZA EN LA ANTÁRTIDA - NO DEJE RASTRO DE SU VISITA

RESIDUOS	• No deposite desechos o basura en tierra ni los arroje al mar. • No fume, excepto en las áreas designadas en las estaciones o campamentos, para evitar desechos y el riesgo de incendio en las estructuras. Recoja las cenizas y la basura para su eliminación fuera de la Antártida.

	• Cerciórese de que los residuos sean manipulados conforme a los anexos III (Eliminación de residuos) y IV (Contaminación marina) del Protocolo al Tratado Antártico sobre Protección del Medio Ambiente. • Cerciórese en todo momento de que todas las pertenencias, el equipo y los residuos estén asegurados de manera que se evite su dispersión en el medio ambiente a causa de vientos fuertes o de la búsqueda de alimentos de la fauna silvestre.
VALORES DE LA FLORA Y FAUNA SILVESTRE	• No altere ni contamine lagos, arroyos, ríos u otros cursos de agua (por ejemplo, al caminar, durante la higiene personal o del equipo, arrojando piedras, entre otros). • No pinte, no grabe nombres ni haga pintadas en ninguna superficie, ya sea hecha por el hombre o natural. • No recolecte ni retire a modo de recuerdo especímenes biológicos o geológicos ni elementos hechos por el hombre, incluyendo plumas, huesos, huevos, vegetación, suelo, rocas, meteoritos o fósiles. • De ser posible, ubique las tiendas y equipos sobre la nieve o en sitios que se hayan usado antes como campamento.

TOME LOS RECAUDOS DE SEGURIDAD

MEDIDAS DE SEGURIDAD/ PREPARATIVOS	• Esté preparado para un clima intenso y cambiante. Cerciórese que su equipo y vestimenta cumplan con las normas antárticas. Recuerde que el medio ambiente antártico es inhóspito, impredecible y potencialmente peligroso. • Conozca sus capacidades, los peligros planteados por el medio ambiente de la Antártida, y actúe en consecuencia. Planifique las actividades teniendo siempre en mente la seguridad. • Mantenga una amplia distancia con toda vida silvestre potencialmente peligrosa o territorial, como los lobos marinos, tanto en tierra como en el mar. De ser posible, manténgase a, por lo menos, 15-25 metros de distancia. • Manténgase atento al lugar por donde camina, ya que las focas pueden hallarse camufladas sobre y entre las rocas. Mantenga una distancia de seguridad con el borde del hielo marino y tenga cuidado al pisar sobre las grietas del hielo marino. • Las skúas son aves muy territoriales y atacarán a cualquiera que se acerque a sus nidos, cayendo en picado sobre los intrusos. Si esto sucede, retírese del punto en el que comenzó el ataque. • Cualquier ejemplar de vida silvestre, incluso los pingüinos, puede causar daños graves. No subestime los riesgos. • Si viaja en grupo, siga los consejos e instrucciones de sus jefes. No se desvíe de su grupo, ya que la supervivencia en la Antártida puede ser cuestión de minutos (especialmente en caso de hipotermia aguda). • No camine sobre los glaciares o campos nevados extensos sin los pertrechos adecuados y sin experiencia. Existe un peligro real de caer en una grieta. • Permanezca atento en las proximidades de los glaciares en fragmentación. Los desprendimientos de hielo pueden generar olas peligrosas. • Preste especial atención al escalar piedras o rocas grandes, ya que al derretirse el gelisuelo con los cambios de temperatura aumenta el riesgo de avalanchas.

	• No cuente con un servicio de rescate. La autosuficiencia aumenta y los riesgos disminuyen cuando la planificación es sólida, el equipo es de calidad y el personal está capacitado. • Entre en los refugios de emergencia solo en caso de una emergencia real. Si usted utiliza equipos o alimentos de un refugio, notifíquelo a la estación de investigación o autoridad nacional más próxima que haya aprobado/permitido la actividad de visitantes en la Antártida una vez que haya pasado la emergencia. • Respete las restricciones de no fumar. Está estrictamente contraindicado el uso de linternas de combustión o hacer fuego dentro de las estructuras históricas o en las áreas circundantes. Preocúpese de tomar medidas en contra del peligro de incendio. Este es un peligro real en el clima seco de la Antártida.

REQUISITOS PARA ATERRIZAJE Y TRANSPORTE

TRANSPORTE	• No utilice aeronaves, embarcaciones, lanchas pequeñas, hidrodeslizadores u otros medios de transporte de maneras que puedan alterar la vida silvestre, ya sea en tierra o en el mar. • Evite sobrevolar zonas donde haya concentraciones de aves y mamíferos. Siga lo aconsejado en la Resolución 2 (2004), *Directrices para la operación de aeronaves en las cercanías de concentraciones de aves en la Antártida*. • El repostaje de combustible de aeronaves (de alas fijas o giratorias) debe realizarse de manera que se minimicen los derrames y se utilice un equipo de contención de derrames adecuado. • El reabastecimiento de combustible para lanchas pequeñas debería efectuarse de manera tal que asegure que este pueda contenerse en caso de derrames, por ejemplo, a bordo de una embarcación. • Verifique que los botes pequeños estén libres de tierra, plantas o animales antes de comenzar cualquier operación de barco a tierra. • Las lanchas pequeñas deben en todo momento controlar su curso y velocidad a fin de reducir a un mínimo la alteración de la vida silvestre y de evitar cualquier colisión con la vida silvestre.
BARCOS[2]	• Solo se permite la visita de un único barco por vez a un sitio. • Las embarcaciones con más de 500 pasajeros no deben desembarcar en la Antártida.
DESEMBARQUE DE PASAJEROS DESDE EMBARCACIONES	• Pueden bajar a tierra un máximo de 100 pasajeros desde una embarcación por vez, a menos que las directrices específicas de un sitio indiquen una cantidad menor de pasajeros. • Durante los desembarques, se debe mantener en todos los sitios una proporción de un guía por cada 20 pasajeros, a menos que las recomendaciones específicas para un sitio indiquen que son necesarios más guías.

[2] *Se define a un barco como una embarcación que transporta más de 12 pasajeros.

Lista de verificación de las directrices para sitios que reciben visitantes

Consideraciones previas

Las Directrices para Sitios deben ser lo más específicas posible, conteniendo únicamente información relevante y un código de conducta que se refiera solo al sitio en sí. Debe asegurarse que cada Directriz para Sitios contenga una referencia a las Directrices Generales para visitantes de la Antártida y que las Directrices para sitios sean coherentes con las Directrices generales.

Para sitios existentes, los revisores deben estudiar las directrices vigentes antes de visitar el sitio y deben identificar los aspectos específicos del sitio que deben estudiarse antes de la visita. Información que se puede documentar:

- Nivel de visitas durante los últimos cinco años y tendencias identificadas de crecimiento, disminución, estabilidad. (Datos de la IAATO sobre el número de visitantes y todo tipo de información de los programas o gobiernos nacionales, según corresponda).
- Informe de incidentes y accidentes durante los últimos cinco años (todo tipo de información de los programas o gobiernos nacionales, según corresponda).
- Tipo de actividades que han realizado los visitantes en la zona (caminatas guiadas, navegación en embarcaciones pequeñas, kayak, etc.)

Para sitios nuevos, los revisores deben recopilar información sobre el sitio antes de una visita. La información para compilar puede incluir (además de lo anterior):

- Información sobre los valores ambientales presentes en la zona (información en manos de los programas o gobiernos nacionales, según corresponda, así como documentos científicos, guías de viaje, etc.)

<table>
<tr><th colspan="2">Preguntas</th><th>Comentarios de los revisores</th></tr>
<tr><td colspan="2">Posición de latitud/longitud
Indicar coordenadas GPS de las referencias del lugar (por ejemplo, xx° xx' xx" S, xx° xx' xx" O
- área de aterrizaje o punto de SMH, etc.)</td><td></td></tr>
<tr><td colspan="2">Características principales
¿Cuáles son las características principales del sitio? ¿Cuál es el motivo por el cual el visitante querría viajar a este sitio? Se recomienda enumerar solamente dos o tres características.</td><td></td></tr>
<tr><td rowspan="3">Topografía y geología
Descripción física del sitio. Se puede usar material complementario para describir la zona más amplia del sitio, pero los revisores deberían indicar cuál es la naturaleza de ese sitio en particular.</td><td>Descripción general del sitio</td><td></td></tr>
<tr><td>Descripción de la o las playas de desembarco</td><td></td></tr>
<tr><td>Descripción de la geología del sitio</td><td></td></tr>
</table>

<table>
<tr><th colspan="2">Preguntas</th><th>Comentarios de los revisores</th></tr>
<tr><td colspan="2">Vida silvestre
Enumerar toda la fauna identificada. En la medida de lo posible, identificar qué tipo de especies se reproducen allí. Usar nombres comunes y científicos.</td><td></td></tr>
<tr><td colspan="2">Vegetación
Enumerar toda la flora presente en el sitio. Usar nombres comunes.</td><td></td></tr>
<tr><td rowspan="4">Actividades históricas, culturales y científicas
Enumerar toda la presencia humana con su ubicación específica y detalles del estado en que se encuentra.</td><td>Se debe indicar específicamente el estado de todos los SMH.</td><td></td></tr>
<tr><td>Mencionar los vestigios históricos y arqueológicos que no se hayan clasificado como SMH.</td><td></td></tr>
<tr><td>Actividad de los programas nacionales, es decir, actividades recluidas o depósitos.</td><td></td></tr>
<tr><td>Enumerar los equipos científicos presentes en el sitio; describir qué son y, si se conoce, a quién pertenecen.</td><td></td></tr>
<tr><td colspan="2">Impacto provocado por los visitantes
¿Hay alguna evidencia a la vista del impacto de los visitantes? Por ejemplo, daños y grafiti en sitios históricos, erosión causada por los senderos, residuos abandonados, marcas dejadas en la geología.</td><td></td></tr>
</table>

Preguntas		Comentarios de los revisores
Descripciones de la "Presión de los visitantes" ¿En qué lugar del sitio es probable que haya consecuencias por la presión de los visitantes? Por ejemplo, podría tratarse de un sendero o de una zona de desembarco demasiado cercanos a la fauna o la flora; impactos de senderos, impactos de instalaciones no permanentes, impactos por el uso de UAV, o zonas peligrosas.	Riesgo para el medio ambiente.	
	Riesgo para la seguridad de los visitantes	
Zona de desembarco (con coordenadas de GPS) Seguridad, adecuación ¿Es accesible?	Aproximación, indicar si hay rocas y bancos de arena situados frente a la costa.	
	¿Hay una gran concentración de fauna en la playa?	
	¿Hay alguna ruta apropiada desde la playa de desembarco hasta el área principal de visitantes?	
Zonas restringidas	¿Hay áreas por las cuales no deban circular los visitantes?	
	¿Cuál es el motivo que fundamenta la exclusión?	
	¿Cuál es el área exacta y cómo se puede identificar? Delimitarla con datos de GPS.	
	¿Hay alguna ZAEA o ZAEP cercana? (¿Son los	

Preguntas		Comentarios de los revisores
	límites fácilmente identificables?)	
Estacionalidad ¿Existe algún factor estacional que pueda afectar a las visitas al sitio? (es decir, temporada de cría de vida silvestre, acumulación de nieve al comienzo de la temporada)		
Cantidad de visitantes ¿Qué implica el límite de número de visitantes sugerido para el número de buques (y la capacidad del barco) que desembarcan por día?	¿El tamaño del sitio limita el número de visitantes?	
	¿La concentración y/o distribución de la fauna limita el número de visitantes?	
	¿Hay consideraciones geológicas que limiten el número de visitantes?	
	¿Perturbarían los visitantes las actividades científicas?	
	¿El número de visitantes por día podría afectar un SMH?	
	¿Cuál sería el número razonable de visitantes por día que podría recibir el sitio?	
Distancias de la flora y la fauna ¿Deberían imponerse otras restricciones complementarias (más allá de los 5 metros estándar)?		

Preguntas	Comentarios de los revisores
Rutas propuestas para las caminatas ¿Hay rutas específicas que se deban tomar o evitar en el sitio? Indicar cuáles son las áreas para recorrer libremente y cuáles con guía.	
Comportamiento en tierra ¿Hay algún problema específico del sitio que deba mencionarse en las directrices del sitio? ¿Hay advertencias que se deban destacar? Se debe tener en cuenta tanto la protección de los visitantes (su salud y seguridad) como la protección del sitio y su flora y fauna.	
Mapa del sitio La mayor parte de la información mencionada en las directrices se debe incluir en el mapa, entre ella los datos de GPS de la zona de desembarco. Para sitios existentes, los revisores deben evaluar la precisión del mapa existente. Por ejemplo, ¿se han señalado con precisión las áreas restringidas y las áreas donde se concentra la fauna? ¿Es necesario agregar otros detalles? ¿Indica el mapa todos los detalles relevantes de las directrices para el sitio? ¿Es consonante con otros mapas más recientes de las directrices para el sitio?	
Evidencia fotográfica Deben utilizarse mapas fotográficos ilustrados para facilitar la interpretación *in situ* de las disposiciones de las Directrices para el sitio. Para sitios existentes, deben tomarse fotografías apropiadas y actualizadas del sitio y, cuando corresponda, adjuntarse a las directrices. Las fotos nuevas no deben reemplazar las fotos antiguas si las versiones anteriores representan mejor el sitio.	

Revisión específica del sitio para sitios existentes

Los revisores deben estudiar las directrices vigentes antes de visitar el sitio e identificar los temas específicos del sitio que deben estudiarse.

Preguntas	Comentarios de los revisores

Resolución 5 (2021)

Enfermedad del coronavirus 2019 y la Antártida

Los representantes,

reconociendo que la XLIII Reunión Consultiva del Tratado Antártico («RCTA») se llevará a cabo virtualmente debido a la actual crisis causada por la enfermedad de coronavirus 2019 («COVID-19»), una de las pandemias más devastadoras de la historia;

reconociendo que la RCTA que se iba a celebrar en 2020 fue cancelada debido a la pandemia de la COVID-19;

reconociendo además las importantes implicaciones de la pandemia de COVID-19 para la facilitación de la investigación y cooperación científicas a nivel internacional en la Antártida desde marzo de 2020;

celebrando la sólida cooperación internacional y el intercambio de información siguiendo el espíritu del Sistema del Tratado Antártico, que ha gestionado los riesgos derivados de la COVID-19 para las personas en la Antártida y para la vida silvestre antártica y que apoyará la gestión de riesgos similares futuros;

reconociendo y agradeciendo el importante papel desempeñado por el Consejo de Administradores de los Programas Antárticos Nacionales («COMNAP»), el Comité Científico de Investigación Antártica («SCAR») y la Asociación Internacional de Operadores Turísticos en la Antártida («IAATO») a tal fin;

deseando que continúe el impulso de nuestro trabajo prioritario en el fomento de los principios y objetivos del Tratado Antártico y continuar adoptando un enfoque severamente precautorio para gestionar los riesgos relacionados con la COVID-19;

recomiendan que sus Gobiernos:

1. se comprometan a avanzar en cuestiones de importancia clave para la gestión de la Antártida y a minimizar la interrupción del trabajo de la RCTA y el Comité para la Protección del Medio Ambiente («CPA») provocada por la pandemia global de la COVID-19;

2. se comprometan, con ese fin, a seguir utilizando medios innovadores para la cooperación entre las Partes, los observadores y las organizaciones de expertos invitados, incluso durante procesos entre sesiones;

3. se comprometan a seguir colaborando para garantizar que se minimizan los riesgos derivados de la COVID-19 para las personas en la Antártida y para la fauna y la flora silvestres antárticas;

4. fomenten la cooperación constante, el intercambio de información y el desarrollo de las mejores prácticas entre los Programas Antárticos Nacionales, el COMNAP, el SCAR y la IAATO para minimizar el riesgo de presencia de la COVID-19 en la Antártida, y para apoyar la continuidad de la investigación científica en condiciones de seguridad, y

5. alienten aún más a los programas antárticos nacionales, al COMNAP, al SCAR y a la IAATO a que continúen desarrollando protocolos y pautas, aprovechando las lecciones aprendidas de la COVID-19 con el fin de que estén preparados para futuras eventualidades similares.

Resolución 6 (2021)

Seguridad aérea en la Antártida

Los representantes,

recordando la Resolución 1 (2013) sobre seguridad aérea en la Antártida;

dando la bienvenida al asesoramiento preliminar brindado por el Consejo de Administradores de los Programas Nacionales Antárticos («COMNAP») con respecto a la revisión de dicha resolución 1 (2013) en la Reunión Consultiva del Tratado Antártico («RCTA»);

preocupados por la creciente diversificación de las actividades de aviación y la posibilidad de que aumente el número de movimientos de aeronaves no gubernamentales;

entendiendo la necesidad de asegurar que las medidas para mejorar la seguridad aérea se apliquen a todos los vuelos en la Antártida;

observando la importancia de asegurar comunicaciones eficaces entre todos los actores involucrados en las actividades aéreas de la Antártida (incluidos los operadores aéreos, las autoridades nacionales competentes y el COMNAP) y la coherencia de la información entre los diversos repositorios de datos dentro del sistema del Tratado Antártico;

reconociendo la importancia de las operaciones aéreas seguras en la Antártida, y que el principal conjunto de conocimientos y experiencia en relación con las operaciones aéreas antárticas —y sus desafíos actuales— reside en los operadores de los programas antárticos nacionales;

reconociendo que ningún criterio técnico debe menoscabar el derecho de observación aérea otorgado en el artículo VII del Tratado Antártico;

deseando contribuir a la seguridad aérea en la Antártida a través de recomendaciones actualizadas;

recomiendan a sus Gobiernos:

1. con el fin de garantizar que las medidas para una mejor seguridad aérea se apliquen a todos los vuelos y todas las infraestructuras relacionadas con la aviación en el área del Tratado Antártico, las medidas para mejorar la seguridad aérea que se establecen en los párrafos 2-10 teniendo en cuenta los criterios de la Organización de Aviación Civil Internacional (OACI) y las características específicas de la Antártida así como las prácticas y servicios existentes;

2. que, con el fin de garantizar la seguridad de las operaciones aéreas en el área del Tratado Antártico, las Partes deben intercambiar, preferiblemente antes del 1 de septiembre y a más tardar el 15 de noviembre de cada año, información sobre sus operaciones aéreas planificadas de conformidad con el formato estandarizado del Sistema Electrónico de Intercambio de Información (SEII);

3. que, con el fin de mejorar la seguridad aérea en la Antártida, todos los operadores gubernamentales y no gubernamentales que operen aeronaves o gestionen infraestructuras, campamentos o instalaciones o servicios de aviación relacionados con el aire en el área del Tratado Antártico deben recibir, a

solicitud de su autoridad competente o de su programa antártico nacional, un compendio continuamente actualizado elaborado por el COMNAP, conocido como el *Manual de información sobre vuelos antárticos* (AFIM) del COMNAP, que describe las instalaciones en tierra, las aeronaves (incluidos los helicópteros) y los procedimientos operativos de los aviones y las instalaciones de comunicación asociadas en el Área del Tratado Antártico (de cuyo uso no surgirán cuestiones de responsabilidad) y, por tanto, deben:

(a) facilitar la revisión actual del AFIM mediante acción colectiva a través del COMNAP;

(b) adoptar un formato en el que la información proporcionada se mantenga de una forma que facilite la actualización de la información;

(c) solicitar a sus operadores antárticos que faciliten información oportuna, actual y precisa con el objetivo de mantener el AFIM; y

(d) garantizar la coherencia de la información en los diversos repositorios de datos dentro del sistema del Tratado Antártico;

4. que, con el fin de garantizar el conocimiento mutuo de las operaciones aéreas en curso e intercambiar información sobre ellas, las Partes deberían designar:

(a) Estaciones Primarias de Información Aérea («PAIS») que coordinen su propia información aérea y la información de sus Estaciones Secundarias de Información Aérea (si las hubiera) con el fin de notificar operaciones aéreas en curso a otras PAIS. Estas PAIS deben tener instalaciones de comunicación adecuadas capaces de transmitir información «en formato físico» por los medios apropiados y acordados; y

(b) Estaciones Secundarias de Información Aérea (SAIS) que comprendan estaciones/bases (incluidas bases de campo y buques) que proporcionen información aérea a su PAIS coordinadora matriz;

5. que, con el fin de evitar incidentes aéreos en áreas fuera del rango de cobertura de radio de muy alta frecuencia («VHF») de las PAIS y SAIS, las aeronaves fuera de las áreas cubiertas por las PAIS y SAIS deben usar una frecuencia de radio específica para aplicar el procedimiento de Radiodifusión de información en vuelo sobre el tránsito aéreo (TIBA) establecido en el anexo 11 del Convenio sobre Aviación Civil Internacional;

6. que, para garantizar su conformidad con el artículo VII, párrafo 5 del Tratado Antártico y también la Recomendación X-8, parte IV, las Partes deben mantenerse informadas unas a otras sobre los vuelos no gubernamentales, y deben solicitar al COMNAP que brinde acceso al AFIM a cualquier operador de un vuelo o infraestructura no gubernamental dentro del área del Tratado Antártico;

7. que, a fin de mejorar la recopilación y el intercambio dentro de la Antártida de datos e información meteorológicos de importancia para la seguridad de las operaciones aéreas antárticas, las Partes deben:

(a) alentar a la Organización Meteorológica Mundial en su labor con este fin;

(b) tomar medidas para mejorar los servicios meteorológicos disponibles en la Antártida, específicamente para cumplir con los requisitos de la aviación; y

(c) tener en cuenta el *International Antarctic Weather Forecasting Handbook*;

8. que, con el fin de garantizar comunicaciones efectivas entre las PAIS, las Partes deben asegurarse de que su PAIS tenga instalaciones adecuadas para comunicarse con otras PAIS;

9. que, a los efectos de considerar una respuesta de emergencia que pudiera ser necesaria, las Partes deben considerar que cualquier aumento en la actividad aérea conlleva mayores riesgos que deben ser gestionados o mitigados y, en casos de búsqueda y salvamento (SAR) o de respuesta de emergencia, son los programas antárticos nacionales los que suelen ser llamados a responder. Esto se debe considerar cuando las Partes se enteren de solicitudes no gubernamentales para actividades aéreas sin fines científicos;

10. que, con el fin de mejorar la seguridad aérea en la Antártida, las Partes deben solicitar que todos los operadores aéreos antárticos, gubernamentales y no gubernamentales por igual, se aseguren de que conocen los requisitos de seguridad, hayan identificado lugares alternativos de aterrizaje y hayan comunicado sus intenciones de antemano directamente a los operadores de los lugares de aterrizaje alternativos, considerando que muchos aeródromos en el área del Tratado Antártico tienen una capacidad limitada y estacional y no debe asumirse anticipadamente capacidad, operaciones o capacidad de asistencia; y

11. que la Resolución 1 (2013) está obsoleta.

Resolución 7 (2021)

Sistema de gestión de emergencias por terremotos

Los representantes,

reconociendo los riesgos de la actividad sísmica y vulcanológica para las personas y la infraestructura en la Antártida, así como la importancia de las operaciones de salvaguardia en la Antártida;

deseando que se minimicen los riesgos de desastres en las operaciones antárticas;

observando la necesidad de realizar un seguimiento e investigación sobre el aumento de la actividad sísmica en la península antártica y su conexión con la actividad vulcanológica, y de obtener datos para evaluar los riesgos asociados a un episodio sísmico de gran magnitud;

reconociendo la tradición de cooperación entre las Partes del Tratado Antártico («las Partes»);

agradeciendo al Consejo de Administradores de los Programas Nacionales Antárticos («COMNAP») su trabajo en esta materia;

recomiendan que sus Gobiernos:

1. identifiquen y compartan información con las demás Partes sobre su investigación sismológica y vulcanológica y los posibles riesgos de desastres naturales en la Antártida;

2. inviten al COMNAP a presentar un informe para evaluar la situación general de los planes de emergencia en las bases antárticas y sus operaciones de apoyo y el grado de implementación de los programas de evaluación del riesgo de desastres naturales;

3. inviten al Comité Científico de Investigación Antártica («SCAR») a presentar un informe sobre la actividad sísmica en la Antártida, y

4. revisen, en la medida de lo posible, sus planes de gestión de emergencias para evaluar su implementación y compartir sus buenas prácticas con las demás Partes.

Resolución 8 (2021)

La Antártida en un clima cambiante

Los representantes,

conscientes del informe especial *El océano y la criosfera en un clima cambiante* («SROCC») del Grupo Intergubernamental de Expertos sobre el Cambio Climático («IPCC»), que ha sido aprobado y aceptado en sesión plenaria del IPCC, y de su resumen para responsables de políticas;

tomando nota de los vínculos entre los impactos observados y previstos del cambio climático global en la Antártida y el océano Austral en el sistema terrestre;

preocupados por las implicaciones derivadas de un clima global más cálido para la Antártida, identificadas en el citado informe especial, incluido el creciente derretimiento de la capa de hielo de la Antártida occidental y los cambios en los ecosistemas de la Antártida y del océano Austral;

preocupados, además, por las implicaciones globales del cambio antártico, en particular, el aumento del nivel del mar y la circulación oceánica;

recordando la Resolución 6 (2015) y manteniendo el compromiso de dar a conocer las investigaciones sobre el cambio climático antártico a nivel internacional;

acogiendo positivamente las actualizaciones periódicas del Comité Científico de Investigación Antártica (SCAR) de su informe sobre el cambio climático y el medio ambiente en la Antártida y esperando con interés recibir a su debido tiempo asesoramiento adicional de los tres nuevos programas de investigación científica del SCAR centrados en el cambio climático, concretamente INSTANT, AntClimnow y Ant-ICON;

recordando también la Resolución 4 (2015) y acogiendo con satisfacción la implementación en curso del Programa de Trabajo de Respuesta al Cambio Climático («CCRWP») del Comité para la Protección del Medio Ambiente («CPA»), y las actualizaciones anuales ofrecidas por el CPA a la Reunión Consultiva del Tratado Antártico («RCTA»);

reconociendo la importancia de la aplicación del Acuerdo de París para evitar las implicaciones del escenario más desfavorable para la Antártida proyectadas por el IPCC;

decididos a buscar formas de abordar los efectos del cambio climático y ambiental en el medio ambiente antártico y los ecosistemas dependientes y asociados;

recomiendan que sus Gobiernos:

1. garanticen que sus delegaciones en la próxima Conferencia de las Partes de la Convención Marco de las Naciones Unidas sobre el Cambio Climático («CMNUCC»), prevista en noviembre de 2021 en Glasgow, sean conscientes de las implicaciones para la Antártida, a menos que se tomen medidas para evitar una crisis climática, en particular, las proyecciones de su contribución al aumento global del nivel del mar y las implicaciones para mantener el compromiso del Protocolo al Tratado Antártico

sobre Protección del Medio Ambiente («el Protocolo») para la protección integral del medio ambiente antártico y los ecosistemas dependientes y asociados;

2. consideren las implicaciones del cambio climático para la Antártida al tiempo que se gestionan las actividades humanas y que traten de evitar o mitigar tensiones no climáticas adicionales identificadas en el medio ambiente terrestre y marino antárticos, incluida su biodiversidad y ecosistemas, a fin de aumentar la resiliencia frente a los efectos del cambio climático, y

3. presten apoyo a sus programas antárticos nacionales y al SCAR en sus esfuerzos continuos por realizar investigaciones sobre el cambio climático y sus impactos, y por comunicar las implicaciones para la Antártida, tanto dentro del Sistema del Tratado Antártico como a nivel internacional.

Resolución 9 (2021)

Marco operativo voluntario de observadores a bordo para turismo basado en embarcaciones en el área del Tratado Antártico

Los representantes,

recordando el artículo 3 del Protocolo al Tratado Antártico sobre Protección del Medio Ambiente;

reconociendo que el seguimiento a bordo de las actividades turísticas realizadas en embarcaciones puede ayudar a las Partes a gestionar las actividades bajo su jurisdicción;

considerando el crecimiento del turismo, la creciente diversidad de actividades turísticas y la conveniencia de vigilar el cumplimiento de las normativas aplicables y otros instrumentos de la Reunión Consultiva del Tratado Antártico («RCTA»);

convencidos de que un marco común y estandarizado será una herramienta valiosa para ayudar a las Partes que elijan poner en marcha, de manera voluntaria, planes de observadores a bordo para vigilar las actividades basadas en embarcaciones bajo su jurisdicción;

recomiendan que sus Gobiernos:

1. de forma voluntaria, recurran al marco operativo voluntario de observadores a bordo para el turismo basado en embarcaciones en el área del Tratado Antártico anexado a esta Resolución para desarrollar e implementar esquemas nacionales de seguimiento del turismo basado en embarcaciones que se da bajo su jurisdicción, y

2. cooperen, según proceda, en la aplicación de los sistemas nacionales de observadores en virtud de este marco.

Marco operativo voluntario de observadores a bordo para turismo basado en embarcaciones en el área del Tratado Antártico (2021)

Contexto

La XLII RCTA acordó «establecer un GCI de composición abierta en el foro de debates en Internet de la RCTA sobre el tema de un marco operativo voluntario de observadores a bordo para buques turísticos que operan dentro del área del Tratado Antártico».[1]

La tarea asignada a este grupo de contacto intersesional (GCI) era «proponer un proyecto de marco operativo que podría implementarse, de forma voluntaria, a las Partes que deseen implementar observadores en buques turísticos dentro de su jurisdicción».

El GCI operó durante el período entre sesiones que se extendió entre la XLII y la XLIII RCTA (2019/2021).

El siguiente marco operativo voluntario a bordo surge de este debate, y aborda el punto 3 de los Términos de Referencia acordados para este GCI.

[1] Informe final de la XLII RCTA, 2019 (párr. 383)

Índice

1. Objetivos del marco de observación

1.1. Objetivo general

- Mejorar la comprensión de las actividades realizadas en el área del Tratado Antártico por parte de las autoridades nacionales competentes y su conocimiento de los sitios visitados y las prácticas de los operadores.

- Supervisar el cumplimiento de las normas nacionales e internacionales adoptadas en el marco del Sistema del Tratado Antártico (disposiciones del Protocolo de Madrid y sus anexos; Medidas, Resoluciones y Recomendaciones establecidas por la RCTA, información proporcionada para la solicitud y autorizaciones nacionales).

1.2. Objetivos secundarios y principios operativos

Objetivos secundarios

- Fortalecer y mejorar un diálogo constructivo entre las Partes y los operadores clave en la Antártida.

- Promover y apoyar las prácticas de turismo responsable y supervisado en la Antártida.

- Ayudar a lograr los objetivos establecidos en el Plan de trabajo estratégico plurianual de la RCTA para la gestión de las actividades turísticas y la observación de los sitios.

- Supervisar la eficacia de las directrices (por ejemplo, directrices para sitios que reciben visitantes).

Principio operativo

- Promover un enfoque cooperativo entre, por una parte, el observador y, por otra, la tripulación de la embarcación y el personal de a bordo encargado de implementar y supervisar las actividades turísticas.

2. Situación jurídica del marco

2.1. Características jurídicas generales del marco voluntario

El GCI que elaboró este marco ha recibido el encargo por parte de la XLII RCTA de «proponer un proyecto de marco operativo que podría implementarse, de forma voluntaria, a las Partes que deseen implementar observadores en buques turísticos dentro de su jurisdicción».

Se han utilizado las siguientes definiciones para los elementos clave de los términos de referencia acordados:

- Operativo: el marco debe incluir directrices detalladas y prácticas normalizadas para facilitar su implementación;
- De forma voluntaria: el marco no puede estipular su aplicación obligatoria por las Partes y no debería adoptarse mediante una Medida jurídicamente vinculante;
- Dentro de su jurisdicción: el marco está diseñado para las autoridades nacionales competentes que deseen designar observadores para observar las actividades que hayan autorizado de acuerdo con la práctica nacional en virtud del artículo 8 y el Anexo 1 del Protocolo de Madrid.

2.2. Naturaleza del mecanismo de observación: regímenes nacionales voluntarios respaldados por un marco común

Características: Las Partes aplicarían regímenes nacionales para supervisar las actividades turísticas que se encontrasen dentro de sus propias jurisdicciones (es decir, las actividades que hayan autorizado), con el apoyo de un marco común.
Función del marco: El marco operativo será utilizado a modo de orientación por las Partes a fin de armonizar las prácticas. A tal efecto, el marco se concibe como un «juego de herramientas» formal para que las Partes lo transpongan y adapten en la práctica y la legislación nacional si es necesario.

3. Función de los observadores y tareas que se les asignan

3.1. Función general

La misión general de los observadores es cumplir con el objetivo general establecido en la sección 1 anterior. Su función no es hacer cumplir la ley.
La observación está dirigida a la «actividad autorizada» que realiza el operador turístico y, en su caso, a los elementos sujetos a los instrumentos que se enumeran a continuación y que pueden ser administrados por el operador de la embarcación.
La función de los observadores como tales es observar e informar sobre el cumplimiento de lo siguiente:

- autorizaciones nacionales proporcionadas por una autoridad nacional competente (en adelante, «ANC») e información proporcionada para la solicitud;
- instrumentos internacionales adoptados en el marco del Sistema del Tratado Antártico, especialmente:
    - el Protocolo sobre protección del medio ambiente y sus anexos
    - Medidas, Resoluciones y Recomendaciones establecidas por las Reuniones Consultivas del Tratado Antártico (RCTA)

3.2. Tareas específicas a realizar por los observadores

Con el fin de armonizar la implementación del marco y definir claramente las tareas comprendidas en su ámbito de aplicación, se adjunta al presente marco una «Lista de verificación para la observación» normalizada que consiste en una lista de puntos de atención para los observadores. Esta lista se utilizaría como guía.
Esta lista de verificación para la observación tiene en cuenta los problemas que surgen de los dos niveles de reglamentación a considerar: las autorizaciones nacionales emitidas de acuerdo con los procedimientos nacionales y las disposiciones de la RCTA.

4. Perfil y cualificación requeridos para los observadores

El nombramiento de los observadores queda sujeto al criterio exclusivo de la ANC que implemente el presente marco. Sin embargo, el establecimiento de unas normas comunes con respecto a la cualificación y el perfil de los observadores mejorará su coherencia. También facilitará la colaboración entre las ANC que lo deseen, por ejemplo, intercambiando y creando una reserva común de observadores.
Se podrían considerar las siguientes características:

Características generales

- Los observadores deben tener suficiente conocimiento del contexto del Sistema del Tratado Antártico (principios, documentos, finalidad y alcance del Tratado Antártico, etc.);
- Deben tener conocimientos suficientes sobre la gestión, la ciencia y la conservación de la Antártida;
- Deben estar familiarizados con las disposiciones aplicables a las actividades turísticas;

- Deben estar suficientemente familiarizados con la Antártida, y contar con experiencia relevante en los ámbitos de la administración, la elaboración de políticas, la ciencia, la logística o el turismo;
- Deben estar en buenas condiciones de salud física y mental;
- Deben poder comunicarse en el idioma utilizado por el personal de la expedición y los oficiales de la embarcación;
- Deben ser independientes del operador turístico, lo que incluye no tener un sesgo o un interés financiero a favor o en contra del operador turístico.

Cualificación

Para asegurar una base común de competencias mínimas, los observadores deben tener experiencia relevante, por ejemplo, en uno o más de los siguientes campos:

- Una administración antártica nacional;
- Participación en un programa antártico nacional;
- Experiencia laboral a bordo de embarcaciones turísticas comerciales en la Antártida;
- Supervisión de actividades humanas en el mar (es decir, pesquerías);
- Gestión/supervisión ambiental en áreas silvestres; especialmente, pero no exclusivamente, en las regiones polares.

Capacitación

- Los observadores deben recibir formación adecuada, proporcionada por cada Parte. Dicha formación debe proporcionar a los observadores las instrucciones pertinentes (incluidas instrucciones de seguridad) antes de que asuman sus funciones de supervisión.

5. Informe del observación y medidas adoptadas posteriormente

5.1. Compartir los resultados de la observación

La lista de verificación para la observación adjunta al presente marco será completada por los observadores a modo de informe. El operador debe tener la oportunidad de responder al informe elaborado por el observador. Esta interacción tendrá lugar como mínimo a dos niveles:

- A bordo: El informe del observador debe incluir una sección que transmita la respuesta del capitán/mando de la embarcación y/o la oficina central al informe.
- Una vez que el observador haya proporcionado un informe a la ANC: entre la ANC y el operador turístico autorizado.

Los informes posteriores a la observación se enviarán a la ANC que autorizó la actividad y designó al observador.

Los datos recopilados por el observador serían posteriormente compartidos por la ANC con las Partes, a través de un documento de información (IP). La ANC debe darle al operador la oportunidad de comentarlo antes de enviarlo a la RCTA.

Al recibir el informe de observación, la ANC designadora prepararía y presentaría un documento de información (IP) en la siguiente RCTA. Por lo tanto, cada parte será responsable de decidir qué información se compartirá con la RCTA y qué información se conservará a nivel nacional. Sin embargo, con el fin de garantizar la coherencia y armonización de la información comunicada por las ANC, podrían incluirse los siguientes datos en el IP:

a) Detalles sobre la implementación del marco: descripción de la operación de observación, dificultades operativas y recomendaciones para la mejora del marco, si fuese necesario.

b) Resultados de la observación:

i. Descripción de las actividades y observaciones sobre las prácticas de los operadores y las actividades realizadas;

ii. Observaciones sobre la implementación del marco regulatorio vigente pertinente por parte del operador turístico objeto de la observación.

iii. Si se observaron inconsistencias, la Parte debería indicar si se tomaron medidas para corregirlas o asegurar su cumplimiento.

Además, el IP podría distinguir entre la observación de las actividades de los visitantes (p. ej., actividades realizadas en tierra) y la observación de las operaciones de la embarcación (p. ej., gestión de residuos), cuando sea pertinente.

5.2. Medidas adoptadas después de la observación

El IP antes mencionado presentado por las Partes podría presentar las medidas que se propone implementar como resultado de la observación.

Si se considera apropiado, una Parte podrá presentar acciones para que sean consideradas a nivel de la RCTA. Dichas propuestas también deben presentarse en el informe del IP sobre la observación.

La Parte también podría proporcionar una descripción de las medidas (si las hubiera) que ha implementado a nivel nacional de acuerdo con la información recopilada por el observador.

6. Tareas y responsabilidades asignadas al Estado Parte, incluidas las cuestiones relacionadas con la designación de observadores

Cada Parte definirá sus propias responsabilidades y acciones para la implementación del mecanismo. Las ANC centrarán a los observadores en las actividades turísticas autorizadas para las que proporcionan notificación anticipada.

En el caso de una actividad realizada con arreglo a diferentes permisos, proporcionados por diferentes ANC, se debe invitar a todas las ANC implicadas en la actividad a participar en la observación a bordo, siempre que sea posible. En cualquier caso, la Parte que inicie la observación podrá contactar con las demás Partes involucradas para colaborar. Entre las posibles soluciones, se podría considerar la supervisión del cumplimiento de todos los permisos en virtud de los cuales se desarrollará la actividad por un solo observador de una de las Partes involucradas, que actuaría como delegado de las demás.

Para fomentar la coherencia en los regímenes de observación, se anima a las Partes a hacer referencia a las siguientes consideraciones al desarrollar o implementar regímenes nacionales de observación.

Cuestiones administrativas

Las Partes que implementen el presente marco son responsables de establecer los procedimientos administrativos que permitan su implementación a nivel nacional, especialmente:

- Formalización, en su caso, de la relación entre la ANC y el operador. Esto podría consistir en la firma de un acuerdo o memorando de entendimiento, por el cual se definan las responsabilidades de cada parte. Las partes deben considerar compartir sus memorandos de entendimiento y, a ser posible, normalizarlos.
- Gestión administrativa de los observadores, como la firma de un contrato laboral o de servicios. Las Partes son las únicas responsables del nombramiento de los observadores. Para garantizar la coherencia del marco a nivel internacional y facilitar la cooperación entre las Partes (por ejemplo, la puesta en común de observadores), las Partes deben tener en cuenta como parte del proceso de contratación el perfil estándar y las cualificaciones solicitadas, tal como se establece en la sección

4 anterior. Las Partes también deben proporcionar a los observadores un seguro de evacuación médica de emergencia/repatriación o un mecanismo equivalente.

Las Partes deben identificar las embarcaciones que deban ser objeto de observación, organizar la observación con el operador y poder evaluar el trabajo realizado por los observadores.

Obligaciones hacia los observadores

Las Partes deben proporcionar a los observadores que designen:

- Personal directivo pertinente;
- La «Lista de verificación para la observación» estándar establecida como parte del presente marco de observación;
- Una carta de nombramiento para ser presentada al operador/tripulación de la embarcación;
- Toda la información y documentación pertinentes requeridas para la correcta implementación de las misiones. Algunos de estos recursos pueden ser:
  - los permisos pertinentes
  - los planes de gestión pertinentes
  - la Evaluación de Impacto Ambiental proporcionada por el operador
  - directrices específicas para sitios que sean pertinentes.
- Material específico, como:
  - una cámara digital
  - un teléfono vía satélite
  - materiales de escritura adaptados a las condiciones marinas al aire libre
  - vestimenta apropiada para las condiciones ambientales y las funciones a realizar.

Las Partes deben coordinar la comunicación inicial entre los observadores y los operadores.

Recopilación de datos y seguimiento

(Véase la sección 5 anterior)

7. Tareas y responsabilidades asignadas a los operadores en el contexto de un marco nacional

- Las ANC deben asegurarse de que los operadores cooperen tanto como sea posible a fin de garantizar que se embarque a los observadores sistemáticamente cuando se les solicite.
- El operador debe promover un enfoque cooperativo entre el observador y la tripulación;
- Se debe invitar al observador a las reuniones informativas del personal de expedición y a las reuniones de planificación cuando proceda;
- El observador debe poder participar en cualquier actividad propuesta a los pasajeros;
- De acuerdo con el capitán de la embarcación, el observador debe tener acceso a todas las partes de la embarcación necesarias para el cumplimiento de la misión;
- El operador debe brindar una asistencia adecuada al observador y cooperar plenamente con él como parte de la misión;
- El operador y la tripulación nunca deben poner a un observador en una situación en la que pueda crearse un conflicto de intereses (como entregarle un obsequio de gran valor);
- El operador es responsable de la seguridad del observador a bordo. Debe garantizar al observador unas condiciones de trabajo seguras, cómodas y eficientes;
- El operador debe proporcionar al observador la siguiente información o documentación antes de la salida:
  - información previa al viaje proporcionada a los pasajeros y todos los formularios obligatorios;
  - una lista completa del personal de la expedición.

8. Tipo de embarcación en cuestión y frecuencia de las observaciones

El tipo y la capacidad de las embarcaciones en cuestión se deja a la discreción de las autoridades, teniendo en cuenta que la aplicación del presente marco no debe perjudicar las actividades del operador.
Los observadores estarán presentes siempre que una ANC lo considere apropiado. El horario y la planificación son responsabilidad de cada ANC.

9. Cooperación entre las ANC y relación con el marco de observación existente

Cooperación entre las Partes

El marco propuesto podría dar lugar a la puesta en común de observadores entre las ANC (es decir, el embarque de un observador bajo la autoridad de una ANC en una embarcación respecto a la que otra ANC haya proporcionado la notificación anticipada), o la realización de observaciones conjuntas por parte de varias autoridades, teniendo en cuenta la capacidad de pasajeros de cada embarcación.
Esta cooperación podría resultar rentable, ya que es probable que los gastos de viaje representen una parte importante del total de gastos. Ser capaces de contar con observadores que ya se encuentren en el lugar de embarque o más cerca del mismo supondría un ahorro de costes.
Con ese fin, podrían integrarse en el marco propuesto herramientas que proporcionen un sistema de cooperación bilateral o multilateral (por desarrollar). Dichas herramientas podrían consistir en un memorando de entendimiento que puedan utilizar las partes que deseen cooperar.

Relación con el marco de observación existente

Las ANC deben coordinarse adecuadamente con la Asociación Internacional de Operadores Turísticos en la Antártida (IAATO) al programar el monitoreo. Dicha coordinación evitará superposiciones inesperadas y, por lo tanto, indeseables y brindará oportunidades para una colaboración beneficiosa para todas las partes. En caso de que haya un observador a bordo que sea a la vez observador de la ACN y observador de la IAATO, este completará la lista de verificación de monitoreo adjunta al presente marco. La ANC del observador y la IAATO podrán acordar la cumplimentación adicional de la lista de verificación del Programa de Observadores de la IAATO.
A menos que la IAATO y la ANC acuerden lo contrario, no se espera que el Informe del Observador de la IAATO se comparta con la ANC.

10. Financiación

Las siguientes disposiciones se presentan a título de ejemplo y orientación.

Se espera que la implementación del marco conlleve los siguientes costes:

- Costes relacionados con la contratación y formación de instructores;
- Salario completo del observador;
- Transporte y alojamiento desde y hasta el punto de embarque y desembarque;
- Alojamiento y comidas a bordo;
- Costes administrativos (visados, etc.);
- Otros costes operativos (relacionados con el uso de cualquier medio de comunicación con el empleador, como radioteléfono, fax, correo electrónico, INMARSAT, servicios de télex, etc.);
- Ropa, calzado y equipamiento temporalmente necesarios para las actividades previstas.

Las Partes pueden considerar varias opciones generales:

Opción 1: la opción más rentable para las ANC

- Salario del observador: Los observadores serán designados de entre el personal de la ANC que realice la observación. Dichos agentes deben cumplir las condiciones establecidas en la sección 2.3.2 anterior. La administración o agencia de contratación se hará cargo de los salarios y las ausencias de las tareas habituales.
- Transporte y alojamiento desde y hasta el punto de embarque y desembarque: los operadores se harán cargo de los costes de los billetes de avión, el alojamiento, las comidas y los gastos imprevistos en los que se incurra en el traslado de los observadores desde su lugar de residencia hasta el punto de embarque y de regreso desde el punto de desembarque. El operador pagará el alojamiento, la comida y los gastos imprevistos durante el tiempo entre dos cruceros en el caso de que un observador vaya a supervisar más de un crucero.
- Alojamiento y comidas a bordo: el operador proporcionará al observador una litera a bordo de la embarcación, así como todas las actividades y servicios incluidos para los pasajeros.
- Costes administrativos (pasaportes, visados, vacunas, etc.): las ANC son responsables de dichos costes administrativos.
- Otros costes operativos (comunicaciones con el empleador, como radioteléfono, fax, correo electrónico, INMARSAT, servicios de télex, etc.): los operadores se harán cargo de dichos costes a bordo.

Opción 2: reparto de costes entre los operadores y las ANC

- Salario del observador: Los observadores serán designados de entre el personal de la ANC que realice la observación. Dichos agentes deben cumplir las condiciones establecidas en la sección 2.3.2 anterior. La administración o agencia de contratación se hará cargo de los salarios y las ausencias de las tareas habituales.
- Transporte y alojamiento desde y hasta el punto de embarque y desembarque: Las ANC se harán cargo de los costes de los billetes de avión, el alojamiento, las comidas y los gastos imprevistos en los que se incurra en el traslado de los observadores desde su lugar de residencia hasta el punto de embarque y de regreso desde el punto de desembarque. La ANC pagará el alojamiento, la comida y los gastos imprevistos durante el tiempo entre dos cruceros en el caso de que un observador vaya a supervisar más de un crucero.
- Alojamiento y comidas a bordo: el operador proporcionará al observador una litera a bordo de la embarcación, así como todas las actividades y servicios incluidos para los pasajeros.
- Costes administrativos (pasaportes, visados, vacunas, etc.): las ANC son responsables de dichos costes administrativos.
- Otros costes operativos (comunicaciones, como radioteléfono, fax, correo electrónico, servicios de INMARSAT o télex, etc.): los operadores se harán cargo de dichos costes a bordo.

Opción 3: mayor contribución por parte de las ANC

- Salario del observador: Las ANC se harán cargo del salario completo de los observadores, que serán agentes externos contratados específicamente para realizar la observación. Dichos agentes deben cumplir las condiciones establecidas en la sección 2.3.2 anterior.

- Transporte y alojamiento desde y hasta el punto de embarque y desembarque: Las ANC se harán cargo de los costes de los billetes de avión, el alojamiento, las comidas y los gastos imprevistos en los que se incurra en los viajes de los observadores desde su lugar de residencia hasta el punto de embarque y de regreso desde el punto de desembarque. La ANC pagará el alojamiento, la comida y los gastos imprevistos durante el tiempo entre dos cruceros en caso de que un observador vaya a supervisar más de un crucero.
- Alojamiento y comidas a bordo: El operador proporcionará al observador una litera a bordo de la embarcación, así como todas las actividades y servicios incluidos para los pasajeros.
- Costes administrativos (pasaportes, visados, vacunas, etc.): las ANC son responsables de dichos costes administrativos.
- Otros costes operativos (comunicaciones, como radioteléfono, fax, correo electrónico, servicios de INMARSAT o télex, etc.): los operadores se harán cargo de dichos costes a bordo.

Anexo - Disposiciones pertinentes del Tratado Antártico y su Protocolo sobre Protección del Medio Ambiente

Varias disposiciones del Tratado Antártico y del Protocolo de Madrid son pertinentes para el marco propuesto.

Regulación de las actividades turísticas

El Protocolo de Madrid abarca todas las actividades en la Antártida, incluida la regulación del turismo. Esto queda claro tanto por las referencias en el Protocolo a «todas las actividades que se desarrollen en el área del Tratado Antártico» en el artículo 3, párrafo (1), y en particular por las referencias explícitas al «turismo» en el artículo 3, párrafo (4), el artículo 8, párrafo (2), y el artículo 15, párrafo (1). Las Partes también han manifestado explícitamente que «el Protocolo y sus Anexos se referían a la totalidad de las actividades emprendidas en la Antártida, incluidas las actividades turísticas y no gubernamentales» en el párrafo 111 del Informe final de la XVII RCTA (1992 - Venecia). Los «Principios Generales del Turismo Antártico» enumerados en la Resolución 7 (2009), adoptada en la XXXII RCTA-CPA XII (2009 - Baltimore), también establecen que «todas las actividades turísticas en la Antártida se realizarán de acuerdo con el Tratado Antártico, su Protocolo sobre Protección del Medio Ambiente y las Medidas y Resoluciones pertinentes de la RCTA».
De ello se desprende que el compromiso de las Partes de establecer un sistema integral de protección del medio ambiente antártico se extiende a la regulación efectiva del turismo antártico.

Responsabilidad de las Partes de implementar una legislación nacional adecuada en relación con la Antártida

De conformidad con el artículo X del Tratado y el artículo 13 del Protocolo, las Partes harán todo lo posible por asegurarse de que nadie participe en ninguna actividad en la Antártida contraria a los propósitos y principios del Tratado y tomarán las medidas apropiadas dentro de sus ámbitos de competencia, incluida la adopción de leyes y reglamentos, actos administrativos y medidas coercitivas, para asegurar el cumplimiento del Protocolo.
Las Partes también reconocieron que «la mejor forma de lograr una buena gestión y reglamentación del turismo era aplicando eficazmente el Protocolo y sus Anexos (mediante la promulgación de la legislación pertinente)» en el párrafo 83 del Informe final a la XX RCTA (1996 - Utrecht). De manera similar, los «Principios Generales del Turismo Antártico» contenidos en la Resolución 7 (2009) enfatizaron que las Partes del Tratado Antártico deben «continuar formulando de forma proactiva normas para las actividades turísticas que constituyan un marco uniforme para la gestión del turismo».
Por lo tanto, las Partes son responsables de la modernización de la legislación nacional para asegurar la implementación del marco regulatorio del sistema del Tratado Antártico por parte de los operadores turísticos.
En este contexto, la observación a bordo parece ser una medida nacional oportuna para implementar el Tratado Antártico, el Protocolo de Madrid y las Medidas, Resoluciones y Recomendaciones pertinentes.
Dos disposiciones del Protocolo fomentan especialmente la creación de un marco de observación a bordo en la legislación de aplicación nacional, con el fin de lograr:

1) la recopilación de información de conformidad con el artículo 3, párrafo (2), letra (e), y el artículo 3, párrafo (2), letra (d), del Protocolo, que establece que «se llevará a cabo una observación regular y eficaz que permita la evaluación del impacto de las actividades en curso, incluyendo la verificación de los impactos previstos»;
2) Una supervisión del cumplimiento de acuerdo con el artículo (3), párrafo (4), letra (a), para que las actividades turísticas emprendidas en el contexto del Tratado Antártico se realicen de manera coherente con la protección del medio ambiente antártico.

Este análisis sugiere que el Tratado Antártico y el Protocolo de Madrid proporcionan el marco jurídico para que la RCTA apoye la implementación nacional del marco de observación a bordo por las Partes. A tal efecto, la creación de un marco operativo es pertinente para ayudar a las Partes a cumplir con su obligación de supervisar el turismo en virtud del Protocolo.

Lista de verificación para la observación

Nota preliminar
La presente lista de verificación está destinada a apoyarle para recopilar toda la información relacionada con la actividad que va a ser objeto de observación. Está dividida en 2 secciones. La primera («Cuestiones de cumplimiento») le facilitará evaluar en qué medida cumple la actividad con las distintas normativas aplicables. El segundo («Información preliminar») tiene como objetivo recopilar más datos objetivos sobre la implementación de esta actividad.

Cuando sea procedente, especialmente en el caso de que se estén notificando problemas o incumplimientos, proporcione todos los detalles e información pertinentes (nivel de gravedad, posibles consecuencias, contexto específico, etc.). También deben proporcionarse observaciones sobre factores o causas y respuestas relacionadas con cualquier problema o incumplimiento.

Consulte el texto completo de los documentos enumerados en la columna de la izquierda de esta lista de verificación si necesita aclaraciones sobre cómo completar esta lista de verificación.

1. Cuestiones de cumplimiento

1.1Cumplimiento con la normativa nacional

- Cumplimiento con todos los asuntos tratados en las autorizaciones nacionales que reflejan los requisitos del Tratado Antártico, su Protocolo sobre Protección del Medio Ambiente y los instrumentos pertinentes de la RCTA (incluidos los permisos para actividades que estarían prohibidas sin un permiso; por ejemplo: la entrada a una Zona Antártica Especialmente Protegida).

- Coherencia entre la actividad propuesta que se describe en la evaluación de impacto ambiental y la actividad realmente realizada.

1.2Cumplimiento con el Sistema del Tratado Antártico

i. Implementación general de la actividad y preservación del medio ambiente antártico

Instrumento o disposición pertinente del Sistema del Tratado Antártico	Cuestión a considerar
Protocolo sobre Protección del Medio Ambiente - Art. 3.2	En términos generales, ¿se llevó a cabo la actividad de modo que se limitasen los impactos perjudiciales en el medio ambiente antártico y los ecosistemas dependientes y asociados?

Resolución 2 (2019)	¿Las visitas al sitio fueron coherentes en su totalidad con las Directrices para sitios relevantes?
Protocolo sobre Protección del Medio Ambiente - anexo IV, art. 3.1, 4 Resolución 3 (2011)	¿Ha presenciado...? - ¿Algún derrame de petróleo (causado por una operación de reabastecimiento de combustible, fugas en el motor de una embarcación pequeña, etc.) o una descarga de una mezcla de aceite o sustancia líquida nociva? - ¿Alguna perturbación o contaminación de lagos, arroyos, ríos u otras masas de agua (por ejemplo, al caminar, lavarse, arrojar piedras, etc.)? - ¿Cualquier violación de las Directrices Generales para Visitantes (establecidas a través de la Res. 3 [2011])? - ¿La recolección a modo de recuerdo de elementos creados por el ser humano, o de especímenes biológicos o geológicos, incluidos plumas, huesos, huevos, vegetación, suelo, rocas, meteoritos o fósiles? De ser posible, ¿se colocaron las tiendas y equipos sobre la nieve o en campamentos utilizados previamente?

ii. Protección de la fauna y flora

Instrumento o disposición pertinente del Sistema del Tratado Antártico	**Cuestión a considerar**
	En términos generales, ¿se produjo alguna toma no autorizada, intromisión perjudicial o algún disturbio mayor que mínimo[1] de aves autóctonas, mamíferos marinos, plantas o invertebrados durante la actividad?
Protocolo sobre Protección del Medio Ambiente - anexo II Recomendación XVIII-1 (1994) Resolución 4 (2018) Resolución 3 (2011) Resolución 2 (2004)	En particular, ¿presenció usted...? - Más que una perturbación mínima de la fauna y la flora silvestres, ya sea en el mar o en tierra, debido al uso de una aeronave (incluidos los sistemas de aeronaves pilotadas a distancia [RPAS]), buques, pequeñas embarcaciones u otros medios de transporte; - Una toma o intromisión perjudicial[2] que haya dado como resultado cambios en el comportamiento de las aves o las focas, por haber sido tocadas, manipuladas, fotografiadas, o por haberse acercado o pasado junto a ellas caminando; - Conducta inapropiada de un visitante en respuesta a tal modificación de comportamiento; - Más que una perturbación mínima de la vida silvestre debido a niveles inapropiados de emisiones sonoras; - Cualquier perturbación de las aves resultante del incumplimiento de las «Directrices para la operación de aeronaves cerca de concentraciones de aves en la Antártida»;

[1,2] Según se define en el anexo II, art. 1, letras g) y h), del Protocolo sobre Protección del Medio Ambiente

	- Grupos o individuos acercándose a animales salvajes (individuos aislados o colonias) a menos de 5 m o, de manera más general, causando perturbaciones más que mínimas en la fauna y flora silvestres, como cambios en el comportamiento; - El acto de dar de comer a animales salvajes, o de dejar comida o sobras en el sitio; - Obstrucciones del movimiento de un animal o el bloqueo de una ruta de acceso al mar, la acción de rodear a animales o una zona de anidación o descanso; - Visitantes que se desvían de los caminos establecidos, cuando existen tales caminos en un determinado sitio, teniendo en cuenta que ocasionalmente puede ser necesario desviarse de los caminos para evitar perturbar la fauna y la flora silvestres; - Daños a las plantas o al suelo debido a las acciones de caminar, conducir o aterrizar en lechos de musgo, rocas cubiertas de líquenes, terreno frágil, pendientes pedregosas, etc.;

iii. Medidas de bioseguridad

Instrumento o disposición pertinente del Sistema del Tratado Antártico	**Cuestión a considerar**
Protocolo sobre Protección del Medio Ambiente - anexo II, artículo 4 Resolución 4 (2016) Resolución 3 (2011) Resolución 3 (2006)	En términos generales, ¿qué medidas se implementaron para prevenir la introducción de especies alóctonas de organismos vivos o enfermedades? ¿Qué medidas se implementaron para evitar la introducción de suelo no estéril (especialmente a través de las botas y la ropa de los visitantes)? En particular, ¿se limpiaron las botas y los equipos, incluidos la ropa, las bolsas, los trípodes, las tiendas de campaña, los bastones y las aeronaves pilotadas por control remoto, antes de llevarlos a la Antártida y entre visitas a los distintos sitios? ¿Se revisaron las embarcaciones antes del comienzo de cualquier operación de barco a tierra para comprobar si estaban libres de tierra, plantas o animales? ¿Ha podido observar la implementación de las «Directrices prácticas para el cambio de agua de lastre en el área del Tratado Antártico»? En caso afirmativo, ¿ha notado alguna discrepancia con estas directrices?

iv. Respeto hacia áreas protegidas (ZAEP, ZAEA, SMH)

Instrumento o disposición pertinente del Sistema del Tratado Antártico	**Cuestión a considerar**

Protocolo sobre Protección del Medio Ambiente - anexo V Artículo 7, 8 Resolución 3 (2011)	¿Ha presenciado algún acceso no autorizado a una ZAEP? En el caso de que se haya visitado una ZAEP, ¿ha presenciado alguna discrepancia con su plan de gestión? En el caso de que se haya visitado una ZAEA, ¿ha presenciado alguna discrepancia con su plan de gestión? ¿Ha sido testigo de alguna interferencia con o daño o acto vandálico contra algún sitio histórico, monumento o artefacto, u otro edificio o refugio de emergencia (ya sea ocupado o desocupado), como los designados como Sitios y Monumentos Históricos (SMH)? ¿Se limpiaron las botas y la ropa de los visitantes de nieve, agua y arena antes de entrar a las estructuras históricas? ¿Ha presenciado alguna recogida de recuerdos como parte de estas visitas?

v. Respeto hacia la investigación científica

Instrumento o disposición pertinente del Sistema del Tratado Antártico	Cuestión a considerar
Resolución 3 (2011) Resolución 7 (2009)	Si se visitaron estaciones científicas: ¿Había obtenido un permiso el operador? Proporcione detalles, si es posible (fecha, punto de contacto, etc.) ¿Se volvieron a confirmar las visitas al menos 24 horas antes de la llegada? Proporcione detalles, si es posible (fecha, punto de contacto, etc.) ¿Notó alguna interferencia con equipos científicos o señalizadores, o alguna perturbación en los sitios de estudio experimental, campamentos de campo o suministros almacenados, en algún punto de desembarque?

vi. Gestión de residuos

Instrumento o disposición pertinente del Sistema del Tratado Antártico	Cuestión a considerar

Resolución 3 (2011) Protocolo sobre Protección del Medio Ambiente - anexo III, artículo 5 Protocolo sobre Protección del Medio Ambiente - anexo IV, artículos 5, 6 Resolución 5 (2019)	¿Ha presenciado...? - ¿El depósito de basura o desperdicios, incluidos plásticos, productos de papel, trapos, vidrio, metal, botellas, vajilla, cenizas de incineración, material de estiba, materiales de forro y de embalaje, cenizas de cigarrillos u otros contaminantes designados (como pilas) en tierra o desechados al mar? Proporcione detalles, si es posible (dónde, cuándo, etc.). - ¿Visitantes fumando fuera de las áreas designadas? Proporcione detalles, si es posible (dónde, cuándo, etc.). - ¿Estaban en todo momento todos los equipos y los desechos asegurados de manera que no pudiesen dispersarse en el medio ambiente a causa de vientos fuertes o de la búsqueda de alimentos por parte de la fauna silvestre? Si la embarcación vertió al mar aguas residuales sin tratar y desechos líquidos domésticos, ¿se efectuaron las descargas a más de 12 millas náuticas de la tierra o de las plataformas de hielo, a un ritmo moderado y mientras la embarcación navegaba a una velocidad no inferior a 4 nudos? Proporcione detalles, si es posible (dónde, cuándo, etc.). En caso negativo, ¿explicó la tripulación del barco su decisión de eliminación de los desechos? - ¿Se arrojaron al mar desperdicios de comida? - ¿Se arrojaron al mar residuos de cadáveres de animales importados o productos avícolas introducidos? En caso afirmativo, ¿se produjo dicha eliminación a más de 12 millas náuticas de la tierra o plataforma de hielo más cercana? Proporcione detalles, si es posible (dónde, cuándo, etc.). - ¿Se descargaron en el mar residuos de alimentos después de haber pasado por una picadora o por una trituradora, de modo que dichos residuos de alimentos triturados o picados pudieran pasar a través de un tamiz con orificios no superiores a 25 milímetros? ¿Utilizó la embarcación productos que contenían microesferas de plástico (para lavar la ropa, en productos para el cuidado personal, etc.)? ¿Disponían las lavadoras o la planta de tratamiento de aguas residuales de sistemas de filtrado para evitar la liberación de partículas microplásticas al medio marino? Proporcione detalles, si es posible.

vii. Aspectos de seguridad

Instrumento o disposición pertinente del Sistema del Tratado Antártico	**Cuestión a considerar**

Resolución 3 (2011)	¿Se mantuvo una distancia mínima de 15 m, tanto en tierra como en el mar, respecto a animales salvajes peligrosos como los lobos marinos? ¿Observó caminatas sin el equipo y la experiencia adecuados sobre glaciares o grandes campos de nieve, considerando el peligro de caer en grietas ocultas? ¿Fue testigo del uso de linternas de combustión y llamas abiertas en estructuras históricas o alrededor de ellas?

viii. Otros requisitos de desembarque

Instrumento o disposición pertinente del Sistema del Tratado Antártico	**Cuestión a considerar**
Resolución 3 (2011) Resolución 4 (2007)	¿Se encontró con más de un yate o crucero con más de 12 pasajeros visitando un mismo sitio simultáneamente? ¿Había en algún momento más de 100 visitantes en tierra al mismo tiempo, sin contar los guías y jefes de expedición? ¿Se respetó la proporción mínima de 1:20 guías por pasajero (u otra proporción, si procede) en todos los sitios? ¿Encontró desembarcando en alguno de los sitios alguna embarcación con capacidad para más de 500 pasajeros a bordo?

2. Información preliminar

En esta sección, se le pide al observador que describa los siguientes aspectos de la actividad de manera objetiva.

i. Información a los pasajeros

Describa cómo se informó a los pasajeros sobre las normativas antárticas, especialmente en términos de seguridad y protección del medio ambiente.

ii. Actividades realizadas por los pasajeros

Describa cómo se llevaron a cabo las visitas a tierra.

Describa cómo se supervisó o gestionó a los pasajeros en tierra.

¿Parecen coherentes y adecuadas las directrices del sitio?

iii. Aspectos relacionados con la embarcación/Gestión de residuos

Describa cómo gestionó la embarcación las aguas residuales y la basura.

Describa cómo conocieron los pasajeros y los miembros de la tripulación las normativas antárticas sobre la gestión de desechos.

¿Tiene el buque implementadas medidas de reducción de desechos en origen?

¿Había un plan de gestión de residuos disponible y visible, especialmente en las áreas donde se manipulan y almacenan residuos?

iv. Aspectos de seguridad

Describa las medidas de seguridad que se implementaron durante las actividades realizadas en tierra y en el mar.

¿Se informó a los pasajeros de las normas y problemas de seguridad durante las sesiones informativas o en el sitio?

¿Acompañaron miembros del equipo de la expedición a los grupos y/o se apostaron en sitios particularmente peligrosos o sensibles para mantener a los pasajeros a una distancia prudencial?

¿Se trajeron equipos de seguridad a tierra en algún desembarco? ¿Qué contenían específicamente? ¿Estaban equipados los zodiacs de manera adecuada?

¿Cómo se mantuvieron en contacto las tripulaciones de desembarque con el barco y entre ellas durante los desembarques?

¿Había personal médico en el sitio y estaba disponible durante los desembarques?

v. Cuestiones auxiliares (observaciones y hechos no relacionados con la actividad autorizada)

¿Tiene alguna observación que notificar sobre los sitios visitados (presencia de residuos, alteración significativa del sitio, etc.)?

¿Se encontró con otras embarcaciones durante el crucero? ¿Dónde y cuándo?

Resolución 10 (2021)

Formulario para informes posteriores a las visitas para actividades turísticas y no gubernamentales en la Antártida

Los representantes,

conscientes de las disposiciones de la Reunión Consultiva del Tratado Antártico («RCTA») en relación con la información que deben intercambiar las Partes y de las obligaciones del Protocolo al Tratado Antártico sobre Protección del Medio Ambiente («el Protocolo») y sus anexos para el intercambio información;

recordando la Resolución 3 (1997), que establece un formulario estándar para la notificación anticipada y la presentación de informes posteriores a visitas en relación con el turismo y las actividades no gubernamentales;

tomando nota también de la Resolución 6 (2005), que recomendó el uso de un formulario de informe posterior a la visita estándar y revisado para actividades turísticas y no gubernamentales en la Antártida («Formulario para informes posteriores a las visitas»);

recordando la Decisión 4 (2012), que decidió que las Partes utilizarán el Sistema Electrónico de Intercambio de Información (SEII) para intercambiar información de conformidad con el Tratado Antártico y el Protocolo y sus anexos y que especificó que las Partes continuarían trabajando con la Secretaría del Tratado Antártico («la Secretaría») para perfeccionar y mejorar el SEII;

señalando además que la Decisión 4 (2012) exige que las Partes actualicen las secciones pertinentes del SEII regularmente durante el año con el fin de que dicha información esté disponible y accesible para las Partes tan pronto como sea factible;

tomando nota de la conveniencia de obtener información coherente que facilite el análisis del alcance, la frecuencia y la intensidad del turismo y las actividades no gubernamentales;

deseando que el intercambio de información entre las Partes se realice de la manera más eficiente y oportuna;

deseando además que la información que vayan a intercambiar las Partes pueda identificarse con facilidad;

recomiendan a sus Gobiernos que:

1. se utilice el formulario adjunto para informes posteriores a las visitas estándar y revisado para intercambiar información sobre las actividades realizadas por embarcaciones turísticas y no gubernamentales;

2. la Secretaría incorporará la plantilla del formulario para informes posteriores a las visitas para su descarga del sitio web de la Secretaría en la sección «Turismo y actividades no gubernamentales», en un formato no editable y en los cuatro idiomas oficiales del Tratado, y

3. la Resolución 6 (2005) ha quedado obsoleta.

Vínculo al archivo Excel:https://documents.ats.aq/recatt/att710_s.xlsx

POST-VISIT REPORT FORM: PART 1 - Expedition Record View instructions for this Page

The Expedition Record is completed for every Expedition.
This information is requested in compliance with Antarctic Treaty Recommendation XVIII-1 and Resolution XIX-3.
Please submit both Part 1 and Part 2 to an appropriate national authority within three months of the activity having taken place.

A: Expedition Details

Company name:		Voyage/Flight number:	
		Voyage Name:	
Expedition Leaders(s) name:		Vessel/Aircraft name:	
		Captain's/Commander's name:	
Expedition is:	based	Combined Activity:	
Port of Embarkation:		Port of Disembarkation:	
Date of Embarkation:		Date of Disembarkation:	

Actual itinerary traveled: please provide description of route, giving dates:
(Note: If you consider that the Site Visit Record (SVR) provides an adequate description of itinerary, simply write "See SVR")

B: Observers

Name:	Name:	Name:
Affiliation:	Affiliation:	Affiliation:

C: Record of Expedition numbers by nationality

Nationality	Pax	Staff	Crew	Obs	Nationality	Pax	Staff	Crew	Obs
					Other (Please Specify)				
					Other (Please Specify)				
					Other (Please Specify)				
					Other (Please Specify)				
					TOTAL	0	0	0	0

Pax: Passengers: members of the expedition that are not staff, crew, observers or national representatives.
Staff: Expedition personnel, guides, lecturers and small boat drivers (exclude crew serving these functions).
Crew: Vessel captain and officers, helicopter pilots, and crew and hotel / catering staff (excluding above).
Obs: Observers or National Representatives (e.g. scientists)

D: Report on Expedition by Expedition Leader (please be brief)

1. Has an expedition meteorological report been submitted to the World Meteorological Organization?	select:
2. List any unusual incidents affecting people or the environment:	
3. If there were any unusual events, has an incident report be prepared:	select:
4. If the answer to 3. is yes, to whom will the incident report be provided?	
5. Any other comments or information (e.g. observations of disturbance to wildlife or the physical environment, changes from expedition Advance Notification, etc.)	

Signature: ______________________________ Date: ______________________
Expedition Leader or Vessel Captain

Este formulario se requiere de conformidad con la Recomendación XVIII-1 del Tratado Antártico y la Resolución 3 (1995). Debe ser llenado por cualquier persona, empresa u organización que visite el continente antártico o cualquier isla o territorio situado dentro de la región del Tratado Antártico con fines recreativos o turísticos.

El formulario consta de dos partes: un registro de expedición (parte 1) y un registro de la visita al sitio (parte 2). El jefe o capitán de la expedición deberá llenar el formulario, que deberá remitirse posteriormente a la autoridad nacional competente.

El registro de expedición (parte 1) debe llenarse en cada expedición a la región antártica, independientemente de si ha tenido lugar algún desembarque o visita a sitios.

El registro de visitas al sitio (parte 2) solo debe rellenarse si han tenido lugar visitas o desembarques en sitios de la región antártica. Las visitas al sitio efectuadas exclusivamente por buques que no realizan desembarcos solo pueden incluir vías fluviales.

Con el fin de reducir los errores y la interacción manual, el formulario cumplimentado será procesado electrónicamente por un ordenador. Es imprescindible llenar este documento de manera completa y precisa. Utilice las instrucciones siguientes a modo de directrices mientras rellena los datos requeridos en las dos fichas.
En este formulario, utilice ÚNICAMENTE el siguiente formato de fecha: dd-mes-aa (por ejemplo, 12-ene-02).

PARTE 1 - Datos de la expedición

Ver parte 1 - página de expediciones

El registro de expedición debe rellenarse con respecto a cada expedición.

1) Las expediciones se clasifican del siguiente modo: en barco, en yate, en aeronave o terrestre.

2) El número de travesía/vuelo debe tener el siguiente formato: código de embarcación de 3 caracteres + día de embarque (2 dígitos) + mes de embarque (3 caracteres) + año de embarque (4 dígitos), por ejemplo: USH28ENE2005.

3) Actividad combinada: si hay más de un operador involucrado en cada tramo del viaje para el mismo grupo de visitantes, indique el nombre de todos los operadores.

4) Seleccione las nacionalidades de los miembros de la expedición en el menú desplegable proporcionado.

5) Si la nacionalidad de algún miembro de la expedición no figura en el menú desplegable, utilice la fila titulada «Otra (especifíquese)» y escriba el nombre completo del país de nacionalidad del miembro. Utilice el nombre oficial del país; no utilice abreviaturas.

6) Si ha utilizado todas las líneas de nacionalidad disponibles y aún tiene datos para ingresar, utilice la siguiente hoja de cálculo (continuación).

7) Si el formulario se envía electrónicamente, se aceptará el nombre tipeado a modo de firma.

PARTE 2 - Visita a sitios

Ver parte 2 - página de visitas a sitios

Complete una fila del registro de visitas a sitios en cada lugar en que los miembros de la expedición desembarquen o viajen más allá de la base o el campamento.

1) Seleccione los nombres de los sitios en los menús desplegables proporcionados.

2) Si el nombre de un sitio no figura en el menú desplegable, utilice una fila titulada «Otro (especifíquese)» y escriba el nombre completo del sitio. Si introduce los datos del sitio manualmente, debe incluir las coordenadas de latitud y longitud. Utilice uno de los formatos de coordenadas reconocidos que se muestran a continuación:

Formato Latitud	Formato Longitud	Ejemplo Latitud	Ejemplo Longitud
gg°mm'S	ggg°mm'[O/E]	62°10'S	058°40'O
gg°mm'S	ggg°mm'[O/E]	62°10'S	058°40'O
ggdmm'S	gggdmm'[O/E]	62d10'S	058d40'O
gg mm'S	ggg mm'[O/E]	62 10'S	058 40'O

3) Las horas deben introducirse según el horario GMT y en un formato estándar de 24 horas. (es decir, hh:mm - p. ej. 14:55).

4) Puede seleccionar hasta tres actividades para cada entrada de visita a sitios. Utilice filas adicionales si se llevaron a cabo más de tres actividades o si el número de pasajeros difiere según la actividad.

Por ejemplo:

Fecha	Sitio	Pasajeros	Personal	Tripulación	Obs	Total	Actividades	
01-ene-05	Isla Paulet	25	3	2		30	Crucero en bote	Desembarque en bote
01-ene-05	Isla Paulet	5	2			7	Buceo	

Cada fila debe incluir información sobre la fecha. Por ejemplo, si se produce un desembarque por la mañana y otro por la tarde, se debe incluir la fecha de ambos desembarques.

5) Si ha utilizado todas las líneas de visita al sitio disponibles y aún tiene datos para ingresar, utilice la siguiente hoja de cálculo (continuación).

6) Si tiene una actividad que no aparece en el menú desplegable, utilice la opción «Otro» y especifique la actividad en la sección «Nota de actividad».

Catálogo de actividades

Aterrizaje de aeronaves de ala fija: Aterrizaje en cualquier tipo de pista.
Fondeo: Fondeo de la embarcación principal.
Snowkite: Una sola persona o un equipo que se desplaza con esquís mientras es tirado por cometas, generalmente con trineos.
Travesía motorizada: Recorrido en vehículo motorizado, con o sin trineos.
Travesía de esquí: Una sola persona o un equipo que recorre una travesía utilizando esquís con trineos.
Acampada: Establecer un pequeño campamento temporal para una o varias noches en tiendas de campaña o vivacs en un lugar alejado del centro de operaciones principal del operador. (ver tambié «pernoctaciones cortas»)
Ciencia ciudadana: Participar en un proyecto clasificado como ciencia ciudadana donde la recopilación de datos científicos corre a cargo de científicos aficionados (no profesionales), para uso de profesionales de la ciencia.
Escalada, montañismo, escalada en hielo: Escalar montañas, nunataks o elementos de hielo con guías. La duración del viaje puede variar desde unas pocas horas hasta expediciones de varios días.
Esquí de fondo: esquí fuera de pista (a menudo con pieles para permitir el desplazamiento cuesta arriba); las distancias pueden ser cortas o largas.
Ciclismo: Uso de bicicletas especializadas de *trail* con ruedas grandes (neumáticos gruesos) para cruzar zonas de hielo, aguanieve y nieve.
Excursión de un día a las islas Shetland del Sur: Vuelo de ida y vuelta a las islas Shetland, con llegada a la península Fildes, donde los pasajeros permanecen en tierra durante unas horas y participan en visitas a la estación y/o en una visita a la playa noreste de la isla Ardley.
Vuelos tierra adentro: Vuelos intercontinentales.
Visitas a la colonia de pingüinos emperador: Visitar una colonia de pingüinos emperador.
Apoyo a la expedición: Apoyo ofrecido a varios tipos de expediciones (transporte, comunicaciones, suministro de equipos, apoyo en labores de búsqueda y salvamento (SAR), etc.) por parte de operadores de embarcaciones o aeronaves.
Caminata ampliada: Una caminata que llega más allá de la zona inmediata de desembarque (generalmente más de 1 km).
Rodaje: Cineastas que captan el medio ambiente antártico en películas con fines educativos, de entretenimiento u otros fines comerciales.
Vuelo en helicóptero y en aeronave de ala fija: Un vuelo que despega y vuelve al mismo lugar sin aterrizar en otro lugar.
Depósito de equipos: Colocación de equipos (equipo SAR, combustible, etc.) en ubicaciones estratégicas para su uso posterior.
Aterrizaje de helicópteros: Aterrizaje en cualquier tipo de pista de aterrizaje.
Aterrizaje o desembarque sobre hielo: Aterrizaje o desembarque sobre hielo (ya sea de origen marítimo o terrestre) desde un buque, una lancha o un helicóptero.
Caminata sobre hielo: Caminar sobre hielo (ya sea de origen marítimo o terrestre) hacia un destino alejado de una embarcación, lancha o zona de aterrizaje de helicópteros.
Kayak: Navegación en un kayak.
Expediciones para recorrer los últimos 1-2 grados: Utilizar algún medio de transporte (vehículo de motor, esquís, cometa, etc.) para recorrer los últimos 1 o 2 grados hasta el Polo.
Maratón: Correr un maratón en la Antártida siguiendo una ruta preestablecida.
Evacuación médica: Evacuación de la Antártida por urgencia médica, ya sea en aeronave o en buque.
Pernoctación en las islas Shetland del Sur: Estancia de una noche después de volar a las islas Shetland del Sur, con llegada a la península Fildes, y vuelo de regreso al día siguiente.
Zambullida polar: Una breve inmersión en aguas antárticas, que generalmente tiene lugar saltando desde una plataforma o vadeando desde una playa.
Vehículo submarino dirigido por control remoto (ROV): Exploración submarina con un vehículo operado por control remoto, amarrado a una embarcación de apoyo.
Vuelo comercial en aeronave dirigida por control remoto (RPAS): Pilotar una RPAS para uso comercial, generalmente con fines documentales o de marketing.
Vuelo RPAS de asistencia a la navegación: Pilotar una RPAS para ayudar a una embarcación a navegar por aguas antárticas.
Vuelo científico RPAS: Pilotar una RPAS para recopilar datos científicos. Por lo general, esta actividad suele estar desempeñada por investigadores científicos que operan fuera del buque.
Apoyo científico: Funciones de apoyo sobre el terreno a la comunidad científica, generalmente de carácter logístico.
Buceo: Utilizar un equipo de respiración autónomo bajo el agua (buceo), completamente independiente del suministro de la superficie, para la exploración submarina.
Crucero en barco: Navegación por la Antártida cerca de las aguas costeras sin abandonar el buque principal.
Pernoctaciones cortas: Buques que ofrecen una experiencia de acampada cerca de la costa durante la noche, con tiendas de campaña o vivacs y sin comidas en tierra.
Esquí y *snowboard*: Ascenso y descenso de una pendiente cubierta de nieve.
Paracaidismo: Lanzamiento con caída libre en tándem o de forma individual desde una aeronave antes de aterrizar en paracaídas.
Crucero en bote: Paseo en una embarcación de pequeño tamaño (bote neumático, Polar cirkel, etc.) para observar el entorno antártico.
Desembarque en bote: Pequeñas embarcaciones (bote neumático, Polar cirkel, etc.) que llevan a los huéspedes a desembarcar en las zonas costeras de la Antártida.
Esnórquel: Observación bajo el agua con una máscara de buceo y un esnórquel.
Raquetas de nieve: Caminata con raquetas de nieve para que los pies de la persona en cuestión no se hundan en la nieve.
Vuelo al Polo Sur: Vuelo al Polo Sur con una breve parada para visitar el Polo Sur geográfico y ceremonial.
Expediciones en esquí al Polo Sur: Expediciones con esquís hasta el Polo Sur. Pueden terminar allí o regresar al punto de partida.
Expediciones motorizadas al Polo Sur: Expediciones que utilizan un vehículo de motor (con ruedas u orugas) para conducir hasta el Polo Sur. La expedición puede terminar en el Polo Sur o regresar al punto de partida.
Remo sobre tabla: Consiste en utilizar una tabla y un remo para impulsarse sobre el agua.
Visita a estaciones: Recorrido por la estación de un Programa Nacional Antártico, sujeto al correspondiente permiso concertado con antelación.
Sumergible (HOV): Embarcación sin amarres diseñada para operar bajo el agua con ocupantes en su interior.
Natación - Distancia: Nadar para recorrer una distancia (generalmente 500 m - 2 km).
Ascenso al macizo de Vinson: Ascenso parcial o total al macizo de Vinson con guías de montaña.

7) Las actividades de acampada que se lleven a cabo a lo largo de dos días deben consignarse en una fila aparte. Por ejemplo, si la actividad de acampada tuvo lugar a las 21.00 h del 2 de diciembre y finalizó a las 08:00 h del 3 de diciembre, es necesario utilizar 2 filas y reflejar ambos días en los horarios en tierra.

En la parte 1, sección A, celda B6, agregue el siguiente texto: Hoja de continuación # (número), donde # (número) representa el número de formularios utilizados hasta ese momento para describir la expedición. No duplique ningún otro dato.

8) Si se visita una estación con una embarcación pequeña, consigne en la sección de actividades tanto el desembarque de dicha embarcación como la visita a la estación, siempre que en ambas actividades haya el mismo número de personas.

9) Si un barco transporta más de 100 turistas, pero solo se permiten 100 en tierra a la vez, no es necesario consignarlos por centenares. Simplemente indique 900 turistas en lugar de utilizar tres filas de 100.

10) Si en la parte 1 se indicó el nombre de otro operador en «actividad combinada», en la lista de actividades, seleccione la opción «traslado de pasajeros».
De esta forma será posible expresar qué operadoras participarán en la actividad, en qué fecha y lugar.

Más allá de introducir datos, no modifique este documento de ninguna manera; de lo contrario, no se cargará correctamente en la base de datos.

Al final de cada viaje, envíe este informe por correo electrónico a su autoridad nacional lo antes posible.

Fotografía de los Jefes de Delegación

PARIS | JUIN 2021
XLIIIE RÉUNION
CONSULTATIVE
DU TRAITÉ SUR
L'ANTARCTIQUE
14-24 juin 2021

Leyenda de la foto de los Jefes de Delegación

Mbulelo Dopolo Sudáfrica	Tilman Hochmüller Alemania	Máximo Gowland Argentina	Simon Newnham Australia	Christian de Lannoy Bélgica	Benhur Peruch Viana Brasil	Dimana Dramova Bulgaria	Rodrigo Waghorn Chile
Haibo Gou China	Juhee Han República de Corea	María Gabriela Troya Ecuador	Francisco Aguilera Aranda España	Constance Arvis Estados Unidos	Andrey Kalinin Federación de Rusia	Petteri Vuorimäki Finlandia	Didier Ortolland Francia
Muthalagu Ravichandran India	Orazio Guanciale Italia	Atsushi Iwasaki Japón	Mette Strengehagen Noruega	Jana Newman Nueva Zelandia	Michael Pistecky Países Bajos	Manuel Soarez Documet Perú	Konrad Marciniak Polonia
Petr Válek República Checa	Jane Rumble Reino Unido	Andrij Fedchuk Ucrania	PARIS | JUIN 2021 XLIIIE RÉUNION CONSULTATIVE DU TRAITÉ SUR L'ANTARCTIQUE		Pernilla Nilsson Suecia	Gustavo Vanerio Balbela Uruguay	
		Olivier Poivre d'arvor Presidente de la RCTA	Albert Lluberas Secretaría del TA	Caroline Krajka Secretaría del País Anfitrión			

www.ingramcontent.com/pod-product-compliance
Lightning Source LLC
LaVergne TN
LVHW082201051026
849532LV00012B/3648
* 9 7 8 9 8 7 8 9 2 9 0 4 0 *